因河而名

明清时期佛山古镇社会经济与民俗研究

己亥冬 芥山書

明清时期佛山古镇社会经济与民俗研究

叶志强 著

中国出版集团有限公司
世界图书出版公司
广州 上海 北京 西安

图书在版编目（CIP）数据

明清时期佛山古镇社会经济与民俗研究 / 叶志强著. —广州：世界图书出版广东有限公司，2023.6
ISBN 978-7-5232-0432-0

Ⅰ. ①明… Ⅱ. ①叶… Ⅲ. ①乡镇经济—经济史—研究—佛山—明清时代 ②乡镇—风俗习惯史—研究—佛山—明清时代 Ⅳ. ①F299.276.55②K892.465.5

中国国家版本馆CIP数据核字（2023）第101276号

书　　名	明清时期佛山古镇社会经济与民俗研究 MINGQING SHIQI FOSHAN GUZHEN SHEHUI JINGJI YU MINSU YANJIU
著　　者	叶志强
责任编辑	华　进
装帧设计	书窗设计
出版发行	世界图书出版有限公司　世界图书出版广东有限公司
地　　址	广州市海珠区新港西路大江冲25号
邮　　编	510300
电　　话	020-34203432
网　　址	http://www.gdst.com.cn
邮　　箱	wpc_gdst@163.com
经　　销	新华书店
印　　刷	广州小明数码印刷有限公司
开　　本	787 mm × 1 092 mm　1/16
印　　张	21.5
字　　数	435千字
版　　次	2023年6月第1版　　2023年6月第1次印刷
国际书号	ISBN 978-7-5232-0432-0
定　　价	148.00元

序言

我以为，今天的中国学者，就其人事隶属关系、学术研究的特点和学术评价的取向而言，大致可以分作两类：一类是高等院校和官办研究院、所的学者，可称高校型学者；一类是社会上各行各业的学者，可称社会型学者。《明清时期佛山古镇社会经济与民俗研究》一书的作者叶志强君，就是一位社会型学者。他是佛山人，毕业后先后在中共佛山市石湾区委宣传部、区图书馆、区文化馆、区影剧院、镇街社区服务中心、行政服务中心和禅城区委党校工作了 35 年。土生土长的背景与长期的基层工作经历，使得他对佛山的历史和文化有着丰富的体认和深入的了解，因此他这本书所收录的论文和高校型学者的相关论文相比，就有了自己的鲜明特色，我认为主要有三点：

一是知识面广。全书 15 篇论文，分别探讨了明清时期汾江河的纽带作用、河涌疏浚、制陶业、十三行与海外贸易、乡勇团练制度、霍韬及其《霍渭崖家训》、伦文叙诗文、庞嵩心学、梁园与清晖园、祠堂庙宇的壁画、书院和社学、乡饮酒礼、信仰崇拜、传统节庆和庙会等 15 个问题，从现代学科的角度而言，则涉及政治、经济、历史、地理、哲学、文学、美术、教育、民俗、宗教等 10 多个学科，如此宽广的知识面，这是长期在象牙塔从事经院式研究的高校型学者所不能及的。中国传统的学术原是不分科的，19 世纪末 20 世纪初，由于受西方的影响，引进了现代意义上的学科。但是在 20 世纪上半叶，许多学者的学术研究仍然是不分科的，多是一种综合性的研究，或是一种多学科的研究。1949 年以后，由于受苏联的影响，学术不仅分科，而且分得越来越细、越来越窄。例如文学这个学科，要分古代文学、现代文学、当代文学、比较文学与世界文学、文艺学等多个二级学科，而在古代文学这个二级学科里，又按朝代分为先秦两汉文学、魏晋南北朝文学、唐宋文学和元明清文学，或者按文体分为诗、词、散文、小说、戏剧等。这种细分的结果是什么呢？就是研究先秦两汉文学的人不了解魏晋南北朝、唐宋和元明清文学，研究诗的人不懂词、散文、戏剧和小说。至于研究中国文学的不了解外国文学，研究中国现当代文学的不了解中国古代文学，就更加普遍了。这种状况在高校早已司空见惯，或者被视为情有可原，可是在社会上的有识之士那里，就成了一个笑话。如此狭窄的知识面，如何能把文学研究深透，螺蛳壳里真能做道场吗？因此这种人写的文学批评论文，不但作家不看，读者不看，甚至连同行都极少看。有人戏称只有两个人看过，一是作者自己看过，一是编辑看过。叶君不是这样，他不在高校工作，不在象牙塔内，而是到了社会上，在为社会服务的同时，做了一位社会型学者。社会对人才的要求是一专多能，是“党叫干啥就干啥”，因此他们要根据不同的工作性质和要求不断地学习新的知识，这样他们的知识面就比较宽。他们的文章往往是因工作需要而写，是为了解决某个具体的现实问题而写，这样写出来的文章就不会只有一两个人看。因此可以说，是丰富多彩的社会生活与多方面的社会需求成全了叶君。

二是视野开阔。这些年来，我读过不少人研究岭南历史文化的文章，他们多是就岭南说岭南，就广东说广东，就广州说广州，就佛山说佛山。例如岭南画派如何好，广东音乐如何好，广州的“三雕一彩”如何好，佛山的陶瓷和剪纸如何好，等等。他们很少把这种绘画、音乐、“三雕一彩”、陶瓷、剪纸与中国其他地方的同类艺术样式进行比较，不能在中国文化的大背景之下探讨岭南文化的特点，因此他们的文章就说服不了中国其他地方的读者，只能是自说自话。叶君不是这样，他注意到了这个问题。例如他在探讨“明清时期佛山乡勇团练制度对社会治安的影响”这个问题时，首先就追根溯源，探讨“中国乡勇制度的起源与发展”，然后才讲佛山的乡勇团练制度；在探讨“明清时期佛山的乡饮酒礼风俗”这个问题时，先讲“乡饮酒礼是我国自古有之的一种宴饮风俗”，然后再探讨“明清时期佛山地区乡饮酒礼的内容与形式”及其“对乡村民风教化的影响”；在探讨“明清时期广府地区书院和社学对岭南心学传播和人才培育的影响”这个问题时，先讲“中国书院文化的历史与传承脉络”，然后再讲“明清时期广府地区书院和社学的类型和传承”“书院、社学的发展对广府地区文化传承的作用和意义”。这种从大处说来的思路，视野既开阔，也容易把佛山的相关特点讲清楚。

三是接地气。作者所探讨的问题都是明清时期佛山的社会、经济和文化问题，都是历史问题，但是他的落脚点多在现实，多在当下。例如在探讨霍韬的《霍渭崖家训》时，专门有一节论述“渭崖家训对现代家风教育和社会教化的现实意义”；在探讨庞嵩心学时，专门有一节论述“庞嵩心学思想对岭南心学的贡献和对当代岭南精神的启示”；在探讨明清时期佛山的书院和社学时，专门有一节论述“中国传统‘书院文化’对当今教育和办学的启示”；在探讨明清时期佛山的乡饮酒礼时，专门有一节论述“乡饮酒礼对当今乡村新风俗建设和社会主义核心价值观养成的积极意义”。岭南传统的学术研究都有一个经世致用的目的，但是这个目的在今天被许多学者忽略了。尤其是许多高校型学者，他们的研究，似乎就是为了拿学位、评职称、获奖，甚至是为了通过考核，真正视学术为生命的人是不多的，真正用学术为社会服务的人也是不多的。叶君不是这样，作为一名社会型学者，他的这些文章，包含着对家乡的热爱，他是为了挖掘家乡的历史文化资源而写作，为了弘扬家乡优秀的传统文化而写作，他的这些文章对家乡的现代文化建设乃至经济建设都是有重要参考价值的。

曾大兴

2021 年 12 月 16 日于广州

（曾大兴，笔名曾非曹，湖北赤壁人。广州大学教授、博士。主要从事词学与文学地理学研究，学术专著主要有《柳永和他的词》《词学的星空》《20世纪词学名家研究》《中国历代文学家之地理分布》《文学地理学研究》等。现任教于广州大学，先后任广州发展研究院副院长、中文系主任，现为人文学院文学系教授、广府文化研究中心常务副主任、文学地理学研究中心主任。）

【目录】

因河而名

因河而名

——略论明清时期汾江河水道对佛山经济发展的影响与作用

古镇佛山是岭南水乡，位于珠江三角洲中部，扼东江、西江和北江的要冲。这里地势平坦，水网交织，河涌纵横，塘泽遍野，水道交通发达。汾江河自沙口分流后向东横贯旧城而过，是历史上西江和北江水路至广州的必经之地，故有“四方商贾之至粤者，率以是为归”[①]“川广云贵各省货物，皆先到佛山，然后转输南北各省”[②]之说。特别是到了明朝中期，佛山依仗发达的城镇手工业成为南方商贸重镇；明末与湖北汉口、江西景德、河南朱仙并称天下“四大名镇”。清朝初年，佛山的手工业和商贸业达到鼎盛，与北京、苏州、汉口并称为天下“四大聚”，并以汾江河水道为枢纽，在河道两岸形成了“三圩六市九头八尾十三沙二十八铺”的岭南商业中心。当时以冶铁、纺织、制陶三大支柱行业为主的产业链，对佛山经济的发展起着重要作用。而作为交通纽带的汾江河，在明清时期佛山经济的发展中，同样扮演着重要的角色。

一、汾水哺育了佛山古镇

“东粤之雄，莫先于穗石之岑也；南海之饶，莫过于禅山之浔也。”[③]佛山地处珠江三角洲中部的河网密集区，西江、北江在其境内穿流而过，在三水境内汇流

① 郎廷枢：《修灵应祠记》。

② 道光《佛山忠义乡志》卷五《乡俗》。

③ 道光《佛山忠义乡志》卷十一《艺文下》。

后向东直奔珠江口，大大小小的河涌曲折纵横，宛如蛛网。珠江在佛山南部流经的主干河段称为东平河，古佛山涌西起张槎沙口，东至石碏，总长约33公里，其中沙口至谢叠桥的18公里水道称为汾江河。据康熙《南海县志》记载：“考北江抵省故道，初由胥江、芦苞趋石门，尚未与郁水合。迨芦苞淤塞，下由西南泽趋石门，始会郁水合流；后西南泽口再淤，今由小塘、紫洞（佛山涌）入王借岗，趋佛山、神安，南往三山入海”。[①] 古代的汾江河宽水深，唐、宋以后逐渐替代日益淤塞的西南涌而成为广州通往西、北江的主航道，北方各省及广西、云贵等地的货物经由水路先经佛山，后转到广州，正所谓：“上溯湞水，可抵神京，通陕洛以及荆吴诸省”。[②] 至明清时期，佛山成为南方商品的集散地，被誉为“东南一大咽喉”。汾江河道作为连接西北江与广州的咽喉要道，一直至民国时期都是佛山与外界联系的主要航道，汾江河两岸成为佛山商业和航运的中心。

古佛山镇以汾江河为纽带，“控羊城之上游，当西北之冲要，天下巨镇，岿然居首”[③]。云贵川西南诸省的土特产，特别是广西的大米多由东平水道转汾江河运入佛山，由于顺流，以至“禅镇扬帆，往返才数日”[④]，交通极为方便，运输成本也较陆路低。明清两朝，佛山与粤西的广宁、怀集、四会、罗定等地，粤东的东莞、

1857年佛山水道图

① 康熙《南海县志》卷一《舆地志、山川》。

② 朱相朋：《建茶亭记》，乾隆《佛山忠义乡志》卷十。

③《重修佛山堡八图祖祠碑记》，《佛山碑刻》第257页。

④ 乾隆五十三年《重建戎墟粤东会馆碑记》。

惠州等地，附近的新会、香山诸县皆有频繁的商贸来往，“为广南一大都会，其地运之兴衰，东南半壁均所攸关”。[①] 到明清两朝佛山古镇最为鼎盛的时期，汾江河两岸街市繁荣，商业发达，店铺林立，古建筑、古文化的遗存积淀甚为丰厚。今有历史文化街区 1 处、文物古迹 6 处、历史遗址 6 处、原生态村庄两个，包括以正埠码头（佛山大码头）、豆豉巷码头、石埠头码头为代表的古代运输中转枢纽遗址，以王借岗为代表的古火山遗址，以汾江河北岸建于 1901 年的广三铁路佛山老火车站为代表的清末洋务新政遗址，以建于 1908 年的循道医院和建于 1913 年的华英中学为代表的近代文化、卫生设施，建于 1879 年的佛山巧明火柴厂（中国最早的火柴厂）。汾江河两岸的古民居建筑群以培德里、梁园为代表，反映了当时佛山的兴盛。

明清时期的汾江河，不仅是佛山的经济动脉，也是文化之流。佛山在明清两朝都评选过“佛山八景”，“明八景”分别是海口浴月（栅下海口）、古刹经声（塔坡寺）、石云晚唱（汾江河）、庙前鹊歌（列圣宫）、罗汉朝佛（南泉观音庙）、白马扬波（汾

汾流古道

南浦客舟

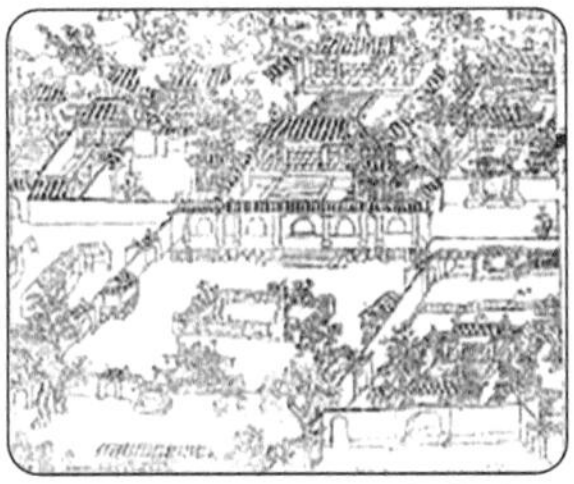
庆真楼观

孤村铸炼

村尾垂虹

东林拥翠

塔坡牧唱

冈心烟市

① 叶汝兰：《重修佛山经堂碑记》，道光《佛山忠义乡志》卷十二《金石下》。

江河支流正埠码头）、明灯古迹（厚俗里二帝庙）、莺冈远眺（莺冈大街）。所选八景为一冈三庙四水，半数都与汾江河有关，可见佛山人对汾江河的依恋之情。清代评选出来的八景则为东林拥翠（东头）、庆真楼观（祖庙）、塔坡牧唱（普君圩）、冈心烟市（纪纲街）、南浦客舟（南浦村）、孤村铸炼（沙塘坊）、村尾垂虹（通济桥）、汾流古渡（永安街尾）。从中不难看出当时佛山商贸发达、手工业兴盛、社会富足、安定繁华的景象。此外，汾江河畔的琼花水埠遗址，位于大基尾附近的琼花会馆，是佛山粤剧文化与武术文化的重要发祥地。当年汾江河岸著名的汾水铺商业区和鹰嘴沙、文昌沙、太平沙、聚龙沙等四沙就有街道近150条，人口将近5万。商业区内酒楼众多、食肆林立，先后产生和涌现出如三品楼、鹰嘴酒家、群英阁、公兴隆饼家等一批代表佛山饮食文化的老字号和“合记盲公饼”“得心斋酝扎蹄”“柱候鸡”等一大批名驰远近、脍炙人口的美食佳肴。汾江河不仅对佛山社会经济的发展起着重要的作用，而且还孕育了佛山的粤剧文化、武术文化、饮食文化、商贸文化。汾江河哺育了佛山古镇，不愧为佛山人民的母亲河。

二、河运贸易的兴旺催生出原始资本的萌芽

“南海县佛山堡，东距广城（广州）仅六十里，民庐栉比，屋瓦鳞次，几三千余家。习俗淳厚，士修学业，农勤耕稼，工擅炉冶之巧。四远商贩恒辐辏焉”。[①]明清时期，佛山的手工业相当发达，冶铁、纺织、制陶三大行业成为支柱产业，其他诸如中成药、剪纸、民间工艺、五金加工、金属制箔、衣帽鞋制品、泥水建筑、造船、竹木藤器、炮竹、纸伞等，大大小小的辅助行业则达一百多个。

以铸铁业为例，清朝官府规定两广所属冶炼铁锭全部运往佛山加工，如在当地铸造，则属私铸，与贩卖私盐同罪，故广州、南雄、韶州、惠州、罗定、连州、怀集之铁均输于佛山。[②]在强大的政治高压下，政府的垄断政策在很大程度上限制了其他地方铸造业的发展，却促成了佛山冶铸业的兴盛，导致佛山的商业80%以上都与冶铁有关，屈大均《广东新语》记载：“佛山之冶遍天下”，居民大多数以冶铁为业。佛山各冶铁户由官府颁发黑字灯笼和虎头牌，按岁缴纳饷炉。史料记载，雍正年间，广东各地运至佛山的生铁多达5000余万斤。乾隆年间，佛山拥有“炒铁之炉数十，铸铁之炉百余”[③]，炉户林立，昼夜开工，“铸犁烟杂铸锅烟，

---

①《佛山真武祖庙录应记》，《明清佛山碑刻文献经济资料》。

②阮元：《两广盐法志》卷三十五《铁志》。

③道光《佛山忠义乡志》卷十二《金石下》。

清末佛山正埠码头、水上关帝庙一带水域

达旦烟光四望悬”[①]，“春风走马满街红，打铁炉过接打铜”[②]的诗句，就是时人对佛山冶铁业的真实写照。随着冶铁规模的扩大，品种日益繁多，以至广东各地“诸炉之铁冶既成，皆输佛山之埠”[③]，形成了“两广铁货所都，七省需焉。每岁浙、直、湖、湘客人腰缠过梅岭者数十万，皆置铁货而北”（明人霍与瑕语）的蔚为大观的景象。康熙二十三年（1684）开放海禁后，佛山的铁器更成为大宗的出口商品。

佛山另一个重要的产业制陶业，在清中叶进入最辉煌时期。至乾隆、嘉庆年间，以制陶业为主的佛山石湾，已发展为南海县第一大镇，以至“南海繁富不尽在民，而在省会、佛山、石湾三镇”[④]。石湾生产的陶瓷品种繁多，使用范围极广，且大都是与老百姓生活息息相关的日用陶瓷，如煲、碗、盘、缸、罐、沙盆等民间日用器皿，产品除行销广东、广西、福建等省外，还通过洋庄大量出口到南洋（东南亚各地的统称）等地。石湾陶瓷在全盛时期，陶窑多达170多座，商号近千家，大小寮场作坊1000多所（处），从业陶工不下6万人，使“石湾之陶遍两广，旁及海外之国。谚曰：‘石湾瓦，遍天下’”[⑤]。正是由于制陶业的发达，这里商贸云集、繁荣富庶，

明清时期，佛山“连乡接畛，沃衍四达，漓郁之所经于其北，……河面广逾十

① 何若龙：《佛山竹节词》，乾隆《佛山忠义乡志》卷十一《艺文志》。

② 陈昌坪：《佛山竹节词》，乾隆《佛山忠义乡志》卷十一《艺文志》。

③《广东新语》卷十五。

④ 龙廷槐：《敬堂轩文集》卷二《初与邱滋畲书》。

⑤《广东新语》。

寻，而舸舶之停泊者……虽曲隧之状无以为过也”[①]。汾江河舟楫纵横，码头众多，交通极其繁忙。道光年间，仅汾水、大基、富文三铺就有码头 25 个[②]。至清末，汾江河沿岸发展到共有大小码头 88 座，以正埠码头为中心，东到新围码头有 22 处，西至木行会馆有 27 座，正埠码头到旧火车站和大新米基一带有 26 处，鹰咀沙、文昌沙一带有 27 处。清人王俊勋有诗云：“佛山货财薮，汾水东门户。出入必有斯，河道塞帆樯。”当时水上交通的繁荣可见一斑，正是佛山良好的水运条件促成了河运贸易的兴旺发达。明清时期的佛山堡被佛山涌和新涌包围，并有多条支流横贯全堡，河内码头众多，船只停泊方便。生产用的冶铁砂料、陶泥、干柴及成品运输方便，依靠着冶铁、制陶和纺织业的兴盛，佛山在明清时期的经济发展达到了历史顶峰。

由于佛山手工业制造的发达和商贸的兴旺，珠江三角洲地区的百姓纷纷汇聚到这里做生意或打工谋生，这就更加使得佛山人口众多、百业繁盛。康熙时期吴震方在《岭南杂记》中形容佛山“天下商贸皆家焉，灯火万家，百货骈集，会城百不及一也”。迹删鹫也在《咸陟堂集》中提到：“佛山为南海巨镇，货贝之所出入，仕宦商旅之所往来，声华文物之胜，拟诸京邑”。民初《佛山忠义乡志》载，至民初，全镇有大小庙、观、寺、庵、祠等 705 座。徐琦在著作《清稗类钞》中也形容：“佛岗（山）之汾水旧槟榔街为最繁盛之区。商贾丛集，阛阓殷厚，冲天招牌，较京师尤大，万家灯火，百货充盈，省垣不及也”。由此可见，佛山优越的水运条件是冶铁业、陶瓷业得以兴盛的重要原因。许多从业的宗族，如东头冼氏、细巷李氏等因此而富甲一方。明朝以来，佛山逐渐发展为岭南手工业制造基地和国内南北商品的贸易集散地，社会经济高度发展，至清朝中叶达到鼎盛，成为拥有 50 多万人口的岭南重镇，并在许多行业中出现了行会组织，产生了企业主和雇佣工人，从而催生出民族资本主义的萌芽。

清末民初的汾江水道沿岸景色

三、优越的水运条件造就佛山古镇昔日辉煌

明清时期，佛山依仗发达的手工业，以冶铁、制陶、纺织三大支柱产业为主体，

---

① 康熙二十三年（1684）广东布政使郎廷枢《修灵应祠记》。

② 见道光《佛山忠义乡志》卷一《乡域志·津渡》。

依托有利的地理位置，特别是邻近岭南政治、经济、文化中心城市广州，拓展商业贸易，逐渐成为岭南重要的商埠，其繁盛程度一度超过了作为通商口岸和省会的广州。

道光《佛山忠义乡志》记载：康熙二十三年，“四方商贾之至粤者，率以佛山为归，河面（汾江河）广逾十寻，而舸舶之停泊者鳞砌而蚁附。中流行舟之道至不盈数武，桡楫交击，争沸喧腾，声越四五里，有为郡会之所不及者。沿岸而上，屋宇森覆，弥望英极。其中若纵若横，为衢为街，几以千数，阛阓层列，百货山积，凡希购之物，

汾宁路、正埠码头一带手绘历史古迹图

会城所未备者，无不取给于此。往来驿络，骈踵摩肩，廛肆居民，盈逾十万[①]”。乾隆、道光年间，佛山镇设有十八省会馆和二十二家洋行，“广东省城洋商贾舶云集，而一应货物俱在南海县属之佛山镇贸易”[②]。佛山许多手工业产品依靠广州供应出口，并将四乡粮食等特产输运全国各地，南北商贾交积云集在这里，“商车洋客，百货交驰”[③]，“川广云贵各省货物皆先到佛山，然后转输西北各省。故商务为天下最”[④]，以至“佛山一镇，绅衿商贾，林林总总”[⑤]，可见市场的繁荣兴旺。嘉庆、道光年间，

① 道光《佛山忠义乡志》卷十二。

② 雍正十年广东巡抚杨永雄奏疏，见雍正《朱批谕旨》第 52 册。

③ 李绍祖：《佛山赋》，乾隆《佛山忠义乡志》卷一。

④ 道光《佛山忠义乡志》卷五《乡俗》。

⑤ 叶汝兰：《乾隆五十三年重修佛山经堂碑记》，道光《佛山忠义乡志》卷十二《金石下》。

佛山的手工业发展为九大类170多个行业，商业分为五大类77行业，民间手工业就有80多个，行业的大类之下再细分若干小类，社会分工明细，很多街巷都以行业命名，如布巷、花衫巷、牛肉巷、豆豉巷、咸鱼街、凿石街、打铜街等，商铺林立，种类繁多，绅衿商贾，往来穿梭，各地运输到佛山的货物与佛山本地输出的铁、陶、纺织等手工业制品交易鼎盛，真好一派繁荣商埠的景象。

清朝初期，佛山还是广东最大的米粮批发贸易中心。乾隆年间，广东官府规定："向于省城、佛山二处额设米行……又在省城、佛山二处于额设米行之外，添设经纪米谷总埠各一处。官为设立牙行，遇有粤西谷船暨乡村米谷，必须投至总埠始准发卖"。[①] 用"四方米谷所屯"来形容丝毫不过。当时广东的粮价，以佛山的粮价为标准价，"举镇数十万人尽仰资于粤西暨罗定之谷艘，日计数千石。谷艘至稍希，则米肆拥先以增价"[②]。"广西谷艘一日不至，则囤户便联增米价"[③]。四乡商人云集佛山，而佛山的商人也到四乡设号贸易。据史料记载，粤西的广宁县"商铺多南海、顺德、三水人。转易货物，多从佛山"[④]，怀集县的佛山商号"列当墟者"，"多新会、顺德、南海人"[⑤]。可见广东的商人就是以佛山镇为商埠轴心，依赖发达的水路网络，使佛山成为明清时期闻名全国的天下四大聚和四大镇之一的。

佛山水道河网交错，交通便利

① 台北故宫博物院编：《宫中档乾隆朝奏折》第十八。

② 乾隆《佛山忠义乡志》卷三《乡事志》。

③《与胡中丞言粤东沙坦屯田利弊书》，龙廷槐：《敬堂轩文集》卷一。

④ 乾隆《广宁县志》卷七《风俗》。

⑤ 乾隆《怀集县志》卷一《风俗》。

历史证明，汾江河不仅是佛山的母亲河，还是佛山的财富之河、文化之流、人居之汇和交通命脉，它哺育了千年古镇，孕育了深厚的古镇文化。明清时期的佛山，因河而名，因河而富，因河而兴。今天，虽然汾江河昔日的辉煌早已逝去不再，但它仍然具有泄洪、排涝等多项功能，依然是围绕在美丽佛山脖子上的彩带。整治汾江河，根治污染，把汾江河重新打造成“绿地之源、人居之汇、财富之河、文化之流”的梦想，应该不会太遥远。

因陶而名

因陶而名

——清代石湾制陶业在佛山经济中的重要地位

清代，特别是康熙、雍正、乾隆三朝，是佛山商品生产从单一的冶铁铸造生产向综合性的手工业生产发展的辉煌时期，是佛山行会和商贸集团崛起、商品经济繁荣的黄金时期，也是佛山能够与广州鼎足两立而成为岭南中心市场，一跃而与汉口、景德、朱仙同享“天下四大镇”，又与北京、汉口、苏州齐膺“天下四聚”之殊荣的鼎盛时期。“佛山一埠，为天下之重镇，工艺之目，咸萃于此”①。在这一时期里，佛山的手工业得到了迅猛的发展，冶炼铸造、陶瓷生产、纺织丝织和民间手工业成了推动地区经济发展和社会繁荣的四个轮子。而以冶铁为主的铸造业和陶瓷制造业这两个主干行业的发展，对佛山地区商品经济的繁荣尤其起到重要的促进作用。

康熙、乾隆时，佛山城区人口已多达三四十万，店铺林立，楼房栉比，商旅络绎不绝；汾江河上船只来往状若穿梭，终日不断。城内有6墟市、60渡口、20桥梁，处处人来人往，熙熙攘攘。“闽、赣、陕等省商人皆在佛山设会馆”②。从而使佛山“天下商贾聚焉，烟火万家，百货骈集，会城（广州）百不及一也”。在清代佛山经济的鼎盛时期，石湾制陶业自始至终享有重要的地位。

① 《皇朝经济文编》卷四十六。

② 广东省文物管理委员会编：《广东历史文化名城》，广东省地图出版社1996年版，第66页。

一、制陶业与冶铁业构成佛山产业的两大支柱

至清代，炉户、铁商和铁工大量增加，生产技术提高，产品种类繁多，佛山更确立了广东冶铁中心的地位。乾隆十五年 (1750)，炒铁所增至 40 余所，另有“铸铁之炉百余”。乾隆时期，“整个佛山冶铁工匠不下二三万人”[1]。冶铁业当中已形成更明细的社会分工，出现了铁锅行、炒铁行等专业冶铸部门，大行之下又细分为更多更细致的工艺部类。专业化细密分工的出现，从一个侧面可以看出佛山地区冶铁业在锻铸器皿、工场规模、生产设备、技术工人、劳资关系等方面都已趋成熟，资本主义萌芽已达到了一定的发展水平。陶瓷业作为辅助产业，在清代中期以后得到了进一步的发展。据粗略估计，每年约有 4590 万斤铁器生产，价值 115 万两[2]，成为佛山经济的第一大支柱。

石湾大雾岗脚发现的唐宋窑址，证明石湾制陶业在唐宋已有一定规模。石湾海口龟山宋元窑址表明，该处一带是南宋后发展壮大起来的日用陶瓷生产基地。始建于正德年间（1506—1521）、生产从未间断的南风灶，更说明石湾制陶技术在明代有了长足的进步。入清后，石湾陶瓷产品以美观实用和大众化著称而行销两广及“吕宋诸国”[3]。社会需求量的剧增，促进了石湾陶瓷产业的进步。据顺治十六年（1659）碑刻记载：“南海石湾一隅，前际大江，后枕冈埠……居民以陶为业，聚族皆然。陶成则运于四方。”[4]当时石湾有上、中、下三约，“三约中共有缸瓦窑四十余处”[5]，“其瓦器有黑白青黄红绿各色，各极之巧”。[6]其制品已发展为日用、美术、建筑、手工业、丧葬五大类，产品计千种以上。石湾陶业组织也由明代天启年间的 8 行发展为 20 余行。[7]工匠也大量增加，“石湾六七千户，业陶者十居

石湾瓦、甲天下

① 罗一星：《明清佛山经济与社会变迁》，广东人民出版社 1994 年版，第 198 页。

② 《明清佛山经济与社会变迁》，第 202 页。

③ 范端昂：《粤中见闻》卷二十三。

④ 《明清佛山碑刻文献经济资料》，第 20 页。

⑤ 《明清佛山碑刻文献经济资料》，第 124 页。

⑥ 《粤中见闻》卷十七。

⑦ 李景康：《石湾陶业考》，《广东文物》卷十。

五六”。[1] 屈大均《广东新语》记载：石湾多陶业，陶者亦必候其工而求之，其尊奉之一如冶。故石湾之陶遍二广，旁及海外之国。谚曰：“石湾缸瓦，胜于天下。”生动地记录了石湾缸瓦像佛山冶铁一样，为世人所推崇。石湾是岭南制陶中心和出口基地，产品远销越南、马来半岛以至印度、阿拉伯及非洲。故地方志称：“缸瓦窑，石湾为盛，年中贸易过百万，为工业一大宗。”[2]

南风古灶龙窑

由于珠江三角洲商品经济的高度发展，佛山岭南商贸中心的地位逐渐形成。“佛镇商务甲天下，通商亦自佛始”，[3] 至康熙中期以来，外省商人纷沓而至，他们大都在佛山建立会馆，从事商业贸易活动。康熙二十五年（1686）广东官府颁订《酌减则例》，减征广州、佛山两埠的落地税。其中瓷器减税率 10%，其他工商、农副产品的减税率都 23%至 60%之间。这对扶持佛山经济的发展起到重要作用，同时也刺激了石湾陶瓷产业生产的兴旺和贸易的繁荣。清代佛山手工业呈现出多样式的发展趋势，从明代几乎是冶铁业一统天下，只有陶瓷业相与辅成的局面发展为十大种类——纺织类、成衣类（包括刺绣、鞋帽）、建筑类、饮食类（包括成药）、五金类（包括冶铁）、竹木类（包括造船、拆船）、造纸类（包括爆竹、门神）、文具类、杂物类、杂工类等，行业在 175 种以上。石湾陶瓷业的兴盛，与各行业形成互相依存、互相促进的关系，并产生连锁效应，带动其他行业的发展。如甘蔗的大量种植，造成制糖业崛起，因为需要大量糖缸，又为制陶业带来大批订货。陶瓷业与冶铁业在技术上有很多相互联系的地方，如两者皆需要范土为模，高温烧造，造型、踩泥、制模、车模、烘模等工序是共通的。两者在生产过程中，都以造型师傅为主，又同属高温强度体力劳动，一般工匠受热受苦的程度相仿。只要条件可能，陶瓷业的存在，可以诱发冶铸业的产生，而冶铸业的发展又反过来推动陶瓷业的进步，两者相辅相成，互相促进。又由于陶瓷、冶铁及金属加工等行业的工匠容易受工伤，舒筋活络、散瘀去肿的跌打药物便应运而生，从而带动了佛山中成药业的发展。蒸酒行的兴起，则是为适应陶瓷、冶铁等手工业工人应付繁重强劳动的需要而产生。

① 道光《南海县志》卷七《舆地略三》。
② 详见光绪《南海乡土志·矿物制造部》。
③ 民国《佛山忠义乡志》卷十四《人物八》。

值得注意的是，从嘉庆到光绪（1796—1908）的100多年间，石湾的陶窑增加了约70座，从事窑业的产业工作增长了1/2，“共有陶窑一百零七座，容纳男女工人六万有奇”①。这尚未包括农闲季节从四会、三水、香山、番禺和东莞等沿江来石湾做帮工的散工及其家属。这么大量的陶瓷产业工人家属群的存在，为纺织、服装、造纸、饮食等行业提供了充裕的劳动力和消费群体，为石湾和佛山的工商业发展注入了活力。

二、石湾制陶业较早实现专业化分工

中国在漫长的封建社会中，社会上只有士、农、工、学、商的粗略分工。随着商业的发展和手工业技艺进步，为适应社会需求而逐步出现专业化分工。分工越细，社会越进步，各种行会应运而生，以调节行业内外的关系，促进生产力的发展。长期以来，佛山的村堡建制使社会分工一直以族姓为纽带来维系。石湾制陶业较早出现专业化分工，这对加速佛山由族姓团体组成的社会组织和经济组织的瓦解，代之以职业利益和行业利益来维系的行业组织，有着特殊的意义。

石湾古八景陶瓷浮雕

明嘉靖年间（1522—1566），陶瓷行会陆续出现，到明末清初，生产组织和业务分工更加细密，生产专业化程度提高，出现了“陶有窑，窑有户，户有工，工有作，作有家”②的行会性生产组织，“内而厘定行例，以杜内部之争吵；外而树立团体，以杜外界之滥入”。为了维护手工业工作的利益，解决劳资矛盾，石湾的陶艺花盆

① 李景康：《石湾陶业考》。

②《明清佛山碑刻文献经济资料》，第20页。

行率先于乾隆元年（1736）分化为代表作坊主、商人利益的“东家行会馆”和代表雇佣工人利益的“西家行会馆”。“陶艺堂”是目前发现的，由佛山东、西家行共同订立规约最完备的行会。这对于佛山其他行业无疑是一种示范和促进。其后，东、西家行便屡见于佛山各行业中。如乾隆八年（1743）的唐鞋行，嘉庆六年（1801）的铸造器物行，道光九年（1829）的帽绫行，道光十七年（1837）的铁镬行，同治元年（1862）前的铁线行等等。此外，石湾还有大盆、模耳（粥煲）、白釉、黑釉、边钵、埕、钵、陶釉、砌窑、络货等较大的行会。至清末，共有28行，并有附属行业10行。

行会通过行规，限制外行、外地商人插足经营，限制同行擅自扩大生产规模，规定各窑用工、招收学徒和使用帮工的数量，统一工人的工资水平，对产品的规模、价格和原材料的分配制度也定出应共同遵守的细则等，以维护本行业的利益，开展公平竞争，提高产品的产量。事实上，专业化分工极大地促进石湾陶业的发展。有清一代，石湾以林林总总的日用陶为据，行销两广、东南亚乃至印度洋沿岸国家。陶艺制品既有柴、汝、官、哥、钧等名窑仿制品，更有青出于蓝而自成一格的艺术精品。虽然行会到了清末弊端百出，既阻碍了工商业者追加投资扩大再生产，不利于商品经济的繁荣，又抑制了新技术的应用，对本行业的发展起着束缚的负面作用，因而纷纷瓦解，但它对石湾制陶业和佛山其他行业在历史上起过的积极作用是不应该抹杀的。

三、石湾模式对佛山成为岭南商贸中心的佐证

古代中国城市，不是政治中心就是军事重镇，而明清时崛起的佛山，离广州不过20多公里水路，原来只是南海县的一个乡、堡，并非县城，却发展成为与广州双足鼎立，甚至繁荣程度超过广州的大都会。这曾使许多人大惑不解。然而，佛山正是以优越的地理条件和有利的人文因素，打破了“郡县城市”的发展模式，走工商兴城之路，一跃而成“天下四大镇”和“天下四聚”之一。它的出现，代表了传统工商城市发展的新道路，代表了当时传统社会都市化的主流，因而在中国古代城市发展上占有重要的历史地位，具有沿海农村“都市化”的典型意义。

石湾在佛山西南6公里，以陶业闻名而独树一帜，至清代更发展为佛山镇中之镇。“佛山一镇，绅衿商贾，林林总总”[①]。这里所指的“佛山一镇”和“绅衿商贾”，包括石湾和周边乡村及外地落籍佛山的商人集团，可见其商业之繁盛、贸易之兴旺。商人的大量涌现，带来了丰富的商业资本，而当地的手工业生产者通过出售产品也

①叶汝兰：《乾隆五十二年重修佛山经堂碑记》，道光《佛山忠义乡志》卷十二《金石下》。

积累了一定的财富，佛山四乡附近的地主和土地出租者也把地租收入投向利润丰厚的工商业。发达的资本市场有效地支持了佛山城市经济的发展，促进了佛山手工业生产的发展。而清代佛山的商旅和地主，相对集中在城镇周边的石湾、澜石和张槎一带。石湾的何氏家族、澜石的霍氏家族和张槎的陈氏家族都是当地有名的豪门望族。石湾的窑业、佛山的冶铸业等规模较大的生产部门又能够容纳较多的资本，这也为商业资本转向产业资本提供了可能。这部分资本通过再生产在流通领域中形成和积累起来的货币资本，还使得以商业繁荣为发展条件的佛山可以容纳更多的劳动力，储存更多劳动力后备资源。在这样的条件下，资本主义生产关系得以萌芽。到了清末，

明清时期佛山古镇生活图卷（局部，原作藏广东陶瓷博物馆）

更逐渐涌现出一批民族实业家，如简照南、简玉阶兄弟，梁定荣，陈启源等，在佛山地区甚至出现了全国第一家火柴厂巧明火柴厂和全国首家缫丝厂继昌隆缫丝厂。清代石湾陶瓷业发展的事实，对佛山工商兴城而显赫一时，是一个强有力的佐证。

到乾隆、嘉庆年间（1736—1820），石湾发展成南海县屈指可数的大镇，这里“商贸丛集”，繁荣富庶：“南海繁富不尽在民，而在省会、佛山、石湾三镇”。的确，像石湾这样有六七万人口的大镇，日常对粮食、副食品和日用品的消费是很可观的。她又是附近四乡的农副产品集散中心，农民来出售农副产品之后，自然会顺道购置日用品和农具，进而形成一个繁盛的以城乡人口为销售对象的商贸市场。石湾紧靠开阔的东平河，陶业大量消耗的陶泥和木柴，要从外地输入，陶瓷产品又从这里运出，从而带动了水上运输业的发展。泥商、柴商、陶商、为解决陶业资金周转而设的银号、为解决农村春耕资金困难的当押业，也就应运而生了。

清代广东商人主要由广州帮和潮州帮商人组成。广州商人资本雄厚，多半集中广州、佛山经商，“省会、佛山、石湾三镇客商，顺德之人居其三，新会之人居其二，番禺及各县各府、外省之人居其二，南海之人居其二。”[①]可见，石湾也是广州商人经营、投资的一个热点。嘉庆十九年(1814)，石湾丰宁寺重修，捐款的外地客商和佛山客商共418家，其中确知外地乡籍的客商200余家。商人重利，捐款公益事业是为将来获利而先期进行的一种情感投资或信誉投资。从名单中，可见当时石湾与省内外客商所建立的广泛联系。如当时广东人所吃的大米，有部分是由广西供应的，主要由佛山米商的“七市米户”在佛山镇内经营，另在石湾、澜石等地设销售点。这次捐助的外省商人，大部分来自广西的北流、容县、贺县、梧州、藤县、邕宁、苍梧等地，从一个侧面反映了米粮的供应渠道。而本省商人除珠江三角洲各县，北至连州、韶州，西至广宁、怀集，东至惠州，南至新会、台山等地[②]，反映了石湾与省内客商建立的商贸网络。石湾陶瓷业的发展，既活跃了城乡经济，又促进了佛山对外贸易的发展。顺治十六年（1659）碑刻《三院严革私抽缸瓦》记载：“南海石湾一隅……居民以陶为业，聚族皆然，陶成则运于四方”[③]。陶瓷业作为清代佛山地区生产规模仅次于冶铁铸造业的第二大支柱产业，在国内和海外市场的影响下，生产规模不断扩大，同时也带动了如成药商、柴商、木商、船商、盐商、布商、酒商、行商等相关行业的发展。

南风古灶·龙窑

① 龙廷槐：《敬学轩文集》卷二。

②《重修丰宁寺残碑》，拓片存佛山市博物馆。

③《明清佛山碑刻文献经济资料》，第20页。

农业和手工业是封建社会两个主要的生产部门。手工业生产的发展，促进了城乡商品交换的发展和城镇的繁荣，佛山就是从明初一个村镇发展起来的新兴工商业城市。正是由于手工业的发达，城乡经济空前活跃，其商业贸易之繁荣远胜于广州，正如康熙二十三年（1684）广东布政使郎廷枢记述："四方商贾之至粤者，率以是为归……桡楫交击，争沸喧腾，声越四五里，有为郡令之所不及者。"①康熙年间，吴震方在《岭南杂纪》亦说："佛山镇，离广州四十里，天下商贾皆聚焉。烟火万家，百货骈集，会城百不及一也。"诸如此类的记载还有许多，可见清代佛山一带城乡经济的繁盛景象。在地理位置上，石湾所在的佛山镇"控羊城之上游，当西北两江之冲要，天下巨镇，岿然居首"②，素有"三江贯通，八省腹地"之称。凭借着毗邻广州，河网密布，内河航运发达的便利，石湾所生产出来的陶瓷产品从陆路经过清水桥、通济桥，经佛山转口往南海、广州等地，水路经东平河、汾江河而直通盐步、西樵、九江、顺德、新会、三水、肇庆等地。《南海乡士志》载："缸瓦由石湾运省"，石湾窑每年出口值银100余万元，"行销西北江、钦廉一带及外销各埠"。石湾窑陶瓷产品的销售量雄踞当时南海、佛山一带产品销量的首位。在对外贸易中，石湾也依附佛山这个贡船贸易的重要港口，经东平水道及内河栅下码头等地，"南走澳门，至于红毛、日本、琉球、暹罗斛、吕宋，帆踔二洋，悠悠数千里，以中国珍丽之物相贸易，获大赢利"。③当时的石湾窑陶瓷产品经广州、海南运往越南、马来半岛以至印度、阿拉伯及非洲。正是由于拥有广阔的海内外市场空间，石湾这个制陶瓷资源贫乏的弹丸之地能够在制陶业称雄超过400年。可见完备发达的水陆交通，依托佛山这一与广州并重的岭南中心市场城镇，是保障石湾陶瓷制造业百年兴盛的必要条件。而石湾窑业陶瓷生产的进步，又对佛山地区商品经济的发展和维护佛山岭南中心市场的地位起到促进和保障的作用。

除此之外，最能反映商业资本流向的是石湾窑的产权所属。据《佛山文物志》介绍，清末民初石湾上、中、下窑共有91座，其中独资65座，合资22座，不详的4座。商业资本投向产业部门，使在流通领域中形成和积累起来的货币资本，有了新的发展余地，同时容纳更多离开土地向城镇集中的剩余劳动力，促进手工业生产的发展。这些资本主要来自两方面：一是手工业者通过出售产品所积累的货币财富，二是由地租转化。

总而言之，清初石湾制陶业与佛山冶铁业共同构成佛山产业的两大支柱。石湾制陶业较早出现的行会，标志着石湾制陶业的技术进步与专业化分工的趋势，对佛

① 《修录灵应祠记》，道光《佛山忠义乡志》卷十二《金石下》。

② 《重修佛山堡八图祖祠碑刻》，《明清佛山碑刻文献经济资料》，第257页。

③ 《广东新语》卷十六《器语》。

山其他行业的进步和城乡经济的发展，以至资本主义生产关系的萌芽，都产生深远的影响。而石湾由于工商兴镇，成为与广州、佛山连在一起的南海县三大镇，对佛山成为与广州双足鼎立、各显神通的岭南商贸中心，确是一个有力的佐证。

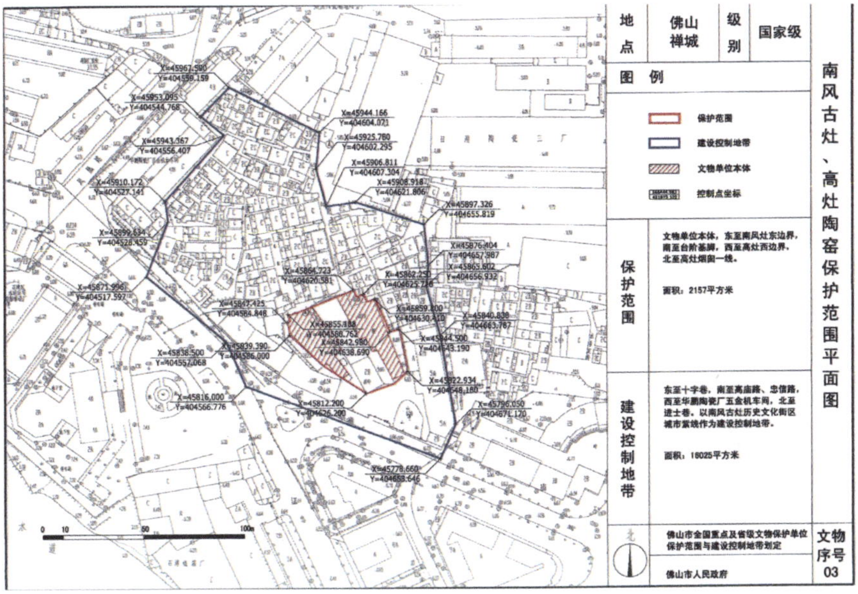

南风古灶保护区域图

佛山乡勇团练

佛山乡勇团练

——明清时期佛山乡勇团练制度对社会治安的影响

古代中国是以农立国的农业大国、典型的乡土社会。明清时期，由于岭南一隅与中原地区相距甚远，一些偏远的地区是皇权鞭长莫及的，而这些地方在很大程度上需要依靠当地的士绅和宗族势力来治理和控制，代替官府行使管理职能，致使皇权与族权、政府与宗族势力、官军与民团在这些乡村里堡相互交集，互为作用又彼此制约。一些乡村基层自治组织里的族权、绅权甚至起到了部分替代政权的作用。

团练，是古代地方的民兵制度，也包含有官兵一起练的意思。团练不是正式的乡村基层组织，却是在特殊的历史发展时期和特殊的地方所发展起来的产物，有其特定的历史研究价值。

一、乡勇与团练制度的起源与发展

1. 乡勇的组成

《三国演义》第一回："飞（张飞）曰：'吾颇有资财，当募乡勇，与公同举大事。'"这里说的乡勇，就是本土本乡的精壮劳力，由各村各堡从本村壮丁中选出，平常有各村族长节制，日常进行农事耕作，有事聚而为兵，履行保境安民的职责。当时的大村族长，多受传统封建思想的影响，崇尚耕读之风，尊崇儒家学说，讲求忠义孝悌和礼义廉耻的儒家正统思想，在操练乡勇上强调德才兼备，讲求忠义血性，重视对乡勇的教化。如咸丰二年（1852），王鑫与朱孙诒、刘蓉开办湘勇，治军极严，

闲时教士兵读《孝经》、“四书”，“以义理反复训谕，而引论经史大义，譬晓耸切，听者至潸然泪下”。[1] 王鑫认为：“将兵者练固不可废，而训尤不可缓。”可见民团组织是训练有素的，这些队伍的目的性如此之明确，战斗力强悍实非一般流寇土匪可以比拟。

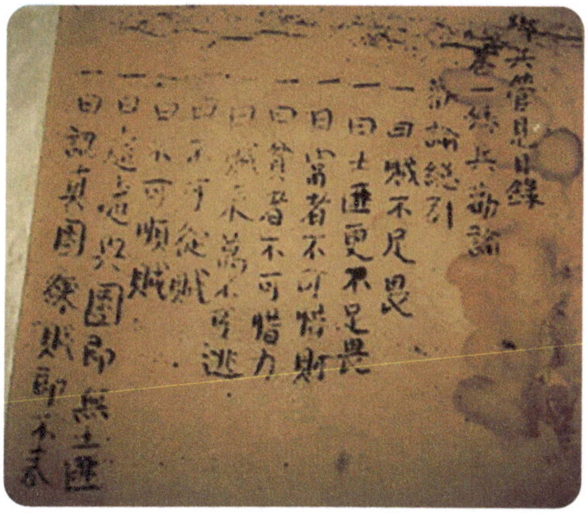

《乡兵管见》书影，清，李東撰

乾隆末年，由于久无战事，八旗兵训练废弛，已经没有什么战斗力，绿营兵也暮气日深，渐趋腐败。福康安在镇压台湾林爽文起义时，不得不招募地方“义勇”，由官给口粮，在绿营之外别自成营，随军战守，与官兵并用，时称“勇营”。清代学者魏源在《圣武记》中写道：“是时各路官军临阵，辄令乡勇居前，绿营兵次之，满兵、吉林、索伦又次之。”在咸丰以前，勇营额数多寡不定，武器也良莠不齐，没有创建营制，有事招募，事后即予裁撤，不过是一种临时性质的非正规部队。太平军起义后，咸丰二年（1852），曾国藩在原乡勇基础上创建“营哨之制”，编练了一支有独特制度的正规军，称为“湘勇”，通称湘军。咸丰十一年（1861）李鸿章遵照湘军的营制、营规组建了淮军。随后其他各省也相继招募乡勇，仿照湘军营制编练部队，使勇营成为镇压太平军和捻军的主力军。太平军、捻军失败后，部分勇营改为防军，后又改为巡防队，直至清末被编为陆军。由乡兵到勇营，经历了一系列发展变化，最终代替了绿营兵，成为清代后期镇压反抗和维护统治的重要武装力量。本文讨论的“乡勇”，是“以民卫民，以民治民”的地方自治性军事武装组织，更多的是指由乡村士绅招募的地方民团武装组织，主要职责是保境安民、维持地方秩序和支援官兵战斗。正如清人李東（字敬之，北京人）在《乡兵管见》中说的那样：“人人皆兵，时时有备”，“有事则一呼立至，无事则各安生业”。

明万历四十二年（1614），官至户部尚书、进士出身的佛山人李待问回乡后即参照朝廷军队的建设模式，招募乡勇，“兵饷支费由佛山各家铸造炉户分摊”，共凑集白银 170 两，[2] 组织起佛山首个地方武装自治机构“忠义营”，地址就设在沐恩社（今祖庙东侧），后来此处街名就叫做“营前街”，并一直沿用至今。崇祯元年（1628）

① 钱基博：《近百年湖南学风》，岳麓书社 2016 年版。

② 民国《佛山忠义乡志·乡事》。

诏设团练乡兵，由在籍员外郎李升问总其事。①李升问主持团练乡兵后，“定训练法，乡之人习之而安焉”②。此时佛山24铺才正式有了乡勇制度的设立。忠义营和乡勇制度的建立，加强了地方士绅对基层社会的控制，完善了民间社会治安管理体系，对佛山经济和文化的发展、起到了重要的作用。

2. 民团的扩张、职责与管理

民团以保境安民为己任，越是战乱的年代，民团的作用就越为地方士绅所重视。嘉庆初年，天地会开始由福建传入广东。嘉庆中后期，类似的秘密会党组织不断增多，不仅在人数上日益增加，在控制的地域上也呈逐渐扩大之势，对当地治安造成了潜在的威胁③，以至激起了民团的产生与发展。早在嘉庆五年（1800），由于天地会活动频繁，阳江县士绅组成民团，以维护乡村的基层治安。据两广总督吉庆奏称：“该处绅衿等，见地方有此不法匪徒，聚集多人，即带领佃户，召募乡勇，协同营县兵役，生擒首匪，并拿伙犯数十余名，良善毫无扰累，地方得以宁谧，其急公向义，实堪嘉尚。臣详查在县带领乡勇、佃户协捕之举、监、生员，不下六七十人。”④嘉庆七年（1802），惠州府博罗、归善、永安三县相继爆发大规模的天地会起事，惠州府属毗连各县的民团、团练应运而生，且彼此间互通讯息，严行防捕，以期“自护身家，保全乡里”。从清代档案资料和广东方志的记载，嘉庆七、八两年间，在惠州府一带，当地乡绅举办民团、团练与天地会作战的事例屡见不鲜。

早在明朝黄萧养起事中吃尽苦头的佛山，民团组织一直存在，团练制度也相对固定和成熟，民团组织在对抗陈开、李文茂起事所发挥出的作用可见一斑。面对清中期由太平天国运动和天地会起事带来的社会动乱，地方士绅们更是热衷组织民团，以维护自己的宗族利益。咸丰年间，南庄罗格孔家村乡绅孔继勋（1792—1842）就协助邓廷桢、林则徐等几任两广总督募捐9000两白银，制造排船，组织团练。光绪年间，容洲堡上园乡（今禅城区南庄镇上元村）举人霍伟南为“制止械斗、平息争讼、排解事端”，联络附近乡绅协助成立“莲峰七堡局”，保上元村民不受盗匪滋扰。直到民国十二年（1923），有佛山“张槎皇帝”之称的张槎乡大地主陈恭受还在张

---

① 乾隆《佛山忠义乡志》卷三《乡事志》。

② 民国《佛山忠义乡志》卷三《建置志》。

③ 详见中国第一历史档案馆编《天地会（六）》，中国人民大学出版社1987年版，第417、421页。

④《天地会》（六），第419页。

槎乡成立“莲花四十七乡镇联团”，自任总理，后来分别在佛山和广州组建商团，其中佛山商团的武装力量就有1600多人。陈恭受还坐镇佛山，纠集全省188个县、镇商团首领在佛山召开广东各地商团会议，策划叛乱；并指挥商团、乡团数千人在石湾和墩头乡集结，蓄谋开往广州。1924年，这些有武装的民团组织，发动武装叛乱，反对孙中山，给广州军政府造成了很大的麻烦。

嘉庆初年爆发的白莲教起事，让清政府默认了地方民团、团练组织的存在。嘉庆二年（1797），清将领明亮、德楞泰（1749—1809，正黄旗蒙古人，清朝名将）根据白莲教“行不必裹粮，住不藉棚帐，党羽不待征调，蹂躏于数千里”“东奔西窜，无久占之地，无一定之所，以劫掠为生”的流动作战方式，向嘉庆帝进呈《筹令民筑堡御贼疏》，提出实行“令民筑堡御贼”之法。明亮、德楞泰认为，采取传统的合围剿灭方式效果不大，“虽各路剿杀为数千万计，而首逆尚未成擒，余党不形减少”。究其原因，一是城乡守卫体系不均衡，“各州县在城之民有城池以资保障”，而“村庄市镇之散处者仅恃有一二隘口”；二是单纯依靠军队难以兼顾，如“以保城为急，则村市已被焚掠；以保荆襄为急，则房、竹、安康已难兼顾”；三是乡勇体系零星分散，“或相距较远，猝然遇警不及应援；或山路分歧，设堵未遍贼已阑入”。而“令民筑堡御贼”的优点在于：市镇乡村广筑土堡，“饬近贼州县于大市镇处所劝民修筑土堡，环以深壕，偏远不能合并作堡者，其余散处村落，酌量户口多寡，以一堡集居民三四万为率”；规范土堡组织形式，“或十余村联为一堡，或数十村联为一堡，更有山村偏远不能合为一堡者，即移入附近堡内，所有粮食牛豕什物一并收入”；建立土堡权力机制，“每堡派文武干员二三人，绅耆数人，为之董率弹压”。“令民筑堡御贼”法推行之后，效果显著，如“绅士梁友谷等筑堡团练，贼不能犯，保护乡里十余万人”。合州刺吏龚景瀚认为单纯靠军队或民团都不能“守护乡里”，他更强调保甲制中的团练功能，在“令民筑堡御贼”法的基础上提出了“坚壁清野”法。所谓“坚壁”就是修建城堡，所谓“清野”就是把粮食和物资藏纳于村堡之中，拿不走的就地销毁。同时他建议“建立堡条”，在“清查保甲”基础之上组织团练。具体办法是每户抽取壮丁二三人，官方发给鸟枪刀矛等器械，每一村堡择营中千把或

天地会令牌

外委一员、兵三四名进行教导和组织训练。团练只负责本地防卫自保事宜，不得调令出征。至于办团费用，官方负责“所有筑堡挖壕、建仓买粮、置备军械、一切守御器具及搭篷盖屋之费”；村堡士民则须为团丁供应粮食，此项摊入田赋，“十年或八年随地征还”。

清代地方民团的职责，主要是“聚集听议”“操练乡兵”“修凿城池”“设法储粮”“广修山寨”，操办民团的权力掌握在地方官手上，并以保甲制为基础，使得团练制度更加严密化和系统化。太平天国起义爆发后，工部左侍郎吕贤基上奏，请将团练之事交由地方巡抚办理。吕贤基认为，“广西贼匪之扰在内地，与外异；平外寇责在将帅，平内寇责在巡抚。”更强调抵御之道，他认为依靠乡勇民团以守为剿，实施坚壁清野进行抵御，“各村各乡自为团练，令众人共举绅士之公正有谋略者为首，择险要之地共结为寨。其平原旷野零星散户则并入寨中；凡州县交界及邻省交界之处皆据险结寨以为固守，守之而耕种于其内。贼至，则入寨自保而乘间出击；贼退，则各寨截杀而不穷追。”[①] 这样可以达到“固在能杀贼匪，尤在保卫居民；不恃多调官兵，而特团练乡勇”的目的。李柬在《乡兵管见》也提出，团练之道，在于“使人人皆兵，时时有备”“处处有团，村村相应”，并明确团练的作战指导原则是坚壁清野、以主待客、以饱待饥、以逸待劳、四面围剿。

清代团练乡勇

① 《吕文节公奏疏》卷二《诏求直言》。

咸丰初年，咸丰帝颁布清理保甲制的上谕，要求各地督抚“力行保甲并呈明章程”，他认为“保甲行于五事之时，团练行于有事之日”[①]。咸丰三年（1851）三月初六发布办团上谕，允许全国性大办团练。但他又对地方武装很是不放心，在上谕中明确规定民团乡勇只能保护地方，“不得远行征调”。此外，朝廷还严格规定乡兵：“不可私斗，不可违令，不可虚发火器，不可偏徇赏罚，不可勒捐口粮，不可招募外勇，不可临阵退缩，官不可扰团，团不可抗官”[②]，并“导之以劝谕，晓之以章程，使知团练为保卫身家之至计，有利无害，使民心情愿”[③]。但后来地方民团势力日益坐大，有的地方甚至不听地方政府号令，公开聚众抗粮抗税，大胆妄为到“假团济私”“殴官围城”“挟众以号令一邑”“武断乡间”的地步。清后期由于八旗和绿营军的腐败，只能依靠地方武装势力来维持统治。咸丰年间，曾国藩以团练为基础，加上兵勇、夫役、工匠等编成陆军十三营六千五百人、水师十营五千人，人称湘勇或湘军，实行兵随将转、兵为将有的家族式管理，全军只服从曾国藩一人。此外，由乡勇团练起家的还有左宗棠、李鸿章等人，他们招募乡勇，组建民团，使湘军、淮军等地方武装势力代替八旗和绿营军充当国防正规军的角色来镇压太平天国、捻军、小刀会等。这些依靠地方武装势力起家的士绅，到了清末更是成为军阀割据的源头。

3. 乡约、士绅、宗族与地方自治

从广义的角度而言，县以下、家以上的包括乡约、会约、宗约、家族、宗族、保甲、里甲、行会、会馆、番社、社学、义庄、义仓、社仓等名目众多的民间组织都可以归纳到社会基层组织里面。在这些基层组织里，家族是细胞，是以血缘关系维系起来的社会组织。一个家族由若干个家庭所组成，若干个家族形成宗族。宗族是基层组织的实际控制者，通过制定符合自己利益的村规民约来自行赋予其管理乡村的社会职能，在思想价值观念、社会教化、道德话语权乃至社会生活的各个方面对家族和个人进行规范管理和有效控制。它利用族权从政治和经济两个层面控制着基层社会，封建皇权往往也依靠宗族的势力来管理庞大的帝国，族权是皇权在基层乡村社会的代理人，权力来源于政府，带有官方的色彩和烙印，在维护统治、强化社会秩序、加强社会管理等方面起着十分特别的、不能替代的重要作用。而介于官民之间的士绅阶层由于拥有土地财富、文化知识和较为广阔的人脉关系，在乡村社会中地位赫然，

---

① 《清文宗实录》卷三十三。

② 《乡兵管见》卷二。

③ 《乡兵管见》卷三。

起着举足轻重的作用。

乡约起源于北宋时期，是民众自治的一种体现。宋熙宁九年（1076），吕大均（1031—1082，陕西蓝田人）于陕西蓝田建立了中国历史上第一个乡约《吕氏乡约》，目的是使乡人能“德业相劝，过失相规，礼俗相交，患难相恤”。它是由老百姓主动自愿起草的乡规民约，用来处理众人生活中面临的治安、经济、社会、教育、礼俗等问题，其原则是“其来者亦不拒，去者亦不追”，自由度很大。《吕氏乡约》第一次创造性地把乡约与乡礼结合起来，它的根本原则与《周礼》“十二教”的教化精神是高度一致的，在形式上它继承了《礼记》中的乡饮酒礼。所谓的“十二教”，包含了几乎所有的政教，“一曰以祀礼教敬则民不苟，二曰以阳礼教让则民不争，三曰以阴礼教亲则民不怨，四曰以乐礼教和则民不乖，五曰以仪辨等则民不越，六曰以俗教安则民不偷，七曰以刑教中则民不虣，八曰以誓教恤则民不怠，九曰以度教节则民知足，十曰以世事教能则民不失职，十有一曰以贤制爵则民慎德，十有二曰以庸制禄则民兴功。”而《礼记》中的乡饮酒礼，在于用礼的形式行教化。正所谓“乡饮酒之礼，所以明长幼之序也”。具体的仪式是：“乡饮酒之礼，六十者坐，五十者立侍以听政役，所以明尊长也；六十者三豆，七十者四豆，八十者五豆，九十者六豆，所以明养老也。民知尊长养老，而后乃能入孝弟；民入孝弟，出尊长养老，而后成教；成教，而后国可安也”。乡饮酒礼所要的是培养乡里之间的“里仁之美”，这既是一种社会治理的理想，也是一种处于萌芽状态的地方自治制度。

明初，全国普遍建立了乡村教化体系，但至明代中期以后，随着社会的动荡和土地兼并的日益激烈，乡村教化体系遭到破坏，地方社会不安定的因素增加。为改善乡俚民俗，从正德年间起，丘濬、王阳明等士大夫提出了比较系统的乡约建设理论，有的是用乡约行保甲，有的是融乡约、保甲、社仓、社学、乡礼为一体。王阳明甚至在江西南安和赣州等地创建了《南赣乡约》，以取代已经破坏了的乡村教化体系，通过互助自治的方式来管理乡村生活的方方面面。嘉靖初，礼部正式檄文全国，举行乡约。各地乡约开始得到了官府的支持和地方士绅的响应，逐渐得以形成和发展。清康熙年间，康熙帝将早在清雍正二年（1724）初就流传民间的乡约以“圣谕”的形式颁布全国，这就是有名的《康熙皇帝圣谕》：“敦孝弟以重人伦，笃宗族以昭雍睦，和乡党以息争讼，重农桑以足衣食。尚节俭以惜财用，隆学校以端士习，黜异端以崇正学，讲法律以儆愚顽。明礼让以厚风俗，务本业以定民志，训子弟以禁非为，息诬告以全良善。诫窝逃以免株连，完钱粮以省催科，联保甲以弭盗贼，解仇忿以重身命。”并要求专请州县里的行政长官、儒学教谕、教授、训导等人，于农作之隙，到乡村督讲“圣谕”十六条。当中央政权对地方基层控制能力较弱的时候，朝廷就借地方士绅协助中央政府来加强基层社会的思想控制和行为管理，并允许和鼓励士绅阶层积极参与地方政治活动以维持地方的统治秩序。

明清的宗族组织呈现出庶民化、普遍化的倾向。起初，乡约的主要作用是劝善习礼、宣化惩恶、道德教化和治安防御，有的村堡还将乡约和宗族的家规家法结合在一起，编成乡约家法，并刻书颁示、立碑警世，以“表章家礼及蓝田吕氏乡约，列于性理成书，颁降天下，使诵行焉”。[①]这样就使得乡约以封建正统思想的面貌固化下来，因为它既代表了族权的利益，也代表了封建政权的威严。乡约和民团、团练制度建立的目的是一致的，但与民团、团练相比，乡约更侧重于道德教化。在实际操作中，乡约还要受到地方宗族势力、民间宗教信仰、社会名流等其他社会力量的影响。它们在文化制度、观念意识等方面为乡约提供合法性，使之在地方基层社会得以有效运行并发挥出相应的文化整合功能。

明清时期佛山地区的乡约组织，以地区范围为主，以宗族血缘范围为辅。族谱、祠堂、血缘、族长共同形成了乡约的基础，族田、族产作为乡约的经济基础，维系着乡约的存在。南庄罗格村就建有“八甲乡约社学”，聚数甲之力，举宗族之财，以乡约为契，兴办社学来教化风气、培养子弟。特别是嘉靖之后朝廷准许民间祭祀祖先，也允许官员建家庙，以宗族祠堂为中心的宗族组织在南、番、顺等地区普遍建立，更具有血缘和地缘相结合的特色，祠堂成为合族集会议事的场所，成为宗族和宗法的载体和象征。正如屈大均在《广东新语》里所描述的那样：“自唐宋以来，蝉连而居，安其土，乐其谣俗，鲜有迁徙他邦者。其大小宗祖弥皆有祠，代堂为构，以壮丽相高。每千人之族，祠有数十所。小姓单家，族人不满百者，亦有祠数所。”明清时期佛山的祠堂，李姓 25 座、陈姓 47 座、梁姓 58 座、冼姓 24 座、庞姓 6 座、霍姓 49 座、黄姓 30 座、何姓 18 座、区姓 10 座、吴姓 10 座，其余少于 10 座的小姓氏更是多不胜数。[②]但这些以祠堂为纽带的宗族组织遵依的依然是原来的保甲制原则：“城市，取坊里相近者为一约；乡村，或一图或一族为一约。其村小人少附大村，族小人少附大族，合为一约。各类编一册，听约正约束。”[③]乡约的负责人为约正、约副，其具体任用标准、人数与办法是：“择年高有德、为众所推服者一人为约正，二人为约副。”对其他负责人员和参加人员的要求是：“通知礼文者数人为约赞，导行礼仪为司讲，陈说圣谕，又得读书童子十余人歌咏诗歌。其余士民俱赴约听讲。

① 王樵：《金坛县保甲乡约记》，陈梦雷等编纂：《古今图书集成》卷二十八《乡里部》。

② 区瑞芝：《佛山新语》，第 75—81 页。

③ 康熙《徽州府志》卷二《舆地志下·风俗》。

有先达缙绅家居，请使主约。”[①]今佛山周边很多地名，如桂城街道礌岗社区的南约村、北约村等，依然可见古老乡约制度的遗风。

士绅阶层是中国传统封建社会一个特殊的阶层，他们非官，也非民，但却拥有某些特权。这种特权包括政治、经济和社会上的种种权力，享有特殊的生活方式。明清时期，乡绅主要指居乡或在任的本籍官员，后来扩大到进士、举人。上层的士绅属于官宦士绅，主要包括退休的官吏和有功名的进士、举人、贡生、秀才等，下层的士绅则由各类正途生员、异途监生、例贡生等构成，可以称为庶民士绅[②]。而“绅士”一词在明代主要还是分指“乡绅”与“士人”，到晚清则演变为对所有“绅衿”的尊称和泛称，主要包括在野的并享有一定政治和经济特权的知识群体，如拥有科举功名之士、退居乡里的官员和在乡里有一定影响力的地主、商人。这些人群不是体系内的正式官员，不拿朝廷的俸禄，也没有官位和职衔，但是他们作为当地有文化、有见识、有社会关系的特殊人群，特别在一些聚族而居的地方，大多数都担任着乡里各种基层组织的村正、里正、保长、团正等职务，主持着带有半官方色彩的各类“准基层行政组织”，享有“绅权”，在乡村权力结构中占据重要的地位，在基层社会扮演重要的角色。他们既是皇权在乡村里的延伸，又是地方、宗族、团体利益的代表，主导和支配着传统乡村社会的经济生活，更维护小圈子的私利，对于损害自身利益的官府也会进行抵制，从而在民间起到一种维护官民平衡的中介作用。

士绅阶层在基层社会中的特权很多。在政治上，他们是皇权在乡村的代言人，代表了本地的群体利益，与地方官平起平坐，可自由见官面禀。在礼仪上，绅士同官吏一样，有着与平民百姓迥然不同的特殊称呼，日常所佩戴的饰物、顶戴、服装都不相同。在社会职责方面，绅士在家族举行祭祖、酒礼、红白事和地方上的节庆、典礼中，往往被推举为族中领袖，担任主礼、司仪、主祭等重要职务，承担了乡里间诸如排解纠纷，兴修公共工程，维护寺院、学校、贡院，组织团练和征税等许多事务；在法律上，绅士所享有的势力和威望也受到官方的保护。在经济上，绅士们通过担任乡里社团公职、处理地方事务、充当幕僚、教学、行医、代诉、代写文书等获得来自土地收入以外的其他收入。同时，绅士也享有免缴某些赋税、徭役，享有例银或其他津贴的特权。这些特权，就是所谓的“绅权”，本质上就是一种地方民间权威，它来源于农耕社会的基本需求。在广大边远的农村社会，这种绅权比政

① 嘉靖《徽州府志》卷二《风俗志》。

② 见张仲礼著，李荣昌译：《中国绅士——关于其在19世纪中国社会中作用的研究》，上海社会科学院出版社1998年版，第4—5页。

权更有实际的控制能力。绅士拥有诸多特权，在前近代社会中是一支不容忽视的社会群体，以绅士为主体的地方精英的兴起，对社会基层组织建设和乡里公共事务管理，如兴建水利、铺路架桥、赈灾救济、建置捐修、劝善举业、创办学校、维持风化、调解纠纷、维持治安等公益性事务起着重要作用。在社会变革和社会动荡时期，中央与地方权力发生相对转移，乡村权力结构发生显著变化，政府职能部分转移至民间社会，并由这些享有特权的士绅代替政府行使职权，而且在一定程度上左右着地方政局，这种表现到了明末和清末尤为突出。

孙中山曾说过："中国人最崇拜的是家族主义和宗族主义。"① 而社会的发展必然以逐渐消灭族权的影响为趋势，强大的族权是封建皇权所不能容忍的，但是以血缘关系为核心的宗族文化并不可能随着族权的崩溃而彻底消亡。相反，宗族文化会长期存在于乡村社会，并不断地对基层社会起着"润滑剂"的作用。宗族组织对族人的管理和约束主要体现为建立一套道德、伦理、祠规等规范性的细则，以族规、族长、祠堂为核心形成权威性的控制系统，同时以族田、族产、义庄、义仓等救济保障手段为后盾，以祭祀、族谱、族训等为宗族礼仪教化内容，形成一个严密有效的民间自治组织。这样的宗族组织，在维持地方社会秩序方面比官府要有效得多。清中叶后，清政府日益腐败，国力日益衰弱，而地处封建政治权力边缘地区的广东，宗族势力却日益壮大，在个别地方甚至以族权代替皇权来行使乡村的行政管理权。宗族势力的过度膨胀导致流弊积集，僭越司法、武装械斗、隐瞒赋税、联族自治等情形的出现已经对皇权统治构成挑战。自康熙开始到嘉庆中期，朝廷对广东、江西两省的宗族势力进行过限制和制衡，以削弱基层族权的势力，但结果也使得宗族势力在稳定社会秩序、维护皇权统治方面的特殊作用受到严重削弱。到清代中后期中央政府对两广、江西等省份基层社会的控制弱化，太平天国运动、天地会和洪兵起义在清王朝统治较为薄弱的地方起事，呈现出一发不可收的燎原之势。

1905 年开始，在民族危机日趋严重的情况下，清政府而被迫大力推行"地方自治"，美其名曰"以地方之人办地方之事，以地方之人谋地方之公益"。这成为晚清政治改革的重要内容。在制度设计上，清廷从一开始就没有打算让老百姓真正拥有自治的权利，最典型的是在自治机构的选举中，对选民和候选人的资格做了严格限制，普通老百姓根本就没有选举权和被选举权。自治机构基本上都被乡绅控制和把持。清廷颁布的《城镇乡地方自治章程》列举了八项"自治事务"，包括学务、卫生、道路工程、农工商事务、慈善、公共事务、筹款等，自治的原则是"专以办

① 《孙中山选集·三民主义》，人民出版社 1981 年版，第 617 页。

地方公益事宜，辅助官治为主”，并且要受“地方官监督”。这样一来，就形成了国家掌“大权”、乡绅掌“小权”、普通民众“无权”的格局，乡绅利用政府赋予的权力，有恃无恐，巧立名目，大肆横征暴敛，鱼肉乡里，祸害百姓。光绪三十一年（1905）七月，佛山的士绅和商人联合成立了自治研究会，设镇议事、董事会，“凡本镇学务、卫生、道路工程、慈善、公共营业等公益是谋，而地方官仍监督之”。地方自治成了地方官宦和土豪乡绅画地为牢的势力范围。地方自治依靠的是家法族规，与政府掌控的法律并行，由于各地的风俗不尽相同，各个宗族组织的家法族规也各异，但这些依靠社会教化作用和传统道德伦理维系的家法族规，大多需要地方官府介入，借助其权威颁布实行。家规族规作为国法的补充，将族群事务公开化、社会化和政治化，间接地代替地方政府行使一部分管理乡村的职能。

清代乡勇

4. 团练制度的形成与团练部队的战斗力

“乡约是无形的保卫，团练是有形的保卫”。[①] 团练源于保甲制，是以保甲为基础，在地方官员的督导下，由地方士绅带头组建的实行地方武装自治的基层军事化组织（中国古代最低一级行政单位是县，县以下为基础社会组织）。这种基层的武装自卫组织奉行寓兵于农、保境安民的策略。团练形成制度在宋代就已经开始。《水浒传》中宋

① 牛铭实：《中国历代乡约》，第 72 页。

江三打祝家庄、曾头市，梁山人马大胜官军，但却败于扈家庄、祝家庄与曾头市等地方武装手下。这些由地方乡勇组成的民间武装团体，即为明清乡勇团练的反映。

明代“团练”始于地方官员出身的卢象升，他在自己辖区内建立了地方防御和管理的一系列制度，建立村寨堡垒，内囤粮草，当流寇来犯，便迁附近村民入寨坚守。百姓们以所隶属的村寨编成“团”，每个“团”有团长，下辖“练长”指挥训练民兵进行自卫。这种“团练”方式，实为地主武装，队伍多为亲属、兄弟或同村族人、子侄组成，彼此相互认识，战斗时能够互相照顾，齐心协力，战斗力很强。当年李自成的大顺军为清兵所败，残部在退守湖北九宫山时即为当地的地主武装（团练兵）所围攻，李自成更因此殒命。可见团练部队强悍的战斗力。

湘中著名理学家，湘军创始人罗泽南的门生王鑫（字璞山，湖南湘乡县人）就认为：“团者，团拢一气，尔我相救，生死相顾，此之谓‘团’。练则练器械、练武艺、练阵法，尤要练胆，而练胆必练心。胆有大有小，心则人同此心。人人欲保全身家性命，非杀贼不能自保，而非练器械、练武艺、练阵法，不能杀贼，所以要‘练’。然一人之力，能有几何？而盗贼则先啸聚多人，非大众随心，同心共死，互相保，不能自保，所以要团。非编民甲、清宵小，内奸不清，则外寇乘，所以非保伍，则团练亦无用。”随着团练的兴起、保甲制的衰惫，士绅通过举办团练包揽钱物征收，介入国家赋税管理系统，有的地方甚至参与户籍管理、替代国家司法体系，独断专行，包揽生杀大权，从而形成绅权与政权相抗衡的局面。正是由于保甲制被团练制度所逐步取代，由士绅控制的团练最终成为掌控乡村基层社会政治、经济权力的武装团体。

乡勇的团练方式，多采取即募即练。王鑫认为，对于团练部队的训练要“以铁瓦缚士卒足，习超距；以重械勒士卒运，练臂力。习步伐，演阵式，无日不申儆所部，三令五申，而讲明分合之法，以于阵势变化，行伍不乱，乃可以少胜多，以静制动。于是重改定勇制，撰营制、职司、号令、赏罚、练法五篇，曰《练勇刍言》。而尤注意于练胆、练心。又以意为阵法，撰《阵法新编》。其书变通古人成法，务于以定持变，以整暇胜剽悍，诏偏裨演之。”团练部队除了训练有素之外，还拥有当时比较先进的火器装备。众所周知，明朝后期火器已经在军队普遍使用，明军的“神机营”就是清一式的火器装备，从欧洲引进的“红衣大炮”（小佛郎机）更是让清军损失惨重。清代的火器营也日趋完备，不但有连发的火铳，还有子母炮。当时地方团练部队也大规模使用火枪、大炮。据《禅城古村》一书记载，光绪十年十一月，镇安村东火药局发生大爆炸，除伙夫外出买菜外，正在工作的170多名工人被炸死、烧死。[①] 从这则史料可以推测，拥有170多名工人的火药制造厂，生产能力不会低到哪去，虽然民间用途的占据了一部分，但这些火药在当时大多数应用于装备部队。而佛山又有冶炼的传统，具有制造武器、枪械、大炮的能力，加之有地方豪绅和地主富户的经济支持，所以可以推测，明清时期佛山的民团部队，武器装备要远比一般的农民军、流寇、匪盗队伍精良。

明清时期佛山民团拥有强悍的战斗力，还跟佛山地区民风悍勇、武术流行有关。每逢节日、神诞等民间盛会，佛山人都喜欢用舞龙、舞狮、扒龙舟、抢花炮、唱大戏等方式娱神乐众，而这些活动都需要参加者有强壮的体魄和深厚的武功根底，因而很多年轻人都把习武作为一种强身健体、展露个性的风尚。他们自少便各逞英雄，以习武为乐，传承了一代代佛山人的尚武精神，促进了武术文化的不断发展。中国武术分南北两大派，而佛山是南拳的发祥地之一，汇集了南北不下于六十种拳种，以“洪、刘、蔡、李、莫”五大门派的影响力最大。明初，佛山就是闻名天下的武术之乡，是中国南派武术的主要发源地，习武之风已遍及城乡村堡。据康熙《南海县志》记载，明代南海的武举人共25名。嘉庆四年，南海县和顺镇文教乡还出过武状元姚大宁，共计有武进士2人、武举人54人。嘉庆二十四年《三水县志》记载有武进士1人、武举人32人。道光《南海县志》记载有武举人36人。宣统《南海县志》记载有武进士4人、武举人27人，民国《佛山忠义乡志》记载有武进士3人、武举人42人。明清时期，佛山作为岭南的一个弹丸之地，竟然出现了两位武状元和如此之多的武进士、武举人，可见习武成风，名家辈出。清末民初，武术流派更是百花齐放，涌现了大批武术家和武馆。作为南派武术的集中地，在上世纪三四十年代的老佛山，锦华路、升平路、筷子街等街道遍布收费授徒的武馆。现在世界上广泛流行的蔡李佛拳、洪拳、咏春拳等拳种，在佛山都有传承和发展。在珠江三角洲家喻户晓的“广东武林十虎”当中，黄麒英、梁坤、苏黑虎都是佛山人。1839—1840年，林则徐禁烟时期，蔡李佛拳创始人陈享就曾协助林则徐训练义勇水师。鸦片战争爆发后，陈享始终抱着“以武强族”的信念，积极宣扬“吾技进可御外侮，退则强身健魄”，毅然率领众弟子投入广州虎门水师衙门麾下，英勇抗击外来侵略。佛山民间练武成风，造就了乡勇壮丁普遍都有健壮的体魄和一定的格斗技巧，由这样的习武群体组成的乡勇民团，战斗力当然就强于一般的军卒，更非那些亡命之徒的盗匪和无业游民出身的造反队伍可比了。

---

① 见佛山市禅城区档案局、禅城区地方志办公室编《禅城古村》，2013年，第89页。

二、团练、民团、乡勇与秘密会党组织

1. 清初秘密会党组织与反清复明斗争

清初，反清复明组织遍布全国各地，但因为力量悬殊，都采取隐秘的组织方式进行。这些反清组织，大多隐匿在南方汉族士人聚集的偏远城市和乡村，武装力量以明朝遗臣和名门士族所掌握的少数明军为主，更多的是各乡各村的民团组织。这些组织以“反清复明”“反清复汉”为宗旨，结团聚社，伺机而动。例如道光十年（1830）出现的三合会，就是由分布在广西边陲至广州一带，包括梧州、肇庆和佛山在内的团练、市镇民团及村民组织互相自保而成的民间组织。也有称其为“洪门三合会”的。有学者认为这个秘密会党组织是著名反清复明组织洪门天地会在广东地区的一个分支。在石湾出现的由陈开等人领导的“五顺堂”就是佛山地区最早的天地会（洪门三合会）秘密会党组织，这些民间秘密会党组织曾在太平天国运动中起到推波助澜的支持作用。咸丰四年（1854）夏，太平天国定都南京后，三个广东秘密会社应太平军水军将领罗大纲的号召，在南方的浔江发动反清起义，聚众欲攻占广州城，以固太平天国南方门户。这三个社团，因为他们响应洪秀全，自称为洪兵，起义军声势浩大，包括40多个县近100万的游民和破落农民参加，部队曾一度围攻广州城。这三个社团的首领就包括佛山手工业者出身的天地会首领陈开、“红船”子弟出身的粤剧艺人李文茂及肇庆西江水上天地会的首领梁培友。

1854年6月，东莞三合会首领何六率领会众首先在东莞县石龙镇起事，用了不到20天就拿下了东莞县城。7月5日，陈开与李文茂在佛山镇起事，由于会众头裹红巾，便称为“红巾军”。他们以位于石湾的蒙清岗为正营，大雾岗为副营，以丰宁寺为大本营，由丰宁寺和尚邝能（即和尚能）任军师，一天之内便攻克佛山。陈开自称安东将军统领水陆各路兵马管理粮饷招讨都元帅，梁培友为镇东将军。天地会会众纷纷举旗响应，东到广东惠州、潮州，西到广西梧州，北到韶关、连县，南到高州、廉州，天地会义军营垒相望，旗帜相接。数月之间，占据了30余座府州县城。因起义军头扎红巾，时人称为“红兵”，又有叫“洪兵”的，故这次起义也称“洪（红）兵起义”。这场声势浩大的起义以广州、佛山地区为中心，陈开、李文茂被尊称为“盟主”。陈开一众在攻克佛山镇后，迅速发兵包围广州，时值秋天，十多万洪兵从水陆两路向广州进逼。陈开

佛山天地会首领陈开像

从佛山镇由南向北推进；李文茂从佛岭（今广州白云区新市）进攻北门；陈显良从燕塘进攻东门；林洸隆驻守省河南岸（珠江河），牵制清军；关巨、何博奋的水军截击清军内河水师，断绝其水上交通。水上洪兵战船数千艘，控制珠江河面。陆上则分兵三路直扑广州的东、西、北门，会合于广州城外，把广州围得水泄不通。时任两广总督的叶名琛在英国香港总督宝宁（John Bowring）的援助下，依仗坚城利炮，坚守广州半年不失。但是陈开的队伍刚从佛山出发就被地方豪强组织的民间团练、募勇在南海县死死拖住了北进广州的步伐。广州城内有英国的船只不断运载粮食军火接济，而起义军则面临补给困难、粮食缺乏又久攻不克的不利局面。1855 年 2 月，叶名琛命部将沈棣辉统一指挥陆军万人、战船百只、水军三千人，连同驻扎佛山附近的士兵五千人及团练募勇，向佛山进攻，一举击溃陈开的部队。陈开等人见势不妙便分头转而北上和西进，在梧州冲破清军的堵截，取肇庆水道转战广西。占领浔州府（治今广西桂平）、贵县后，义军沿江东下，攻占平南、藤县，包围梧州。起义军连战皆捷，重创清军，并连克附近州县，陈开在桂平称“镇南王”，建立“大成国”。后于 1858 年被广西按察使蒋益澧的部队击败，起义军在撤退途中又遭地主团练伏击，陈开、李文茂相继被俘牺牲。这个结局与李自成大顺政权的覆灭是何其相似！真所谓成也民团，败也民团啊。

广西桂平大成国王府遗址

2. 秘密会党组织的架构与力量

明清时期的秘密会党，如哥老会、天地会、三点会等，多由社会上的破落农民、游民、流民、小手工业者、小商贩、失业者、无产者甚至是地痞、流氓等三教九流组成。他们与正统思想格格不入，和主流社会秩序相对立。大部分会党组织做着呼啸山林、打家劫舍、滋事斗殴、绑架勒索、劫夺财物的勾当，对社会破坏力很大。个别会党组织有着严密的组织架构和组织制度，也有严格的入会仪式，帮内有一套特殊的表露身份、秘密联络的固定术语，包括诗句、暗语、手势、特殊记号等。例如清初活跃于广东的洪门天地会，因“拜天为父，拜地为母”而得名。该组织强调“天、地、人”相合，又名“三合会”。“天地会”对内称“洪门”，是清代南方会众最多、分布最广的民间秘密会社。据嘉庆年间清宫档案记载，活跃在广东的天地会组织有43个之多。在天地会里，老大称为“龙头”，往下有“二路元帅”“红棍”“白纸扇”“草鞋”等名头，每个职位均有司事，各负其责，在多地设置有“堂口”。天地会香港三合会流传下来的除“三十六誓”“七十二例”外，还有“四条誓约”“八条处罚”“十大帮规”等，对会众在日常的衣食住行等各个方面进行严密的行为规范，可见组织纪律之严密。晚清时期的天地会组织在推翻清王朝的辛亥革命中做过贡献，但由于缺乏崇高的政治理想维系，帮会组织逐渐演变成从事黑社会犯罪的集团，甚至勾结海盗，贩卖鸦片、开设赌馆、经营妓院。为了维护帮会内部的经济利益和地缘宗族团体关系，他们既对抗官府，也打击来自外部的帮会势力。为了给见不得光的地下会党组织一个合法的身份，他们往往依附于地方宗族势力或行会组织，更多的是以乡勇、民团、护场等面目出现，成为地方民团组织的组成部分。

由于地方官府吏治腐败，对地下会党组织多纵容包庇，有些会党长期盘踞一隅，势力逐渐坐大，不仅人数众多，而且拥有枪械甚至是攻城用的器械。如嘉庆年间发生在惠州博罗县的陈烂屐四天地会起义，准备时间长达一年，义军自行制造了大量的大炮、火铳、鸟枪和火药等武器，而且还拥有攻城的器械，参加起义的超过一万人。咸丰五年（1855），容洲堡吉利上村乡民陈亚满、陈亚沛、陈亚池、马亚乔、莫亚光等在乡中起事，成立“全胜堂”组织，聚众数百人，搜罗木艇六艘，联结佛山、陈村、九江、西南等地的秘密会党组织声援红巾军，并与关巨的部队合兵一处，集木艇数百艘进攻沙头、官山、罗格、官洲、两围及附近的窦头、大岸等乡。义军人数众多，水陆并进，来势汹汹，虽然多是些没有经过军事训练的乌合之众，但也足见声势浩大。

洪门三合会的会徽

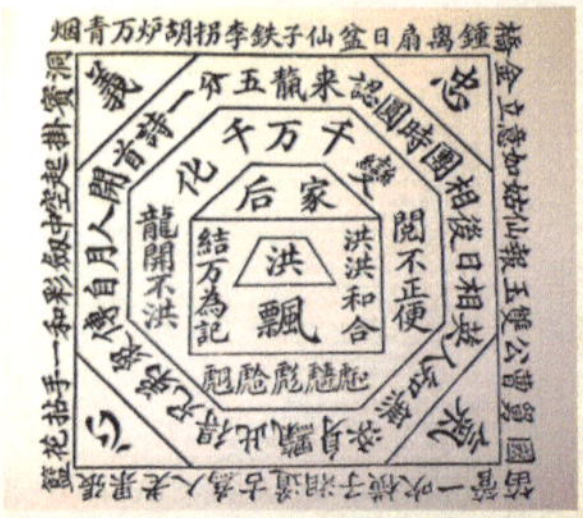

洪帮的印信

天地会的符篆

3. 地方民团、团练的种类及其对区域安全的维持作用

清代乡勇团练搞得最出色有名的，当数时任湖南湘乡知县的朱孙诒。朱孙诒（？—1879），字石翘，江西清江人。由刑部主事改湖南宁乡、长沙知县。道光三十年十月知湘乡。正在此时，太平天国起事，洪秀全揭竿而起，湘乡县境因钱漕闹事，骆秉章决定派朱孙诒去湘乡当知县。他组建起由当地壮丁组成的乡勇，湘乡人彭洋中（1803—1864）所写的《湘勇源流记》中记载：

时清江朱孙诒卸署长沙县事甫月余，又已奉部咨，允补酃县令。按省例皆不得遽委他缺。湘人知其贤且能也，相率遮大吏舆，乞借剿寇。秉章语属僚曰："诚知非朱令不可，第违省例，而强以人人所不欲，乖护惜吏才之意耳。"春熙曰："是可以忠义动也。"因促召朱令，至则长揖，以顾全局恳。孙诒受命，无难色。其捧檄往，则是年十月初二日也。孙诒未莅任之先，乡民麇集数千人城中，环县令署譟聒钱漕事。闻孙诒至，喙顿息。孙诒下令曰："胥吏滥索诚病民，然新漕伊迩，骤改章，恐弗及。其各归，来年当为若尽剔胺削弊。敢胥动浮言者，罪不赦。会匪扰闾里，尔切近，灾也。亟缚献，毋少延。"众唯唯遂散。是月半，有以盗魁陈胜祥、刘福田、彭明新来献者，讯得实，并置诸法。自是絷贼之索，日相属于道。

从这则记载可知，朱孙诒任湘乡知县时，剔除积弊，举办团练，一县称治。湘勇之朴勇敢战，实由此君办团而起。特别是他识拔将才，如罗泽南、王鑫、刘蓉、李续宾、李续宜诸人皆由其"拂拭而起"，也就是他使团练制度成为以后曾国藩创建湘军和编练新军的基础，其后湘军之盛实赖其功。湘军之后各省纷纷仿效，李鸿章的淮军、袁世凯的小站编练新军，乃至后来各省督军形成军事割据，最后成为清廷的掘墓人。

在举办团练的态度上，曾国藩主张融宗族于团练之中，认为操办团练要先举“团”，再兴“练”，“以一族之父兄治一族之子弟，以一方之良民办一方之匪徒，匪徒去则良善安生，乃所以为团”①。他在《覆文任吾书》中提出：“国藩此次办法，重在团，不重在练。团者即保甲之法也，清查户口，不许容留匪人，一言尽之矣；练则必制器械，造旗帜，请教师，练丁壮或数日一会，或一月一会，又或厚筑碉堡，聚立山寨，皆大有兴举，非多敛钱文不可”。嘉庆初年，广东地区民团、团练由当地官绅、乡绅组织的占绝大多数。操办民团、团练的方式大致可以分为官办、民办和官督绅办三种。团练经费多士绅、富户出资自筹，团勇的来源以招募本族、本村壮丁为主，也有与宗族大地主存在人身依附关系的“佃农”和长工。有些地方团练组织，人数多达一二千人，少的也有一二百。民团、团练除自卫乡里的被动防御外，有时候也会根据利益需要，采取积极的方式配合官府进行相应的军事行动。但总的来说，地方民团、团练武力的使用范围仍然归属于保甲组织之内，主要担负地方治安任务，负责区域安全。

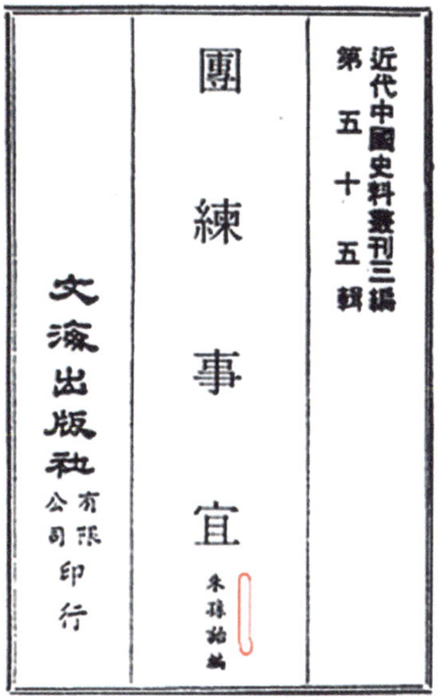

朱孙诒编《团练事宜》书影

清初的广东，本土的原住民称为“土籍”，外来的客家人称为“客籍”。原住民与外来客籍之间经常为了土地、水源、贸易等事情起纠纷，在谈不拢的情况下甚至大打出手，形成大规模的族群械斗，有的械斗还持续几十年。为了维护自身利益，土、客两籍成立了属于自己的宗族地方武装组织，向官府表示“愿为乡勇”，以争取合法的地位。但如果受到官府的欺压和苛扰，团练又会转而反对官府，其政治立场视官府的看法和态度而转变。

康熙五十一年（1712），佛山曾设团练，练总是甘鳌宾。嘉庆初，海盗张保仔由南海平洲沿河劫掠至佛山，乡绅复立忠义营以拒之。天地会陈开起事，大沥四堡在乡绅欧阳泉、麦佩金与生员何应春等倡议下举办团练，“置炮械、备糗粮，为守御计”，并多次打败起义军。佛山士绅大魁堂值理梁应琨、梁应棠兄弟等人即“募勇办团”，由武举人孔继尧率领佛山乡勇和陈开的部队作战。同时，佛山举人冼佐邦、冼斌等

① 《曾文正公全集·批牍》卷一。

乡绅也捐资募勇，成立南顺营，配合官军作战。洪兵起事平息后，佛山开始设置团防总局，由乡绅冼凤诏、莫以枋、王福康、吴乃煌等主事，下设十六个分局于各铺内（见下表）。

字号	地段	字号	地段
绥字局	汾水铺	果字局	彩阳堂、仙涌、医灵铺
靖字局	大基头铺	力字局	突岐、耆老、明心铺
安字局	福德铺	稽字局	纪岗、石路、黄伞、丰宁铺
戢字局	社亭、真明、岳庙铺	巡字局	栅下、东头铺
联字局	富文铺	永字局	祖庙、山紫铺
合字局	沙洛铺	远字局	桥亭、明照、锦澜铺
守字局	观音铺	平字局	鹰咀沙
御字局	潘涌、鹤园铺	定字局	文昌沙

资料来源：民国《佛山忠义乡志》卷三《建置志》。

这十六个分局首字合起来就是“绥靖安戢，联合守御，果力稽巡，永远平定”。第二次鸦片战争爆发后，清政府官员联合官绅督办广东团练四局之一的佛山团练局①，将团练范围扩大到附近的石湾、澜石和张槎各乡共96乡之多，至此，佛山的团练发展达到顶峰。光绪甲申年（1884）间，中法战争爆发，两广总督张之洞又命佛山士绅举办团练。光绪二十六年（1900）八国联军入京劫掠，两广总督李鸿章再次要求佛山举办团练。可见，佛山士绅举办团练传统悠久，在明清两朝之间断断续续地坚持办了近三百年！

咸丰至光绪年间佛山地方团练一览

序号	时间	名称	事由	主持士绅
1	咸丰四年（1854）	佛山团防局	镇压陈开起事	莫一枋、王福康等
2	咸丰七年（1857）	佛山团练	第二次鸦片战争	李应棠
3	光绪十年（1884）	佛山团练	中法战争	骆天宝等
4	光绪二十六年（1900）	佛山团练	八国联军侵华	戴鸿惠

资料来源：民国《佛山忠义乡志》卷三《建置志》。

① 民国《佛山忠义乡志》卷三《建置志》；区瑞芝：《佛山新语》第七章《军政纪要》。

4. 民团成为清末海防及抗英斗争的中坚力量

“粤东之害莫大于西北两潦淹浸，又莫大于海盗出没。”[①]嘉庆以来，广东沿海和内河的盗贼日渐猖獗，以至“官兵束手，莫敢谁何，甚至勾通为乡导”，而清政府的腐败导致军备松弛，海防怠废，单靠正规的海防力量根本剿灭不了人数日益增多的海盗集团。因而清政府一方面采取“招剿抚兼施”的办法，招降海盗，封以官职，许以金钱，实行以盗攻盗；另一方面允许沿海沿河一带村堡乡绅自行组建民团，以卫乡土。当时“乡人至者，不崇朝，以万计”，以至“沿海百步立营房，明灯金鼓必具”。至于沿海内河有围筑沙田的地主乡绅集团，更是通过设立乡约，专事当地办团事务，成立自卫武装来捍卫自身利益。其中最有名的莫过于由顺德桂洲乡籍士绅胡鸣鸾倡议建立的《容（奇）桂（洲）公约》。据《粤东省例新纂》的记载：“香山、顺德两县之小榄、黄圆、容寺、桂洲等乡，滨临大海，匪盗出没靡常，先（嘉庆九年）因海氛不靖，经各绅民按田抽费，会议各设公约，置造巡船，雇暴壮丁，配足器械，防捕盗贼。公举品行端方、众心悦服者为约长”。围垦沙田的巨大经济利益，地主乡绅是最大的受益者，沙田也是村堡民众的饭碗，关乎一隅民众的切身利益，故此宗族士绅和乡民可以同仇敌忾，协力同心来抵御劫掠。广东的官员们也清楚地看到了这一点，嘉庆年间任广东巡抚的百龄就“令沿海州县团练，为守御计”，并“许民间团防练丁铸炮置械”，使沿海形成严密的团练网络，互相声援，严防死守，奋勇堵御。这些团练的勇猛比之官军有过之而无不及，最终达到拒贼寇于水上，使其不能达到上岸劫掠的目的。沿海及内河沿岸的这些民间团练组织，俨然成了海防的主要武装力量，而这种局面一直维持到鸦片战争爆发前的嘉庆、道光年间。

1841 年 5 月 25 日，英军攻陷广州城北诸炮台，清军统帅奕山求和，5 月 27 日与英订立《广州和约》。其间，占据广州四方炮台的英军到三元里附近村舍抢掠财物、强暴妇女。29 日，激愤的三元里村民赶走来犯的小股英军，杀死杀伤英军十余人。随后，三元里的乡民在三元古庙集合，相约以庙中“三星旗”为指挥战斗的令旗，并联合附近 103 个乡的群众一起举事。次日，南海、番禺百余村的乡勇、团练手持戈矛犁锄，包围了永康炮台的英军。英军司令卧乌古（又译作“郭富”）亲自带兵救援，团练且战且退，诱敌至牛栏冈（以前的白云机场附近）丘陵地带。时大雨骤至，英军火枪受潮不能发射，团练民众冒雨反击，将英军第三十七团的一个连（60 人）追截至稻田中，把四名英军和三四十名印度雇佣兵砍死砍伤。31 日，诸乡民团再次包围四方炮台，英军之后撤出虎门。三元里诸乡民众贴出《申谕英夷告示》，对英军发出“若敢再来，

① 《禁邻堡开涌碑示》，道光《佛山忠义乡志》卷十三《乡禁》。

不用官兵，不用国帑，自己出力，杀尽尔等猪狗，方消我各乡惨毒之害也”的警告。三元里抗英斗争是近代史上中国人民第一次自发的大规模抵抗外国侵略的斗争。

1841 年 5 月，入侵广州的英军战船进入平洲三山沿河一带骚扰。南海三山“桂水社学”陈昌率领团勇 1000 余名，在三山、林岳、南浦等地沿河设防。英军战船溯江而上驶入三山河面炮击大岗头炮台，驻防炮台的清军将领钟日芳、廖云佳当即遇难。英军战船靠近平洲水道三山河岸后，陈昌率领民众用土枪土炮猛烈还击，击毙击伤英军 100 余人，缴获大炮 2 门、枪械 900 余件。同月，佛山“崇正社学”组织夜袭英军占据的龟岗炮台。6 月初，据守龟岗炮台英军拦劫广州至佛山渡船数只，崇正社学的吴壁光等率领民勇乘船再次夜袭龟岗炮台，最终借助风向向炮台施放毒烟攻下炮台。是役击毙英军 6 人，缴获舢板数只，炮、枪、刀剑、火药一批。乡勇民团在这次斗争中担当了主要的角色，团练在与外国侵略者的斗争中初步展露出实力。后来林则徐在广东三江各乡镇组织乡勇及民团抵抗英国海军，也取得了成功，团练开始被收编入正规军队。第二次鸦片战争爆发后，英法联军攻占广州，广州西北郊附近的乡民奋起自卫。1857 年 12 月，三元里一带九十六村联合南海、番禺等县绅民在佛山镇成立团练局，参加者达数万之众，各地村镇实行坚壁清野，采用各种方式打击入侵者。1858 年 3 月，清政府派在籍户部侍郎罗惇衍等为团练大臣，掌握了团练局的领导权。团练局曾组织过港澳罢工、罢市和对广州的经济封锁，进行过三宝墟、榕树头之战和夜袭广州城等斗争。1858 年 6 月，佛山团练与东莞团练在广州郊外榕树头伏击侵略军，击毙击伤 100 余人，英领事巴夏礼坠落马下，几乎被俘。7 月，佛山团练围攻广州城，登上城墙西北角并冲入西门，毙伤侵略军多人。在清政府与英法签订《天津条约》后，团练局官绅即禁止义勇在广州城郊驻扎，1859 年 10 月，两广总督黄宗汉以“钦办团练关防”的借口，下令将团练局解散。广州、佛山一带团练的抗英斗争，不仅是清末广东人民抗英斗争运动的开端，也是近代中国人民抵抗外来势力入侵的起源。

三、清代佛山地方自治与乡勇、民团的“保境安民”

明景泰年间，佛山成为“工擅炉冶之巧，四远商贩恒辐辏”的市镇。到了嘉靖、万历年间，更是进而成为仅次于广州的工商业城市，是冶铁、陶瓷、纺织的中心，并带动了金属加工业、造纸业、中药业、颜料业、爆竹业、衣帽业等行业的兴旺。清康熙年间，佛山作为广州市场重要的手工业产品供应地，以其交通运输的发达、商业网络的扩大、对外贸易日趋繁荣得到迅速的发展，人口激增，发展到“尘肆居民，楹踰十万”的规模，甚至一度超过两藩盘踞的广州，成为岭南中心市场，跻身“天下四聚”和“天下四大镇”。经济的发达和贸易的繁盛给佛山带来了富庶的生活环境，同时也成为匪盗之流垂涎和觊觎的对象。

1. 保甲制与士绅对乡村社会的控制

在中国传统社会中，保甲制是国家政权对基层社会进行控制和管理的手段。保甲制起源于西周，《周礼》曰：“五家为邻，四邻为里”，形成了“五家为比使相保，五比为闾使相受，四闾为族使相葬，五族为党使相救，五党为州使相固，五州为乡使相宾。族施邦比之法，十家十人八俱为联，使之相保相受，刑罚庆赏相及相共”[①]的组织形式。清人孙鼎臣亦据《周礼》古法得出“今之团练乡兵，其遗意也”，“无比闾族党，则伍两卒旅为乌合之兵：无保甲，则乡兵为乌合之民”[②]。东周时期，保甲制进一步得到发展，其团练功能也自这一时期始明确出现。春秋时期，齐国为防止日益频繁的农民流亡现象，进一步加强了对基层社会的控制与管理。齐相管仲实行严厉的“什伍法”：“辅之以什，司之以伍，伍无非其人，人无非其里，里无非其家”[③]。战国时期，秦国商鞅在“什伍法”基础上实行“连坐法”，规定：“五家为保，十家相连收司，一家有罪，九家举发，若不纠举，十家连坐”[④]。最晚到东周时期，由保甲制衍生的团练制度就开始出现了，统治者允许地方保持低限度的军事化自卫组织，便于守望相助、保境安民，既减正规军队的维护成本，又能够有效维护地方治安。这种具有地方性、局部性的武装自

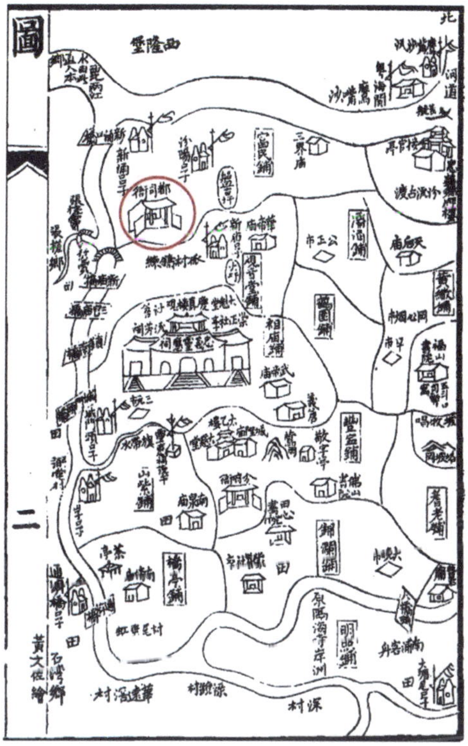

清代佛山都司衙门

① 《周礼注疏》卷十《地官司徒 · 大司徒》。

② 孙鼎臣：《论兵》，盛康辑：《皇朝经世文续编》卷八十一。

③ 《管子 · 禁藏篇》。

④ 《史记 · 商君列传》。

卫军事组织，逐渐形成了后世的团练制度。唐代为了加强对基层社会的控制，专门设置了团练使管理团练。团练使一职，类似于民间的自卫队队长。宋代设置诸州团练使，强化保甲武装对基层社会的主要作用，王安石在新法中明确规定“十家为保，五十家为大保，十大家为都保”：“古者民居则为乡，五家为比，比有长，及用兵，即五人为伍，伍有伍司马，二十五家为闾，闾有闾胥，二十五人为两，两有两司马。两司马即闾胥，伍司马即比长，第随事异名而已。”[①]进一步加强了对地方基层军事武装的训练和管理。北宋大文豪苏轼就曾担任过黄州团练副使。元代设置团练安抚劝农使。明朝虽然取消了团练使，但改以按察使、兵备道分管团练事务，团练变成官办，但经费仍然靠地方负责解决。明代实行里甲制，“以百一十户为里，一里之中，推丁粮多者十人为长，余百户为十甲，甲凡十人，岁役里长一人甲首十人，管摄一里之事。城中曰坊，近城曰厢，乡都曰里，凡十年一周，先后则各以丁数多寡为次，每里编为册，册之首总为一图，其里中鳏寡孤独不任役者，则带管于百十户之外，而列入图后，名曰畸零。”[②]可见，里甲与保甲不同。里甲制是建立于小农经济基层之上的，在传统自然村落的基础上编组而成的，是一种以人户为中心编排而成的役制单位。这实际上是把地方社会全面纳入政府的管理。清初，朝廷设立、完善了保甲制，里甲、保甲并行，按编组和管理方法的不同将保甲组织分为定居、流动和少数民族地区三种类型，由官方主导，对保甲制下的团练赋予其催征钱粮赋税和维护治安、保境安民的双重功能。直到清中期，由于各地纷纷爆发农民起义，各地士绅为维护地方秩序、抵抗流寇土匪侵扰，纷纷招募乡勇、建立民团、举办团练。白莲教起义之后，清廷已是兵备废弛，不得已只能够起用民间团练力量来镇压起义，湘、淮、粤、桂等省的民团组织得以发展壮大，尤其是曾国藩的湘军、李鸿章的淮军和左宗棠、张之洞的楚军声势浩大，这些以后成为清廷掘墓人的武装力量都是从民团、团练组织发展起来的。而这些地方武装的领头人，后来都成了清廷的封疆大吏。

清朝以前，在“官不下县”观念的影响下，佛山所在的南海县衙门设在广州城，皇权对佛山的影响力相对薄弱。作为行政权力真空的补充，民间地方组织得以“二政府”的面目出现，其诉求、利益多与封建统治者相吻合，也得到了官府的默许和承认。这就使得地方族权、绅权拥有了很大的话语权。自明洪武三年（1370）开始，佛山成为南海县下辖“六都六十四堡”中的一堡，称为“南海县五斗司西淋都佛山堡”，由南海县六个巡检司之一的五斗口巡检司管理。明代对乡村的管理，实行的

---

①《宋史》卷一四五《兵志六》。

②《明太祖实录》卷135“洪武十四年正月丙辰”。

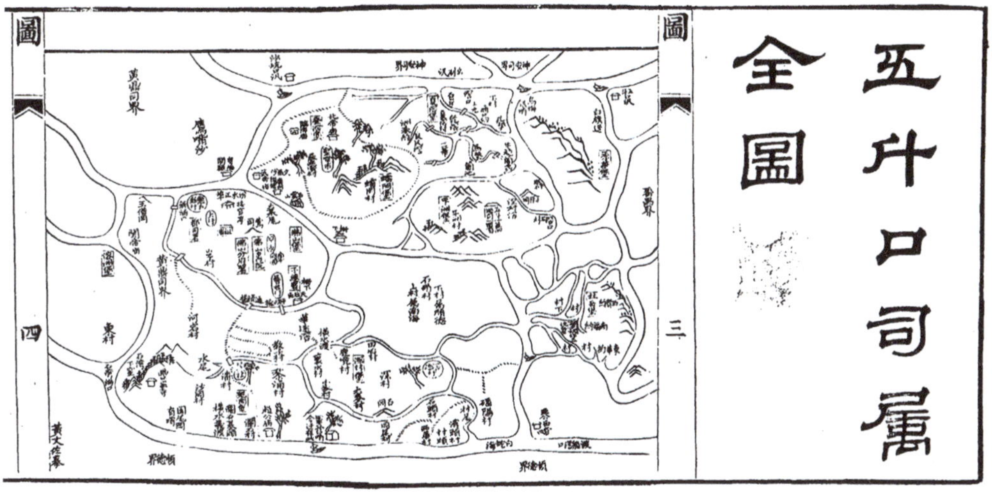

南海县五斗口司辖区图

是“排里甲、编黄册”制度。佛山堡共开 8 图，编 80 甲，共有 880 户，对应佛山的“十大姓”土著。康熙三年（1664），佛山开始设置保甲制，置保长，编门牌，自洪武四年（1371）就开始管辖佛山的五斗口巡检司官衙由南海平洲堡迁驻佛山山紫铺（现佛山宾馆附近），同时成立佛山同知署、佛山都司署和佛山千总署，与五斗口巡检司署合称为佛山文武四衙官署，从此佛山有了真正意义上的地方政府。但是乡里坊间的世事俗务仍然由地方乡绅和耆老把持，明代有“嘉会堂”，清代有“大魁堂”，晚清有“佛山团练局”“镇议会”等民间组织机构议事、决事，时人称为“庙议”。而主持这些组织的领袖称乡长、乡耆、乡判、里老、乡老等。佛山在建立 24 铺制度后，各铺均设立更馆、闸楼、练馆，雇佣更大值夜巡逻，招募壮丁负责维护街区治安。[①] 从明天启元年（1621）李待问主持成立的“嘉会堂”，到清中期由佛山乡绅重新组建的“大魁堂”，实质上是一脉相承的。明清时期，发达的手工艺、便捷的交通运输，使得佛山的经济迅猛发展，造就了众多的富豪大户。几百年间，佛山的名门望族和富豪乡绅基本上把持了佛山的行政、司法、治安、教化、慈善等公共事业的权力，佛山的“族权”、“绅权”和“神权”，与“皇权”一起构成了明清时期佛山政治、经济和文化发展的特色。

2. 宗族势力对地方秩序的维护

宗族是单姓社会中全体成员依靠血缘关系组成的一种基层社会秩序。人们通过

① 民国《佛山忠义乡志》卷三《建置志 · 更练》。

追溯共同祖先来形成宗族这个集体，宗族内部有着明确的成员制度，拥有对宗族财产的处置权，宗族成员有按照礼仪定期祭祀祖先、获得身份认同、维护宗族利益等权益。宗族势力以祠堂作为象征和纽带，以乡里制度为规范，体现出地方自治中政权、族权、神权、绅权的交织，宗族统治与政权统治相互支撑、相互交融又互为补充，共同构建出封建社会统治多元复杂的架构。

明正统十四年（1449）佛山爆发了黄萧养起事。405年之后，咸丰四年（1854），在太平天国影响下，佛山爆发了陈开和李文茂领导的“洪兵起义”。起事者盘踞佛山二百余日，打着劫富济贫的名义绑架富商，勒索赎金以充军队费用，以至“株求甚迫，四路焚烧，全镇遭劫被害者愈万家”，当时佛山有名的富商如招涵、戴鸿慈等家中均遭劫掠。明清时期，佛山地区水网密布，河道纵横交织，佛山堡没有筑建城墙，也没有城市防御设施，更加没有官军驻守，富庶的佛山成为各路盗匪觊觎和劫掠的对象。事后，佛山人心有余悸，很多富商大贾纷纷迁往广州，以广州有坚厚城墙、洋炮精兵可护安全。佛山经济因此受到重大打击，很久都未能恢复元气。

明景泰元年（1450）春，出身佃农后来做了海盗的黄萧养占据了南海县潘村（今禅城区石湾镇街道番村村），二十天内就有万余人参加起事。他在距离佛山只有一箭之遥的潘村招募游民、改造船只、征集粮草、训练部队。自六月开始，联合附近新会、东莞、香山（中山）等县城的起义民众进攻各县城。八月，黄萧养制定了“拜佛（取佛山）、劏羊（攻广州）”的策略，出动船只五百余艘、数万人水路并进围攻广州城。东路军经今北滘、陈村，先期抵广州城下发起攻击，战况激烈。战事初期，黄萧养采取围点打援的战略，重创前来支援的两批官军，并缴获了明军的火器装备武装自己，锋芒正盛，但由于广州城内的明军据城死守，双方伤亡严重，僵持不下。西路军在龙江（现顺德龙江）受到地主民团武装的顽强抵抗。黄萧养因久攻广州不下，部队补给困难，转而“视佛山为奇货，破之则大有所虏获，以充其欲”[①]，亲领大军对富庶的战略要地佛山堡发动进攻，打算以之为兵器物资供应基地。但在此处，他遇到了以“佛山二十二老”为首的地方民团的坚决抵抗。佛山“二十二老”是指以梁广、霍伯仓、冼灏通等当地地主、乡绅，他们建民团自保，捐钱购买大炮、火器等军械，招募乡勇加强守卫，以对抗黄萧养部队的劫掠。这些乡勇、民团组织多由本土宗族子弟组成，交由退伍军人曹澄与乡绅二李（李福全、李善祥）、简彦文、伦逸安等率领。据民国《佛山忠义乡志》记载：

① 陈贽：《佛山真武祖庙灵应记》，乾隆《佛山忠义乡志》卷十《艺文》。

彼时唯南海佛山耆民冼灏通、梁广等二十二人首倡大义，率领当地八图人民出财力、立木栅、利器械以为防备，……盖彼处旧有神祠（指北帝庙），乡人事之甚谨，贼起，环境多被焚劫，乡人计无所出，乃斋戒沐浴共谒于祠下，祝以敌贼之故，神遂许之。凡与贼对敌之时，有海鸟结群飞噪贼船之上，又有聚蚊为旗建立于榕树之杪，人马彷佛驰于木栅之外，由是群贼数败，前后杀贼五千余级，斯皆神灵所助。①

民团武装利用汾江各条支流为壕沟，实行分区防御。他们在河岸插下大杉为栅栏，用铁条连贯，水岸防御工事从现在市东下路的仙涌、栅下一直到通济桥、山紫和祖庙前的洛水岸边（今城门头下沉广场）。民团在洛水岸边建筑一座坚固的街闸。“义军”虽多次在河上发起进攻，但在佛山民团的坚决抵御下，又碍于有河道木栅栏所阻，而“佛山大家巨室，藏储颇厚，各出粮饷资给，人皆饱食无虑”，历时两个月，“义军”不但未能攻进佛山，反而损兵折将。虽然民团和官军也有很大伤亡，但毕竟没能让“义军”越雷池半步。加上民团中乡勇精于武术的年轻人甚多，单兵作战能力也很强。当时 18 岁的梁灏，高大威猛，膂力过人，训练有素，黄萧养攻佛山时，他手持丈二红刃，率领众勇冲锋在前，使敌军节节败退。勇谋兼备的梁敬亲，也是彪悍魁梧，两军相交时他所向必克，使贼不能支。书生冼光，更是文武全才，打开围闭的栅门出以迎战，斩杀黄萧养军队中封为“千总”的彭文俊，灭其士气。②从佛山和龙江两地民团组织的骁勇可以看出，民团组织的战斗力非同一般，当地士绅为宗族利益而誓死保护村庄财物不受劫掠的态度也是非常坚决的。

再看看下面几例清嘉庆以来佛山、顺德一带几次海盗防御战，也足见由乡绅、耆老组织的民团对地方安全维护的力度。何松年，顺德人，从商为生。嘉庆十四年（1809），海盗入侵内河，拟登岸劫掠村舍，松年与族人大勋等乡绅率乡人、壮丁沿河岸布防堵御，海盗在水上虽然猖狂，但慑于民团已有防备，终不敢登岸。③陈觐光，南海人，曾任潮州教授，嘉庆十四年，海盗张保等窜入内河，攻掠澜石小浦一带。时觐光居黎涌，他挺身而出，联合附近各乡，招募乡勇组建民团进行抵御，海盗知难而退，附近村舍得以免遭海盗劫掠。④同年，张保窜入内河，沿途焚劫杰洲、甘竹等村后溯流而上直至九江，当时风声鹤唳，百姓多为贼势所惧，官兵无力顾及边远的村堡。进士出身的南海人陈书，在当地招募壮丁，组建民团，在桑园围设防守

① 民国《佛山忠义乡志》卷八《祠祀》。

② 民国《佛山忠义乡志》卷十四《人物》。

③ 民国《顺德县志》卷十七《列传二》。

④ 同治《南海县志》卷十五《列传》。

卫，并购置大炮十数门，火铳百条，待贼船靠近而齐射轰之，炮弹命中贼船，炸烂了船尾护栏，炸断主桅杆，使得海盗畏难而退，始终不敢靠岸，附近数万百姓的财产和性命得以保存。[①] 咸丰四年（1854）土匪猖獗，经常侵扰南庄罗格村，时居罗格孔家村的孔继芬与乡中士绅办团练局，协调乡兵打败侵犯罗格围的土匪十六次，俘获贼匪五六百人，而邑廪生出身的孔继芬也以军功保举光禄寺署正衔，以训导选用。[②] 除此以外，顺德籍乡绅冯应高、温汝能（举人）、龙廷槐（进士）、南海籍乡绅朱理万（贡生）等人，也纷纷招募乡勇，组建民团对抗海盗，保卫家园，使黄连、大良、九江等富庶之地免遭劫掠屠杀。

在抵抗盗贼劫掠的例子里，也有悲愤壮烈的。嘉庆十四年（1809）八月二十四日，海盗大船数十艘，由顺德陈村直抵澜石，焚毁军营，沿河南岸进犯小布。乡人见贼势甚凶，无不畏惧。国子生出身的南海人霍永清在乡间组织乡勇，令壮丁掩护老弱病残先行撤退到安全之地，自己亲率红单船在村前设防抵御，与海盗激战数日，炮火猛烈，浓烟滚滚，遮天蔽日，凡三战三捷。海盗正面攻击不成，又转而收买奸民，引导贼众从村后偷袭，与村前正面攻击的大船前后夹击。民团守军腹背受敌，霍永清被炮弹击中大腿，但是他毫不畏惧，包裹好伤口后又继续指挥战斗。海贼人数众多，民团火力不继，防线被海盗攻破，永清手刃数十人，勇猛异常，无奈又被炮弹击中，倒地不起。贼人一拥而上，将他头颅割下，然后呼啸而去。同日战死的还有民团的队长梁近、陈昌、郭二、张广明、邓昭明等五人。[③] 这是何等壮烈的保家卫舍之战啊！

综上所述，明清两朝，佛山地区的民变、起事和匪患频繁，特别是受清末外来势力的入侵影响，皇权逐步失去对基层社会的控制，使得兵匪勾结、民不聊生，而政府又无能力维持地方秩序，于是给佛山官绅合作机制的形成以契机，中央皇权通过地方士绅招募乡勇、举办团练，来维持地方秩序。佛山史上共举办过四次正式团练，还有数不胜数的民团组织。这些地方武装组织，既有稳定社会环境、维护地方安全、保护民众利益的一面，也有官绅勾结、压榨百姓的一面。这前后长达近三百年的佛山团练和民团组织发展的历史，见证了佛山这方水土的朝代更替、城市发展与繁盛兴衰。团练在佛山的形成和发展，经历了数次分合的调适，与地方宗族势力融合成与皇权力量互为补充的民间武装力量，在整个佛山社会、经济、文化的发展进程和社会治安中发挥了重要的平衡作用。

---

① 同治《南海县志》卷十四《列传》。

② 见《南庄罗格孔氏族谱》。

③ 光绪《广州府志》卷一二八《列传十七》。

大礼议事件与霍韬

大礼议事件与霍韬

——从大礼仪事件之争看霍韬的从政理想和政治主张

霍韬（1487—1540），字渭先，号兀崖，南海县石头乡（今广东省佛山市禅城区石湾镇街道石头村）霍氏族人，文人学士多以渭崖先生称之。历任职方主事、礼部右侍郎、吏部侍郎、礼部尚书兼太子少保，掌管詹事府的事务，死后追封为太子太保，谥文敏，葬于增城县境九如乡后龙山（又称南香山）风箱冈对面山坡上，石头乡内建祠祀奉（今石头村霍氏大宗祠侧）。著有《诗经解》《象山学辨》《程朱训释》《渭涯集》《西汉笔评》《霍渭涯家训》等书，今有《霍文敏公全集》传世。霍韬生平才高识广、博学多闻，为官守正清流，特立独行，敢于直言死谏，坚持己见。《明史》谓："韬学博才高，量褊隘，所至与人竞"。后人把他和邻近的南海石硝乡梁储、西樵大同乡方献夫，同称为明代南海县的"三老阁"。

一、"大礼议"事件发生的背景

明朝第十位皇帝明武宗朱厚照（1491—1521）是孝宗朱祐樘和张皇后的长子，他从小机敏聪颖，喜欢骑射，处事刚毅果断。在其统治期间，得力于朝中诸多贤才名士的辅助，诛杀刘瑾，平定安化王、宁王之叛。但是后来却沉迷女色，不理国政，在位十六年后，于正德十六年（1521）暴死于"豹房"，年仅31岁，没有留下传承大统的子嗣。他的父亲明孝宗朱祐樘在位18年，34岁就驾崩，只生育了朱厚照一个独子，这样就使得皇位的传继出现了虚空。张太后和辅政阁臣杨廷和（1459—1529，字介夫，号石斋，历仕宪宗、孝宗、武宗、世宗四朝）、蒋冕（1462—1532）、毛纪（1463—1545）等人依据"兄终弟及"的原则，选定明宪宗庶孙、明孝

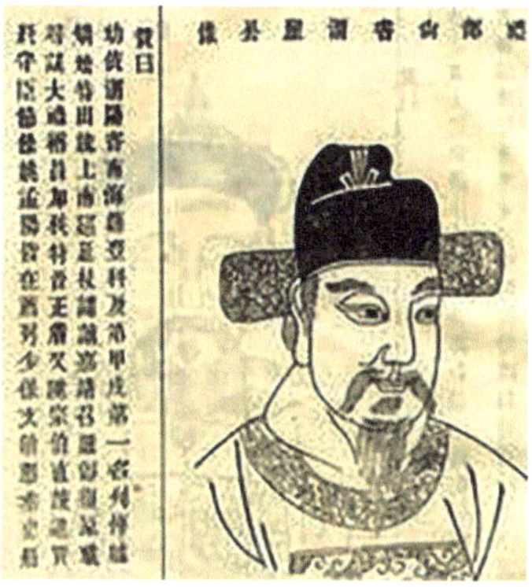
霍韬像

宗之侄、明武宗的堂弟、兴献王朱祐杬之子朱厚熜继承皇位，并派定国公徐光祚、寿宁侯张鹤龄、驸马都尉崔元、大学士梁储、礼部尚书毛澄、太监谷大用等前往安陆迎接朱厚熜到京师即皇帝位。大学士杨廷和曾帮明武宗起草遗诏。遗诏的内容是以明武宗的语气表示：“朕疾弥留，储嗣未建，朕皇考亲弟兴献王长子厚熜年已长成，贤明仁孝，伦序当立，已遵奉祖训兄终弟及之文，告于宗庙，请于慈寿皇太后，即日遣官迎取来京，嗣皇帝位，奉祀宗庙。”明武宗之母慈寿皇太后也颁发过懿旨，明确写道：“皇帝寝疾弥留，已迎取兴献王长子厚熜来京，嗣皇帝位，一应事务俱待嗣君至日处分。”其中，“嗣皇帝位”四字最为关键。朱厚熜因为自己是以藩王身份入主大统，对以皇太子身份即位十分不满，他对其右长史袁宗皋说：“遗诏以我嗣皇帝位，非皇子也。”但杨廷和仍要求朱厚熜按照礼部的方案（由东华门入，居文华殿），择日登基。朱厚熜不愿意，最后还是由皇太后令群臣上笺劝进，朱厚熜在郊外受笺，当天中午，从大明门入，随即在奉天殿即位，诏书曰：“奉皇兄遗命入奉宗祧”，以第二年为嘉靖元年。

二、各派势力对“大礼议”的态度反映出当时各种社会矛盾

孔子有言：“名不正则言不顺，言不顺则事不成。”围绕着新即位的嘉靖帝的生父兴献王的名分和封号问题，朝廷上下分为两派：一派以弱冠之年的嘉靖帝为首，辅以中下级官员席书、张璁、桂萼、霍韬等组成的“议礼派”；另一派以三朝老臣、首辅杨廷和为首，辅以乔宇、汪俊等阁臣和言官组成的“护礼派”。君臣关系激烈对峙，这在皇权高度集中、大臣地位低下的明朝还是第一次出现。按照内阁大学士杨廷和、礼部尚书毛澄的意见，朱厚璁“宜称孝宗为皇考，改称兴献王为皇叔父兴献大王，兴献王妃为皇叔母兴献王妃”；对兴献王和兴献王妃，朱厚璁一律称“侄皇帝”；益王第二子朱厚炫，继兴献王后，袭封为兴王。这样的安排，就等于将兴献王朱祐杬唯一的儿子朱厚璁过继给孝宗朱祐樘为子而正式成为武宗朱厚照的弟弟，再将益王的儿子朱厚炫过继给兴献王。对于这样的安排，朱厚璁极为不满。他无法接受自己称亲生父亲和母亲为叔父、叔母，称呼伯父为父亲。但是，礼部尚书毛澄等人坚持已见，并以“为人后者为人子，自天子至于庶人 也”来规劝新皇帝。杨廷和、毛澄主张追尊世宗亲生父母，但称号前必须冠以“本生”二字，以区别于孝宗，神主不入奉先殿。此时朱厚璁刚刚登基不久，在朝中缺少心腹大臣替他说话，

于是谕令礼部，要礼臣们再去讨论、集议兴献王的称号。直到七月，事情仍然悬而未决。此时 47 岁的新科进士张璁上疏，针对“为人后者为人子”的说法，指出如果兴献王健在并且即位的话，难道兴献王也要做孝宗的儿子吗？认为朱厚熜所继承的大统，实际上是太祖之统，是来自祖父宪宗的。张璁上书说：“帝王相传，统为重，嗣为轻。”张璁还说：“朝议谓皇上入嗣大宗，宜称孝宗皇帝为皇考，改称兴献王为皇叔父兴献大王，兴献王妃为皇叔母兴献大王妃者，然不过拘执汉定陶王、宋濮王故事，谓为人后者为之子，不得复顾其私亲之说耳。……比有言者，遂谓朝议为当，恐未免胶柱鼓瑟而不适于时，党同伐异而不当于理，臣固未敢以为然也。夫天下岂有无父母之国哉！臣厕立清朝，发愤痛心，不得不为皇上明辨其事。《记》曰：‘礼非从天降也，非从地出也，人情而已矣。故圣人缘人情以制礼，所以定亲疏，决嫌疑，别异同，明是非也。”[①] 大意是说：“现在要迎养圣母来京，称皇叔母的话，就要讲君臣之义了，难道圣母要做皇帝的臣子？且长子不得为人后！”张璁的这个观点，正中朱厚熜下怀，他说：“此论出，吾父子获全矣。”[②] 十一月二十五日，张璁复上疏进《大礼或问》，详细辨析继统与继嗣的区别。但是，在大臣们看来，张璁的议论无疑是奸邪之论，意在讨好皇帝。因此，纷纷上疏要求惩办张璁及其同党桂萼。然而，朱厚熜好不容易找到支持他的人，哪里会惩办呢！于是，他不久后即命张璁、桂萼两人进京与京城的大臣们议礼。张璁进一步提出“继统”与“继嗣”二分的观点，认为明世宗即位是继承皇统，而非继承皇嗣，即所谓“继统不继嗣”，皇统不一定非得父子相继。嘉靖二年十一月，为支持嘉靖帝，桂萼作《正大礼疏》，进呈给嘉靖帝，极论“两考”之非，他以人本主义的思想指出问题的关键不在于皇不皇，惟在于考不考，请求朝廷在兴献王的尊号中去“本生”两字，这样让嘉靖皇帝便能够名正言顺地追尊自己的父母。他还主张在太庙之侧，另建小祠祭祀，这样就为嘉靖皇帝争得了面子，又比较好地解决了所谓“统嗣”问题。但“护礼派”的大臣们还是据理力争，不依不饶。双方互相攻击，张璁、桂萼攻击杨廷和等阁臣为“奸权”“朋党”“不道”[③]。杨廷和等还击张璁是“奸邪小人”“曲学阿世”[④]。“廷臣欲除之，绝勿与通”[⑤]。吏部员外郎方献夫也上疏提出“继统不继嗣”之论，但他的两封奏疏都没能够上呈。张璁、桂萼因为初到京师，内阁首辅杨廷和势力尚盛，二人颇为孤立。嘉靖皇帝与文官集团的第一次较量，双方既有斗争，又有妥协。

---

① 《张文忠公集类·奏疏》卷 1《正典礼第一疏》。

② 《明史》卷一九六《张璁传》。

③ 何良俊：《四友斋丛说》，中华书局 1959 版。

④ 谈迁：《国榷》，中华书局 1958 版。

⑤ 王世贞：《嘉靖以来首辅传》，上海古籍出版社 1987 版。

《石头录》书影

正德十六年正月，霍韬受召赴京师任职。他于七月抵达京城。[1] 八月任兵部职方司主事，时值“大礼议”事件兴起。十月，霍韬上《大礼疏》，站到了张璁、桂萼一边，公开支持嘉靖皇帝。他在奏疏中明确指出皇帝是“继统”而非“继嗣”，这是“议礼”的关键所在。他认为嘉靖继承的是整个明朝的皇统，“继嗣”只是继承父业，是违背儒家人伦纲常之道的。此时，另一位还在湖广总督任上的学者型官员席书（1461—1527），看到朝廷讨论“大礼”尚没有定论，他揣摩世宗向着张璁、桂萼、霍韬一边，就提出自己的意见：“礼应以人情为根基，陛下作为尊贵的天子，亲生父母假如没有尊称又怎么行呢？所以尊崇亲生父母为帝、后，告慰双亲，这是不可抑制的感情。另外在宫廷中间为兴献王立庙，逢年过节祭祀过太庙以后，仍旧用天子之礼在宫廷中祭祀兴献王。”在席书这篇奏议递上后，嘉靖皇帝勉强接受称兴献王为显陵“兴献帝”、称兴献王妃为“兴国太后”的做法，对兴献王的尊称终于确定下来了。但是以杨廷和为首的“护礼派”势力依然很大，“议礼派”诸臣如张璁、霍韬、熊浃等人被以各种理由放到外地去做官，只剩下皇帝一个人与整个文官集团抗衡。嘉靖皇帝与文官集团的第二次较量，以文官集团略胜一筹暂告一个段落。

嘉靖三年七月，由于礼部侍郎何孟春、翰林修撰杨慎等人的煽动和要挟，发生了群臣在左顺门哭谏争礼的事件，史称“左顺门事件”。嘉靖一怒之下杖责诸臣，令锦衣卫逮捕为首者八人，下诏狱。群臣擂门大哭，“声震阙庭”。盛怒之下的嘉靖将五品以下官员 134 人下狱拷讯，四品以上官员 86 人停职待罪，同时罢免了毛纪、汪俊、何孟春等人的职务。旋即任命赞议大礼的席书为礼部尚书，会同桂萼等齐集廷臣，议定兴王尊号，三年九月下诏改称孝宗为皇伯考，昭圣皇太后为皇伯母，追尊兴王为皇考恭穆献皇帝，母为圣母章圣皇太后。由于桂萼和张璁密切配合，霍韬等人的附和，“议礼派”的议礼主张得以实现，“议礼派”终于通过议礼击败杨廷和集团，在朝廷中确定了自己的政治地位。嘉靖四年，旧党经过两次重大打击，一蹶不振。桂萼、张璁的政治地位日益巩固，赞议大礼的方献夫、霍韬、胡世宁、李承勋等渐居要职，朝局人事焕然一新。左顺门廷杖后，反对议礼的官员纷纷缄口，为时三年的“大礼议”以朱厚熜获胜告终。

---

① 霍韬《石头录》卷二。

“大礼议”之争，嘉靖帝和文臣们各执一词，双方各有各的观点，也各有道理和道德立足点，究其实质是两派在争夺帝国的最高权力而已，一派是皇权，一派是阁权。而“大礼议”的最终结果决定着帝国权力由谁来掌控，因为皇权至高无上，嘉靖帝既当了“运动员”，又当了“裁判员”，所以皇帝赢了“大礼议”是很正常的事情。嘉靖获得绝对权力后，独揽朝纲，逐渐变得独断专行、刚愎自用，顺从皇帝意愿、对皇权俯首贴耳的大臣，很快得到重用；对于不从己意的臣子，便轻则打发回家，重则撸官、杖责，甚至充军发配。从此朝堂之上谄媚之风盛行，党派纷争，形同水火，加剧了朝廷的政治腐败，为日后的衰败埋下了伏笔。

三、从“大礼议”之争看霍韬的从政理念与政治主张

1. 霍韬的礼治思想

霍韬是个崇古厚古、尊礼讲孝的儒生，他与梁储、湛若水、伦文叙等广东籍官员都师承岭南理学大儒陈白沙。霍韬考中正德九年（1514）会试的第一名后，就返回家乡结婚，然后在南海西樵山刻苦读书，对经史等学问融会贯通。霍韬在这场斗争中，审时度势地站到了维护嘉靖皇权的一边。在中国古代社会里，“孝亲”是全社会都必须遵守的道德伦理规范。《孝经》是儒家十三经之一，同时也是全社会教谕孝道的经典，不论是帝王的宫廷，还是州县的学校，《孝经》都是封建士子的必读书之一。在“大礼”争论开始之初，礼部尚书毛澄坚决认为世宗应该称孝宗为“考”，霍韬觉得礼部对礼法的解释站不住脚，便私下写了一篇体现他厚古思想的《大礼议》反驳这种观点。毛澄写信给霍韬质问他，霍韬也多次写信给毛澄，极力论说毛澄的错误。过后，他认识到毛澄的意见无法转变，就在当年十月递上奏章说：“按大臣们议定，陛下应当称孝宗为父，兴献王为叔，另外选崇仁王的一个儿子做献王的后裔。这种观点，根据古礼考究是不适合的，根据圣贤之道来比照是说不通的，根据现在的事实来考虑是名实不副的。”霍韬认为汉儒不懂《仪礼丧服》篇的意思，汉儒炮制谬论说什么“过继给人就是人家的儿子”，如果真像他们所说，那么汉宣帝应当是昭帝的儿子，但是事实上昭帝是从祖，宣帝是从孙，孙子难道可以称祖为父？唐宣宗应当是武宗的后裔了，但是事实上武宗是侄儿，宣宗是叔父，叔父反过来称侄儿为父，这可以吗？吴诸樊兄弟四个依次即位，大概可以说是互为后继人了，这样说兄弟四个一是高祖，一是曾祖，一是祖父，一是“考”，可以吗？所以说这种观点，根据古礼考究是不适合的。霍韬还进一步认为：“天下是天下所有的人的天下，不是一个人的私产。宋朝人曾对他们的英宗皇帝说：仁宗从宗室亲人中特别选择您，

把国家传给您，您能身穿龙袍头戴王冠，拥有天下，并传给子孙万代，都是先皇帝的恩惠。既然仁宗把天下传给英宗，英宗就应该放弃亲生父母而把仁宗作为父母。我运用圣贤之道来看，孟子说舜当天子，假如他父亲瞽瞍杀了人，皋陶把他捉了，舜就会偷偷背了父亲出逃。这样说来应该以父母为重，而以天下为轻。照宋儒所说，就是天下重而父母轻了，所以说这种观点，根据圣贤之道来比照是说不通的。”

在对待“统嗣”的问题上，霍韬认为嘉靖要继承的是明太祖、明成祖之统，皇帝继位是“祖宗列圣之统以有天下”，而不是孝宗之天下。他还说：“武宗继承孝宗坐了十六年天下，孝宗并不是没有后继者。现在硬要陛下再给孝宗做后继者，到底图个什么呢？陛下可以给孝宗当儿子，又有谁来给武宗当儿子呢？孝宗有两个接班人和儿子，武宗却没有接班人，没有儿子，行吗？大臣对于君主和对于父亲是一样的，既不忍心看到孝宗没有后继者，又怎么忍心看到武宗没有接班人呢？如果武宗是哥哥，本来就有资格享受弟弟的祭祀，那么孝宗是伯父，难道没资格享受侄儿的祭祀吗？既然可以越过武宗往上继承孝宗的皇位，难道就不可以一并连孝宗也越过往上直接继承宪宗的皇位？武宗没有儿子，这已是无可奈何的事了。孝宗有儿子，又强要再为他过继一个，绝掉兴献王的后裔，这是不是对孝宗没什么帮助而对兴献王大有损失的事？所以说这种观点，根据现在的事实来考虑是名实不副的。”

最后霍韬总结说：“不过我提出这种意见有三点原因：一是破除前代故事给人的拘束，二是不忘孝宗的恩德，三是避免有迎合陛下心意嫌疑。现在陛下已经把孝宗称为考，又把兴献王尊崇为帝，事情就这样算完了吗？我私下认为帝王之间的继承，只是继承皇位而已，本来就不必斤斤计较父子的称呼。只有继承皇位，才能使孝宗的谱系不绝，就连武宗的谱系也不绝。但是仅仅如此吗？不。这样陛下对兴献王还可以改正父子之称号，不断绝兴献王天生的大恩；对于国母的欢迎，也能改正为对天子的母亲应有的礼仪。假如对昭圣太后、武宗皇后也能用正确的方式对待，尽心中的诚意来侍奉，那么尊敬尊贵的人，亲爱亲近的人，这两条就都没有违误了。”

世宗接到这篇奏疏后心中很高兴，但迫于“护礼派”大臣们的舆论压力不敢马上实施。正因为霍韬的言论击中了“护礼派”群臣的要害，“护礼派”大臣们都指责霍韬炮制邪说，于是纷纷对霍韬展开言论攻击，指“霍韬附璁议以坏典礼”[①]。霍韬心中不自在，迫于压力，很快就告病回家去了。

嘉靖三年（1524），世宗更加急切地要尊崇自己的亲生父母，两次发布诏书召霍韬进京。霍韬用生病为理由推辞，不肯赴京，飞章上奏说：“现在关于‘大礼’

---

① 《明世宗实录》卷八。

的争议，无非争两个方面：一是尊崇王位正统的大道理，二是要纠正人伦关系的大准则。只尊崇王位正统，弊端在于有利于国家却抛弃了父母；如果只重视天伦，弊端是使地位本来低的凌驾于尊贵之上。所以我认为陛下应该称孝宗为皇伯考，献帝为皇考，这是应加分别的人伦关系。尊崇亲生父母的讨论，姑且可以往后放一放，这是因为王位正统应该优先尊崇。我认为陛下对昭圣皇太后，所用的礼仪等级虽然崇高，但势头越来越轻微了。陛下对待自己母亲，名号虽然还没有尊贵到极点，但势头越来越重要了。大臣们之所以不依不饶要您尊崇嫡系，以昭圣皇太后为母亲，大概是为了防范陛下将来的过失，并用以作为报效孝宗皇帝应尽的本分。希望陛下把我们提此建议的衷情禀告圣母，就说昭圣皇太后事实上是正统、嫡亲，她的地位尊贵无比，希望圣母能经常谦退一些，对昭圣表示尊敬的意思。庄奉皇后当了十六年的国母，圣母接见她的礼仪不可轻忽，凡是元旦、贺寿，圣母要经常表现出谦让、不敢接受庄奉大礼的意思，让宫廷内部的大权全归昭圣皇太后掌握，圣母像不参与的样子，那么世人就会称颂圣母的美德，就像称颂老天一样没有停止的那一天了。”可见，尊皇权正统、纠人伦关系、讲究孝道是霍韬礼治思想的核心内容。世宗深深赞扬他奏疏中表现出来的对皇权的维护和忠诚，催促他回到朝廷去任职，并把他的奏议下发给有关部门讨论，结果全部被内阁废置，没有采用。

此外，霍韬还十分注重官员的礼仪。早在嘉靖元年，他发现下级官员不着官服接受公文，就毫不客气地当面指责：“圣旨在此，诸君当衣冠以迎。”并强调“若不衣冠，不敢传旨”。事后他向明世宗上疏曰：“乞物礼部各官，申明礼制，凡遇进出圣旨，俱冠带迎接。如有亵服，及坐听不敬，许接本官指名奏闻，庶臣工有所遵守，礼仪不至荡灭，臣子知敬君父，万邦于是承式，实正人心以救颓俗之一助。”[①]从霍韬的奏疏内容来看，他在朝廷为官之时就尤为重视官场礼仪，如此才会秩序井然，君臣父子尊卑有序。到了他在南京任礼部尚书的时候，就对官场礼仪的实施情况进行大刀阔斧的整顿。他认为：“惟车舆之制，所以命德上下之辨，所以定治礼逊之流，所以徽化国家，不可须臾缺者也。”[②]从中可知，霍韬认为礼仪制度的实施是治理国家不可或缺的部分。霍韬上任后观察到南京的官员不论职秩高低，出入均乘坐轿子，辨别不出官员品级。两官相遇，卑不避尊，官员违礼僭越，官场秩序混乱不堪。因而他曾援引南京给事中曾钧在路上骑马遇见尚书刘龙、潘珍轿没有避让，径直冲向刘龙、潘珍两轿之间，从而激怒尚书刘龙，以至于埋下了日后两人互相讦奏、互相诋毁的祸根。霍韬认为这是由于“职秩之分不明，礼让之风不著也”[③]而引起的，

① 《渭崖文集》卷四《六科疏》。
② 《渭崖文集》卷四《申明礼制疏》。
③ 《渭崖文集》卷四《申明礼制疏》。

警示南京官员要坚守官礼规范。霍韬依据《礼仪定式》，指出当前乘轿之风不合祖制规定："京官三品以上乘轿，其余不许，累朝定制也。"官员的言谈举止是百姓效仿的典范，只有官员以礼处之，天下才能井然有序，这样就要做到："官员相遇，回避有等，上非傲，而下非谄也。夫卑以避尊，非以饰让也，所以定分也。上下分定，然后兆民观化，而天下治也。"[①]随后霍韬上疏皇帝，建议规定在京城中四品以下的官员不许乘轿，外地官员也应遵守乘轿规定。同时，霍韬还对官员之间的回避礼仪作出了详细的规定，认为以品级为基础的官礼定制一定要严格执行，才能体现出尊卑有分、上下有序。霍韬还大力整顿监生风气，对监生的选拔采用抽签的方式来进行，避免典吏从中舞弊。并令生员学习《诰律》和《教民榜文》等规定，在思想上约束监生。可见霍韬作为明代的礼臣，一生坚持以礼为本，一切行为皆以礼制、礼治为准则，既严格要求自己，也苛刻地要求别人。

《渭崖文集》书影

2. 霍韬的吏治思想

首先，霍韬受儒学影响之极深，他始终以儒家思想的"礼"作为为官当政的衡量标准和行为准则，并且以积极的态度付诸实践，他以深厚的儒学理论，在礼议过程中充当着理论家的角色，为礼议提供儒家正统的"仁""礼""孝""义"的理论支撑，一度让"护礼派"理屈词穷、不知所措。他在《大礼议》一文中引经据典对道统传承的合法性和儒家提倡的孝道进行了缜密的论述，力图通过"礼"来强化皇权、规范朝纲秩序，维护皇权的权威。

嘉靖十二年（1533），霍韬复出，先后做过吏部左、右侍郎。为免皇权旁落，内阁和六部架空皇帝，霍韬十分强调权力的绝对集中。当时吏部的事情大多都由尚书做主，侍郎一般无法干预，霍韬向尚书汪鋐（1466—1536）争取，侍郎才获得了参议部事的机会。不多久汪鋐罢官，世宗长期不另外任命尚书，就让霍韬主持吏部的事务。内阁大臣李时（1471—1538）有一次传达世宗的意思，要任用鸿胪卿王道中为顺天府丞。霍韬说："内阁大臣得到过皇上指示，这本没什么可疑的，但是我们还是应当再行奏请，以便杜绝弄虚作假。"于是按照惯例，开列王道中和应天府

① 《渭崖文集》卷四《申明礼制疏》。

丞郭登庸两个人的名字，让世宗审定。世宗喜欢他办事照规矩来，就任用了登庸，王道中改任大理少卿。

其次，霍韬将吏治问题与社会现象联系起来，认为吏治状况的优劣对社会的其他方面会产生深刻影响。嘉靖四年，皇帝要提拔他为少詹事兼侍讲学士，霍韬为了避嫌，坚决推辞，并且请求诏令六部尚书、侍郎、翰林、给事中、御史都应该出任地方官职，以便熟悉政治局势；监司、守令政绩突出的，就应提拔为卿丞，有文才、学识的提拔为翰林官；科举、贡选入官的可以提为翰林，进入部院，不应该局限于资格。这种唯才是举、因才施用、要求朝中官员要有地方工作经验的提议无疑给明中期业已形成的“冗官”“庸官”现象一剂猛药。鉴于朝廷的财政与经济状况已经捉襟见肘，难以支撑庞大的官僚机构的运作，霍韬提出裁减冗官的方法正是他在从政过程中身体力行的智慧。

第三，霍韬毫不客气地直接指出内阁“票拟”制度的弊端，对大政皆出于阁臣之手极为不满。霍韬还列举官员任免事例来说明阁臣越职和“参与事体”，对朝廷内部的官员升迁渠道提出自己的见解，他认为：“从杨荣、杨士奇、杨溥直到李东阳、杨廷和都把握权柄，培植党羽，把翰林笼络来做下属，中书做幕僚，所以翰林的升任不经过吏部，而中书甚至有升官做到尚书的。我曾经建议把翰林任免的权力划归吏部，以期他们不暗中投靠内阁，做内阁大臣的心腹，内阁也无法暗中勾结翰林做他们的羽翼。并且想把京官调补地方上做官，以便劳逸均平。”霍韬的这些观点，从根本上是为了维护皇权的绝对统治权威。霍韬还认为官员得到升迁，应该感恩皇帝，要有谦让的风格。嘉靖十八年（1539），朝廷选拔东宫官员时，任命霍韬以太子少保、礼部尚书的官衔掌管詹事府的事务。霍韬马上上书辞谢，并且批评有些大臣接受俸禄不肯谦让，晋升官职也不推辞，其中难免有拉帮结派祸国殃民的奸人，暗中巩固自己的权威。

此外，霍韬也很重视为朝廷推荐人才。他曾向嘉靖上《储才疏》，论述培养人才、实用人才对治理国家的重要性。嘉靖七年四月，世宗升用霍韬为礼部右侍郎，霍韬极力辞让，并推荐康海、王九思、李梦阳、魏校、颜木、王廷陈、何塘替换自己，他还推荐国子监学生陈云章，认为他有才干。霍韬推荐过的人才还有王守仁、王琼等，世宗都采纳了他的意见。

3. 霍韬的法制思想

霍韬认为，明朝建立百余年来的弊端归根到底源于历朝的君臣破坏了祖宗之法，这个祖宗之法，源头就是以儒家思想为核心的君臣之道、礼仪之规和仁孝之矩。霍韬认为："今不复太祖之法，可以致隆平者，臣未之闻也，故今有言太祖之法难行者，非愚则奸。其迁延退托，不肯奉行者，即不忠之守也。"[①]对于如何恢复祖宗之法，霍韬认为："凡累年事例，有阴坏太祖成宪者，俱从削黜，用订积年之谬，定天下可行之法，亦万世太平之幸也。"[②]并提出："先将文官积弊渐次洗除，次及武职，次及内臣，次及宗室，更革有渐，裁酌有权，迟不三年，祖宗制治纪纲振饬而光复也"[③]。他要求世宗效法"太祖旧章，敕戒藩臬郡县官吏，痛改旧习，毋纵贪风，以残百姓，往年过失，且不究治，责令更新。"[④]

霍韬还特别痛恨自宋朝以来文人官僚空谈之风，认为空谈误国，实干才能兴邦。他尖锐地指出："宋朝士夫，动拥虚名，动多浮议。其未见用，人多以大用期之，及其见用，亦只如此而已矣。尝谓宋儒学问，动师三代，而致君图治之效，不及汉唐。汉唐宰辅虽不知学，犹能相其君以安中夏而制四夷。宋人则高拱浮谈，屈事戎狄，竭民产以纳岁币，苟延旦夕之安，履霜不戒，卒覆中夏而后已。若此之可诿之天数，徒责徽、钦，而嘉祐、康定以迄元祐之诸君子，可独逃责乎？"[⑤]

霍韬对明代人们所推崇的"三杨"，也毫不客气地提出了激烈的批评，他痛斥"三杨"联合宦官，抬高阁权而损害了皇权，认为只有重新尊崇皇权，大臣们在皇帝的支持下才能够更好地推进改革。霍韬上书嘉靖说："阁臣职参机务，今止票拟，而裁决归近习。辅臣失参赞之权，近习起干政之渐。自今章奏，请召大臣面决施行，讲官、台谏，班列左右，众议而公驳之。宰相得取善之名，内臣免招权之谤。"意思是说内阁大臣的职务是参与机要事务，现在却只是拟定文书，而军政大事的裁决权却归属宦官。内阁大臣失去了参与议定的权力，宦官出现了干预政治的苗头。对于政务，请陛下把大臣召集来当面决定以后再施行，讲官、台谏也排列左右，大家共同商议，或赞成或反对，事情公开办理。这样内阁大臣就有了去恶取善的声望，宦官也避免了别人对他们揽权的批评。同时他也要求皇帝要勤于政事、躬亲政务，不能有半点懈怠。他对皇帝提出要求："陛下于每日午刻或御文华殿，或御左顺门，召内阁大臣二员，六部尚书侍郎六员，六科给事中讲读学士三员，立内阁大臣将次日应发章奏，条拟旨意，面对陛下酌填注，面付司礼监次早发行，其有论列圣德，

---

① 《霍文敏公文集》卷二《禅治疏》。

② 《霍文敏公文集》卷三《修书疏》。

③ 《霍文敏公文集》卷三《天戒疏》。

④ 霍韬：《论内外官铨转资格疏》，《明经世文编》卷一八八。

⑤ 《霍文敏公文集》卷六《上杨邃庵阁老》。

纠科权奸，更革大事别为擢出取裁。”“大臣有奸回，不在忠面肆欺网，给事中得面纠其过。”“顾问有举措失宜，政体乖瀑天下，得驳正其失。”认为只要皇帝与大臣们彼此互相信任，励精图治，就能够治理好国家。

霍韬重视法制，主张在维护皇权的同时进行法制改革，通过改革反过来更好地维护皇权，约束皇权，改善社会流弊，缓和社会矛盾。霍韬在南京主政礼部时，禁止守丧的人家设宴饮酒，不许妇女出家当尼姑、道姑，遣散和尚、尼姑，惩办娼户买良家女子，拆毁多余的祠堂庙宇，兴建社学，表彰忠臣烈士等。同时他还修订了相关的宗藩条例，对朝廷的法规进行了适当的调整，对赋税进行了合理的改革，厘正了民间的陋习，特别是对寺院陋习进行了整治。所有这些努力，都是霍韬法制理想和政治主张的践行，对嘉靖革新及以后张居正的变法影响至深。

4. 霍韬的经济思想

霍韬出身岭南，来自小商品经济发达的佛山镇，在其发迹之前，石头霍氏世代以务农为生，他比较重视农业也在情理之中。霍韬在《霍渭涯家训·田圃第一》中说：“人家养生，农圃为重，末俗尚浮，不力田，不治圃，坐与衰期。”力言“非力耕不得食”，“子侄不可不力农作”。从中我们可以看出霍韬“以农为本”的观念根深蒂固。

田赋和徭役是明朝两大财政来源。明中期土地兼并严重，豪富之家想方设法逃避赋税。霍韬提出了限制土地兼并的意见，他建议朝廷在核实田土的同时，实行鼓励农民开荒的政策。嘉靖八年（1529），霍韬奉命修《会典》，他上疏给嘉靖皇帝说：“自洪武迄弘治百四十年，天下额田已减强半，而湖广、河南、广东失额尤多。非拨给于王府，则欺隐于猾民。广东无藩府，非欺隐即委弃于寇贼矣。司国计者，可不究心！”[①] 针对额田失所，霍韬请求朝廷“清查勋戚庄田”，以杜绝权贵官宦隐瞒土地，逃避纳税。

霍韬重视贸易和经济，认为以广东作为对东南亚诸番开展对外贸易的口岸，互为利市，对提升国力，树立万邦来仪的形象十分必要：“东南番皆由广入贡，因而贸易，互为利市焉，中国不可拒之以自困。惟佛郎机则贼人之桀也，不可不拒。因拒佛郎机并拒诸番，非策也。为今之计，在诸番之来则受之，在佛朗机则斥之，否则厉兵以防之，示之必诛。”[②] 在明朝海禁的背景下，霍韬提出通商于海外的意见，

---

①《霍文敏公文集》卷八《修书疏》。

②《霍文敏公全集》卷十《两广事宜》。

这是需要勇气和长远眼光的。而霍韬自己也是身体力行地贯彻这一理念，石头霍氏就经营有窑冶、炭铁、木植等行业，各有专人负责，“岁入利市，报于司货者，司货者岁终咨禀家长，以知功最。”① 对经营得好的族人，还论功行赏。

石头村霍氏大宗祠建筑群

此外他还向嘉靖皇帝提出了诸如“兴修水利”“控制私盐”等改革措施来巩固礼论的成果，可谓殚精竭虑。

5. 霍韬的教育思想

在明代正德、嘉靖年间，广东南海西樵山上，书院、精舍林立，其中霍韬于嘉靖二年（1523）在西樵山西部宝林洞中创建的四峰书院，内设有崇礼堂、环翠楼、卧云楼、敦古堂、毓秀轩等建筑。霍韬与湛若水、何维柏（1510—1587）常交游、讲学于此，曾编有《心性图解》作为教材以训导诸生。在教育理念上，霍韬十分强调“为学须刻励处恭，切当用功，从天理上思，便是穷理，穷理即所以养心”，可见他的思想与当时流行的心学是不一样的。嘉靖后期，户部郎中叶春及（1532—1593）曾掌教于此，郭肇乾和庞嵩、薛侃等人也是出自其门下。四峰书院是以培养霍韬家族中的兄弟子侄为主，关系着霍氏家族兴衰荣辱的家族书院，因此受到霍韬的密切关注。他在乡闲居时，就移家迁入书院中亲自进行管理，回朝时则将书院交与他最为信任的弟弟霍尹先和好友郭肇乾掌管。在平时的家书及给郭肇乾的书信中，霍韬反复提及书院的管理，并制定出严格的书院管理制度，事无巨细一一过问。如其中一封提到对其子与瑶的处罚：“访得与瑶去年在书院抗拒先生，可发回大宗祠前，朔日会众，打二十棍，回报请体刚（郭肇乾）押去”② 继而又重申书院的多项规定。郭肇乾虽是湛若水的弟子，但深得霍韬敬重，他曾经向霍韬保证教育好霍氏子弟，“有纤毫疏漏罪我”③ 除书院外，霍韬还让郭氏参加宗族的管理，在每次的家书中

① 《霍渭涯家训·货殖第三》。

② 《霍文敏公全集》卷七《家书》。

③ 《霍文敏公全集》卷七《与郭蒙山书其二》。

几乎都有“看过送四峰书院尹先，请体刚诸君唤诸生晓之”之类的话。在给郭氏的书信中甚至提到：“予每戒家人勿求官可，勿得罪乡里，过人口舌，何为又去卖盐又开银矿，又去做沙，皆不知足也。”①显然，在霍韬的心目中，四峰书院不但是家族书院，还是宗族管理的中心。此外，霍韬还在家乡石头大宗祠之左建立石头书院，专门教育乡里子弟。石头书院除教育霍氏子弟学习文化知识外，还重点讲授“习农事”。霍韬要求霍氏家族子孙从思想上重视农业，并规定：“凡社学师，须考社学生务农力本，居家孝弟，以纪行实。乡间娇贵子弟，耻力田，勿强。本家子侄兄弟，入社学，耻力田，耻本分生理，初犯责二十，再犯责三十，三犯斥出，不许入社学，及陪祠堂祀事。”②他认为学习农本有利于霍氏子弟勤于农事，保障霍氏的田产用度，只有农业兴盛才能为霍氏家族未来的发展奠定坚实的物质基础，从而促进霍氏家族的兴旺发展。

霍韬出身没有功名的庶民家族，他是通过科举一步步走向权力中枢的，所以深知教育的重要性。从霍韬开始，霍氏向文化家族转变，他希望建立一种良好的家风，以确保家族世代兴盛。为了应对家族现实的需要，他十分重视家族建设。对家法、家规有很严格的要求，认为这是“保全子孙”的万全之策。嘉靖四年（1525）正月，霍韬在家乡创建了石头霍氏大宗祠，建立了由宗子、家长、田纲、司货组成的宗族组织。同时，他编订家训，创立“考功”“会膳”制度，以增强宗族的凝聚力。霍韬的教育思想，集中反映在他的《霍渭涯家训》中。家训的内容包括：田圃第一，仓箱第二，货殖第三，赋役第四，衣布第五，酒醋第六，膳食第七，冠婚第八，丧祭第九，器用第十，子侄第十一，蒙规第十二。从家训包含的内容可知，霍韬尤为重视古礼，家训内容中小到蒙学、饮食、着装，大到冠、丧、婚礼，都有详尽的要求。其中有十篇的内容以生业和家计为题展开，尤其侧重族产的管理，这也充分体现出霍韬十分注重“齐家”，希望宗族子孙能从大局出发，为维系、发展宗族事业做出贡献。由于霍韬对子孙教育有方，霍氏家族的后辈子孙纷纷考取功名：二子霍与瑕是进士，先后任官浙江慈溪知县、兵部职方司员外郎、广西左江按察使；七子霍与樱和九子霍与瑺都是举人。他时常提醒霍氏子弟“做第一等人事，做第一等人物，占第一等地步，使乡邦称为忠厚家，称为谨慎家，称为清白家，称为勤俭家，称为谦逊家。”③霍韬一直以此为信条，积极地采取措施发展宗族组织事业。霍韬的家训代表了一个受儒家思想渗透的基层社会家族的价值观，其核心思想在于“保家”，霍韬正是怀着“做个好样子与乡邦视效”的理想，提供了一种从经济富有家族转变为文化家族的模式。

---

①《霍文敏公全集》卷七《与郭蒙山书其十一》。

②《石头录》卷二。

③《渭崖文集》卷七《与家山书十二》。

6. 霍韬的人品和双重性格

霍韬的性格是双重的，后人对他的评价也是毁誉参半。他既有秉性刚直、待人随和、为人自我、刚愎自用、不随大流的一面，也有处事老练、善于揣测人心、看风使舵、善于做秀的一面。

霍韬为人质朴随和、性直。他做乡会试主考官时，从不要求考生举行拜师。焦竑（1540—1620）在《国朝献征录》一书中称霍韬“知无不言，言无不直，虽触时不忌顾”。霍韬的南海籍同乡郭棐（1529—1605）在《粤大记》中也称赞他“质直好古，行谊高洁，学崇壮敬，不喜浮谈”。嘉靖继位不久，霍韬鉴于各地多有灾异发生，上书皇帝陈述十多条革除弊政的意见。在由嘉靖主持的有关“天地分祀”的争论中，霍韬虽已揣摩出世宗的意图，但性格刚直的他不顾个人荣辱进退，提出不同的意见，最终因此被关进了都察院的监狱。

在盟友和理想之间，霍韬的选择是坚守理想。张璁、桂萼、席书等人都是霍韬的议礼盟友，在三人相继去世之后，霍韬曾痛切地说道：“同赞大礼者，席兀山、桂见山先薨，今年张罗峰继据，致斋（黄宗明）复捐，世遗子孤立，岂不哀哉，岂不哀哉！”[①]可见霍韬与三人感情之深。但是，吴乘权等辑录的《纲监易知录》中，记述了一则故事，是说王守仁平广西，桂萼忌其功，劾论王守仁，霍韬为王守仁抱打不平，辩称守仁平八寨、断藤峡之贼，擒宸濠、治江西有功，并为此不惜得罪桂萼。在霍韬眼里，礼法、道义要高于一切。

明世宗因霍韬议礼有功，几次授予官职，他因避嫌媚上取宠而坚辞不受。霍韬用谦辞官职的行为证明自己支持嘉靖并非为了升官，他曾对世宗说：“今异议者谓陛下特欲遵崇皇考，遂以官爵饵其臣，臣等二三臣苟图官爵，遂阿顺陛下之意，臣尝自概，若得礼定，决不受官，俾天下万世知议礼者非利官也，苟疑议礼者为利官，则所议虽是，彼犹为非，何以塞天下口。”[②]因此他坚持辞让不肯就职，世宗还是不允许。经再三推辞，世宗最后还是同意了他。

嘉靖六年（1527），霍韬回到朝廷，世宗命令他到经筵前值勤，担任日讲官。霍韬因为自己的南方口音竭力推辞。同年九月，世宗提拔他做詹士兼翰林学士，霍韬又极力推辞。六月，“大礼”议定，皇帝破格任命他为礼部尚书，主管詹事府的事务。霍韬上书陈述翰林院编书升官、日讲荫子与巡抚子弟荫封为武官的不恰当，然后说自己虽然不能挽救这些错失，但不愿跟随大流。世宗颁诏称赞了他，但不许他推让。

---

① 《赠都察院右都御史礼部左侍郎致斋黄公神道碑铭》，《霍文敏公文集》卷六。

② 《明史》卷一九七《霍韬传》。

《南海县志》说霍韬："风度端凝，帝所严惮，每起居有失辄问内监曰：霍韬知否?见重如此。"可见皇帝对霍韬是又爱又恨的。

霍韬的行为有时候非常出格，显得异于常人、鹤立鸡群。《明史·霍韬传》记载："（韬）举进士出毛澄门下，素执弟子礼，议礼不合，遂不复称为座主。"是说霍韬在毛澄主考时中进士，素来向毛澄行弟子礼，由于在"大礼议"中与毛澄意见不一致，最后竟弃绝师门，要求"自削门籍"，再也不称毛澄为师了。这在当时的士大夫眼中简直就是"惊世骇浪"。沈德符对此评价道："座主门生之宜，自唐而重，然汉时州牧之察孝、秀，三公之辟寮属。至有死相报者，其酬知己之恩，固不下乎唐也，本朝座主亦如之，惟嘉靖间霍渭厓韬，举甲戌会元，不认大主考梁文康、毛文简澄为座主……此等事，亦惟公能行，张罗峰欲效而不能矣，前乎此后乎此，俱未闻也。"[①]等到他主考己丑（1529）会试时，也不认唐顺之（1507—1560，明代儒学大师、军事家、散文家、数学家、抗倭英雄）等人为门生。他在议论大礼时，抨击司马光，坚持不可将司马光列入孔庙陪祀。霍韬就是这样不顾公论，自以为是。

在霍韬的性格特点中，也有自私自利的一面，他一切以明哲保身为原则。嘉靖刚刚当上皇帝不久，为使其母名正言顺做皇太后，欲将其母灵位移入太庙，但一时苦于无人上本。霍韬揣测嘉靖的心思，深知皇帝的用意，但欲奏又不敢。刚巧这时候方献夫回京上任，霍韬便对方献夫说起此事，方献夫对霍韬说："大人为何不上本保奏此事呢？"霍韬回答说："我若上奏时遇皇上大怒，无人保我，怎么办呢?不如你上此本，倘有不测，我可保你。"方献夫便即日上朝奏请建议把嘉靖母亲灵位移入太庙。正中下怀的嘉靖听后十分欢喜地说："论才智没有人比得上你！"于是封方献夫为武英殿大学士，入阁辅政。从此事可见霍韬城府之深。

霍韬一向刚愎自用，在朝廷中树敌甚多，名声自然也有不好的一面。张廷玉《明史》列举他禁毁寺庙、侵占沙田、打击异己诸多事例。他的政敌评论他"举措乖违，人心骇愕。夫以一二人邪说，废天下万世公议，内离骨肉，外间君臣，名为效忠，实累圣德。"[②]《明史》也说他："韬学博才高，量褊隘，所至与人竞。"意思是说霍韬学问广博，本领很大，但肚量狭窄，所到之处总是与人争斗。世宗心中很有点厌恶他，所以一直没有太重用他。霍韬被起用担任吏部侍郎的时候，吏部的事情大多由尚书做主，两个侍郎都无法参与，霍韬多次向尚书汪鋐争取权利，此后侍郎才获得了参议部事的机会。不多久汪鋐被罢官，世宗长期不任命尚书，只是让霍韬主持吏部的事务。

① 沈德符：《万历野获编》卷十四《霍渭崖不认师座》。

② 《明史》卷八十二《乔宇传》。

霍韬气量小，记仇，对政敌总是睚眦必报。霍韬在“天地分祀”的争论中就已经和夏言结了怨，等到夏言掌权以后，霍韬心觉不甘，常常想找些事来陷害他。有一次他上书对皇帝说：“不久前吏部打算推举刘文光等人做给事中，没几天忽然又宣布作废了，大家都说是内阁大臣压了他们。给事中李鹤鸣在考核时被贬了官，没有几天又官复原职，大家都说是经过行贿得来的。陛下应该告诫吏部官员，叫他们不要受执政暗中指使，好让天下人看到恩惠和刑罚都在朝廷掌握中，大臣中间即使有李林甫、秦桧那样的人，也不能够在皇上身边随意捣鬼。”他的话明显是针对夏言而说的。霍韬屡次攻击夏言不能取胜，后来见郭勋与夏言有矛盾，就暗中勾结郭勋，和他一道陷害夏言。当时朝廷内外风言四起说世宗又要南巡，霍韬上书说：“上次陛下南巡时，跟随的大臣大都收受贿赂、不守法度。文官只有袁宗儒，武官只有郭勋没有接受馈赠。现在谣言又起，应该采取办法加以制止。”世宗在颁布诏书稳定人心以后，责问霍韬说：“朕昨南巡，卿不在行，受贿事得自何人？据实以奏。”霍韬支吾其词：“扈从诸臣无不受馈遗、折取夫隶直者，第问之夏言，令自述。至各官取贿实迹，勋具悉始末，当不欺。”意思是随从大臣们接受馈赠，这事只要问夏言就可以了。至于各人收取贿赂的实际情况，郭勋都知道，应该不是骗人。嘉靖对霍韬十分失望，已经开始厌烦他了，不过念在霍韬议礼的功劳，此事最后也就不了了之，但霍韬也算是在与夏言的争斗中，将“大礼议”之争时与嘉靖的情分给败尽了。

霍韬的家人曾用不厚道的法子占了许多沙田和僧田，名声很不好。《明史》中也有记载：“初，广东提学道魏校毁诸寺观田数千亩，尽入霍韬、方献夫诸家。镗至广，追还之官。韬、献夫恨甚，与张璁、桂萼合排镗。”迫于舆论压力，霍韬多次从京

霍韬墓

城写信回老家，告诫家人要注意收敛，并放出狠话说："今后尔兄弟如在作沙田及增别处田，我回日俱退了。有引作田人此处访闻，即送官，一百棍打死"。[①]不过，狠话放过一阵后，他又写信询问子侄家里"新买"沙田的情况。[②]

四、"大礼议"的实质和霍韬对后世的影响

"大礼议"的核心，是以杨廷和为代表的阁权（文官集团）与皇权的角力，在意识形态上表现出来的是程朱理学与阳明心学的斗争。经过三年的大礼议，嘉靖得到张璁、桂萼、霍韬等礼议新贵的支持，羽翼丰满，并且由礼议的过程体会到了皇权的无上威严，此后变得独断专行。议礼派"以片言至通显"，因迎合皇帝而从下级官员升至首辅、六卿，使朝廷官员看到奉迎君主带来的好处。嘉靖十七年后，内阁 14 个辅臣中，如徐阶、顾鼎臣、严讷、夏言、郭朴、严嵩、袁炜、高拱、李春芳等，就有 9 人是通过撰写道教的青词起家的。从此明朝官员中谄媚阿上之风盛行，政风日益败坏。世宗也日渐腐化，大肆兴建、迷信方士、尊崇道教，又好长生不老之术，朝廷政治风气愈发颓废。

隆庆元年（1567），嘉靖皇帝去世，穆宗即位。这意味着议礼事件的彻底终结，议礼的各种仪轨被新皇帝全盘推翻。据《明史·穆宗纪》记载："隆庆元年春正月丙寅，罢睿宗明堂配享"。兴献皇帝被彻底搬出了太庙，后人再也没有提起过这位从来没有当过皇帝的"皇帝"，嘉靖帝努力了一辈子的事情，终究还是没能得到历史的承认。隆庆初，被削职为民的杨廷和复官，赠太保，谥文忠，因为议礼案被罢黜的官员得到复职赠官，一切似乎又回到了原点。

霍韬在"大礼议"的过程中并非主将，但他却能审时度势，力挽狂澜，保障了"议礼"的成功，对当时的社会做出种种改良。霍韬因"大礼议"而骤得显贵，于朝廷的礼制规范建树甚多，晚年对乡间的宗族建设也有不少贡献。在乡邦，则致力于霍氏宗族制度之建立，为后世岭南地区各宗族所取法。可以说，霍韬是明朝中后期中国社会和岭南宗族制度建设与发展的关键性人物，于后世影响至深。

---

① 《渭崖文集》卷七《家书》。

② 傅同钦：《明清时期的广东沙田》，《学术研究》1981 年第 3 期。

渭崖家训研究

渭崖家训研究

——从《霍渭崖家训》看霍韬对明清时期佛山地区民风教化的影响

家训，又称家诫、家范等，主要是指家长对家人、族长对族人、祖辈对子孙在立身处世、持家执业等方面的教诲与训示。中国传统政治思想、道德伦理思想特别强调修身、齐家与治国、平天下的密切联系，“人必有家，家必有训”。最早的家训文献，距今已经有三千年的历史，在清华大学藏战国竹简中，就有周文王临终前写的《保训》，这是文王向武王传授治国理政的经验及中和、德治之道的“家训”。

以“整齐门内，提撕子孙”为目的的家训，对个人的修身、齐家发挥着重要的作用，是中国传统文化的重要组成部分，也是家庭教育和文化的主要组成部分。中国古代的家训内容十分庞杂，但究其根本，始终是围绕齐家治家、教诫子弟、处世之道等三个方面展开的。

一、渭崖家训的社会历史背景

明清时期的佛山是商业重镇，诞生了很多大家族，他们为了家族的繁衍，以家训警醒后人。传统佛山家训的撰写者，有很多是显赫一时、对社会发展有重要影响的人物，如霍韬（1487—1540）、庞尚鹏（1524—1580），他们通过自身的经历，对德行、礼仪、起居、管理、产业等方面都有详细的训示，对佛山地区的社会发展有着深远的影响。可以说，佛山本土家训，浓缩着佛山人的文化精髓，其中很多的训示对当代同样适用。

1521年，明世宗朱厚熜以藩王入主皇位后，围绕皇统问题发生了著名的“大礼议”

论争。这场持续多年的争论，“始而争考、争帝、争皇，继而争庙及路，终而争庙谒及乐舞”。斗争的焦点是如何确定世宗生父朱祐杬的尊号。“大礼议”发生之初，世宗征求霍韬意见。霍韬说应尊父为皇考，皇帝立即采纳。但因此招致其他官员诋毁、排斥，于是霍韬称病辞官，回到老家。第二年，皇帝两下诏书请其还朝，他推辞不过，终于在1527年还朝，主讲经筵，撰写《古今政要》，不久皇帝破格封任他为礼部尚书。霍韬在南京任礼部尚书时政绩卓著，其革新措施主要有：严令禁止治丧人家宴饮欢乐，以保持居丧守礼之孝；禁绝妇女进入庙宇寺庵；禁绝买卖良家妇女为娼；兴办教育；倡导和尚、尼姑还俗，参加劳动、接受教育。后来由于树敌太多，其性格又“量褊隘，所至与人竞”，终于得罪了同僚和皇帝，逐渐不被重用。于是霍韬请辞，回家乡建社学、书院，在西樵山讲学。他积极关注地方民情与事务，关注地方社会建设，并以实际行动教化地方，编订家训、族规，希望建立一种良好的家风，确保家族世代兴盛。《霍渭崖家训》就是霍韬为了应对家族这样的现实需要而产生的。

二、《霍渭崖家训》的主要内容

霍韬所撰《霍渭崖家训》，初稿写于正德二年（1507），嘉靖九年（1530）初定稿，分为两种版本。一个是《霍渭崖家训》单行一卷本，全书分为正文三个部分共十四篇，附录三篇，书前有霍韬写的序、《合爨男女异路图说》、《提纲》，书后有孙育写的《后叙》和孙毓修写的跋。第一部分讲如何从小教育子弟，包括对子弟言谈举止的规定、仪容仪表的要求，是对他们养成良好的生活习惯方面的训条；第二部分规定子弟如何尊师重道、孝敬亲人、友善朋友等；第三部分是对后世子弟学习技艺等方面的规定，强调子弟唯有养正，才能保家，亦以作圣。另一个版本是霍韬之子霍与瑕在万历四年（1576）所刊《渭崖文集》本家训，收入的《霍渭崖家训》分为《家训前编》与《家训续编》两个部分。《家训前编》的《序》反映出霍韬制定家训的核心思想是“保家”，着重讲“防检之式”；《家训续编》则重在阐述“诲谕之意”。无论哪一个版本的家训，都围绕着“齐家族”“立教范”“定制规”“述往行”“著明德”“辨得失”等纲目展开，内容主要包含：田圃、仓箱、货殖、赋役、衣布、酒醋、膳食、冠婚、丧祭、器用、子侄、蒙规等方面。

《霍渭崖家训》书影

1. 劝劳作，勤田圃

霍韬的家训是明代家训中最有特色的，它超出了一般家训只是口头训诫子弟读书、做人的范畴，而将劳动教育作为家庭教育的重要内容。“幼事农业，力涉勤苦，能兴起善心，以免于罪戾，故子侄不可不力农作。”①霍韬认为孩子从小参加农业生产，亲身体验到勤苦的滋味，就能一心向善，避免罪过。所以他力言“非力耕不得食”“子侄不可不力农作”。霍韬来自小商品经济发达的佛山镇，在其发迹之前，石头霍氏家族世代以务农为生，因此他对农业十分重视。他主张“本末相济”，认为“人家养生，农圃为重”，又认为“居家生理，食货为急”，家训中流露的是“君子爱财取之以道”的思想。霍韬认为“汉取士，设孝弟力田科，敦实务本也。凡为官者，如皆出自农家，有不恤民艰者或寡矣。”意思是说：汉朝选拔官吏和人才，特别设有孝弟力田科，就是为了提倡厚重诚实、致力于根本。做官的如果出身于农家，很少不怜惜百姓疾苦和艰难的。他还说：“人家养生，农圃为重，末俗尚浮，不力田，不治圃，坐与衰期。”②他认为学习农本不仅有利于霍氏子弟勤于农事，而且可以体验到农夫种田的辛苦，知道一粥一饭来之不易，久而久之就可以养成勤劳朴素、厚重诚实的品性。否则，不劳而食，久享富贵，必至衰落贫穷，“甚则为奴仆、为牛马”。他要求家中子侄在农忙时，都要去参加农业生产。家族子弟都要有相对固定的劳动时间：“子侄入社学，遇农时俱暂力农，一日或寅卯力农，未申读书；或寅卯读书，未申力农。或春夏力农，秋冬读书。勿袖手坐食，以致穷困。”③如果子弟有偷懒耍滑不事农作者，要给以必要的体罚：“初犯责二十，再犯责三十，三犯斥出，不许入社学”，从此剥夺学习机会。从中我们可以看出霍韬“以农为本”的观念根深蒂固。霍韬家训冲破了宋明理学家教人“半日静坐、半日读书”的樊篱，突出强调劳动教育，要求子侄“朝耕暮读”或“春夏耕耘，秋冬读书”又或“半日耕耘，半日读书”，而绝不能够偷懒不从事劳作，以致坐吃山空。他认为只有农业兴盛才能为霍氏家族未来的发展奠定坚实的物质基础，从而促进霍氏家族的兴旺发展。这样的认知在当时乃至今日都是十分可贵的。

2. 正礼仪，修慎德

宋代心学家陆九渊说过：“家之兴替，在于礼义，不在于富贵贫贱”。不同的

---

①《霍渭崖家训·田圃第一》。

②《霍渭崖家训·田圃第一》。

③《霍渭崖家训》附录《四峰寺院事例第三·社学规矩》。

家庭传承有不同的家风，或是勤俭持家、诗礼传家，或是重诺守信、轻财尚义，或是尊老爱幼、邻里相助，或是清廉俭朴、天下为公。虽然道德主张和行为规范不一样，但崇德向善是共同的主题。在具有心学文化传统的佛山古镇，霍韬深谙家风正，人才能走正道，家才能兴旺发达的道理，所以他对礼仪十分注重，在家训中，小到“衣布”“酒醋”“膳食”，大至“冠婚”“丧祭”“器用”等，都做出详细的规定。霍韬本身就是深受传统儒家文化熏陶的文人士大夫，也是“议礼”的理论专家，对于三纲五常方面的仪轨十分推崇，认为“凡为子者，必孝其亲；为妻者，必敬其夫；为兄者，必爱其弟；为弟者，必恭其兄”[①]，这才是“大义”。只有尊崇“大义”，才“真可保身、保家族矣”。霍韬还对子弟的日常仪轨做出了详细的规定：“头容直”，“口容止”，“手容恭”，“足容重”，“貌必肃”，“容必庄”，“气必纾”，“色必温”，“视必端”，“听必慎”，“动必畏”，“坐必正”，“立必中”，“行必安”，“寝必恪”。他认为：“头口手足，身之物也；貌容气色，身之章也；视听言动，坐立行寝，身之用也。”要求“童子之礼，由幼而习，以至于冠，步趋食息，皆囿范围，则非僻之心不能投间而入，中和之气日益纯固”，就算是“资虽下愚，亦可以寡过矣”。[②]只有从小培养出纯正无邪的优良品行，才能“下学上达”，逐渐达到“圣人”的境界。霍韬对书院和社学老师的要求也极其严格：“为师者晨日礼服，与诸生肃揖后，言动视听容貌起色敦切晓诲，使之勉勉循循，动由矩度。此严恭谨畏之所由起，而动容周旋礼之基也。”[③]强调老师要在行为举止上处处体现出道德品格和意蕴，让老师成为学生模仿和学习的榜样。

霍韬要求家族子弟修慎德，做人做事都要谨慎认真，要做真实的人，要有真才实学，要有担当，有积极向上的心态，对理想人格的实现要落实到对现实的承担上来，追求养成“化除虚妄”的精神境界，这也是知行合一的表现。霍韬既尊重人格不同层次的表现，也要求子孙做人表里如一，讲求忠信笃敬，强调：“语必忠信，饮食必慎节，允养德养身之切务，保家之训举也！”霍韬认为要达到这一目标，关键在于教育，他教育子侄要“勉小善，惜分阴，戒游乐，勤课业，慎气质”。[④]认为“天理人欲，迭为消长”，故此，要行“慎独之学”，要“知礼修心”，从改善、提升修养开始。他认同“士之百行，苦节为难，能以澹泊存心，然后富贵不淫，贫贱不移，特立万世之表可也”的修身模式，要族人学习诸葛亮“澹泊以养气，宁静以养

---

① 《文敏公全集》卷十《家训续编·家教第五》。

② 《霍渭崖家训·蒙规第十二·蒙规三》。

③ 《文敏公全集》卷十《家训前编》。

④ 《文敏公全集》卷十《家训续编·子侄第八》。

心”的修身方法。霍韬更进一步指出：“修身不得不至，为学不得不坚。”[①]认为人格魅力的养成在于要有自己的“道”，在具体行为上表现出知礼恭敬，勇于担当，从而显现自己的价值。

3. 倡雍睦，保家风

霍韬提倡雍睦，“盖一家之中，小大卑尊，事有得失，共相含忍，务为和顺，则家雍睦。”[②]认为“忍”是“处家要道”，家族中人只要“相与忍之，则家道雍睦矣”。要实现这一目标，自然需要治家才能实现。他认为在一个家庭里，“妻子好合，如鼓琴瑟；兄弟聚阋，如商如参”。告诫子孙要以“父子笃，兄弟睦，夫妇合，家之肥也”的要求治家，要求子弟严格要求自己，从自己做起，睦家、睦邻、睦友、睦人，恪守家法、家规，认为“族之睦，本于家；家之睦，本于身。”[③]在处世方面，他要求子弟“与人交，简则不渎，恭则不傲”，要本着“己欲立而立人，己欲达而达人”的准则宽厚待人、慎重交友。规定“凡营货贿”，不得“恃势侵弱”，不得“损人利己”，不得违反律法等，遇事要处处恭谦忍让，慎行修身治家之道。他还要求家族子孙要注重自立自重，淡泊名利，近贤远佞，将“家众能忍、家长治家”作为保家的方法。倡雍睦，正是霍韬这种追求最集中的体现，反映出“正家以正天下”的理念，并开启了佛山宗族制度化的先导，影响至今。

早在正德二年，年仅 21 岁的霍韬就着手编著家训。“先是，正德丁卯尝著训凡二十篇，将以保家也。今删润凡十四篇，兄弟子孙世慎守焉，将永保家也。附录三篇，家之推也。于戏！立家极难，败家极易，祖考尝为其难矣，兄弟子孙毋为其易也哉！念哉念哉，保而家哉！嘉靖八年己丑仲冬朔八日，韬题。”可见霍韬以“同居共爨”“敦族睦邻”的理念作为保家的目标。《石头录》中说他“未第时，有志合已分之爨，著家训，定程式，教子弟，课农桑，公贮畜，均财产”。不仅如此，他还建立了由宗子、家长以及田纲领、司货组成的宗族制度和宗族组织，以增强宗族的凝聚力。“有田则有粟，粟入有储，聚之于公，以积岁入，散之于田，以积岁费，不可无统纪叙。”这些规定无不强烈体现着霍韬对齐家的格外关注。

---

① 《文敏公全集》卷十《家训续编》。

② 《文敏公全集》卷十下《家训续编·嗣世不肖第十一》。

③ 《文敏公全集》卷十下《家训续编·友爱上第二》。

石头霍氏家庙

霍韬认为霍氏家族能够发迹，很重要的一个因素就是积德，“我祖启迹，嗣世积德”。认为“君子力善，非以求福，善积福至，亦天之理”。他教育子孙：“凡立家业，须为子孙久远图，与其多积金帛田产，孰如多积阴骘。”如果子孙不注重积德，就会“自灾乃身”，甚至“败家覆族”。霍韬还时常提醒霍氏子弟：“做第一等人事，做第一等人物，占第一等地步，使乡邦称为忠厚家，称为谨慎家，称为清白家，称为勤俭家，称为谦逊家。”可见霍韬的家训怀着“做个好样子与乡邦视效”的目标，为佛山宗族家风提供了一种教化模式。

4. 从商贾，经世务

霍韬的先祖原来只是当地的寒族，以孵鸭、焙鸭为业。景泰年间，其先祖“昼则鬻布于市，暇则作扇，市取值以起家”。经过多年经营，霍氏家族逐渐兴盛，并参与佛山镇的诸多生产和商业经营。从明代中期开始，铸铁行业成为佛山一大产业。正德二年，石头霍氏家族就开设了冶铁作坊。据霍韬子霍与瑕在《霍勉斋集》中记载，霍韬亦官亦商，“入官门先营家计”。他还在吏部当右侍郎的时候，就在佛山镇大肆购买田地，插手佛山的冶铁业生产，大获其利。正德十六年，霍韬任兵部主事时，就享有优免土地 500 亩，到官至户部右侍郎、礼部尚书时，优免土地已经达到了上千亩。霍与瑕也说：“先文敏尚书当其为吏部时，气焰烜赫，若佛山铁炭，若苍梧木植，若诸县盐鹾，稍一启口，立致富羡。”① 霍韬在家训中告诫家人：“凡石湾窑冶，佛山炭铁，登州木植，可以便民同利者，司货者掌之。”② 然而，霍韬并不满足于工商业经营，他主张“本可以兼末”，认为“司窑冶者，犹兼治田，非谓只司窑冶而已。盖本可以兼末，事末不可废本故也。司木、司铁亦然”③。故其

① 《霍勉斋集》卷二十二《寿官石屏梁公偕配安人何氏墓碑铭》。

② 《霍渭崖家训·货殖第三》。

③ 《霍渭崖家训·货殖第三》。

家族还购置了西樵的许多寺基、田塘，并参与采石、做沙、卖盐、开银矿、房屋租赁、放债、抽“地头钱”等商业活动，并派出家族中有商业头脑的“司货者”掌管之。“司货者”就是现在的总经理。“年一人司窑冶，一人司炭铁，一人司木植，岁入利市，报于司货者”[①]。“窑冶”“炭铁”“木植”等分公司的经营状况也要随时报告给“司货者”。到了年终，家族商业集团的总经理，要向家族长老报告，用“以知功最”的形式来确定家族商业管理层的绩效。这种家族内部的管理机制，在现代来看，俨然就是多种经营的集团公司规模。在霍韬的影响下，霍氏宗族的许多后人都讲求经商。如明末清初的霍槐庭便认为“生财之易，多因殖货”，他囤积货物适时销售，当“丰年谷平”时，收籴囤积，待价高时粜出，从中赚利。再譬如康熙年间的霍春洲，其经商的目的就是获取利润，所谓“买卖先计子母”。霍韬之后的乡宦庞尚鹏，在隆庆晚年所撰的《庞氏家训》中也提出过“民间常业，不出农商”的主张，强调要重视对家庭财产进行经营和管理，以保家族的长久不衰。他们“保家族，经世务”的思想，成为明清后期珠江三角洲许多宗族家训的范本。

5. 蒙养正，考科举

早在《易经》一书中，就提出了“蒙以养正”“正家而天下定”的主张。《易经·序卦传》有言：“蒙者，蒙也，物之稚也。”《易经·蒙卦》又言：“蒙以养正，圣功也。”意思是说，在孩子幼小的时候，就应该培养纯正无邪的品质，这是造就圣人的成功之路。明代以来，佛山几乎每个宗族都有家塾，家塾之上又建立社学，到全盛阶段，几乎每个镇都建有书院，使佛山人养成了崇文、重教、好学的民风民俗。霍韬在他的《家训前编》中就专门写有蒙规三篇。在蒙规的开篇，霍韬说：“家之兴，由子弟多贤。子弟之贤，由乎蒙养。蒙养以正，岂曰保家，亦以作圣。”意思是说，一个家族的兴旺，归根于子弟的贤能；而子弟之贤能，则是从儿童的启蒙教育开始的。教育孩子，不仅可以保家，还可以培养圣人。霍韬认为：“童蒙以养心为本，心正则聪明。故能正其心，虽愚必明，虽塞必聪；不能正其心，虽明必愚，虽聪必塞”。[②]并要求童蒙要从小养成，注重孝亲、敬兄、尊师、信友，自小要养成诵读、习字、咏诗、习礼的良好习惯。他认为诵读可以致知，练字、画画、背诵诗歌、学习礼仪有助于陶冶身心，即孔子说的“游于艺”。致知，可以“开明心”；而游艺，则可以“存养心”。只有“童而习之”，方能“长而安之”。因此，在霍韬看来，童蒙

①《霍渭厓家训·货殖第三》。

②《文敏公全集》卷十《家训前编》。

养正，是确保一个家族兴旺的根本。为了使宗族子弟自小养成良好习惯，霍韬在《家训前编》中定下了详细的规矩：头容直、口容止、手容恭、足容重、貌必肃、容必庄……从举手投足、一言一行等方面对儿童的生活起居、学习、礼节做出明确的要求。

古代的大部分文人士大夫终生追求的是儒家的“修身、齐家、治国、平天下”的理想，霍韬也不例外，他正是通过科举考试来实现身份的转变和提升，同时也使得霍氏家族由平民家族转变为士绅家族。“幼儿养性，童蒙养正，少年养志，成年养德。”霍韬要求家族子弟从小要“立志清远”，认为立志是做人的根本，没有志向就没有努力奋斗的方向和目标，正所谓“志以发言，言以出信，信以立志”。教育子弟只有“志言行三者具，而后身安存”。他还在家训中规定：“凡子侄，七岁以上入社学。十岁以上读暇则耕或耘，十五岁以上习举业，勿耕。”庞尚鹏在其编写的《庞氏家训》中，也要求“子弟以儒书为世业，毕力从之”。霍韬要求子弟们在读书上做到“经书、子书，读之精熟”。读书不需多，但要精熟，“读取二三百遍，字字句句，须要分明”。[①]否则学问见识只是浮于表面。霍韬对宗族子弟治学的要求严格，才造就了霍氏家族后来的兴旺，这也是他立家训以保家的初衷吧。

6. 创“考功”，立“会膳”

“考功”是指考核工作的成效。为激励霍氏宗族子弟勤于农事，霍韬针对宗族内壮丁经营土地设立了“考功”制度。其中规定子侄可耕田三十亩，二十五岁可授田，五十岁把田收回。同时，为激发宗族子弟经营土地的热情，霍韬在家训中规定：“凡耕田三十亩，岁收，亩入十石为上功，七石为中功，五石为下功，灾不在此限。乡俗以五升为斗。”对从事经商买卖的宗族子弟则规定：“凡岁报功最，以田五亩、银三十两为上最，田二亩、银十五两为中最，田一亩、银五两为下最。”每年元旦，集合宗族内成丁男子于大宗祠堂举行“岁报功最”的奖罚仪式。家族成员齐聚祠堂参拜祖先，参拜完毕后，众子弟“各陈其岁功于堂下”。将祖先牌位摆放好，家长站立于祠堂两侧，子弟依次序立两廊，轮流“报功最”。在考功中位于最低等级者，前两次“无罚无赏”，但是如果连续三年都是最低等级，则罚荆条二十下。考功每年举行，每三年举行一次大考。报功在表面上是让各房在祖宗牌位前汇报一年来的功德，其实是借此向族人抽取钱财，除了用于祭祀，也用于维系祠堂的维护及其他开支。霍韬在考功制度中还要求族人与乡人和平相处，警示子弟在乡里不许仗势欺

① 《文敏公全集》卷十《家训续编·子侄第八》。

人，并经常对家族子孙说：“勿得罪乡人，乃第一要紧事也。”[①] 霍韬认为“考功”可以调动族人的经营热情，有利于宗族财产的再积聚，这对推动族人积极从事农工商来发展壮大宗族的经济力量具有重要作用。

“会膳”主要是指全族男女老少，每逢朔望（农历初一和十五）集中在大宗祠同餐共膳。会膳要严格按照长幼有序、尊卑有别的规定来执行，其目的是巩固大宗祠延续传承作用，领导族人建立同居同财的大家庭，培养宗族认同感。霍韬认为要维系家族事业的有序运转，必须要有坚实的经济基础做后盾，祭祀、赡养族人、培养宗族子弟在学院读书、创建大宗祠及在宗祠聚会，诸如此类使家族兴旺的事业都需要经济作支撑，故而需大力置办族田。只有置办大量的族田才能够为其整合家族提供坚厚的物质基础。他在家训中强调：“有田则有粟，粟入有储，聚之于公，以积岁入，散之于田，以积岁费，不可无统纪叙。”[②] 他将这些土地做了合理的规划，以保证霍氏家族祭祀、赡族、社学、乡里都有土地可分配。同时为使部分贫困的族人不至于生活无着，霍韬规定：计口授田，按一定比例把一些土地分给族人耕种，每年将部分收获物入仓，需要时发给族人当口粮。霍韬对族田的治理方法对稳定家族成员生活，维系宗族利益，加强宗族管理产生了很大的影响。在霍韬去世后，他的后人也一直承袭了他的做法。

7. 倡节俭，禁奢靡

霍韬认为“量入为出，费有节制”是治家之法，“裁省冗费，禁止奢华”是治家之要务。霍韬十分注重提倡俭德、禁止奢靡，认为“由俭入奢易，由奢入俭难”，“俭德始于保家，终于保家族、保子孙”，并要子孙“至要至切”[③]。霍韬要求族人生活节俭、减用，认为“俭者百善之本也，家族既众，俭尤切要”[④]，并以“人咬得菜根，百事可做”作为对宗族子弟的训诫。霍韬要求的节俭，首先体现在衣食住行之中。他要求霍氏宗族子弟穿着以“朴雅是宜”[⑤]，要求子孙“凡衾褥不许用段、

① 《渭崖文集》卷七《家书》。

② 《文敏公全集》卷十《家训·仓箱第二》。

③ 《文敏公全集》卷十《家训续编·俭德第九》。

④ 《文敏公全集》卷十《家训续编·阴骘第十五》。

⑤ 《霍渭崖家训·衣布第五》。

绫、绮、织、绣"[1]，"凡子侄不许穿着鲜美衣服"[2]。用于公祭的酒醋除要"不可缺也"之外，也要注意"量岁足用而止"，"不许多酿，以资滥觞"。[3]在饮食方面，也要注意节制，不可"恣口服之欲"。他要求宗族"会膳"时才能吃肉，就算是"会膳"的酒宴，也只安排"八人肉三碟、菜两碟、酒三行"[4]。这酒也只是给三十岁以上的成年男丁和五十岁以上的长者享用，女子不能喝。十五岁以下的未成年人，肉菜还要酌情减量。对于什么时候聚餐、什么人参加聚餐、用什么规格的标准，家训都有很详细的规定。就算是婚娶丧祭、红白二事，也不许恣意操办，规定"凡娶妇首饰，金不许过三两，银不许过五两"，嫁女规定"外给银十五两，金三两"，如果多了，就要"没入之祠堂公库"，还要"纪其过于簿"。[5]在丧葬方面，霍韬提出薄葬，规定没有功名的族人办丧事，祠堂只给银十两，三品官员也只是给三十两，要求"凡死者，棺中勿置金银"[6]。祠堂的祭祀，除了三爵可以用银制的器皿外，酒瓶、茶盏、酒杯、碗碟都只能用石湾烧制的瓦器，不许使用饶州的瓷器，筷子也只能使用竹子做的。此外，霍韬还要求子孙严守纲纪，听从父母的教导，甚至"凡私家不许畜马，子侄出入不许乘马"，"凡子侄不许入酒店，及婆妇家"。二十五岁以下的青年人不许饮酒，未结婚的"不许外出卧宿"……可见霍韬对宗族子弟要求之严格。

霍韬要求子侄遵守法度，认为守法度是治家之本。嘉靖初年，霍氏族人依靠开拓沙田迅速致富，但也引起邻族的纷争，甚至闹出人命。此种情况引起了霍韬的反省。他在家书中说："自来士大夫凡有权势者多难保有终誉，虽其本身不修，实德不足所致，亦一半由家人兄弟妻子累之也。予之不德，固惟日恐畏，如临深渊，真如履薄。"为了约束族中子弟，他甚至下令族人不许再经营沙田，不许帮人诉讼。他说："而兄弟如再做沙及再增别处田地，我回日俱退了"，"今后此处送人出官，而兄弟不许私下救解。如再救解，我别行严法处置。"霍韬说到做到。嘉靖十五至十六年间，他支持南海知县对石头霍氏的不法行为进行打击，从此，"诸霍氏知自戢"，放肆的行为有所收敛。

除此之外，霍韬的家训还包括有孝亲敬长、正身率下、奉公廉政、宽厚谦恭、谨言慎行、平和处世、救济扶贫、助人为乐等方面的内容。霍韬的家训反映出一个

① 《霍渭崖家训·器用第十》。
② 《霍渭崖家训·子侄第十一》。
③ 《霍渭崖家训·家醋第六》。
④ 《霍渭崖家训·膳食第七》。
⑤ 《霍渭崖家训·冠婚第八》。
⑥ 《霍渭崖家训·器用第十》。

深受儒家思想渗透的基层社会家族，在经济和社会地位的上升时期，特别是家族中出现高官引起朝野重视的时候，如何保持兴盛不败，如何从经济富有家族转变为文化士人家族，或者说是晋而成为名门望族的努力过程。16世纪以后的明代，正处于激烈的“社会转型”过程之中，商品经济发展，新儒学思潮的普及，人们的生活发生着巨大的变化，霍韬的家训为应对转变的经济、社会与文化，适逢其时地作出了相应的回应。

三、渭崖家训对明清时期佛山地区民风教化的影响

明清时期的所谓“教化”，是指依赖师承哲理获得的能力，通过文字的传播来改变时俗。“教化”的过程，亦即文字普及和教育普及的过程。明清时期的读书人，一方面需要维护儒学源流的正统，另一方面亦因为他们以治世为己任，而需要考虑礼制的应用。他们期望通过讲学授徒，编制启蒙课本和礼仪手册来推广儒家礼仪，进而改变时俗。明代大儒陈献章在地方上的影响之一，就是在乡村社会树立了儒家的“正统”，其弟子霍韬、方献夫等人也是不遗余力地在地方建设书院、社学来推动乡村儒家正统思想的教化。他们采取的一种主要途径就是在地方上推行种种儒家的“礼仪”，同时打击僧、道、巫觋，认为这些都是“不事农业，善为幻术，惑弄愚”之流，于是“斥佛道、毁淫祠、崇正学”成为这一群体的普遍价值观。在明代，广东的士大夫们编制了一系列的家训和家规，都不约而同地表达了对道、佛、巫的不屑与禁制，这对岭南地区的民间礼俗及乡村教化影响深远。可以这样说，族谱里的家规就如同国家之律法、轨范，目的就是要将一切不利于家族和地方和谐发展的因素予以惩处、扼杀。

明清时期的岭南乡村，宗族势力逐渐兴起。宗族是一种独特的社会经济关系，它所承载的也是一种社会意识形态。有关礼仪规范的书籍，最早的大概是明初唐豫的《乡约》，在嘉靖年间，黄佐编了《泰泉乡礼》，然后是隆庆年间庞尚鹏编撰了《庞氏家训》。霍韬所编的《霍渭崖家训》，本质上属于族规、家法。而岭南地区，特别是珠江三角洲的“乡约”，早就把家礼的成分包含其中了。江苏丹阳名士孙育曾十分推崇霍韬的家训，他曾说:“其礼严而爱，其思深而远，其事简而周，其文正而婉，轨物范世者也。”甚至将其“梓之家塾”，以训兄弟子孙。嘉靖十五年（1536）冬，霍韬到南京任职，当地聚族而居的郑、卞两氏就曾求其家训样式，卞氏还“复求训梓焉”，可见霍韬家训的影响。一个家族名人的出现，不仅可以促进家族精神气质的形成，引领一个家族的总体发展路向，在没有地方政权的管理下，家族乡绅的管

理更影响着地方自治，以此形成一种地方文化氛围。可以说佛山家族文化浓缩着佛山的文化精髓。

明代中后期是中国宗族史上的重要时期，宗祠的普及与宗族乡约化就是完成于这一时期。自嘉靖十五年礼部尚书夏言向嘉靖皇帝请求民间祭祀始祖与官员设立家庙祭祖获得通过后，民间兴起建宗祠的热潮。此时以霍韬、方献夫、湛若水等人为首的南海士大夫集团因为“大礼议”登上了政治巅峰，他们在家乡不遗余力地倡导宗族建设，通过修祠堂、编族谱、兴社学、办书院、撰家训等一系方式，在地方积极展开了一场儒家文化的创新改造运动。他们在大量编制乡礼、乡约、家训的同时，对传统儒学进行了创新。一方面，他们认可并强化了乡村中既有的祖先崇拜观念；另一方面，又用儒家正统伦理观念对乡村教化进行合理的规范，使两者相融合，形成了所谓的宗族新观念，以维护封建礼制，维持乡村伦理秩序。可以说，16 世纪四五十年代，由南海士大夫集团所倡导的宗族制度创新探索始终与岭南地区的社会、经济和文化发展相互促进，完善的宗族管理制度，维持了地方社会的长期稳定，大力发展宗族经济又促进了岭南地区经济的繁荣；大量宗族书院、社学的创建、一系列社会教化运动的文化创新和创造，则成为维持地方文化兴盛不衰的基础，使得南海地区自明代以后一直成为岭南官宦辈出、人才鼎盛的地方。

在明代珠江三角洲地区，礼仪典籍的传统长期倾向于把“家礼”作为“乡礼”的核心，但到霍韬和庞尚鹏制定家训的时候，关注点开始发生了变化。《霍渭崖家训》、《庞氏家训》以及后来许多收在族谱中的“家训”，重点其实都不在礼仪，而是在于家族的维系，尤其着重于族产的管理。家族是以婚姻和血缘关系结成的亲属集团，首先负有维持共同生计的使命，即同吃、同住、同劳动的经济职能，用以提供一个家族物质生产与消费的保证，来维持家族的延续和扩大。一个家族的兴盛衰亡与家族的每个成员都是息息相关的，对家族的管理自然就成为宗族领袖所迫切关注的问题。咸丰六年（1856），无锡人孙毓修在重刻《霍渭崖家训》所作的跋中就称：“今观其家训，敬宗收族有象山、义门之风，仿而行之，洵足挽回末俗，不徒秘帙是夸也！”《霍渭崖家训》的内容，包括田圃、仓箱、货殖、赋役、衣布、酒醋、膳食、冠婚、丧祭、器用、子侄、蒙规等等。冠婚和丧祭的两章主要内容也不是仪式的安排，

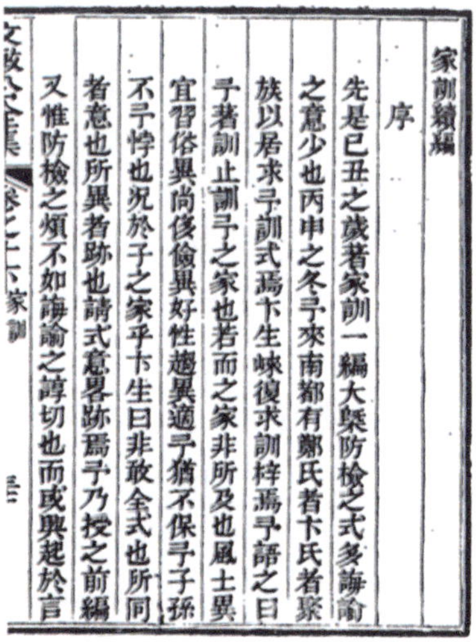
家訓續編

序

先是己丑之歲著家訓一編大槩防檢之式多誨諭之意少也丙申之冬予來南都有鄭氏者卞氏者聚族以居求予訓式焉卞生崍復求訓梓焉予諦之曰予著訓止訓予之家也若而之家非所及也風土異宜習俗異尚侈儉異好性趨異適予猶不保予子孫不予悖也況於子之家乎卞生曰非敢全式也所同者意也所異者跡也請式意畧跡焉予乃授之前編又惟防檢之煩不如誨諭之諄切也而或興起於言

文敏公全集 卷之十下 家訓

霍韬《家训续编》书影

而是仪式所需经费的安排。例如规定“凡女许亲，先禀家长。不禀家长，不给奁资，仍记其过于簿”之类的内容。霍韬认为，只有有了强大的家族经济保障，才会有以开办族田、义庄、义学为核心的救济系统，才能使家族得到延续、文化得到传承。因此，家风与家训在家族内作为不可冒犯的权威而存在，作用在于维护家族传承、地方文风教化的和谐与发展。

明清以来，通过社会教化的作用，在全社会建立起一套符合社会发展时态的核心价值观,用以维系封建宗族制度的传承和发展,使社会规范和秩序得以确立和完善，让礼法规约和家国一体的观念深入民心，正所谓“集家而成乡，集乡而成国”，将延伸到乡村中的国家权力、传统的家长制宗族势力和儒家文化传统三者结合在一起，并以家庭为单位进行传播,从而形成淳朴、醇厚、纯净的民风,这就是乡村教化的作用。霍韬深谙儒家文化和礼教传统，通过立乡约、定族规、修族谱、建宗祠、编家训等形式开展地方乡村教化，其深意就是在通过对子孙的教育，使得家族得以传承不息，以达到“保家护族”的目的。由于霍韬教子有方，他的 7 个儿子都有科举功名，二子霍与瑕是嘉靖三十八年（1559）进士，历任浙江慈溪知县、兵部职方司员外郎、广西左江按察使。在慈溪知县任上，清正廉明，与海瑞齐名，浙中百姓称与瑕“三廉”。其部下平时不称与瑕为“大人”，而是亲切地称为“先生”。后授江右盐院，在任期间，受到百姓的称赞和爱戴。七子霍与樱和九子霍与瑞都是举人。23 名侄子中也有 11 人拥有科举功名。霍韬的曾孙霍子衡，在绍武（清顺治）年间清兵破广州城后大呼“临难勿苟免”，并书“忠孝节烈之家”六字于中堂，然后全家九口从容投井以身殉国。这就是家风的力量!

四、渭崖家训对现代家风教育和社会教化的现实意义

“欲治其国者，先齐其家。”司马光在《家范·纲领》中也说，“正家以正天下者也”。中国家训起始于先秦时期，到南北朝颜之推编写了我国历史上第一部内容丰富、体系完备的《颜氏家训》，被誉为“古今家训，以此为祖”，具有开后世家训之先河的意义。颜氏之后，许多智者仁人都纷纷编写家训，警示家族子孙后人要遵守道德规范，加强自身修养，掌握修身、齐家、治国之道。霍韬的家训，对明清时期广府家风的形成产生了巨大的影响，其家训反映的是一套由家及乡、由乡及国以至天下的“修齐治平”理念。霍韬的理想是要建立一个“始自今兹，百子千孙，居则同堂，出则同门，食则同飧，男无二心，妇无间言，帑无异帛，橐无私钱，保此敦雍，庶尚永年”的大家庭，体现出他应对社会现实变化，尝试将宗族组织化、

制度化的理想。霍韬的家训，反映的是在社会转型中保持家族长盛不衰的探索，就算在今天而言，对佛山很多家族企业的发展和传承都不无借鉴意义。

《霍渭崖家训》《庞氏家训》中多为训诫后人要勤俭自律、勿存贪念、禁止铺张浪费的良言。在今天，这些内容对我们反对“形式主义、官僚主义、享乐主义和奢靡之风”仍有积极的借鉴意义。比如，《庞氏家训》中对待客的饭菜做了“一鱼一菜”的规定，这对于反奢靡之风就是很好的参考。又如亲友通信，规定不用封筒，则与中纪委发出的严禁公款购买印制寄送贺年卡等物品的通知，颇为相似。再如规定族人不许酗酒，与中央规定的公务宴请不许备酒、陪酒的规定也是一致的。

此外、当代广府民众所拥有的那种宽容、好学、上进、知礼、豁达、勤劳、拼搏等优秀品质和家风，其精神可以说与霍韬的家训是一脉相承的，在传承上有着密切的关系。霍韬的家训要求的是要把一个族的人自我管理起来，而湛若水倡导的乡约，目的却是要把不同姓氏的人联合起来，但社会教化意义是一样的，都是教导大家遵纪守法、和睦共处，这样既可以强化乡间的基层社会治理，也可以加强国家意识形态的教育。整个珠三角地区甚至全中国的宗族建设都是在霍韬之后才开始大量扩散的，而霍韬的家训也成为后世流传甚广的家训范本。家庭是社会的细胞，因为一个地方的家风、家训而约定俗成的社会道德规范和仪轨，久而久之会形成一种无形的社会公德力量，因此，家风的建设和传承，影响着一个人的一生、一个家庭的和睦、一座城市的精神面貌、一个地方的文明风气，乃至一个国家和民族的未来。

今天的家庭虽然小型化了，但依然是社会的基本单位。家风败坏、家德缺失、家规无序的家庭，不仅很难营造温馨和谐的幸福生活，也不利于培养对国家和社会有用的人才。同时，大至国家、社会的稳定繁荣，小至一个企业、单位、部门的事业发展，都离不开家庭这个小细胞的健康。尤其在当今的社会转型期，存在着孝道弱化、价值观念世俗化、讲求物质享受、代际矛盾冲突、婚外恋情和离婚率增高等各类家庭问题，如果忽视了家教和家庭家风的建设，还会引发损人利已、贪图享乐、不思进取、坐享其成、损公肥私、贪污腐败等一系列社会问题。习近平总书记在十八届中央纪委六次全会上的重要讲话中，几次强调领导干部家风建设问题。他在剖析领导干部严重违纪违法原因时，特别强调了家风优劣的重要。他说：“从近年来查处的腐败案件看，家风败坏往往是领导干部走向严重违纪违法的重要原因。不少领导干部不仅在前台大搞权钱交易，还纵容家属在幕后收钱敛财，子女等也利用父母影响经商谋利、大发不义之财。有的将自已从政多年积累的‘人脉’和‘面子’，用在为子女非法牟利上，其危害不可低估。”正因为如此，习近平总书记将家庭建设视为国家发展、社会建设的“重要基点”，强调“家庭和睦则社会安定，家庭幸福则社会祥和，家庭文明则社会文明”。而霍韬家训中的种种规定，对于今天领导干部的廉洁自律也不无启迪作用。在最新修订的《中国共产党纪律处分条例》中，首度将家风建设写入其中，这具有十分重要的意义。正因为“天下之本在国，国之本在家，家之本在身”，所以《中国共产党纪律处分条例》强调领导干部家风建设，是从源头上杜绝腐败的重要举措。近年来，在查处的领导干部违法乱纪案件和官员贪腐案件中，“夫妻店”“父子兵”“全家腐”不胜枚举。一个家庭有良好的家风，才能培养出品行端正、情操高尚的孩子；一个单位有良好的风气，才能锻造出一支有凝聚力和战斗力的团队；一个企业有良好的氛围，才可以不断开拓创新、发展壮大；一个国家、一个政党也同样需要有国魂和信仰，才能安邦治国，实现民族崛起的大国之梦。正所谓“家风正廉政清，家风正党风端”，所以中央要求各级领导干部只有牢记自己的公仆身份，“把家风建设摆在重要位置，廉洁修身、廉洁齐家”，才能“事业顺遂，家道隆昌”。

“忠厚传家久，诗书继世长。”今天的家庭仍然是社会的细胞，家庭稳定、邻里和睦是社会和谐的基础和前提。家风文化建设作为我国传统优秀文化的重要组成部分，无论是教育内容还是教化方式都有值得我们吸纳借鉴的方面。“家风是一种无言的教育”，对于有效净化风气、推进社会主义道德文化建设、建设和谐社会等方面有着重要的意义。如果我们能用批判和继承的眼光来弘扬这笔宝贵的文化遗产，这对于我们今天的家庭建设、精神文明建设，以及全社会道德教化都是大有裨益的。

佛山乡土信仰与崇拜

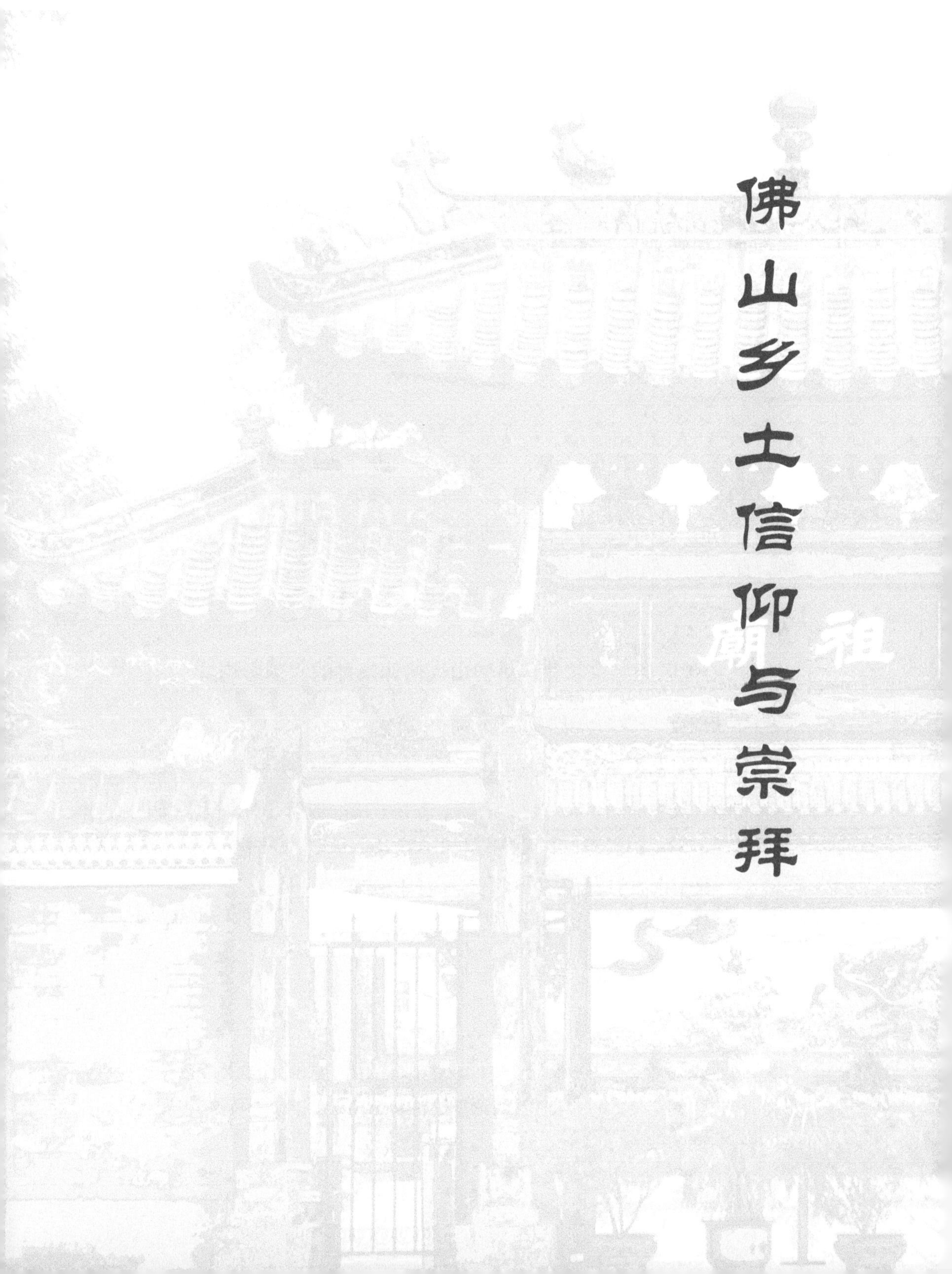

佛山乡土信仰与崇拜

——明清时期佛山人的信仰崇拜研究

早在明清以前，岭南民间就有“粤人尚鬼，而佛山为甚”[①]的说法。自古以来，佛山民间信仰兴盛，乡间随处可见社坛、神庙，偶像崇拜盛行，卜巫之风遍及城乡，民间信仰活动的兴旺和各类神诞活动的频繁举办，使得这座因手工业制造出名的广府重镇，有了不一样的味道。

一、广府地区原始宗教信仰对佛山人信仰崇拜的深刻影响

（一）广府地区宗教的历史发展和分类

宗教是构成岭南文化的一个重要内容、岭南的宗教主要有五大类，分别是道教、佛教、基督教、天主教和伊斯兰教。这些宗教在岭南的传播，在中国宗教史上占据着重要的地位。除了中国本土的道教是由北往南传入广东外，佛教、天主教、基督教和伊斯兰教都是经海路传到广州，再从广东传入中国的。岭南，主要是广府地区，成为外来宗教传入中国的第一站，同时又充当了中外宗教文化交流的重要桥梁。

1. 道教

道教是中国的原始宗教，距今已有1800余年的历史。道教传入广东，始于魏晋时期。西晋光熙元年（306），道教理论家葛洪南来广州从事道学研究和修炼，道教

① 乾隆《佛山忠义乡志》卷六《乡俗志》。

在广东逐渐得到传播。唐宋时期，由于李唐王朝统治阶级的推崇，道教开始大行其道。广东省内惠州的罗浮山、清远的飞霞山、连州的福山，因为在民间的重大影响而名列道教七十二福地之中。北宋末年，罗浮山的葛洪祠，因为宋哲宗赐名“冲虚观”而声名大振，逐渐成为华南道观之首，后来又成为全真道十方丛林之一，称为“冲虚古观”。南宋以后，道教在广东逐渐分化为全真教和正一教两个较大的宗派。明清时期，就岭南地区而言，道教最盛，影响最深。

道教在南朝的时候已经传入佛山。起初道教是与当地的民间原始信仰混而为一，并夹杂着原始卜巫信仰一起发展的。“粤俗最喜赛神迎会，凡遇神诞则举国若狂”①。岭南地区崇神尚鬼的民间信仰正是佛山道教发展的温床，而民间卜巫信仰与道教的融合，也为佛山道教的兴旺奠定了广泛的群众基础。据《佛山忠义乡志》记载，明初佛山就有大量的道教观、宫存在。民间传说苏道士曾担任灵应寺的庙祝，负责管理庙中大小事务，死后乡人为其塑像祭祀，曰“苏真人”。至今苏真人的塑像还供奉在祖庙中享受香火祀拜。清代，佛山道教进入了兴盛期。据乾隆《佛山忠义乡志》记载：“洞天宫（即万真观），在丰宁铺，道观止此一区，内有文昌阁。”万真观在明末得到扩建，乡志说“乡之习尚素正，惑于二氏者寡，道士栖止为洞天宫一区，余皆家居巫耳。”可见这是佛山唯一正宗的道观。民国《佛山忠义乡志》记载：“万真观即洞天宫，在丰宁铺莺岗之麓，康熙五十二年，罗浮山冲虚观道长杜阳栋之五世孙岑合顺与其同门陈有则等十人购地重建，左为大祠堂，以祀无依木主。”② 岑合顺，又被称为铁松道长，是清代万真观的创立者，属全真道龙门派合字辈第十六代传人。而杜阳栋是全真道龙门派阳字辈第十二代传人，康熙年间南下广东主持冲虚古观。康熙三十九年(1700)主持广州三元观，门下弟子众多，因而被封为佛山全真派道门祖师。在岑合顺担任万真观住持期间，佛山道教不断发展，逐渐走向兴旺。现佛山博物馆收藏有一口“风调雨顺国泰民安”的铁钟，即为岑合顺敬奉城隍所铸，重数百斤，上有铭文：“佛山丰宁铺万真

佛山祖庙灵应牌坊

① 吴震方：《岭南杂记》。

② 民国《佛山忠义乡志》卷八《祠二》。

观太上殿城隍案前示远供奉，开山住持道人岑合顺虔铸，康熙五十九年庚子岁季夏吉日”。可见佛山城隍庙在1727年以前就已经存在。雍正八年(1730)，岑合顺与众弟子募集善款，重修洞天宫，增建斗姥殿，建筑恢弘，“瞩目而焕然一新，宫殿巍峨，法象端严，令人起肃”。[①]每遇神诞节日，佛山民众到道观举行水陆法会，进行问卜求祥、驱凶祈福、祭祀先人、超度亡灵、酬神还愿等活动。明后期，万真宫还在西樵山设立了分支机构三元宫，使道教的影响向四乡扩散。如今，佛山的祖庙、石湾的陶师庙、西樵山的云泉仙馆、白云洞道观、黄大仙祠、西岸茶山庆云洞等处，仍然是岭南广府地区重要的道教活动场所。

2. 佛教

岭南的佛教最先是从海路传入的。汉代岭南的对外交通已经很发达，番禺（今广州）一带成为东西海程的中心，商业十分繁盛，佛教也随着商业贸易得到传播。三国时期，西域人支疆良接在广州译出《法华三昧经》六卷，这是目前所知佛经传入广东的最早记载。外国僧人的不断东来，使岭南佛教得到了较大的发展。岭南最早的佛教寺院是广州城内的三归、王仁二寺，这是晋武帝太康二年（281）由东来的天竺僧人迦摩罗主持修建的。六朝时期，广州附近地区是整个岭南，乃至整个南朝的佛教重地。唐代是岭南佛教最为鼎盛的时期，最突出的表现是惠能南派禅宗的创立，进而以广州的六榕寺、光孝寺为中心向四乡传播。

佛山禅城仁寿寺

① 《重建洞天宫记》碑刻。

佛山，俗称“禅城”，可见佛山与佛教甚有渊源。据史料记载，东晋时期，罽宾国（现克什米尔境内）的三藏法师达毗耶舍来到季华乡塔坡岗建佛寺、传佛教。到了唐朝贞观年间，乡民从塔坡岗上掘出三尊铜佛，因此认为此地乃佛家之山，遂将季华乡改名为“佛山”。据学者考证，东晋时期，昙摩耶舍就将佛教传入佛山。昙摩耶舍号称“大毗婆沙”，不仅是佛教史上极少精通“经、律、论”的三藏法师之一，也是古今中外著名的佛学理论家。昙摩耶舍在广州、佛山一带讲经说法、生活长达二三十年，也是佛山佛教文化的开山始祖。明清时期，佛山信仰佛教的信众很多，寺庙庵堂遍布全镇。除昙摩耶舍宣扬佛教的“经堂”（即塔坡寺，明天启七年于医灵铺万寿坊重建）、崇祯时期的铁佛庵（又名僧伽庙，建于福德铺，民国后改为铁佛庙）外，还有仁寿寺（顺治十三年建于祖庙旁）、定觉庵（顺治八年建于福德铺竹林古道）、德寿寺等；康熙年间建有借庵（康熙十七年僧人亦堂建于锦澜铺纲华里）、豹庵（康熙二十三年僧人云山建于锦澜铺大瓮巷，民国时毁为桑地）、西庵（康熙辛未年僧人济溥建于山紫铺高基坊）、莲子庵（康熙四十一年建于山紫铺莲子坊）、三元寺、宏圣禅院（康熙三年僧人尧羡建于祖庙铺三元市）、湖峰寺（康熙八年僧人际端建于山紫铺高基坊）、龙池寺（康熙三十年僧人云谷建于锦澜铺三滘大街，民国后为锦澜公所）、观音堂（康熙四十六年建于观音堂铺华光庙右街）、别院（康熙十八年僧人渠我建于观音堂铺聚庆坊，道光十八年名僧元机重修，民国后被毁）、竹院（康熙三十九年僧人十洲建于锦澜铺）、丰宁寺（康熙五十六年建于石湾）、宝洲禅院等；雍正年间建有福寿庵（雍正六年建于祖庙铺恩光里）、慈隐庵（雍正九年建于栅下铺广德里）、明隐禅院（雍正九年建于栅下铺广德里）等；乾隆年间修建的庙宇有华严庵、茶庵、通济寺、三时寺、竹林寺、迎寿寺、净莲寺、福源寺、白毫寺、弘圣寺、地藏庵、长庆庵等；光绪年间还建有严慧庵、莲社庵、吉祥庵等。小小一个佛山镇共有佛教寺庵 160 多处。仁寿寺就坐落在市中心的祖庙路上，至今仍存，是清代佛山佛教“四大丛林”（塔坡寺、仁寿寺、德寿寺、三元寺）之一。仁寿寺，顺治十三年 (1656) 由密宗上师纵堂首建，至今已有 360 多年的历史。康熙八年 (1669)，僧人玉琳重修山门，咸丰元年 (1851)，僧人仁机再次重修。历史上仁寿寺内高僧辈出，纵堂、玉琳、祇园、慈云等高僧皆出于此。今天，佛山禅城仁寿寺、南海西樵山宝峰寺、南国桃园观音寺、顺德宝林寺、三水本焕寺、高明杨梅观音禅寺等皆是香火鼎盛的佛教圣地。

3. 外来宗教

嘉庆十二年（1807），英国伦敦传道会的马礼逊来到广州传教，这是第一个进入中国内地传教的基督教传教士，伦敦会也成为了第一个进入中国内地的“西差会”。所谓的“差会”，是教会对外传福音的一种宣教组织，可以差派宣教士去异地宣教，差会要负责宣教士的生活费用和一些人员上的管理，宣教士要对差会负责，向差会汇报工作情况。嘉庆二十三年（1818），高明县古劳村人梁发（1789—1855）首次回粤传道。梁发是基督教第一位华人牧师，也是基督新教的第一位中国传教士和第一个参加近代化中文报刊编辑、出版工作的中国人，著有《劝世良言》《救世录摄要略解》等书，在高明创办了最早的华人教会学校。

马礼逊进入广东后，先后有 23 个基督教较大的差会进入岭南传教。咸丰十年（1860）后，佛山陆续设立了走马路堂、永兴堂、大基尾堂、太平坊堂等多间教堂，圣道书院、华英学堂、惠师礼医学堂（培养了多名佛山名医）、护士学校、华英幼稚园等学校，广济医局、西医院、循道医院；养老所和福童院等救济机构。建于 1923 年的基督教赉恩堂至今还屹立在佛山城区的莲花路上。

总体而言，基督教和天主教在佛山的传播比较晚，人数和影响力均不如本土道教和佛教。至于伊斯兰教则影响更加有限。

（二）广府地区宗教文化的特点及其影响

宗教是岭南文化的一部分，而广府文化又是岭南文化的精华，以其独有的多元、务实、开放、兼容、创新等特点，采中原百家之精粹，纳四海文明之新风，融汇兼容，自成体系，在中华大文化之林独树一帜，对岭南地区乃至全国的经济、社会发展起着积极的推动作用。自汉代以来，广州就已是海上丝绸之路的起点。唐代广州成为世界著名商埠。宋代广州与 50 多个国家有通商往来。元代广州与 140 多个国家有贸易关系。明清时期虽然几经海禁，但也阻挡不了广府人向海而生的脚步。明代的“贡舶贸易”和“商舶贸易”，开启了联通西方世界的“南海丝路”。清代粤海关的建立，“一口通商”的机遇造就了广州十三行的辉煌。中西文化的碰撞和交流融汇，多元而丰富的本土宗教信仰和特色鲜明的外来宗教文化，使岭南人在语言、饮食、服饰、乡土文化、教育观念等方面无不浸润着俗世的宽容精神和情怀，形成了个性独特鲜明的地域文化体系。

岭南是全真道龙门派的重要传承地，是道教丹鼎理论的主要山门。岭南又是六祖惠能禅宗学说的发源地，对岭南本土学者和北方戍边文人的思想影响很大。岭南是佛教、基督教、天主教和伊斯兰教较早从海路传入的地区，本土民间崇拜与外来宗教和谐共处，宗教文化遗产丰富。岭南在明朝更是全国最早掀起乡村宗族建设的试验基地，岭南重镇佛山在明清时期就是享誉全国的“天下四大聚”和“四大名镇”之一，岭南是最早西学东渐的桥头堡，是国人睁眼看世界的启蒙地和窗口。中国最早的西医院、西医学校、西医医生，均在岭南的广府地区出现。岭南的农业技术、手工技艺、飞机制造、铁路建设等在中国科技史上有一定地位，电影最先也是从岭南传入中国。明清之际珠江三角洲的桑基鱼塘是中国最早的生态农业模式。粤语在与外来文化的兼容发展中吸纳了大量外来词汇，丰富和发展了中国的地方方言。别具特色的广东骑楼，糅合了岭南传统民居与西方建筑艺术风格，演变为一种独特的商住建筑形式，成为表征岭南文化的一个重要符号。岭南的服饰文化、饮食文化、婚嫁文化、娱乐文化、节日文化等习俗融汇了中原文化和西方文化的主要精华。岭南人既注重中国传统的春节、清明节、端午节、重阳节等节庆，对圣诞节、情人节、母亲节、父亲节等西方节日也能接受，孕育出独特的华侨文化，彰显传统民俗与现代时尚并存的面貌。工商重镇佛山诞生了中国近代资本主义的萌芽。在1872—1875年间由容闳带领的四批共120名公费留美幼童中，有84名是广东人。岭南文化一方面秉持中华民族优秀传统文化的根基，另一方面又创造性地吸收了大量西方现代文化的优秀思想，包括自由、民主、独立、平等、博爱等思想，并融合到自己的文化体系之中，产生了康有为、梁启超等维新领袖和思想启蒙大师，也产生了孙中山、何香凝等一大批近代资产阶级民主革命的先驱人物。岭南地区更是成为近代中国民主革命的策源地……如此种种，举不胜举。

宗教，不仅仅是一种信仰，更是一种思想学说、一种社会意识形态，同时也是一种文化生存形态。它在天文、地理、数学、物理、医学、文学，绘画艺术、建筑艺术等方面影响着岭南地区社会政治、经济与文化的发展。自唐宋以来，广东就依仗着深厚的“海上丝绸之路”文化积淀，使岭南宗教和民间信仰文化多元兼容、中西荟萃、传承创新、丰富多彩，向世人展现着无穷的魅力。具有开放性的文化必然具有兼容性，岭南人的文化态势向来是开放的。岭南地区的宗教文化，在本土宗教原始信仰的基础上，吸取由中原传入的儒、法、道、佛各家的思想和西方宗教文化，交流融合，兼收并蓄，呈现出信仰融合的多样化和不同信仰合流化的特征，从而孕育出与众不同、特质鲜明的广府民间信仰，对近代岭南地区乃至近代中国社会的政治、经济、文化影响甚大，意义深远。

（三）岭南本土宗教信仰与外来宗教文化的融合

1. 冲突与融合

文化，特别是信仰文化来源于社会生活，又反作用于社会生活，两者既相互渗透又相互影响。秦汉以来，随着中原移民的不断增加，中原的传统文化，逐渐在岭南地区文化中占据了主导的地位，而中原的传统文化正是岭南文化的根基，它是一种根植于以农耕为主的农业社会中的文化模式。在岭南流传的各种宗教中，道教和佛教，因为传播较早，更加容易为广大民众所接受。道教是中国土生土长的宗教，本身就根植于中国传统文化之中，道教的神谱和占卦、算命、驱鬼、卜巫之术，与岭南先民的原始信仰不谋而合。而佛教这一外来宗教，产生于以农耕为主的古印度地区，与中原地区同样都是以农耕为主。佛教在传入中国后，与中原正统的儒家文化冲突不断，但是在经过长期的融合和改造后，佛教也就逐渐为国人所理解、容纳和接受。佛教的“因果报应”“生死轮回”等理念，更是适应了以崇尚鬼神而著称的岭南广府地区人们的心理追求。特别是随着禅宗在岭南的创立和传播，汉传佛教彻底中国化。

基督教、天主教的教义与中华传统文化的冲突则颇为激烈，明清两朝几经禁止。罗马教皇十一世于1707年下达了在中国禁止教徒顺从祀天、祠孔、祭祖礼仪的命令，这有违中国人对儒家传统思想观念的传承，也有违传统孝道，这无疑激起国人对天主教的共同反抗。而基督教传入岭南后，有主张武力传教的，有主张欧化传教的，也有主张基督教在中国本土化，即“儒学化”的，但因为水土不服而被大多数国人拒绝，难以深入民众的文化心理中。

2. 包容与同化

民间信仰，是指系统宗教以外民众对超自然力量的崇拜和信仰。民间信仰一般没有形成系统成文的宗教理论，也没有经典著作。民间信仰虽有神祇，但一般没有专业的神职人员。民间信仰也不像宗教那样是为了解决“彼岸世界”问题和灵魂归宿问题的，更多是为了解决“此岸世界”的现实问题及日常的衣食住行、生老病死、富贵荣禄等现实问题。据瑞麟、戴肇辰等修《广州府志》记载：“粤俗尚巫鬼，赛会尤盛，省中城隍之香火无虚日，他神则祠”。可见，民间信仰已经深入广府地区人们生活的每一个细节之中。在广府人看来，每一个神灵都是为了解决某一现实生活中的问题而存在的，它是人们解决社会生活中各种问题的精神力量或精神手段。而宗教则是以抽象的、虚幻的形式反映世界，以白日飞仙、因果报应等理论来否定事物的本身客观规律，它劝导人们脱离现实生活，去追求一种根本达不到彼岸世界的幸福。

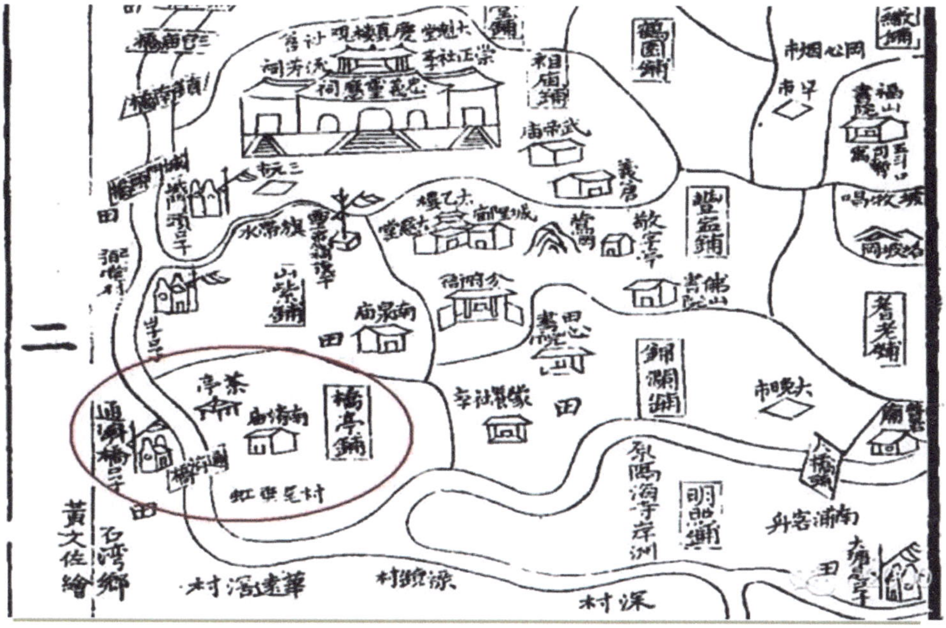

通济桥附近的庙宇分布

对于早期外来的宗教，岭南人基本上是用一种宽容的态度来对待的。广府地区历来就是中西文化交流、碰撞的前沿，较早就开始了长期的与海外交往，形成了较强烈的对外交往意识，对外来文化具有较大的承受能力。另外，华洋商人长期共处也使得不同文化能和平相处、互相融合；外来的宗教也在这里开枝散叶，广泛传播。当然这种宽容和官府的态度是有很大关系的。明代中期到清代中期，朝廷一度禁止了天主教和基督教在中国传播，但这两个教派不但没有被禁绝，反而在曲折中谋求到应有的发展。天主教和基督教，毕竟未能像道教、佛教那样容易为中国民众所理解，而在普遍民众的文化心理中扎下根来，这是由天主教和基督教的教义与中国的文化背景存在较大的差异而造成的。

广府先民对外来宗教的包容度是很高的，外来的宗教思想可以用儒家思想来包装，儒学成为国人深深刻印在骨髓里的一种主流文化、主流思想和精神信仰。相信万物有灵、崇尚神鬼的广府民众多半认为，不管是什么神、什么教，凡对其有利的就相信，宗教对于他们而言，只是一种寄托美好愿望的希冀而已。例如在南海神庙中，不但供奉道教的正神，还建殿祀奉金花夫人、关圣帝君；佛山祖庙供奉北帝、观音和孔子。比佛山祖庙庙龄还久的三水芦苞祖庙,不但供奉真武大帝,还供奉佛祖、观音、文昌星君、土地等多种神祇。各种神祇同居一庙,同享香火,确实体现出岭南先民在信仰上的包容与同化。

祖先崇拜是中国人由来已久的信仰,佛山本土民间信仰的主要形式就是祖先崇拜。这与传统道教、佛教和诸多外来宗教信仰一道,形成佛山多层面的信仰体系,表达了佛山民众真切的诉求,共同组成了佛山人的精神世界。这种信仰历经千年形成了佛山人的文化特征:勤劳、务实,既埋头苦干,又敢于冒险、勇于开拓,但另一方面又渴望能够借助鬼神等超自然力的护佑,求得财富和平安。这种求神拜佛的风气,即使在今天的文明社会里,依然承袭不衰。

二、明清时期佛山信仰多样化、功利化

(一)明代以前佛山人主要的原始信仰崇拜

岭南地区南临大海,珠江流域河网密布,地理环境复杂,经济生活多样,农耕经济、渔猎经济、海洋经济等多种层次的文化、社会形态相互交织,使岭南人的信仰文化呈多样性、世俗化的显著特征。古代岭南民间信仰的发展轨迹,大致经历了一个从巫、鬼崇拜到神、仙崇拜,由单一本地神祇到四方神灵兼收并蓄、多神崇拜的发展过程。古代岭南社会的绝大部分信仰空间,都为民间信仰所占据,民间信仰成为支配岭南人风俗习惯、行为禁忌的重要基础。而多神崇拜更是明清之前佛山土著族人的原始信仰模式。唐代,随着对外贸易的兴盛,广州发展成为世界贸易大港,岭南地区成为中外文化交流的前沿。海上丝绸之路的兴起,中外文化的碰撞和交流,使得岭南民间信仰中出现了许多与航运、贸易有关的专门神灵,如伏波神、飓风神、海神、南海神、天妃等民间神灵。作为"南海丝路"贸易重要见证的南海神庙,就是祭祀南海神的场所。两晋至唐代,北方躲避战乱南迁避祸的移民,给岭南地区带来了一批新的专职神灵,如五帝(五岳神)、五谷神(五仙)、禾谷夫人、西王母、花王父

佛山城隍

母等神仙。其中，五岳神为地神，五谷神、禾谷夫人为农神，西王母及其弟子专司送子、催生、治痘等职责。农业收成与日常生活，这些都是民众普遍关心的重大问题。[①]

秦汉以前，岭南为百越之地，岭南先民的信仰崇拜以巫、鬼崇拜为主。南越民间信仰巫风之盛，历史久远，闻名于世。乾隆《佛山忠义乡志》就记载："越人尚鬼，而佛山为甚。"[②] 除了为数众多的鬼神外，山精、树怪、狐仙、鼠精、鲤鱼精等也粉墨登场，粤语中就有"扫把棚成精"的俗语，真是万物皆可得道成精啊！可见佛山人的鬼神精怪观是一体的，有句佛山谚语说得好："神是你，鬼也是你。"正如马克思所说："在任何情况下，个人总是'从自己出发的'"，"对于各个个人来说，出发点总是他们自己"。[③]

古时佛教的道场称寺、院、庵、堂；道教的道场称观、宫；祠、庙则为祭祀场所。佛山一般乡村皆有土地祠、观音庙、文昌庙、关帝庙等。这些小庙一般一屋一神，没有专职的神职人员管理，每逢神诞和重大节日，村民便到这些地方烧香礼拜。佛山人信仰的繁杂，后来竟然发展到"石或能言，树或能灵，厕间古柩，亦神亦仙，酒肉香纸，男妇趋若狂焉。于是有白莲教、天主教、无为教，又有后天一教，独辟新奇，

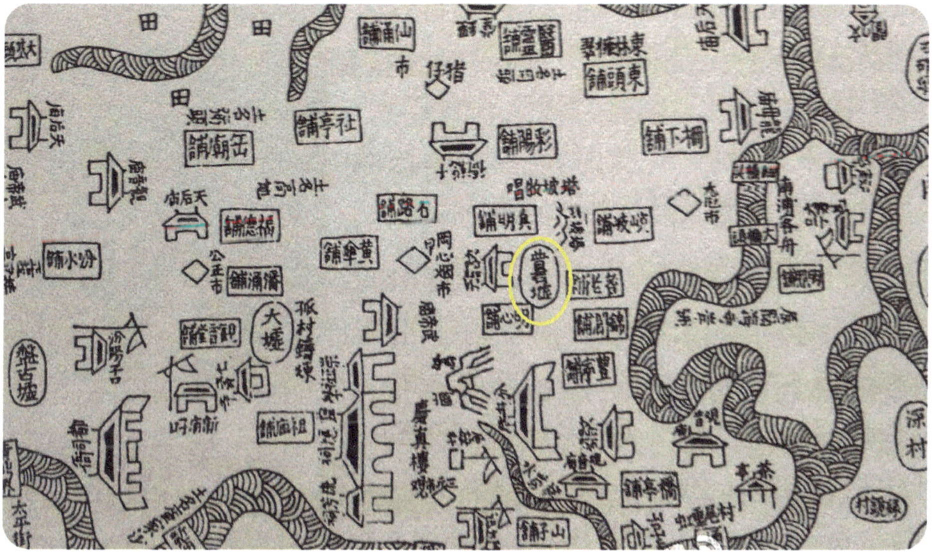

天后庙、观音庙、真武庙分布甚多

男称仙公，女称仙姑，书符咒水，治病求嗣，寡妇见夫，闷香迷药，毒流远近。其败坏

① 见何方耀、吴巧莉：《岭南古代民间信仰初探》，载赵春晨主编：《岭南宗教历史文化研究》，天津古籍出版社2002年版。

② 乾隆《佛山忠义乡志》卷六《乡俗志·习尚》。

③《马克思恩格斯全集》第3卷，第514、86页。

风俗不可言也。”[①]以南海西樵镇为例，明清时期较著名的神诞就有观音开库、观音诞、大仙诞、北帝诞、师傅诞、婆娘诞、土地诞、龙母诞等。据统计，全镇共有105处民间信仰场所。除去建筑时间不详者，可以明确断代的，建于宋代的有3所，为百溪村六祖庙、西边三帝庙、牌楼周爷庙；建于元明间的有1所，为河溪北帝庙；建于明代的有2所，百西村北帝祖庙和百西村洪圣庙；建于清代的庙宇有28所。[②]查民国《佛山忠义乡志》上记录在案的佛山庙宇之多，也着实让人大吃一惊，兹统计如下：祖庙、圣乐宫、桂香宫、斗姥庙、观音堂、南泉庙、雷公庙、圣亲宫、天后庙、东岳庙、水月宫、花王庙、痘母庙、华帝庙、四圣庙、医灵庙、城隍庙、国公庙、普君庙、太上庙、塔坡庙、真君庙、洪圣庙、龙王庙、财神庙、二帝庙、龙母庙、青龙庙、文武庙、武帝庙、真武庙、万真观、南禅庙、北帝庙、南擎庙、圣欢庙、先锋庙、镇西庙、南善庙、南涧庙、盘古庙、鬼谷庙、三官庙、镇南庙、三元庙、南济庙、仁寿寺、德寿寺、宏圣庵、湖峰寺、借庵、别院、豹庵、西庵、龙池庵、竹院、福寿庵、慈隐庵、明隐庵、铁佛庵、通济庵、三昧庵、福源庵、吉祥庵、茶庵、宝洲禅院、地藏庙等等。这些庙宇有的是几个神祇同时奉祀，已近难以分清楚是何宗教了，而先锋、医灵、药皇、关帝、花王等十多位还有多处庙堂供奉，如果再加上随处可见的土地、社稷、后土等神位，数目更加繁多，简直到了满天神佛的地步。

“大多数中国人并没有相对固定的宗教信仰。有不少人，不论是道教还是基督教等，见神就拜见佛就求。路过到道观、佛寺、教堂或其他寺庙都要进去烧香，跪拜和祈祷。”[③]佛山先民虽然信百鬼，拜千神，但对北帝的信仰一直是社会的主流。究其原因，一是自古越人善用舟，舟楫成了古越人主要的交通工具。明清时期的佛山，“控羊城之上游，当西北之冲要，天下巨镇，岿然居首”。[④]“北溯浈水，可抵神京，通陕洛以及荆州吴诸省。”[⑤]西溯浔桂，可达广西全境，并通黔滇湘蜀。北江下游在番禺狮子洋附近与东江下游遥接。佛山可谓地处三江会流处。可见佛山人对舟楫的依赖更甚于其他地区。其次是江河湖海虽给了佛山先民舟楫交通、渔猎生存之便，但也会造成风雨潮涝之灾，正所谓“民生于咸潮，长于淡汐”[⑥]，故佛山先民对司水之神情有独钟，对有关水的神灵大都建庙祀奉，顶礼膜拜，如南海神、天妃（妈祖）、

---

①《鹿洲初集·行述》。

②资料来源：梁耀斌《广东省佛山市西樵镇民间信仰的现状与管理研究》，中山大学2011年硕士学位论文。

③河星亮：《论人类学的本土化与国际化》，载《广西民族学院学报》2000年第一期，第19页。

④《重修佛山堡八图祖祠碑记》，《明清佛山碑刻文献经济资料》，第257页。

⑤朱相朋：《建茶亭记》，乾隆《佛山忠义乡志》卷十《艺文志》。

⑥《广东新语·神语》。

龙王、龙母、真武大帝（北帝）等水神的庙宇遍布佛山乡村，信众如织，长年香火鼎盛。真（玄）武大帝本是北方的神灵，按照八卦方位，北方为坎位，色黑，五行属水，归真武大帝（北帝）所掌管。自从汉武帝派伏波（路博德）、楼船（杨仆）二将平南越，在岭南设九郡后，朝廷委官任郡守县令，中原与岭南逐渐融为一体，在民间信仰上也相互影响、相互吸收。随着南北信仰的融合，北方的真武、“上帝”南下广府地区，进入南粤乡村社会，逐渐演化成为有较大影响的民间神祇。治水需治源，因为北帝掌水，故而真武崇拜在佛山民间信仰中的地位很高。屈大均称：“吾粤多真武宫，以南海佛山镇之祠为大，称曰祖庙。”再者，佛山人自古就有以水为财的观念，北帝崇拜成了佛山民间信仰的主流，其中更蕴含着渴望风调雨顺、国泰民安的美好愿望。在平定黄萧养起事后，佛山的士绅们更是通过神话传说和灵异附会，使祖庙得到了朝廷的封典，北帝崇拜名正言顺地从民间私祀上升为国家正式的官祀。祖庙大殿门前的一副清代对联写道：“廿七铺奉此为祖，亿万年惟我独尊”。明确地道出了北帝于祖庙的重要性。明清时期北帝崇拜在珠三角地区十分普遍，真武庙宇众多，仅《南海县志》里记载的就有二三十座，佛山镇有七座，但列入国家祭典的，只有佛山祖庙。

对土地的崇拜也是佛山先民的普遍信仰。传说周代的始祖名弃，又名后稷，在尧、舜时被封作农官，教民耕种稷麦，故后世尊其为农业祖师，并与社神合称为土地神。过去中国的乡野村舍之间，每隔三五里的田头路边都建有土地庙，供奉土地公、土地婆的神像。在佛山的乡村间，也建有土地庙。明清时期，对土地的祭祀由官方

佛山祖庙

活动变为民间行为，规格越来越低。但在广府的许多乡村，以土地为生的人们为祈求五谷丰登和风调雨顺，至今依然保留着对土地神的信仰，而且更加注重于实在的、功利性的灵验崇拜。

（二）明清时期佛山行业神崇拜

明代以来，佛山逐渐发展为岭南手工业商品生产基地和国内南北商品的贸易集散地，社会、经济高度发展，并出现了资本主义原始萌芽，以至成为拥有四五十万人口的“岭南一大都会”。“南海繁富不尽在民，而在省会、佛山、石湾三镇。”① 商业经济的繁荣，进一步刺激了佛山手工业商品经济的迅速发展。在古代，各行业都很重视行业祖师崇拜。纪昀《阅微草堂笔记》也说：“百工技艺，各祠一神为祖。”追宗记远，附和圣人或神灵，并将其形象神圣化，是诸行业造神的习俗。据统计，明清时期佛山的行业神和祖师达50多尊，这些行业神大多非佛山本土乡民所臆造，或是自中原传播而来，或是根据行业的特点和传说，对某个先辈人物或名人进行神格化。

行业组织的封神活动是行业神崇拜的重要表现方式，是崇拜活动的高级形式。所谓“行业神”，即从业者奉祀的与行业特征有一定关联的各种神祇的总称，是一种极具中国特色的行业性民间信仰文化。中国手工业的传承方式自古以家庭传承、师徒传承为主，这种师徒传承，结合了祖先崇拜，甚至是神灵崇拜后，最终才发展为敬拜祖师的习俗，也是一种文化传承的体现。社会分工越细密，行业神数目和种类也就越多。明清时，佛山商品经济日益发展，社会分工日益细密，行会众多。据民国《佛山忠义乡志》记载，乾隆十七年，佛山镇内仅有26座神庙：道光八年，多至89座，到了清末的宣统年间，竟然达到了154座之多，佛山的行业神灵和祖师崇拜达到顶峰。

行业团体是行业组织内部为了加强本行业自身的团结而建立的自治组织。为了更好地维系组织，就需要以行业神和行业祖师为旗帜来号召同业，以统一精神、教育子弟、维护行规，这就促使行业神和行业祖师的地位越发崇高。祖师崇拜首先必须体现为一种半强制性的群体仪式，行业祖师是一个行业组织内部精诚团结的象征。共同的信仰和仪式可以把同一行业内的多数人员捆绑在一起，团结行业中人，约束行会中子弟的行为，以增进凝聚力，形成一个相对牢固的组织。

① 龙廷槐：《敬学轩文集》卷二《初与邱滋畬书》。

通过建立对行业祖师的崇拜信仰规程，有利于建立行业组织内部的规矩，提高同行之间的认同度，维系情感，同时也规范了行业行为，理顺了行业关系。明清以来的工商业会馆、公所就都把祭祀神作为一项重大的活动来进行。行业工会中的各种神祀活动，是本行业商定公共事宜，进行选举会首、处罚犯规者等事务的好机会。行会的神和祖师崇拜活动，既能够起到发挥团结行业组织的号召作用，又能够鼓励同行业的子弟继承和发扬祖传手艺和祖德遗产，从而促进本行业技艺的发展。

“落其实者思其树，饮其流者怀其源”。对行业祖师的崇拜，正是这种慎终追远的宗法意识和不忘根本的精神与品质的体现，具体又表现为崇古、敬祖、尊师、注重传统等意识。其中，祈福禳灾的心理是人们供奉行业神最重要的心理基础。崇拜和信仰行业“祖师爷”，就意味着对行业规范的遵守，并希望能够得到祖师和神灵的庇佑。同时有利于树立本行业的精神支柱，在经济活动和日常生活中产生追求幸福和克服灾祸的力量，以增强个体与行业组织之间的联系。祖师崇拜对内是促进信息交流、维系行业组织内部团结的重要方式，对外则是彰显行业力量、展示行业结构的重要途径。而这一切，都对明清佛山社会商品经济和手工业的高度发展起到了助推的作用。

（三）佛山民间的神灵信仰与行业神崇拜现象

1. 水神崇拜

广府地区衣食皆仰于水，对海洋、大江、大河十分敬畏，这使佛山先民多信仰水神，形成对南海北帝、天妃、天后、龙王、龙母等与水相关的神祇的崇拜。

南海神是道教的“正神”。早在隋朝开皇十四年（594），隋文帝杨坚就下诏在广州建南海祠以祀南海神。此后，南海神得到统治者推崇和承认而不断被加封，奉祀的庙宇也见于广府各处。

祖庙北帝青铜坐像

除了南海神外，佛山最重要的水神信仰还数北帝崇拜，至今佛山每年在农历三月初三都要举行盛大的北帝巡游盛会，以祈求国泰民安。清代佛山还流行于每年农历三月二十三日举办“天妃神诞”，“香花火爆之盛……歌舞累月而不绝”[①]。场面十分热闹。三水芦苞还要在天妃诞之日举办传统的“抢花炮”民俗活动。

明清时期，佛山人信仰的水神还有龙王和龙母等神话人物。

2. 观音崇拜

在佛教，观音是慈悲的象征。在道教，观音号“慈航道人”，也称“圆通自在天尊”，是道教“十二金仙”之一。传说中的观音法力无边，既能消灾解难、降魔收妖，又能送子送财，赐福、护佑一方，正好适合民众心理上所需要的超级神祇形象，故而信仰者甚众，尤其以商人为甚。至今佛山各地还流传着“观音诞”、“生菜（谐音生财）会”和“观音开库”等民俗活动。明清时期，佛山一年有四个观音诞，农历二月十九日、六月十九日、九月十九日、十一月十九日，在神诞中是最多的，尤其以六月十九日山紫铺南泉观音庙的活动最隆重。《佛山忠义乡志》载：“十九日，绅士集南泉庙祀观音大士，妇女竞为观音会，或三五家，或十余家结队，醵金钱，以素馨花为灯，以露头花为献，芬芳浓郁，溢户市途，游人缓步而过，层层扑袭，归来犹在衣袖间也。”石湾及附近农村，还有举行连续五到七天的“摆神供”“拜大讖”仪式。一些人家的小孩幼年多病痛，便选在观音诞举行“契观音”的“上契礼”，意思是认观音为“契妈（干妈）”，以为这样就可以得到观音的护佑，健康成长。

3. 财神崇拜

明清时期，佛山一般民众家庭中供奉得最多的是观音、北帝和关公三位神祇。这三位神尊共同点在于都与水有关，与财富有关。观音的道场普陀山在浙江东海舟山群岛上，有“海天佛国”的美誉。观音又称“南海观音”，在佛山人的心目中有送子送财的神通。北帝的道场原本在武当山，后以其“司水之源”而封“黑帝”，主管人间河海水源，佛山祖庙也因奉祀北帝而成为岭南地区最大的真武道场。关羽是道教的“护法四帅”之一，在民间被认为是财神。粤人以水为财，又善经商，故在家中厅堂多有供奉，每年农历五月十三是关帝诞，民间举行大规模的“关帝出游”

---

① 道光《佛山忠义乡志》卷十一《艺文上》。

佛山冯氏木板年画上的关公

活动。清代广东巡抚李士桢曾说道："关帝祠庙貌巍然，为全省保障，水旱疾疫，凡有事焉必祷，祷必应。盖民之祀帝者弥虔，而帝之所以福此一方者无穷也。"[①] 关羽俨然成为水神和财神。据民国《佛山忠义乡志》记载，佛山镇内的关帝庙多达 11 间，佛山人对关羽的崇拜可见一斑。

佛山人祀奉的财神还有"赵公元帅"。这位赵元帅正是《封神榜》中赫赫有名的赵公明，是道教的"护法元帅"之一。民间传说他是主管财源的神明，专司"买卖求财"。佛山人认为赵公元帅能统率招宝、纳珍、招财、利市四神，赵公元帅因此成为佛山地位最高的财神。每年农历的三月十五日为赵公明的诞日，民间多有祭祀活动。

另外，佛山本土还有一位"土著财神"梁舍人，原是明代居住在佛山福禄里一带经营木材生意的孝子，后来被神格化，成为本土的财神，至今佛山城区燎原路还有舍人大街遗存，是佛山人对这位产自本土的财神的一种集体记忆。

4. 黄大仙与八仙崇拜

黄大仙是道教里一位著名的人物，源于广东罗浮山冲虚古观，后来传播到珠江流域各地，以西樵庆云洞黄大仙庙、江门圭峰山叱石岩和香港九龙黄大仙观等处最为出名。相传黄大仙是葛洪的弟子，因服食了葛洪留下的半颗丹药而成为地行仙，常驻人间。世人把他作为葛洪的化身加以供奉祭祀，后来成为广东道教一脉的重要神祇。如今黄大仙的信众多集中于粤中、港澳和东南亚一带，尤其以香港、新加坡和马来西亚为最。

八仙的传说起源于陕西。在元代就已经有《八仙庆寿》的杂剧出现。到明代有了《八仙东游记》，才确定现今流传的八仙：钟离权、吕洞宾、李铁拐、张果老、

① 康熙《南海县志》卷十七《艺文》。

韩湘子、蓝采和、何仙姑、曹国舅。这八位民间传说的神仙，各有各的神通，民谚曰："八仙过海，各显神通。"在佛山地区的许多祠堂、宗庙、园林、大宅里面，都有"明八仙"和"暗八仙"的建筑装饰。所谓"暗八仙"，是指以八仙手中所持之物（汉钟离持扇，吕洞宾持剑，张果老持鱼鼓，曹国舅持阴阳玉板，铁拐李持葫芦，韩湘子持箫，蓝采和持花篮，何仙姑持荷花）组成的纹饰，寓意吉祥、长寿。

民间八仙图

在长期的民间流传及民间艺人的演绎中，八仙崇拜主要内容如下。

"鱼鼓频敲有梵音"，鱼鼓是张果老所持宝物，能占卜人生；

"剑现灵光魑魅惊"，宝剑是吕洞宾所持宝物，可镇邪斩魔；

"紫箫吹度千波静"，笛子是韩湘子所持宝物，使滋养万物；

"手执荷花不染尘"，荷花是何仙姑所持宝物，能修养心性；

"葫芦岂只存五福"，葫芦是李铁拐所持宝物，可普济众生；

"轻摇小扇乐陶然"，扇子是钟离权所持宝物，能超然生死；

"玉板和声万籁清"，玉板是曹国舅所持宝物，可化虚归真；

"花篮内蓄无凡品"，花篮是蓝采和所持宝物，能通达神明。

可见八仙崇拜寄托着民间百姓对美好生活和吉祥事物的向往之情。

蓝采和

张果老

何仙姑

吕洞宾

铁拐李

汉钟离

韩湘子

曹国舅

5. 粤剧行业祖师：华光大帝

明末清初，佛山地区戏班流行。戏班一般生活在木制的红船上，沿着四通八达的水网河道在珠江三角洲地区巡演。戏班多在用竹木搭建的简易舞台上唱戏，而竹木之物易燃。据乡志记载，乾隆三十二年（1767），佛山颜料行会馆演戏失火，烧死观众数百人。伶人十分害怕火灾，遂奉华光大帝为行业神祇，以祈求消灾护佑。

华光大帝

华光大帝又有灵官马元帅、三眼灵光、华光天王、马天君等称谓，在道教神祇中尊称为正一灵官马元帅、五显华光大帝等，系道教“护法四圣”之一。相传他姓马名灵耀，因生有三只眼，民间又称“马王爷三只眼”。《五显灵官大帝华光天王传》中描述华光大帝善于用火，身上藏有金砖火丹，以玄天真火降伏魔怪，民间视作“火神”。每年农历九月二十八日是华光诞，粤剧艺人们举行拜祭华光帝仪式，俗称“华光诞”。据《南游记》等书籍记载，华光大帝原是灵山如来佛弟子妙吉祥化身的神，初名灵耀，被玉皇封为火部兵马大元帅。恰值当时扬州后土圣母娘娘庙前，一株素不开花的琼树开出一朵上香三十三天、下香五湖四海、三界皆闻香味的琼花。圣母献鲜花于玉皇，玉皇特恩赐琼花宴，有功者可插琼花、饮御赐酒。灵耀不服，大闹琼花宴，抢过琼花，并饮御酒，自号为华光。粤剧也有“琼花”的别称，华光大帝因此与粤剧有渊源。

华光庙是佛山镇内最多的庙宇之一，据民国《佛山忠义乡志》记载，到清末，佛山镇内的华光庙竟然多达 11 间。直至今天，凡新戏台落成或戏班到某地演出，依旧保留着开锣前在戏台上准备三牲酒礼，焚香祭拜华光大帝祖师的习俗。

6. 陶瓷行业祖师：舜帝

陶瓷业敬奉的祖师各地不一，湖南奉陶正，景德镇奉童宾，宜兴奉范蠡，而石湾奉舜帝。

舜是上古三皇五帝之一，因受尧的“禅让”而称帝。《孟子》说：“舜生于诸冯，迁于负夏，卒于鸣条，东夷之人也。”传说舜帝带领先民在中条山中耕耘种植，在雷泽中打鱼，在黄河之滨制作陶器，是陶瓷制作的发明者。《墨子·尚贤中》记载道：“古者舜耕历山，陶河滨，渔雷泽。”《韩非子·难一》写道：“东夷之陶者，

石湾陶师祖庙

器苦窳，舜往陶焉，期年而器牢。”《史记·五帝本纪》也说，舜“陶河滨，河滨器皆不苦窳”。自宋代开始，石湾人就奉舜帝为陶瓷业的祖师，并建有陶师庙奉祀。自明代开始，石湾定每年农历的三月二十六日和八月二十二日为祖师诞，石湾窑业工人举行盛大的拜祭陶师仪式和“陶师出宫”巡游活动，以祈求祖师保佑窑火不断、生意兴隆。

石湾最早的奉祀舜帝的庙宇建于宋代，名为陶师庙，据同治《南海县志》记载，明嘉靖七年（1528）择地重建、扩充，清嘉庆、同治及光绪年间修缮，为石湾窑业行会重要的聚会场所。1938 年 10 月，日军侵占佛山，石湾沦陷，陶师祖庙也随之被毁。如今的陶师祖庙建于 2006 年底，殿内除供奉舜帝，还有陶朱公范蠡、陶神宁封子。

7. 冶铸行业多神崇拜

明清时期，佛山冶铸业兴盛。清代乾隆年间，佛山有冶铁业行会 31 个、行业会馆 8 个，佛山炒铁业、铸钉业、五金业生产共 24 行，生产的铁制品种类繁多，行业分类细致。北方普遍尊奉太上老君为冶铸业的祖师。佛山尊崇的冶铸业祖师比较多，其中主要有四个：一是石工太尉，事迹已不可考，但时人多以之为冶铸保护神加以奉祀。石工太尉还是石行、锡箔、皮金、铜锣、铸锅等行业的祖师，清代佛山镇内建有三间比较大型的太尉庙。二是尉迟恭。尉迟恭（尉迟敬德）是唐代名将，因年少时曾以打铁为业，故被尊为“炒铁”（锻铁）业的祖师。至今佛山仍有国公古庙遗存。三是炉头风火六纛大王，可能是专司炉火的神祇。四是“四圣”。四圣是谁，也不可考，估计是古代比较有名的冶铸大师，如以铸剑出名的欧冶子。

8. 其他行业

明清时期，佛山行业众多，各行各业都有自己供奉的行业神灵和祖师，如棉纺织业奉张骞为祖师，织布业奉织女为祖师，泥水瓦工、木匠、木雕业以鲁班为祖师，参药业奉“列圣”（“列圣”是谁，已不可考）为祖师，制药业奉雷公，中医奉黄帝、岐伯和华佗为祖师，中药业奉神农、药王孙思邈为祖师，成衣、顾绣业奉轩辕黄帝为祖师，油豆行奉祀关帝，酱行奉夏祖。船运业及疍民则信奉天后，出海远航前要向南海神或天后祈求保护；在内河特别是大江的舟行则奉伏波神。占卜业奉鬼谷子为祖师，金花行奉华光帝为祖师，社学、书院学子奉文昌帝君，商人则拜陶朱公、华光、关帝和梁舍人（本土财神）。武馆拜关羽为多，对应拳种的创始人。如洪拳奉洪熙官为开山师祖，咏春拳奉五枚师太为师祖，蔡李佛拳尊至善禅师为师祖，白眉拳尊白眉道人为师祖。

也有不同行业敬奉同一神祇为祖师的，如鲁班同时被木匠、瓦匠、石匠、棚匠、扎彩匠、雕匠、皮箱行、造船工等行业敬奉为祖师；黄帝被帽业、鞋业、成衣业、弹花业、丝织业、医药业、弓匠等行业敬奉为祖师。专司一职或几职的神灵越来越多，成为民间信仰的主流。民众可根据需要解决问题的性质和类型而求助不同的行业保护神。

（四）明清时期佛山儒、释、道三教合一形成社会主流信仰

1. 明中期佛山人以祖先崇拜为主

我国原始的祖先崇拜是以祈福禳灾为主要目的，对祖先的崇拜并不是一种宗教信仰，而是一种“泛灵崇拜”。祖先崇拜的作用主要体现在道德约束上，特别是表现在“敬畏”二字上。在祖先崇拜的民间信仰中，祖先是“神”，是“天”，能洞晓一切、掌控一切，祖先是人格化的神。祭祖活动是一种生活策略，能够带给人们心灵上的慰藉。

中国人自古就有“事死如事生”“慎终追远”的传统习俗，这是一种和祖先的内在精神力量连接的重要方式。唐宋以来，大批中原人因躲避战乱南迁岭南，形成岭南的客家人族群，同时带来了中原地区崇尚祖宗崇拜的民间信仰风气。“岭南之著姓右族，于广州为盛。广之世，于乡为盛。其土沃而人繁，或一乡一姓，或一乡二三姓。自唐宋以来，蝉连而居，安其土，乐其谣俗，鲜有迁徙他邦者。其大小宗祖祢皆有祠，代为堂构，以壮丽相高。每千人之族，祠数十所。小姓单家，族人不满百者，亦有祠数所。其曰大宗祠者，始祖之庙也。庶人而有始祖之庙，追远也，收族也。追远，孝也。收族，仁也。”屈大均说的很明确，立祠的目的就是为了追远、收族，行孝仁之道。由此可见岭南祖祠之多、分布之广。梁启超曾有过这样的论述：“敬老年，尊先祖，随而崇古之念重，保守之情深，排外之力强，则古昔，称先王，内其国，外夷狄，重礼义，系亲爱，守法律，畏天命，此北学之精神也。……探玄理，出世界，齐物我，平阶级，轻私爱，厌繁文，明自然，顺本性，此南学之精神也。”[①] 这里，梁

① 梁启超：《论中国学术思想变迁之大势》，《饮冰室合集》第一册，中华书局 1989 年版。

启超所言的北学是指以儒家“明于礼义”思想为基础的中原文化；而南学则是指以道家思想为基础的南方文化。一般认为，北方文化追求的是“治世”“平天下”，这种思想求诸外，注重群体之间的协同；而南方文化追求的最高境界则是“敬畏”“修心”，这种思想求诸内，注重个人身心的内部调节，强调个性的发展。

在中国的儒家传统影响下，忠、孝是修身立命的美德。康熙皇帝也说世上没有不忠不孝的神仙。祖先崇拜的本质与天人合一、敬畏上苍联系在一起之后，祖先就被神格化、偶像化了。儒家重视祭祀，认为祭祀是维持伦理的一种教化方式，先祖崇拜可以“报本、追远、崇德”。“祭如在，祭神如神在……吾不与祭如不祭”，“事死如事生，事亡而事存，孝之至也”。就是说，不管祖先在不在，都当是仍然在，视死如生就好了，这样才能延续家族的命脉，才符合传统的孝道。可见，传统的祭祖是以追思先辈、祈求佑护子孙为本意的。祖先崇拜是利用宗庙为载体的，“宗，尊也；庙，貌也，先祖形貌所在也”。宗庙祭祀，是权力的象征，更是身份与地位的象征。明朝中期，朝廷允许平民建立家庙祭祀祖先，各地的宗庙纷纷出现，岭南地区在霍韬、方献夫、湛若水等南海籍士大夫的积极倡导下，更是不遗余力地建造宗庙，以此作为乡村宗族建设的阵地。据民国《佛山忠义乡志》记载，小小一个南海县治下的佛山镇（堡），仅梁姓祠堂、家庙就多达58座，如果算上其他大姓的祖祠宗庙，数量恐怕是过千的。这种以祠堂、宗庙为纽带形成的独特宗族文化，一直滋养着珠江三角洲的先民。据2017年的文物普查统计，顺德大大小小的祠堂、宗庙超过500座。南海的祠堂和宗庙数量恐怕更多，这也无怪广府地区有着“顺德祠堂南海庙”的俗语了。

广府地区另一个与祖宗崇拜相关的习俗是注重堪舆风水、卜巫，讲究丧葬礼仪、经营坟茔等民间信仰。《广东新语》也说：“（佛山）人有病，辄以八字问巫。巫始至，破一鸡卵，视其中黄白若何，以知其病之轻重。轻则以酒馔禳之，重则画神像于堂。”这是原始巫术信仰的遗存，反映出佛山先民对不可预知的未来、命运、灾厄、生活压力等因素的敬畏和期望得到神明指引的一种愿望，这种民间崇尚卜巫的风气，一直延至明清。

2. 魏校毁淫祠对社会教化的影响

淫祠，意思为滥建的祀庙，是指不在国家祀典记录中的祠庙。《礼记·曲礼》曰：“非所祭而祭之，名曰淫祀。”古语“祀”通“祠”，在古人眼里祠庙是很重要的，也是文化的象征。要统一文化，当然要禁止“非法的”“额外的”祠庙。民间信仰是一种多神崇拜体系，古代粤人信仰广泛、思想包容，他们的心态纯粹是功利与实用主义的，只要对自己有好处就进行祭拜，各种祭祀神、仙、佛、魔、鬼、妖、怪、邪灵的庙宇极多。直到清初屈大均还说岭南“民未知义，以淫祀为之依归”。《赤雅》《南越游记》也有类似的记载。因粤人迷信鬼神，粤巫遂广立祠庙。唐戴孚《广异记》云:“高宗时，狄仁杰为监察御史，江岭神祠，焚烧略尽。至端州，有蛮神，仁杰欲烧之。”唐白居易所撰《白孔六帖》载:“韦正贯拜岭南节度使，南方风俗右鬼。正贯毁淫祠，教民毋妄祈。”正因为岭南淫祠蛮神盛行，僭越了礼治法统，冲击了儒家的封建纲常秩序，狄、韦二人才需大加禁止。

明清时期，佛山人信仰和祭拜的神祇很多，这些“淫祠”大概分为六类：一是农业类神祇，如社稷庙、三官殿（庙）、城隍庙、土地庙、龙王庙等；二是与文教类有关的，如文昌阁（文昌星君）、文峰塔（孔圣人）等；三是与人们日常生活有关的，如天官、土地、灶神、财神、门神、送子娘娘等；四是民间传说人物，如华佗、济颠和尚等；五是曾以“忠、孝、节、义”闻名、堪为世人表率与楷模的历史人物，如关羽、岳飞、包拯等；六是有法力的妖魔鬼怪，如狐仙、五通神等。可谓五花八门，眼花缭乱。屈大均描述道:“至今越祠多淫，以鬼神方惑民菑祥者，所在皆然，诸小鬼之神者，无贵贱趋之”;“淫昏之鬼，充斥闾巷，家为巫史，四十保大抵尽丛祠也。”①

明朝中后期的弘治、正德、嘉靖等朝，地方捣毁淫祠达到高峰。正德十六年(1521)，魏校(1483—1543)作为按察司副使督学广东，在寓粤仅年余的时间里，主导了大规模的捣毁淫祠寺观、兴建社学书院的运动。郭棐在《粤大记》中记载道：魏校“乃大毁寺观淫祠，或改公署及书院，余尽建社学。……自洪武中归并丛林为豪氓所匿者，悉毁无遗。僧、尼亦多还俗。”② 屈大均在《广东新语》中也说：“吾粤督学使者，在嘉靖时有魏公校者，……大毁寺观淫祠，以为书院社学，使诸童生三时分肄歌诗，习礼演乐，禁止火葬，令僧尼还俗，巫觋勿祠鬼，男子皆编为渡夫。”③

其实，早在明洪武三年，朱元璋就已经颁布了《禁淫祠制》，“凡民庶祭先祖，岁除祀灶，乡村春秋祈土谷之神，凡有灾患祷于祖先，若乡厉、邑厉、郡厉之祭，则里社、郡县自为之。其僧道建斋设醮，不许章奏上表，投拜青词，亦不许塑画天神地祇，及白莲社、明尊教、白云宗、巫觋扶鸾、祷圣、符咒诸术，并加禁止，庶几左

① 《广东新语·神语》。

② 郭棐撰，黄国声、邓贵忠点校：《粤大记》，中山大学出版社1998年版，第144页。

③ 《广东新语》卷九《事语·贤督学》。

道不兴，民无惑志。”[①]《大明会典》也规定，社稷山川风雨雷神、忠臣烈士等“载在祀典应合致祭神祇”，允许官民祭祀，“其不安奉祀之神”一律禁止祭祀，违者杖八十。而所谓“不安奉祀之神”，即《大明律》所列的“凡师巫假降邪神，书符咒水，扶鸾祷圣，自号端公、太保、师婆及妄称弥勒佛、白莲社、明尊教、白云宗等会，一应左道乱正之术，或隐藏图像，烧香集众，夜聚晓散，佯修善事，扇惑人民”。对这些人，为首者，绞；为从者，各杖一百，流三千里。“若军装扮神像，鸣锣击鼓，迎神赛会者，杖一百，甲坐为首之，里长知而不首者，各笞四十。”类似的律例禁令，还有不少。明代广东，比魏校更早毁淫祠的大有人在，如吴廷举于弘治二年(1489)任顺德知县期间，颁布《禁淫祠条约》，“通县计去淫祠二百二十五所”[②]，“撤其材作堤，葺学宫、书院”[③]。摧毁“淫祠”和兴建社学之举可谓不遗余力。嘉靖时丁积任新会知县，“其不载祀典之祠，无大小咸毁之”[④]。此后，“民家只许奉祀祖宗神主，如有私自奉祀外神，隐藏邪术者，访出问罪，绝不轻恕。”[⑤]

魏校认为，寺院道观的田地庙产，并非寺院所有，是民众布施而来的。他对僧道等出家人不耕而食、不劳而获很反感，认为是无穷的祸害。“朝廷以文德治天下，教化兴太平。本职钦奉敕谕典领学校，风教四方。窃以人才之贤否系于风俗，风俗之美恶在于渐摩。”只有废祠兴学，用正统的儒家思想教谕民众，“兴复民间社学，训教蒙童，以为育才之本”，才能开启民智。他认为自己的行为是“除害兴利”的正义行为：“本职深爱尔民，做好人，干好事，孝顺父母，尊敬长上，和睦乡里，教训子孙，守本分业，为太平民。”魏校首先在广州城及南海、番禺两县实施捣毁“淫祠”的计划，佛山方志记载道：“嘉靖元年壬午，庄渠魏公校毁淫祠，改建社学，乡（指季华乡，今佛山）所毁甚多。”[⑥]他把祠观的田产作价出售变卖以充作兴办社学书院之资。这样一来，地方上的豪强士绅们就看到了难得的发财机会，为了扩大自家的产业，都想将“淫祠”及其土地据为己有，当然就大力支持魏校了。《石头霍氏族谱》记载：“大宗祠地原系泾祠，嘉靖初年，奉勘合拆毁。发卖时，文敏公（霍韬）承买建祠。嘉靖初年，又奉勘合拆毁寺观。简村堡排年呈首，西樵宝峰寺僧奸淫不法，奉准拆寺卖田。时文敏公家居，承买寺田三百亩，作大宗蒸堂。”霍韬利用这次机会，

① 《明太祖实录》洪武三年六月甲子，上海书店1982年版。

② 嘉靖《广东通志·吴廷举传》，岭南美术出版社2009年版。

③ 《明史》卷二百《列传》，中华书局2013年版。

④ 《陈献章集》，中华书局1987年版，第102页。

⑤ 魏校：《庄渠遗书》卷九《谕民文》，台湾商务印书馆1986年版。

⑥ 乾隆《佛山忠义乡志》卷三《乡事志》。

魏校像碑拓

迅速出手把西樵山宝峰寺的三百多亩土地田产全部买下，随即率百余名族人入驻西樵山中，悉力劳作经营这批田产。一年多后，这批田产为霍氏家族带来了可观的收入。霍韬又以这些利润为族人修建祠堂，1525 年正月完工的“石头霍氏大宗祠”地基、田产原来也属于“淫祠”，霍氏家族买下后建成宗祠和书院。嘉靖十一年 (1532), 广东按察司佥事龚大稔曾就此事上疏弹劾方献夫和霍韬:“夺禅林攘寺产 , 而擅其利 , 在二臣犹为细事。甚者，若仁王寺基已改先儒朱熹书院 , 而献夫夺之以广其居。”① 可见动静之大。霍韬通过“大礼议”成为嘉靖皇帝的宠臣，他在佛山的做法，无疑给广府地区其他士大夫一种榜样，于是乎大家纷纷仿效，连大儒湛甘泉和黄佐都不甘落后，分别在白云山大量收购被毁佛寺的地产，设立甘泉、泰泉两所书院。利用魏校毁淫祠建社学的机会，南海士大夫集团掀起了岭南宗族建设的高潮。

三、从族谱、家训和民俗看佛山民间士绅势力对宗教信仰的态度

古代中国以儒家思想作为统治根基。在对待鬼神的态度上，传统儒家学说认为鬼神之说是无稽之谈。孔子即“不语怪力乱神”“敬鬼神而远之”，同时，孔子坚持祭祀之礼，并说“祭如在，祭神如神在”，“吾不与祭，如不祭”。在孔子看来，鬼神高高在上，做事还是要靠自己。

北宋时期，张载认为鬼神是阴阳二气的不同运动形态；到了南宋时期，朱熹认为鬼神“只是气”，“鬼神不过阴阳消长而已”，思想上明显是趋向于无鬼神论的。到了明中期，经过南海士大夫集团的努力，特别是在霍韬、方献夫、梁储、庞尚鹏等人大力倡导和身体力行下，广府地区兴起了大规模的宗族建设热潮。他们在家乡

① 《明世宗实录》嘉靖十一年七月辛酉。

建祠堂、修族谱、置族田、重构宗族制度、祭祀始迁祖来敬宗收族，儒家思想成为统治乡村的正统思潮，毁淫祠、建社学、修书院之风盛行于南海一带，豪门大族基本上确立了尊儒崇祖的族规理念，对于一切与儒家传统道德观相悖的宗教和信仰，皆力加排斥。南海叠滘村乡绅庞尚鹏（1524—1580）在家训里告诫子孙："修斋、诵经、供佛、饭僧，皆诞妄之事，而端公（南巫）、圣婆，左道惑众，尤王法所必诛也。凡僧道师巫，一切谢绝，不许惑于妇人世俗之见。"如果族中子弟有违家训，则"会众拘至祠堂，告于祖宗，重加责治，谕其省改。若抗拒不服，及累犯不悛，是自贼其身也"。[①]对于家族中的妇女，也要求不许"煽惑""诱引新卜"。清代南海沙头《老氏家训》则规定："凡僧尼、优娼、弹唱人、巫觋、侩人等，不得入门。"还规定族中子弟"勿作僧道师巫邪术……勿妄信烧丹煮银"。就算有钱，也只能够"以周贫乏"，而"无妄施僧道，无惑于巫师，祁禳浪费"。对于基督教、天主教等外来宗教，南海士人桂士杞认为其教义是"支离鄙俚"，"其言皆委巷所谈，君子弗道"。[②]顺德水藤《邓永赐堂族法》更是规定："师巫邪术，律有明禁，一切僧人、道士、尼姑、斋娘、法师、跳神、卜妇、相女等类，一与之相往来，不特耗费钱财，而且发生奸盗"[③]。对于一切非儒家正统思想的信仰，士大夫们都斥之为旁门左道和异端邪说，"左道惑众，出族，送官究治"[④]，"异端乃非圣人之道，所作乃无父无君之至也。愿我族宗盟，若闻邪术妖言，宜远避之，勿致其害累矣！"[⑤]清代佛山《南海金鱼堂陈氏族规》里还规定"宗祠不得借与外人迎神、赛会，以免滋生事端"，严厉禁止族人信仰西方宗教，"附入洋人教党者，立即永远出族"。"身怀洋枪利刃，传祠鞭责"，还要"罚胙一年"，如果"仍不改，罚胙十年"，处罚可谓严厉之至。

对于风水、道家炼丹、符咒等，佛山的士绅们多持否定的态度。如乾隆四年（1739）进士、南海庄头（今佛山南海区丹灶梅庄村）人冯成修在《养正要观》中引江西提学副使高赉亨所著《洞学十诫》告诫子孙：老庄、仙佛之书等，皆是无益之书，还把三姑六婆定位为"淫盗之媒"，要求"勿听信道士、僧尼、女巫、异教打斋礼斗，念咒诵经"，认为这"有悖正道"。对于风水之说，也持否定的态度："勿溺惑风水，拘泥阳宅、阴宅吉凶"。清代顺德逢简村士人刘瑛在所撰《刘氏八世蓬壶家训》的《积善流祥》篇中提到："非必托佛道以持戒，口长素而厌腥膻，削发参禅，日诵弥

① 《庞氏家训·严约束》。
② 桂士杞：《有山诫子录》。
③ 民国《邓永赐堂族法》卷二十四《止邪术》。
④ 南海大桐戴鸿宷纂修：《戴氏家训格言》。
⑤ 三水芦苞《黄福燕堂家谱》《黄氏家训录要》。

民国时期的仁寿寺

陀，以惑世人。发肤受之父母，须眉表其丈夫，不以发肤而事父母，不以须眉而表丈夫，是无父无君也。无父无君，即事佛而成佛耶？何补于父母，何益于子孙？”可见，佛山的士绅们对吃斋念佛、出家为僧、信仰佛教等行为多是持否定态度的。刘瑛更进一步认为：“尊祖敬宗不如睦族，祖宗之视一族，即父母之视一家……不能睦族，终未有能尊祖敬宗者！”强调睦族的重要性在尊祖敬宗之上。

佛山的士绅对神灵祭祀持否定态度的居多，但也有例外。如《石湾太原霍氏崇本堂家训》就说：“若科奉神，醮（祭神）金量力而出，不可空推。”明确祭神活动可以出钱，但不提倡族人直接参与其中，就连“闲游寺院”“登游古塔”都在禁止之列。清代佛山士人霍儁韡所著《霍氏家训同善录》中也要求子孙“相聚辄谈道义经术”，“勿听信邪术，损民间资斧”，但要“与儿孙讲善恶因果等事”，提倡“放生、戒杀”“畏清议，畏法度，畏阴骘”。

结语

信仰是对某种思想或宗教的信奉和敬仰，具体可以表现在对人和事物的崇拜和尊崇，并愿意将之奉为行为准则或榜样。信仰是心灵的主观产物，是人类的一种情绪，也是对大自然和超自然力量的崇拜和信任。明清时期佛山人的信仰可谓五花八门，千奇百怪，以至到了“宁可信其有，不可信其无”的地步。从原始的图腾、巫术和禁忌到儒、释、道三教合一，佛山人一直在神灵的影子下生活，对偶像的崇拜、对先祖的怀念、对未知事物的畏惧无不表现出佛山人对美好生活的向往，对精神世界的价值追求。拥有信仰的人会更明确自己的人生方向和价值追求，也使得他们面临挫折和困境时，不轻言放弃。这也许就是佛山人能够“开风气之先”，养成开放包容、实利重商、务实进取文化品格的精神原动力吧！

佛山河涌

佛山河涌

——浅议清代佛山河涌清浚的经济文化意义

明清时期，佛山是岭南举足轻重的繁华重镇，清初时就呈现出岭南大都会的风采："四方商贾之至粤者，率以是为归。河面广逾十寻，而舸舶之停泊者，鳞砌而蚁附，中流行舟之道，至不盈数武，桡楫交击，争沸喧腾，声越四五里，有为郡会之所不及者。沿岸而上，屋宇森覆，弥望莫极，其中若纵若横，为衢为衖，几以千数。阛阓层列，百货山积，凡希觏之物，会城所未备者，无不取给于此。往来驿路，骈踵摩肩，廛肆居民，楹逾十万，虽曲遂之状无以过也"[①]。佛山成为明清时期，特别是清代岭南南北贸易、海外民间贸易和商品集散中心。

一、佛山所处地理位置与河涌走向

清代佛山堡地界据文献描述分为东、东南、南、西、西北、北等六大方位，其中东、北两个方位可到达省城广州。（见下表）

方位	起点	途经	到达
东	弼头朝市路过河	蠕岗、夏滘、平洲、季华、林岳堡	广州

① 郎廷枢：《修灵应祠记》。

（续表）

方位	起点	途经	到达
东南	沙涌过河	西华、石硝、奇槎等村	顺德
南	通济桥	潘村、魁岗、溶洲、深村、石路	顺德、新会
西	大基、新庙、胜门头三路	张槎、大江等堡，抵王借岗	庄步、紫洞等村
西北	蛋家沙过河	敦厚、街边等村	西南三水县
北	汾水过河	叠滘、扶南、盐步、贝底水	广州

可见，明清时期的佛山，河网密布，四通八达，过境水径流量充足，水资源极其丰富，水上交通尤为发达，是典型的水乡。佛山古水道又称佛山堡水，由内涌、外河、边界、基围、窦、渠道等共同组成。北江支流在佛山境内的河流包括佛山涌、潭洲水道和平洲水道（登洲和明窦是两水道的分界），以佛山涌、东平河为广州与佛山两地的古水道边界。

清代佛山境内的主要河道由佛山涌、潭洲水道和平洲水道组成。佛山涌全长47.3 公里：西起沙口，东至石硝，全长 23.4 公里。北面从沙口至镇水窦称为汾江河，长 14.4 公里（至中山桥为 11.2 公里），自白马滩关帝庙（人民桥处）分汊，全长 9.5 公里，潭洲水道自南海紫洞至顺德沙亭止，全长 37 公里，其中自沙口至顺德登洲头，流经佛山河段长 13.5 公里。平洲水道自顺德登洲头至南海平洲止，全长 17 公里，其中自新市至奇槎水闸，流经佛山河段长 5.8 公里。

佛山涌是明清时代佛山的主要河道。道光《佛山忠义乡志》卷十二《金石下》记载：“自新涌口（古黄鼎司张槎堡，今张槎街道）入佛山镇，……至栅下文塔入海”。佛山堡水首受紫洞水（禅城区南庄镇），东北流经沙腰卡（张槎街道沙口），屈东南经正埠（佛山大码头）分两派，北派北流为叠滘水，南派东南流为平洲水。

佛山涌古河道分汾水、洛水两河道。汾水原名分水，因厌恶“分”字的意义而改名为汾水。“分添水为汾，则以人情喜合恶分，从汾则实寓，而名更浑雅也”。汾水是外河道，更为官河，有石闸为分流点，共分五段，并禁止占筑河道。洛水是内涌，大致在通济桥至石角围附近，又名古洛涌，包括栅下涌。汾水由西、北两江从紫洞、王借岗（张槎街道）合流后分四个方向。东从石湾、澜石（禅城区石湾镇街道）入东平河，西从黄鼎（南海区狮山镇罗村）、街边（南海罗村），再从蠕岗（桂城街道），南从广州入海，退到神安（桂城街道），南注三山（与番禺区交界），北汇珠江入海。“此水……至佛山益深且广”，因出口水量增多，佛山涌（市内为汾江河）成为西江、北江进入广州的主要航道。此水道更流入顺德县甘溪，由五斗口至广州，由佛山石湾迳至南海石硝，与南海、顺德两县的桑园围相接。

据史料记载，佛山内涌有涌段九十四号、渠道九条、公井六十一个。每段都有详细编号，分地段由各堡各村负责维护，并形成惯例。

名称	起点	终点
天字一至二十六号	新涌口	城门头
地字一至二十号	城门头	土地祠
元字一至二十号	土地祠	康埠
黄字一至十八号	康步	文塔左，财神庙前埠头
官步头		栅下汛河面
栅下汛右，陈姓田头河面		
义仓田基角，河水入口处		
栅下汛左，游姓田头		涌炮台上水闸脚河面
宇字一至十号	三丫涌横水艇埠头	龙母庙

二、从碑刻、文献资料看清代佛山水利工程存在问题与治理方法

佛山潦期（汛期），从清明节后开始，立夏、小满、芒种、夏至暴雨多，尤其是端午龙船水导致降雨量增大，堤坝易溃。小暑、大暑、立秋后水患就明显减少。“佛

地三面距涌，环绕如带”，“斯窦不修，则潦水洊荡，积久必决”，可见汛期抗洪抢险的形势是十分严峻的。而日常疏通河道、保养基围、整治水窦和涵闸对于防范水旱灾害、保护佛山农业、发展商贸，乃至维持税收、治安方面有着重要的影响。清代以前，佛山无官署，清初有文武四衙驻防佛山。佛山祖庙东侧的文魁阁驻有民间绅士富商组织——大魁堂，在本地水道治理中发挥了重要的作用。

1. 清代佛山的水患

据文献记载，从嘉庆二十二年（1817）至宣统三年（1911）的94年间，发生较大洪涝灾害30多次，其中光绪到宣统的近30年间更是多达29次，由于决堤造成水患影响比较大的主要有：

嘉庆二十二年，大富围决堤，佛山全围受灾。

道光年间（1833—1844），光金钗围就决堤两次。

咸丰三年（1853），五月大水，七月潦涨，各围多溃，简村堡基坍卸81丈，飞鹅左右翼公基冲决39丈。

同治二年（1863）七月初一，由于遭遇暴风雨，水位上涨，南部多间房屋倒塌。

光绪三年（1877）五月大水，石角围决。

光绪四年（1878）三月初九日，大雨倾盆，雷电交加，蓬寮被掀，倒塌土屋多间。

光绪十一年（1885），石角围及镇安、吉安围决堤。

光绪二十一年（1895），石角围决，金钗围再次决堤，永安、永新、永洲、石城等围亦决，河水倒卷入内涌，水灾泛滥。

光绪二十二年（1896）四月，厚安围决。

光绪三十二年（1906）三月，西潦大涨，南庄东村围崩决，佛山周边基围多决。

宣统三年（1911）五月中旬，西江水暴涨，洪水淹没市区街道，石角、栅下、永丰、隔沙各围内的田园庐舍多被淹浸，加上连续大雨数周，石角围田亩一片汪洋。

单以南庄紫洞村为例，明清时期水患频繁，万历至乾隆近二百年间，有记载的崩决有五次之多：

万历十四年(1586)夏，大水，罗格围紫洞段崩决。

顺治二年(1645)夏，大水，罗格围紫洞水帘口段崩决。

顺治四年(1647)六月初八，大水，罗格围紫洞水帘口段崩决。

顺治六年(1649)八月，飓风，洪水大涨，罗格围紫洞水帘口段崩决。

乾隆二十八年(1763)夏，大水，罗格围紫洞界亚公庙基段崩决。

如此频繁的洪涝灾害，成为佛山古镇社会、民生、经济、文化的重要威胁。治水修堤、清浚河道以保卫家园、发展生产、繁荣经济，对生活在这一区域的佛山人民来说就是头等的大事。

2. 水渠和水窦的治理

灵应祠（现祖庙）左为崇正社学，右为流芳祠，前有渠道为旗带水，从城门头向西经山紫村到达，长四百多丈。雍正时期广州知府宋玮所写的《修浚旗带水记》，就是本地士大夫与值事(推测为祖庙大魁堂士绅)为修浚旗带水渠留下来的详细记述。当时以庙租（祖庙）、集资题名、沙田地租等方法，筹集银五百八十两耗费于人工、建材，解决河渠堵塞的问题。工程如期在科举发榜时竣工落成，也是宋玮等官员用心良苦，将此事记述下来，用以昭显北帝的灵应。而清末冼宝干的《重浚旗带水记》中说，旗带水流经七里塘至地藏庙，因民屋被强占与大量树木残枝、旧瓦碎石堆积等影响渠道流通，当地士绅发起修复。这两篇浚通记的共同点：一是强化本地民间信仰，树立灵应祠权威；二是由广州府或南海县地方官员和绅士倡议执行；三是由本地官员撰写事后题记。而复清浚旗带水淤积，开复栅下文阁水道，使佛山镇所有河道内外畅通这些重要的水利工程，多由本地著名绅士梁世澂（候选布政使梁应琨之子）筹办。这些人物的传记，多可见于民国《佛山忠义乡志·人物志六》。

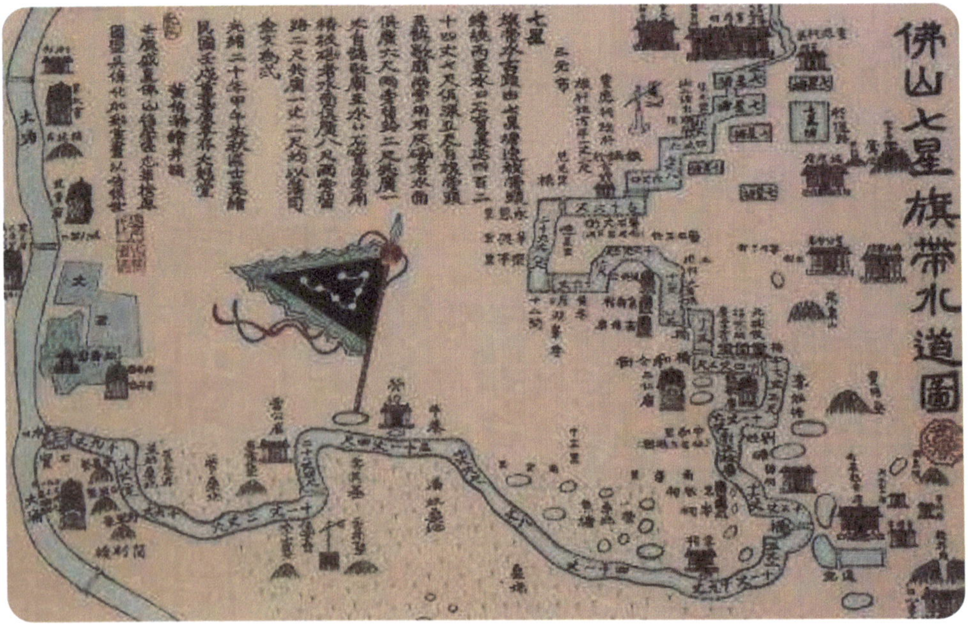

佛山七星旗带水道图

水闸泄洪设施

对于水窦的修筑和治理，聪明的佛山人通过历年与洪水斗争的经验，总结出一套行之有效的水窦截堵围垦法，以解决汛期主河道洪水泛滥、决堤给内河涌造成水浸的问题。史料显示，宋代以前佛山主河道是没有设闸堵水的，每逢汛期来临，任洪水自然宣泄。到了明代，因为出水口外河床高积，每遇洪水暴涨时，不仅围内积水无法排出，西江洪水反会倒流逆灌而入，水位抬高，淹浸农舍庄稼，导致“洪流激湍，人力难施”，所受灾害日见加重。所以，在明、清两代，当地乡绅殷富及有识之士总结以往经验，在主河道堤围与支流河涌之间采取“载石沉船”的方法，“取大船，实以石、沉于港口”，使“水势渐杀”。这种创造性的载石沉船截流堵口的方法，既可以堵住倒流入支流河涌的分水口，也可以利用在分水口建设的水窦和水闸来流入内河涌的水量，并在海坦和河滩於涂上采用“种芦积泥成田”的方法，加速围垦造田，使主河道内堤范围内的低洼荒地逐步变为湿地和鱼塘。以张槎大窦为例，新涌口的大窦为出东平河的佛山门户，每年只能在秋冬两季水道干枯时修筑窦闸。平时将基围加高，到了汛期，水窦比基面低数尺，水窦闸门使用柚木，设计成可以自动开关，加强了水淹时的闸力，在平时可以通过开启闸门调节进入内河涌的水量来灌溉沿涌附近的农田。这样既能预防汛期洪水倒灌而入的问题，又能够调节、解决旱季农田生产用水的问题。

3. 河道治理

佛山的河流对于商贸巨镇而言，有着极大的社会效益。因此疏通清理水道、保障河运畅通，是当地士绅商贾们的责任之一。官府也注重河道水运的税收情况和沿岸的治安。税馆设置在河道流经区域，更有管理户籍地契、纳税交粮之作用，如汾水铺正埠码头等；也便于督抚等高级官员巡游检查。而官兵与绅士以河涌为界，管理沿岸居民，控制匪民，可谓一举多得。浚通河道既可使商运农耕受益，又维护当地治安，防范民众造反事件再次发生。故佛山的士大夫们从嘉庆起至宣统年间经常修浚佛山涌。

明代至清前期，依托佛山涌这一黄金水道，佛山的经济得以迅速发展。但是到了清代中叶以后，由于出海口堆沙迅速、河道延伸和海潮顶托等诸多自然因素的影响，佛山涌“浅淤日甚”，干旱的年份甚至“非遇潮汐，则舟不可行”。河道日浅，河床积沙，导致水患频频，让佛山的经济备受打击。为清浚河涌淤泥，畅通河道，在道光五年(1825)，佛山举全镇之力进行了一次大清涌。同治和光绪年间全镇又各有一次大规模的清涌工程。佛山人为改善河涌通航条件，付出了很大的努力。下表所列为清代中后期佛山比较重要的水利兴修情况。

清中后期佛山水利兴修情况

时间	疏通河段	牵头士绅、官员	经费来源	治理方法	处罚措施
道光五年	栅下文塔，今海口村海旁附近	绅士吴泰来等	吴绅士自筹田价银四百七十两入官库	由绅士以官方价格回购蔗围北坦田，缴税纳粮，雇工人挖水利，收税报户口	南海县知奉督抚令，逮捕唐姓刁民，带官兵，将该田地拆开，大力疏通此段
道光六年	佛山涌全段	经嘉庆、道光朝官员修浚，由总督吴荣光等撰写碑石	官员倡议，绅士商人捐输洋银；义仓买谷剩银等方法	划清地址界限，选负责人处理水利问题，其他同上	阻拦总督阮元巡视佛山涌者，依法送官府处理
光绪八年	沿涌一带，有房铺栏位搭盖，应先期拆毁。毋须刻延。倘有不尊，一经值理指控，严究不待	南海县五斗口司等，候选官员王福康等	清涌绅士、值事，共捐得洋银一万两有余	积淤四十年，又旱又涝决排水土，掘地筑海	禁占筑河道，应先期拆毁，毋许刻延，一经值理绅士指控，严究不贷。所有涌内木排，竹排，以及涌岸上堆放木器材料等物，要预行搬迁，免阻工程

（续表）

时间	疏通河段	牵头士绅、官员	经费来源	治理方法	处罚措施
光绪九年	未提及	南海知县、布政使、督抚	铺户捐赠	按乡志图册，涌段照界址疏通，择工价最低者承办，沿岸商户自备资斧，轮流值班督工。尽早在冬季晴天完工	附近占筑涌界者，先令其拆除，免碍工程
光绪十年	新涌口至花基口	五斗口司等，清涌公所绅士董事	未提及	涌旁竖桩屯货，过久停泊，倒淤，泥淘银沙等堵塞河涌行为	清涌公所指明举报，货物充公给举报人，不姑息宽容，不可违背，从严处罚，一律缉捕
光绪十年	新涌口至栅下	五斗口司等，清涌绅士，值事商户	官员绅士劝捐	木行搬走木料，纸店拆毁纸堆，不得占涌道，永禁这类货船出行。防止潦期，影响禾苗收成，疏通货运航道，防盗贼出没	占筑涌道致闭塞、乱停放竹排木排，擅自倒瓦渣粪土、淘沙洗挖，责令地保保安，拘留，货物充公赏给举报人，不姑息宽容，不可违背
光绪十二年	新涌口至栅下，有二十八段未修通	五斗口司等，清涌值理绅士	各庙寺院、各祠堂礁会、各行、各街、各店捐银	近三年通涌，编分佛山古迹涌道九十四段，军费耗资，官涌经费不足，筹款艰难，无法修完，缺银三千五百两	出示劝捐及催收，下谕，重点教育富商为通浚佛山涌多出力

4. 堤围治理

古时“堤”与“围”混称，称“基围”。“堤”是沿河修筑的单向大堤防，“围”是小范围圈闭的小堤围。佛山堤围的构筑和发展基本是“私基以起，逐后村族日众，联全组织，扩大圈筑，遂成公基，进而联防合作之统筹”。各村堡首尾相连，逐步联筑成大围。清代佛山境内的主要河道之一佛山涌，干堤堤线起自南海小塘，经芝安围、存院南围、金钗南围、五福围、四乡联围至平洲沙尾桥与佛山涌、三山河交会口止，全长 43 公里。其中从沙口水闸到石硝水闸长 19.92 公里，属佛山管辖。支堤由沙口水闸沿汾江河南岸，至上沙珠北窦进入市区，经大观街、高基街止，名存院北围，长 11.67 公里。另主堤从张槎大富村的王借岗脚绕莲塘窦至石湾中窦至下窑接入魁岗堡沙岗村、澜石入深村堡至石硝止，称存院南围。另一段从南海罗村江边至汾江桥脚流入中山公园至扶西大涌窦止，全长 9.6 公里，称为永厚围（属佛山管辖段长 6.3 公里）。由大基尾起经人民桥沿涌至军桥再至丰收水闸，转西至菠萝园止，长 5.8 公里，称石角围；由奇槎水闸入佛山涌，沿南岸至大务湾出丰收水闸，向南至高朗止，全长 8.85 公里，为五福围。另一支堤从河宕村东起，一段经南村（现同济路附近）入通济桥（宝安街）到尾窦止，称尾窦花基，北岸属环市（现祖庙街道），南岸属张槎。由尾窦至河宕长 3.1 公里，是存院围与金钗围交界堤线，北岸称永安基；从尾窦回经南村分流至奇槎水闸，南岸为金钗围，左岸为五福围。在潭洲水道、东平水道北岸一段，沿澜石八仙岗脚经湾尾到奇槎乡，长约 15 公里，称金钗围，是佛山、魁岗、深村一线的屏障，古称“佛山外基”。

总的来说，清代佛山基围大致分为南北两个大围、内外两个小围。外围是存院围，过石角围（附有隔沙小围），后接内围观音围，还有四埠。大富南围包括：隔田乡、石湾中窑、下堡、魁岗堡、沙岗、澜石乡、深村堡、石硝。北围属大富堡大富乡，包括：王借岗起，至沙口绕而北，有大窦和细窦，称为孖窦。汛期到来时，南围在佛山下游，受灾比北围轻。嘉庆年间，大富围水患，祖庙淹没近一半台阶。还有沙岗围，永安围，镇安围等。存院围七堡，大富围为重要，北围时有崩缺，南围少见崩堤。水位上涨时，预备木桩、栅杉、土沙袋。及筑窦设闸，防窦闸漏水，小的堤围则要加高土培的厚度，越高越牢固。

面对频繁的水患，佛山的士绅富商们先后组织筑围固堤、修浚河道、大修窦闸十多次，力图从根本上解决危害佛山的水患问题。

清中后期佛山堤围、河道治理

时　间	事　件
道光十年(1830)	并围基、重修存院莲塘窦
道光十五年（1835）	清浚佛山主河道
道光十六年（1836）	地主让出田地，筑成石角围
咸丰十至十一年(1860—1861)	永石围、厚安围（永厚围前身）建成
光绪十四年（1888）	重修存院围大窦

明清两代，佛山基围的修筑、清浚，一般由各乡村按田亩派捐，自行修筑。康熙年间的《存院国基图碑记》就记载：“基之设，原以防西潦，御东江，各堡自行修筑，由来远矣。”然而，这一通行的惯例，在康熙五十六年(1717)由大富围的谭氏族人牵头引发了一场争论，官司甚至打到了广州府。原因是存院围的北围，属大富堡大富乡，又称“大富围”。据《佛山忠义乡志》及《南海县志》记载：大富南围筑于宋代，西连王借岗麓，东界海口。道光十年重修。这一年大富围的谭氏族人，因不堪岁修基围重负，便向当地官府呈请“通围协修”，要求全围各段乡、堡共同承担大富围的修筑，试图打破各自修堤的成规。但其他各围唯恐加重自己的经济负担，纷纷反对，尤以佛山堡意见最大。然而，大富围提出的要求却意外地得到了广州府通判的支持，据文献记载：“该通判以基围之设，原以防水患卫田禾，围内业户自应计亩出工修固，以保粮命而均苦乐。若任佛山等堡胶执旧例而不协修，则险基难固，知县应请批饬勒石，永远遵照。”此说一出，立即遭到佛山堡及附近各乡的反对。地方官员实地勘测时，存院围的围董简遇能、李锡衮、霍璋、梁必登、陈文捷等人，一起陪同“踏勘通围”，考察水路分流、里社村庄的分布的同时，也试图说服官府遵守本地乡规民约与俗例。与此同时，佛山地方还联合上控，如史料记载：“(佛山)

《佛山忠义乡志》书影

偕同文武两社绅士，集诸八图里者，联控上宪。”明初，编定里甲，佛山堡内开八图编八十甲，“先到诸族得占籍为土著”。因此，所谓的“八图里”即代表佛山的土著势力。这场争议由南海知县协调后，根据周边堡村与大富围距离的远近及所承担维修责任的轻重，明确规定大富堡的七个村必须协修，而距大富围较近的大江堡、土炉堡也应负担一部分，至于距离较远的张槎、佛山、魁冈、深村各堡因有各自的堤围要负责，无须协修。这样一来，原来的“各修各基”规则被打破。此外，还规定凡是购买了大富基内田土的，也须照田亩摊派。在这场关于围基修筑责任的纠纷中，佛山堡等土著最终取得了胜利。为此，佛山堡还特意刻碑立石，将此次大富围事件过程与结果“呈请县堂公绘基围，勒诸贞珉，以垂不朽”。

但是，到真正遇到水患危险的时候，佛山各堡还是可以报到大魁堂（祖庙），由各乡堡绅士聚会商议解决的，经费也由大魁堂按一定比例尽力资助。例如，梁世澂在光绪年间集资重修石角、永丰、维则、栅下等埠基围，围内居民一直到民国期间都依赖此工程确保平安。可见清代佛山地区的堤围构筑和河道清浚的经费来源，基本是由四乡的乡绅认捐支助解决的。具体情形可见民国《佛山忠义乡志·人物志六》和《禁修基越派碑记》。

5. 清代佛山筑堤治水的技术手段与方法

清初期，北、东江水利分别由沿江州府专访官员管理，三大河流重要堤围岁修制度大致始于康熙至乾隆年间。佛山堤围各基段自有基主负责，平时由各堡、各甲自行维修。大修时，施工总局机构扩充设总理、协理和首事对维修进行协调。各段基围各设工程所，由乡绅担任知理或首事。大修时的施工总局机构庞大，组织严密，对工程规划、资金筹措、基段管理、施工组织与管理、施工技术、工程验收、材料采买、堤围日常维护等逐渐形成一套严密的章程、制度。道光十四年的章程正式规定了堤围岁修制度。岁修制度确立以后，由围内各村、各堡落实堤围维护的分段负责制，使堤围的养护和修浚有了依据，堤围的防御标准也有了较大的提高。

明清两代，经过各堡各村各自修筑堤围固定河床后，河水流速加快，相对减水了泥沙在河床上的停留和堆积，对水道的流畅起到较好的作用，对促进佛山地区农业生产和手工业作坊的发展起到极大的促进作用。但是由于西江每年都有汛期和洪峰来临，明清两代官方均无在佛山设置专门的水利机构，且筑堤治水完全是由各村乡绅自发组织，从根本上欠缺全面的治理规划，各段堤围接壤交界处也由于村堡地界的不同而缺乏有效的衔接，年深日久，随着河床的淤浅和河道的延长，堤围在没有得到经常保养的情况下积弊日深。绝大多数堤围都矮小单薄，不能抵御较大的洪水。清代佛山堤围建筑扩展的特点基本上就是速度快（哪里出现险情就固筑那里）、规模小（不同的乡、堡、村各自筹资，各自为政，导致堤围构筑质量不一）、堤系凌乱（各段堤围之间没有关联，八仙过海各显神通）。直至清末，佛山境内的堤围规模才有所扩大。

闸窦、基围一体防洪设施

清代佛山筑堤治水的技术手段与方法比较单一，虽然从官府到民间对筑堤治水基本是重视的，但官民之间未能达成有效的互动，效果欠佳。官府主要从政令方面进行规范，广州府令南海县衙设立佛山河公所，发布文告明令禁止危害水道的行为，明文规定验收堤坝的程序，并由官方渡船运送工具材料，以确保筑堤质量，通过允许商人在淤沙多的地段开砖窑、建沙砖厂等方法减少河道淤积隐患。从佛山本地梁姓绅士《梁孝廉尔煤清沙策》及后按中可见，当时水道清沙的技术手段主要有：一是挖深坑，筑土基，埋沙泥屯田；二是重点的水道用艇捞沙为主，每个重要险段估计水情；三是筑坝截流，拆临近河边商铺的违章搭建等。清代堤围修筑所使用的工程技术也比较单一，筑堤材料从基泥夯实改为泥石并用，堤围高度一般在 1.5 丈至 2 丈左右（5—7 米高），个别有条件的乡村对堤围高度会略有提升。

清代佛山人提出治水修堤、清浚河道既要治标，也要治本：“疏”是治本之法，“防”是治标之方。简言之，“挖沙为治标之法，而开河为探本之图，二者不能偏废”。现实中，“防”的治理手法是最常用的。清代的堤围治理主要采用“四防”“二守”的办法。所谓“四防”包括：昼防：洪水到来对堤围冲刷很大，做到随刷随补，力避溃决；夜防：护堤人员夜晚巡视，置立牌片，分发两岸，定时传递，互相监督；风防：水发之时，多有大风猛浪，护堤人员要捆扎“龙尾埽”摆列堤面，如遇风浪大作，将前埽用绳桩悬系附水面，纵有风浪，随起随落，足以护卫；雨防：护堤人员各置斗笠、蓑衣以应用。所谓“二守”，

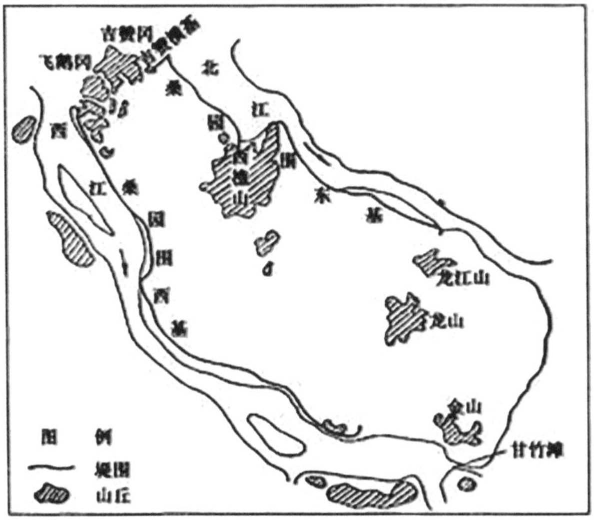

桑园围

一是官守：洪水盛发，管河官一人不能周巡两岸，需添委一人协守职官分岸巡督。每堤三里（按 180 丈为一里）设铺一座，每铺夫 30 名计，每夫分守堤 18 丈为宜。每夫二名共一段于堤面之上，共搭一窝铺，乃置灯笼一个。遇夜在彼栖止，以便传递更牌巡视。管河官并协守职官，时常催督巡视。二是民守：每铺三里，照往年旧规，于附近临堤乡村多添乡夫 10 名。水发上堤，宜同铺夫拼力协守。水落回家，量时去留，不妨农业。除“四防”与“二防”外，还需防盗决。

在筹款方面，由政府官员、绅士一起开会商议，经费由督抚公库、广州知府、南海县知县及佛山镇文武四衙门、绅士商人共同筹措，然后在祖庙灵应祠北帝神像前求神占卜，之后择吉日开工。工程竣工后则举办隆重的“白马祭杀”仪式，并抬北帝神像巡游河道。这样的官民共议筑堤清浚模式，在一定程度上解决了佛山治水的组织问题，从技术和财政两方面保障治水。然而，在道光之后的清理河道中，乡绅殷富捐赠虽多，但由于缺乏监督管理，财款被挥霍滥用，筑堤清浚工程大打折扣。道光年间的两条河道（沙口沙腰，鹰嘴沙与瓜步）都耗时近半年，才彻底除尽河沙。

三、从佛山古水道经济案例的处理经验看堤围、河涌对当地经济和社会的影响

佛山位于西江、北江干流通往广州的要冲上，地势自西北向东南倾斜，这里水网纵横，河涌交错。唐宋以前，北江支流芦苞涌、西南涌是广州与中原地区联系的主要通道。宋代以后，芦苞涌、西南涌、石门水先后淤涸，佛山涌取而代之成为西、北江

通过佛山涌进出广州的主要航道，水运交通的发达，带动了佛山经济、文化和城市的兴盛。明清，历经五百余年的发展，佛山古镇从一个岭南乡堡小镇崛起为以手工业铸造为主的全国名镇。

佛山经济最先发展的地区位于南部的栅下（今忠义路）一带，但到了明代以后，流经栅下的河道由于河床抬高，流沙淤泥积聚，河道日益狭窄淤浅，大塘涌甚至成为陆地，商业活动大大受到限制，于是佛山的商业圈便向北迁移至汾江河南岸一带。康熙年间的《修灵应祠记》描述，当时汾江河两岸“舸舶之停泊者砌蚁附，中流行舟之道至不盈数武，桡楫交击，争腾沸喧，声越四五里”，这条物流大动脉的繁忙景象可见一斑。经过明清两代的发展，汾江沿河两岸发展为码头横列、会馆星罗、商铺林立的繁嚣富庶之地。清中叶后，更有“佛岗（山）之汾水旧槟榔街，为最繁盛之区。商贾丛集，阛阓殷厚，冲天招牌，较京师尤大。万家灯火，百货充盈，省垣不及也”[①]等描述，足以说明其繁荣。可见，河道的分布和水量的丰沛与否直接关系到佛山商业区的分布与发展，而河道、基围、窦闸对防范水灾又有着重要的作用。

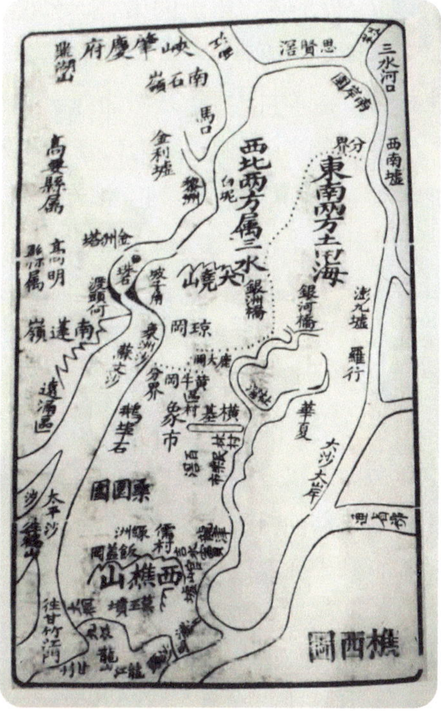

桑园围地图

1. 从开凿河涌的纠纷看地方势力对河涌经济利益的态度

清代以来，佛山涌和新涌成为两条进出佛山堡的主要河涌，这两条河涌支流较多，例如《佛山忠义乡志》就记载：自新涌口入佛山镇“周环三面，至栅下文增入海，袤长二千八百三十丈，衡自十三丈至三、四丈不等”，当时佛山能通航的河涌主要有三条：第一条是新涌的南段，它在茶亭处分为两支，一支向北伸入堡里，再从龙母庙出海，另一支则深入白勘头，叫大塘涌。第二条是位于佛山堡西边的旗带水，它是从山紫村附近分支经过龙母庙前，深入到莺岗脚的新涌支流。最后是在北边的潘

① 徐珂：《清稗类钞》。

涌，是从北面的汾水伸入到大墟附近的支流。这几条支流两岸，依次成为佛山地区发展的最早核心地带，所以“士大夫以为文脉，商贾以为财源”。[①] 由于四通八达的河涌方便船只运输，能为商户带来巨大的经济利益，因此就近便开凿新的涌道，建设新的码头将是极其有利可图之事。佛山在道光十一年(1831)的津渡码头就有近30个，有定期航船(粤人统称之为“渡”)直达广州及顺德，朝夕可至。自明万历间至清顺治年间，位于佛山附近的田心、张槎二村，多次试图凿河通海，开浚涌道，建设码头以利其商贸。明万历末年与崇祯八年，两次试图开浚均未成功。清顺治初年，田心、张槎、罗播等村，再次开凿涌源，并已开挖部分。但是，此行为触动了邻近周边各堡的利益，遭到了以佛山堡为代表周边各堡的反对。各堡士绅集体向官府上控，要求制止开涌。他们以赋税、地方治安、生民风化等为借口，联合包括工部郎中霍得之、户部主事刘士斗、光禄署丞李敬问、国学博士李象蒙等佛山籍的土著官宦、乡贤、社会名流一起反对。出于压力，时任两广军门平粤伯很快进行了批示，勒碑严禁开涌。正如《禁邻堡开涌碑示》记载：“示谕三水、岭冈、罗播、田心、寺边、张楼各处乡民知悉：务要恪遵示禁，不许妄意变更，仍前私挖涌源，致潦水淹浸，伤害民生风水。如有故违，许各堡乡民指名具呈赴府，以凭拿究重治，决不轻贷，须至告示者。”在这场势力的较量中，佛山堡士绅又取得了胜利。原本想通过开涌谋求更大经济利益，由涌道带动商路，促动本地经济发展的村堡，因此项行为明显影响到其他村堡的既得利益，又未懂得采取合作共赢的策略，最终使得开涌计划一再搁浅。

2. 从疏浚河涌与入海口沙田案例看水道对佛山土地经济的利益输出

广府地区的沙田多为由珠江水系的天然有机肥泥、浮生物堆积，经过佃户人工墩围而成。“广州边海诸县，皆有沙田。……故购沙田者争取沙裙，以沙裙易生浮沙，有以百亩而生至数百亩者，边海人以沙田而富。”汾水为流经佛山市区的主要水道，“流沙积日浅，而至张槎渐深”，因流沙多，沿岸多沙田。道光元年，佛山文武官员、地方士绅集资捐款洋银九千九百多两，意图清浚河涌，但因经费不足，剩余十五段未通。直至道光五年，入张槎海口的栅下文塔及炮台一带即文阁前北坦田（今禅城区张槎街道海口村附近）有四段曾因蔗围“匪民”唐应昌强买霸占，而由南海知县按照当时地价（田价银四百七十两）要求绅士吴泰来（祖庙大魁堂义仓职员）等人重新收购此段，并由南海县派官兵监督，雇人深挖，限期修通，周边石路、埠头则

① 道光《佛山忠义乡志》卷十二《清浚佛山涌港记》。

永久划为官路、官埠（码头）。以后每年，吴泰来等人必须按时在佛山灵应祠（今佛山祖庙）交银税和粮食，守卫此段河涌之潦期，不得私占河道。若唐家族人来捣乱，全权交由吴泰来依法处理。官府在次年五月的《禁搭盖占筑涌河官埠官路碑示》中指出，佛山绅士及蔗围村民在此段可停船艇，但沿涌居民永不得乱搭乱建，淤塞交通，若是违抗，一旦查出，严厉追求责任。由此可见，当时河涌重要地段，由两广总督、南海县令、佛山同知等官员指派地可靠方绅士购入田地，将地契与户口（堡、图、甲）收归管理。绅士随后每年交纳钱粮，并由官兵镇守、绅士测量划界，才得以修浚河道与道路。而此地，日后成为佛山义仓（官府赈灾储粮）的沙田（河沙堆积的人工肥田），收益归佛山官府。

河网密布的水乡

3. 从河岸工厂与阻塞水道案例看佛山士绅对河道环境保护的意识

乾隆四十九年，李润汉、冯焕承未经批准擅自将高要县的硝厂搬到佛山栅下（出东平河口）的位置，引发佛山绅士商户联名控告。经广东巡抚、布政司查证，硝厂迁回高要。原因有五点：煎硝导致淤泥堆积，河道变窄，洪涝时期易溃堤；此处淤积，削弱河道运输能力，旱季粮食谷船要绕道而行；商贾以栅下码头营生，若是水道浅塞，各省来佛山的商贸航运受阻，乡间渡轮生意萧条，影响民众生计；此处蓄水泄洪，应多疏通，硝厂易造成外河淤塞，对田间禾苗不利，更增加水患；硝厂易导致爆竹铺走漏私售，有安全隐患。

此三件案例说明，河道是明清两代佛山通往各地的主要交通要道，河涌的走向、清浚，堤围的维护、窦闸的整修都直接关系到佛山商业的兴衰。因而，清理涌道、

整治基围一直是佛山各乡堡的大事，向为全镇商人与绅士所关心，如乡绅吴荣光所言："佛山为粤之一隅耳，清涌为佛山稍重之事耳。"解决水患问题，既能便捷交通、畅通商道、发展经济，又能够保一方平安，实在是一举两得的好事、大事。

道光年间，佛山市场上的南北商品，种类达到200种以上，包括铁镬、丝绸、石湾陶器等名牌产品，还有"京省巨客之货"、"苏杭美物"、洋布西货等。佛山所处交通枢纽的地理位置，也使得"川广云贵各省货物，皆先到佛山，然后转输西北各省，故商务为天下最"。河道的畅通，使得运输成本更低，商人的利润更高。经济的繁荣，商贾的聚集，物质的丰富，使得人口激增，清代佛山城区的发展尤为迅速。据史料记载，乾隆年间佛山全镇有里巷233条、津渡码头11个；道光年间有里巷596条、津渡28个，分别增长了156%和155%；到宣统年间有里巷1697条，津渡143个，又分别增长了184%和121%。佛山城区发展为27铺，并形成了南部的手工业制造区、北部的商业中心区和中部的工商、民居混合区三大功能区划。[①]

可见，明清时期，佛山经济发达，社会财富充盈，在内外商贾、豪绅巨富的财力支撑下，一年到头神诞赛会、岁时祈福、行业祖师诞等活动接连不断，作为工商重镇，各类大型习俗赛会名目之繁多，活动之多姿多彩，且数百年来长盛不衰，这是其他地域所无法比拟的。

---

① 罗一星：《论广佛周期与岭南的城市化》，《中国社会经济史研究》2009年第3期。

佛山手工业外贸

佛山手工业外贸

——明清时期佛山手工业产品海外贸易与清代广州十三行的“南海丝路”

佛山“肇迹于晋，得名于唐”，古称季华乡、忠义乡。唐宋年间，佛山的手工业、商业就已经十分繁荣。古籍记载：“诸宝货南北互输，以佛山为枢纽，商务益盛。”繁荣的商贸带动了以手工业为主的制造业迅速发展。明清时，更是发展成商贾云集、工商业发达的岭南重镇，与湖北的汉口镇、江西的景德镇、河南的朱仙镇并称“四大镇”，与北京、汉口、苏州并称为天下“四大聚”，陶瓷、纺织、铸造、医药四大行业鼎盛南国。清中期以后，佛山更是充分发挥出自身有利的交通优势，走上手工业兴镇的发展道路，作为广州商品出口的生产基地，借助十三行和“一口通商”的有利时机，利用“南海丝路”开创了一时的鼎盛和辉煌。清末，佛山更是得风气之先，成为中国近代民族工业的发源地之一。

一、明清时期佛山手工业的兴盛与商品经济的发展

（一）明清佛山手工业的种类与社会经济发展特点

明清时期，佛山是珠江三角洲地区的经济中心，其冶铁、陶瓷、纺织等行业的兴盛和发展是佛山经济繁荣的主要原因。到了清代，特别是康、雍、乾三朝，佛山的商品生产从单一的冶铁铸造生产转向综合性的手工业生产发展。这一时期，佛山传统手工业的生产设施得到改良，分工精细，产品的数量和质量也有了极大的提高，再加上四乡充裕的劳动力向佛山地区集中，城市人口发展迅速，市场交易繁盛。于是，佛山与广州鼎足两立成为岭南地区的中心市场。史书曾记载：“佛山一埠，为天下

之重镇，工艺之目，咸萃于此。”① 特别是清中后期，随着佛山行会和众多商贸团体的崛起，佛山的手工业得到了迅猛的发展，佛山进入了商品经济繁荣的黄金时期，冶炼铸造、陶瓷生产、纺织丝织、中成药和其他众多民间手工业成了推动地区经济发展和社会繁荣的“五朵金花”。

1. 冶铸、陶瓷、纺织、中成药成为佛山手工业的“四大支柱”

一个地方经济的发达程度，与市场、原材料、资金、技术、劳动力和交通运输息息相关。佛山能够成为工商业城镇，得益于它良好的区域优势、便利的航运交通条件、优惠灵活的工商业政策。这些有利因素为佛山带来源源不断的人流、物流、资金、技术，从而催生了繁盛的佛山工商业。

历史上，铸造业长期是佛山最重要的行业，铁锅是佛山的招牌产品。宋代佛山铁器冶铸就十分发达，成为南中国的冶炼中心，所铸造出来的铁线、铁锅、铁链、铁砧、铁针、农具、军器和钟鼎等产品以质量上乘享誉全国，产品遍及海内外。明清时期，佛山铸铁业领先全国，一直到西方工业革命前，佛山都是中国最大铁锅出口基地。康熙《南海县志》记载南海物产时说：“铁锅，出佛山。”早在明朝中期，佛山冶铁业一天的产铁量就可达到六七千斤；景泰年间，佛山就掌握了精良的铸造技术和独特的生产方法，能够铸造大型的铸件，如佛山祖庙北帝神像重5000斤，就是一次浇铸成形的。从地方志的记载可知，明代的“佛山八景”中，就有“孤村铸炼”一景，当时文人曾写竹枝词形容：“铸犁烟杂铸锅烟，达旦灯光四望悬”。可见，冶铁业成为明代佛山传统手工业中规模最大、人数最多、资金最雄厚、产销量最大的手工业行业。史料载“佛山商务以锅业为最”②，“盖天下产铁之区，莫良于粤，而冶铁之工，莫良于佛山”。③2007年4月，水下考古人员对“南海一号”整体打捞时，发现大量黑色铁锅重叠，由于沉入海底时间太长，铁锅和周围物质发生化学反应，变成巨大的凝结物。广东省海上丝绸之路研究开发项目组组长、中山大学教授黄伟宗慧眼识宝，断定这批铁锅就是当时名震天下的佛山铁锅。明正统年间，佛山鹤园冼氏就开始垄断佛山铁锅贸易。之后佛山土著八图氏姓更是争先恐后地加入到铁器冶铸的生意中去，细巷李氏、东头冼氏，佛山、石头、石湾的三房霍氏，金

---

① 徐勤：《拟粤东商务公司所宜行各事》，《皇朝经世文统编》卷六十三《理财部八·公司》。

② 《岭南冼氏宗谱·月松公传》，佛山市博物馆藏本。

③ 张心泰：《粤游小识》。

鱼堂陈氏、江夏黄氏纷纷开设冶铸之所，举族从事铸铁的生产和贸易。明代以前，祖庙门前有很多冶铸炉户，明初祖庙重修，才陆续迁走。冶铸所剩的破废泥模被覆盖于祖庙附近的空地上，祖庙旁的泥模岗就是由此堆积而成的，以至明人丘濬在《东溪记》一文中记述道："南海之佛山去城七十里，其居民大率以铁冶为业。"① 入清后，佛山铸造业不断发展，进入鼎盛时期。乾隆年间（1736—1795），佛山就有"炒铁之炉数十，铸铁之炉百余"②，炒铁所增至 40 余所，铸造业雇用工人达数万人，整个佛山冶铁工匠不下二三万人。③ 到清代中后期，佛山冶铸业得到进一步发展，炉户、铁商和铁工大量增加。随着冶铸生产技术的提高，佛山冶铸工匠创造了红模铸造法，使产品种类迅速增加，产业链也得到不断延伸。其时佛山冶铸业形成更明细的社会分工，细分为炒铁业、铸钉业、五金业等工艺部类，按生产种类分为 24 行，刀、剪、钉、斧、凿、锁、针等数十个品种，方、圆、扁、角样样齐全。还出现了铸锅行、铸造铁灶行、炒炼熟铁打造军器行、打拔铁线行、打造铁锁行、打造农具杂器行和打造铁钉行的"炒铸七行"④，其中铁线行"道咸时为最盛，工人多至数千"⑤。

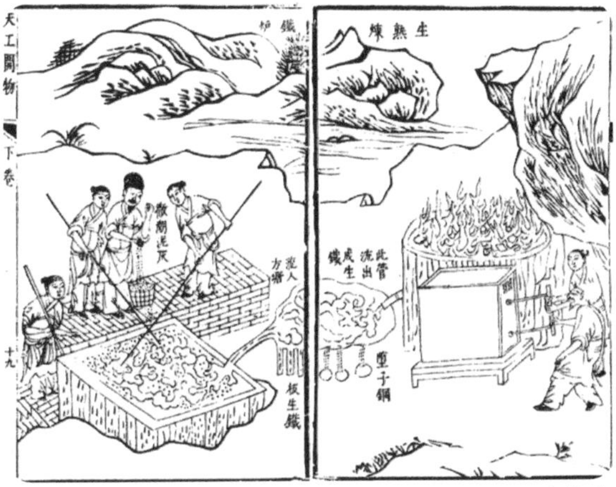

冶铸图

佛山冶铁铸造手工作坊之多、产品之丰富一度超过了广州，形成了白金街、打锡街、凿石街、铸砧街、铸犁街、铁香炉街、绒线街、风箱巷等以行业命名的街巷，出现"春风走马满街红，打铁炉过接打铜"⑥ 的盛况，甚至形成了一条汇聚铸钟行业的钟巷。造型优美、纹饰精巧、图案丰富、声音洪亮的铁钟，使各地客商不远千里前来订购。明代佛山石头人霍与瑕曾写道："两广铁货所都，七省需焉。每岁浙、直、湖、湘客人腰缠过梅岭者数十万，皆置铁货而北。"⑦ 明清两代，兴旺的冶铸业对佛山地区商品经济的繁荣尤其起到重要的促进作用，佛

①《丘文庄公集》卷七《东溪记》。
② 宣统《南海县志》卷四《舆地略三·物产》。
③ 乾隆《佛山忠义乡志》。
④ 乾隆《佛山忠义乡志》卷三《乡事志》。
⑤ 民国《佛山忠义乡志》卷六。
⑥ 陈昌玶：《佛山竹枝词》，乾隆《佛山忠义乡志》卷十一《艺文志》。
⑦《霍勉斋集》卷十二《上吴自湖翁大司马书》。

石湾生产的瓦脊陶塑人物

山所产铁锅享誉全国，内销遍及全国各地，并行销东南亚和日本一带，后来更是远销到了美国的旧金山。冶铸业的繁荣，使得佛山有“佛山之冶遍天下”[①]之称，成为全国著名的冶铁业中心之一，这更确立了佛山镇作为广东冶铁中心的地位。

“石湾陶，景德瓷。”佛山石湾窑是我国著名民窑，形成于唐宋，繁荣于明清，至今仍流传使用。其产品以种类丰富、光润绚丽为特点，明清后善仿名窑产品。史料载：“南海之石湾善陶，凡广州陶器皆出石湾”[②]，所产日用艺术陶器“备极工巧，通行二广”[③]。其实，石湾制陶业早在唐宋时期就已有一定的生产规模。从唐宋开始，石湾所产陶瓷制品就远销日本、东南亚。宋代佛山设立“市舶务”后，“石湾陶瓷业以美观、实用著称，行销于两广及吕宋诸国”。[④]石湾海口龟山宋元窑址的考古挖掘表明，这一带是南宋后发展壮大起来的日用陶瓷生产基地，而且至今仍保持完好。始建于明代正德年间（1506—1521）、生产从未间断的南风灶，说明石湾制陶技术在明代有了长足的进步。光绪《广州府志·物产》载：“陶瓦器出石湾。……郡人有石湾瓦甲天下之谣。形器古朴，有百级纹者，在江西窑之上。”明清时期，石湾的陶瓷产业门类齐全，规模扩大，专业化程度很高，达到了“陶有窑，窑有户，户有工，工有作，作有家”[⑤]的地步。据民国时学者李景康的《石湾陶业考》记载，

①《广东新语》卷十六《器语·锡铁器》。

②屈大均：《广东新语》。

③范端昂：《粤中见闻》。

④蒋祖缘、方志钦：《简明广东史》，广东人民出版社2007年版。

⑤蓝浦原著，郑廷桂补辑，连冕编注：《景德镇陶录图说》，山东画报出版社2005年版。

明代石湾陶瓷业已经产生了行会组织，而石湾陶业组织也由明代天启年间的 8 行发展为 23 行，工匠人数大量增加，“石湾有上、中、下三约。三约中共有缸瓦窑四十余处，皆系本乡之人开设，由来已久，供给通省瓦器之用”。①“石湾六七千户，业陶者十居五六”。②明清时期佛山陶瓷贸易十分发达，其产品在国内行销两广及岭南周边地区，海外贸易也达到了相当的规模，尤其是在东南亚地区受到了普遍的欢迎。屈大均在《广东新语》中记载：“石湾多陶业，陶者亦必候其工而求之，其尊奉之一如冶。故石湾之陶遍二广，旁及海外之国。”谚曰：“石湾缸瓦，胜于天下。”石湾窑是民窑，与官窑有根本的区别，它存在的价值就是为市场的需要而生产，为外销的需要而生产。除了生产日常用陶瓷外，工匠们还在闲余时间大量生产美术陶瓷等作品。自明代起，石湾打破了过去单一日用陶瓷出口的状况，艺术陶的生产也进入了鼎盛时期，产品种类繁多，并逐步分为人物陶塑、动物陶塑、器皿造型、园林陶艺及微塑五大类，成为独具岭南特色的艺术陶生产基地。入清后，石湾陶瓷产品更是以美观实用和大众化著称而行销两广及吕宋诸国。光绪《南海乡土志·矿物制造》中记载，石湾陶瓷行业“年中贸易过百万，为工业一大宗”，“每年出口值银一百余万元，行销西北江、钦廉一带及外销各埠”。从现有资料分析，外销的主要区域有东南亚、阿拉伯半岛和非洲东部等地区。自清代嘉庆到光绪（1796—1908）的 100 多年间，石湾的陶窑增加了约 70 座，“共有陶窑一百零七座，容纳男女工人六万有奇”③。乾隆年间，单是花盘行的产品，就有 300 多种。在明清时期广州口岸的陶瓷贸易中，石湾陶瓷出口仅次于江西景德镇位居全国第二，可谓盛极一时。

明清时期，珠江三角洲的桑蚕业生产发展迅速，成为我国三大蚕丝产地之一。明朝初年，明太祖下令：“有四五亩到十亩者，栽植桑树、木棉各半亩，十亩以上者倍之……栽桑以四年起科。不种桑，出绢一匹。”④种桑树者四年之后再纳税，如果不种，就要接受“罚款”。明初，广州及其附近地区的蚕业生产有了较大的发展，出现了“男勤稼穑，女务蚕桑”⑤的盛况。桑蚕一年八熟，具有生长周期短、产量高、收益大的特点，时人多将种养的方式从“菜基鱼塘”“果基鱼塘”向“桑基鱼塘”和“蔗基鱼塘”过渡，一度出现了“弃田筑塘，废稻树桑”的景象。汪广

① 《藩宪严禁挖沙印砖碑示》，《明清佛山碑刻社会经济文献资料》，广东人民出版社 1987 年版，第 125 页。

② 《拟公禁石湾挖沙印砖说》，《南海县志》。

③ 道光《南海县志》卷七《舆地略三》。

④ 《明史·食货二》。

⑤ 陈千强：《沉睡了两千多年的广州海上丝绸之路》，陈柏坚主编：《广州外贸两千年》，广州文化出版社 1989 年版，第 40 页。

桑基鱼塘

洋在《岭南杂咏》诗中写道：“村团社日喜晴和，铜鼓齐敲唱海歌。都道二年生计足，五收蚕茧两收禾。”佛山周边地区的南海九江、顺德龙江、龙山等地规模尤大。成书于道光年间的《龙江志略》记载：“旧原有稻田，今皆变为基塘，民务农桑，养蚕为业。……女善缫丝。”九江紫阳山人的《九江竹枝词》就形象生动地描绘了珠江三角洲桑基鱼塘的情景：“八分桑柘二分禾，万顷池塘错犬牙。白手生涯人自给，缫丝采叶捕鱼虾。”其时，甘蔗的种植面积也不断扩大，顺德龙山在嘉庆年间呈现出“民舍外皆塘”的景象。道光年间，南海九江乡成了“境内无稻田，仰籴于外”[①]的纯桑塘区。顺德更为突出，西海一带，咸丰以前，还有稻田，后皆变为基塘。全县在光绪年间，开挖的基塘就有十万亩之多，桑基面积达到三十万亩以上，稻田面积不及总耕地面积的十分之一。顺德诗人周祝龄（1836—1892）《所托山房诗集》内载《土风三弊》描述了当时的情形：“近觉桑区广，渐计禾田轻。自从咸同来，鱼塘日益稠。……人与鱼共命，鱼与谷争秋”。这种“基养塘，塘养基”的生态良性循环，加速了农业生产的区域专业化和商品化，进而推动城乡手工业，尤其是丝织业的发展，扩大了对外贸易。桑基鱼塘在当时是集约化程度较高的土地利用方式，对明清佛山经济的发展起了重要的推动作用。在这期间，粤人的丝织技术有了很大的提高，嘉靖《广东通志》中说：“粤之质密而均，其色鲜华，光辉滑泽”，“金陵、苏杭皆不及”。[②]屈大均在《广东新语》中也说：“广之线纱与牛郎绸、五丝、八丝、云缎、光缎，皆为岭外京华东西二洋所贵。”乾隆年间刊行的《广州府志》更说：“广纱甲天下”。可见当时岭南地区生产的丝织品质量上乘，其中以“香云纱”和蚕绸最为畅销，因为具有软滑、坚韧、耐用、透气、爽身、快干的特点，每年都大量出口，在东南亚热带国家尤受欢迎。嘉庆二十四年（1819），广东棉布出口高达 330 万匹，其中大多数来自佛山。[③]同治五年（1866），

① 冯栻宗：《九江儒林乡志》卷三《舆地略·物产·谷类》。

② 乾隆《广州府志》卷四十八。

③ 数据来源：广州海关方志学会等编《近代三水口岸贸易概况》。

南海官山堡简村人陈启沅创办了我国第一家机器缫丝厂，大大提高了产量和质量。到清末，珠江三角洲地区的机器缫丝厂已经发展到数百家，女工达到了十多万人，每年出口生丝价值达到4000余万两白银。那时候一担生丝在国内价格是100两，而运往印尼之后，可以卖到200两，利润翻倍。光绪末年，佛山出口的丝织制品占全部产量的30%—40%。据史料记载，葡萄牙人每年都要从澳门输出丝织品5300多箱，但实际数量可能远不止这个数字。与此同时，驻菲律宾的西班牙殖民主义者开辟了中国—菲律宾—墨西哥的贸易航线，通过十三行贸易，供给马尼拉丝绸、陶瓷、棉纱、茶叶等物品，再通过马尼拉的大帆船运到墨西哥和秘鲁。仅棉花一种商品，美国每年就要输入3000担左右。据《东西洋考》记载："五方之贾，熙熙水国，刳艅艎（出海的大船），分市东西路。……所贸金钱，岁无虑数十万。"[①]

鸦片战争以前，佛山的棉纺织业工场数量相当多，规模也很大。有一则外国人记述佛山棉纺织业兴盛情景的资料说："这里被雇佣的工人和所完成的作业数量是很可观的。每年有一万七千名男女童工从事于织绸工作。从事织造各种布匹的工人共约五万人，产品需求紧迫的时候，工人就大量增加。工人们分别在大约两千五百家织布工场作工。"仅丝织业内部，又分为织绸、缎、云纱、花绉、素绉、竹纱、牛郎纱、机纱、花绸、天鹅绒、官纱等不同的类别。[②]与此同时，纺纱业和染布业随之兴起。据地方文献资料记载，清代佛山生产的蓝布是纺织业的主要产品，"织布场场主和纺户之间,通常总是由场主供应纺户两斤棉花,然后收回一半数量的棉纱"用以织布，再把布拿到染布工场去染成青色的"青长布"，销往广东人常到的东南亚各个地方。可见，佛山棉纺织业的兴起，与对外贸易的发展是分不开的。直至鸦片战争以后，"五口通商"格局的形成，佛山的棉纺织业才日渐萧条。

在制药业方面，佛山也有悠久的历史，曾经有着"岭南药祖""广东成药之乡"等美称。明清时期，佛山冶铸业和陶瓷业得到发展，而冶铸和制陶瓷都是高温作业，从事冶铸、五金铁器、纺织、陶瓷等行业的手工业劳动者，经常面对冶、锤、磨和淬火等高强度、高危险工作，经常要与利器、沸水、烈火等接触，在生产过程中难免遇到意外伤害。各种防高温、治烧伤创伤、清热解毒的中成药应运而生。后来随着工商业的发达，劳工众多，患病或工伤者也多，手工业工人、小商贩、客商，需要携带方便服用、安全可靠的中成药，市场对中成药需求量激增。再加上佛山经历

① 张燮撰，谢方校注：《东西洋考》，中华书局2000年版。

② 见广州市荔湾区地方志编纂委员会、广州历史文化名城研究会：《广州"十三行"沧桑》，广东省地图出版社2001年版，第86页。

黄萧养起事后，各村各堡纷纷成立民团组织以求自保，这些乡勇、壮丁多练习武术，又催生了对跌打止疼膏药的需求。明末清初，各地的武术名家因避祸而云集佛山，佛山逐渐成为武术之乡，这也带来了各地精湛的跌打医术和丰富的跌打药学知识，各种验方名药相继出现，促进了佛山传统医药业的繁荣，形成名医辈出、医馆林立的局面。据地方志和族谱记载，在明代中后期，有史可证的佛山中成药商号就有梁仲弘、黄恒庵、潘务本和冯了性四家。其中创建于万历元年（1573）的中成药鼻祖梁仲弘蜡丸馆，比陈李济早20多年，比胡庆余堂早300多年，是中成药最老店号之一。梁仲弘首创的万应抱龙丸，“为天下所贵”。现广州、香港、澳门及南洋、美洲的不少著名中成药，其祖铺都在佛山。国内不少地区生产的保济丸、七厘散、四喜丹、盐蛇散、如意油、冯了性等老字号中药也都出自佛山。冯了性风湿跌打药酒、源吉林甘和茶、李众胜保济丸、马百良七厘散、梁家园少林膏、黄祥华如意油等数十种名药行销海内外，而冯了性药业一直延续经营至今。清代是佛山中成药业的兴盛时期，仅有名号可考的药坊就近100家，出售成药数百种，主要有膏、丹、丸、散、油、茶、酒7种，从业人员1000多人。在佛山中成药中，跌打类成药名药最多，产品不仅畅销全国，还远销新、马、印、菲、日、美等10多个国家和地区。据资料记载，20世纪30年代，梁家园少林膏药在国内有过万代理户。源吉林甘和茶年销量从1905年的七八万盒增加到1932年的150万盒以上，其中外销占45%。1935—1937年，敏寿阁午时茶出口5230箱，梁家园少林膏药出口192万张。如今，佛山仍是我国中成药重要生产基地，在中国药典中，以人名作为中成药名称的有5个，其中佛山占2个；1997年在全国考核50个重点中成药品中，佛山占23个，足见其地位重要。

清代广州十三行的经济法庭

2. 佛山产品外销增加迅速

珠江流域由西江、北江、东江流域及珠江三角洲四部分组成，地跨滇、黔、桂、粤、湘、赣六省（区）及越南部分地区。广州和佛山以西江航运干线、北江、东江等区域的航道和港口组成了一个庞大的航运体系，而佛山正位于珠江水系的腹地，航运发达。在铁路出现之前，产于粤西、粤北的粗铁通过西江、北江运输到佛山，然后加工成各种铁制品，再利用佛山发达的贸易系统推销到全国各地和东南亚。明中叶后，随着农业、手工业的进一步发展，社会经济空前繁荣。而手工业市镇的兴起，更有促进小商品生产和手工业从农业中分离出来的作用。过剩的商品必然由于内销市场的不足而转向海外寻求市场出路，海外商人也会利用海外贸易谋求地域扩张，通过不断寻找新的市场来获取利润。16 世纪以后，明朝商品经济发展程度有了显著的提高，民营作坊增多，国内外市场繁荣，商业资本活跃，以白银为本位的货币在市场上更广泛通用。

明代佛山的冶铁业，是珠江三角洲经济的重要组成部分。“粤之左有佛山，亦大都会也。货泉盐铁之所辐辏，舟车之所鳞集，商贾之所往来，诛求科敛，迄无休时。”[①] 明清两朝，统治者对佛山冶炼行业的管理十分严格。为便于征收课税，官府制订了相应的规定，大炉（炼铁炉）“定山主以为炉首，立炉首以为总甲，收土民以为丁伴，择荒郊以为冶所，严巡捕以为约束，明保勘以为清查，时启闭以为聚散，定丁数以为撙节”。万明炉、乐昌炉等就是明清时佛山两个有名的铸炉，没有炉号的便是私铸，官府就要取缔。从明代开始，佛山以冶铸为盛，冶铁成为佛山的官准专利，生产的铁器种类繁多，既有祭祀类的钟鼎，也有军器、农具、各种日常生活用品，其产量占全国产量的 70% 以上。其中，铁锅的产量是最大的。据统计，在乾隆年间（1736—1794），佛山各种铁制品年产量达 4590 多万斤。佛山冼氏家谱中有“佛山商务以锅业为最”“铁器业出洋获利数倍”等记载，时人称“佛山之锅贵，坚也”“锅以薄而光滑为上，烧炼既精，乃堪久用”，可见佛山以冶铸铁锅闻名于世，以至明清两代“贡锅”的采办均定在佛山。无可否认，明清两代是佛山冶铸的辉煌时期。当时全国管理铁矿的机构有 13 个，称铁厂（所），广东的铁厂就设在佛山镇。粤桂两省的铁矿石大部分集中到佛山冶炼生铁及铸造铁器，佛山成为南中国的冶铸基地。佛山都有大量的铁器远销到全国各地，各省商人也长途跋涉来到佛山购买铁器。在南雄梅岭道上，“南货过北者，悉皆盐铁粗重之类，……日有数千（驮）”[②]。佛山的铁器主要运到两湖、浙江、河北、天津一带，也是宫廷里的御用品。佛山铁锅，

---

①《总督李率泰去思碑记》，康熙《南海县志》卷十七《艺文志》。

②《霍勉斋集》卷十二《上吴自湖翁大司马书》。

也远销到日本、北美各国。史称："查粤东地方，因向来出产铁锅，凡洋船货买，历来禁止……雍正七、八、九年造报夷船出口册内，每船所买铁锅，少者自一百连至二三百连不等，多者买至五百连并有一千连者。查铁锅一连约重二十斤，如一船带至五百连、千连即无虑一二万斤，计算每年出洋之铁为数甚多，诚有关系。"① 可见佛山冶铁业的繁盛，更是佛山的主要经济支柱。据佛山社会经济研究专家罗一星博士研究，仅有清一代，佛山冶铁制锅业每年的产值保守估计不下 100 万两银，即使在佛山冶铁业衰落到最低点的光绪年间，仅铁锅行业，岁值仍有 30 余万两银。

唐代在广州设立市舶使，宋代在广州设立市舶司，同时佛山也设立了市舶务，专门管理对外贸易事务。宋代朱彧的《萍洲可谈》记载了北宋广州商船出口情况："舶船深阔各四十丈，商人分占贮货，人得数尺许，下贮货物，夜卧其上。货多陶器，大小相套，无少隙地。"北宋时期各地窑多烧瓷器，唯石湾大量烧陶。这里的"货多陶器，大小相套，无少隙地"指的即为石湾陶器，可见其外销数量之多。明代永乐、宣德年间，郑和带领巨大的船队在近三十年的时间内七下西洋，走遍了亚洲、非洲 30 多个国家和地区，大大促进了中国与世界的交流，石湾公仔也随之更多地流向海外。石湾的陶瓷器，包括燃煮器、饮食器、容贮器、灯盏、烛台、文房用器等日用陶瓷，花瓶、花盆、金鱼缸、玩具等美术陶瓷，琉璃瓦、造型瓦脊、色釉栏杆、华表、花岗、柱筒等园林建筑陶瓷，款色众多，美观实用，历来深受海外青睐。《广东新语》记载："石湾之陶遍二广，旁及海外"。光绪《南海乡土志 · 矿物制造》记载："年中贸易过百万，为工业一大宗。"石湾的产品一经烧成，立即装船出发，沿着海上丝绸之路，

十三行码头装满货物的大船

① 《世宗宪皇帝上谕内阁》卷一百十三。

经香港，绕海南，抵越南、泰国等东南亚国家，以至世界各地。近年来在阿拉伯半岛阿曼索哈地区出土的明代石湾杂色釉骑狮人物像和黑釉三足炉，便印证着石湾公仔远征海外的足迹。周达观在《真腊风土记》中描述当地人民“盛饭用中国瓦盘……饮酒用瓦钵”，就是石湾陶瓷在海外人民生活所起作用的真实写照。十七八世纪，荷兰人和英国东印度公司大量购买石湾公仔运抵欧洲，为英国伦敦维多利亚阿鲁拔博物馆、德国艺术及工艺博物馆、丹麦国立美术馆等收藏。大量陶瓷产业工人的存在，为其他诸如纺织、服装、造纸、中成药、饮食等行业提供了充裕的劳动力和消费群体，同时为石湾陶瓷业的发展注入了活力，从而带动了相关产业的发展。

明清时期，广府的丝织业飞速发展。从清中叶开始，佛山更成为岭南三大纺织基地之一。其时，佛山丝织业已经分为18行，盛产丝绸。顺德九江乡的蚕丝更是“行于省佛，贩出外洋”。每年二三月间，千百艘的船队载着糖到北方销售，然后买进布与棉花。众多的蚕丝、棉纺织品源源不断地通过澳门出口到中南美洲、印度、日本、菲律宾等国家和地区。据统计，万历八年（1580）到万历十八年（1590）十年间，每年由澳门输往印度果阿的生丝便达3700多担；万历二十七年（1599）前后，运往日本长崎一地的生丝仍为3000多担，价值达100万两。到乾隆四十二年（1777）运往国外的生丝有3700担。在嘉庆、道光年间，佛山籍人任伟和任应两兄弟，就已经在佛山分别开设任伟号和任应号机房，经营丝织业而成为巨富，产品畅销海外。现在佛山城区的任围，就是当年任氏族人的聚居之地。

康乾时期，社会相对安定，人口增加，佛山手工业得以长足发展。商品生产从单一的冶铁生产向甘蔗、糖、茶叶、草席、烟花等综合性的手工业发展，形成了以冶铁业为主干，以陶瓷业和纺织业为辅助，金属加工业、造纸业、中药业、颜料业、爆竹业、衣帽业等行业协同发展的局面，形成了比较大宗的出口商品，畅销东西二洋，从而促进了对外贸易的进一步发展。到了清代，手工业的种类除了传统的冶铸、陶瓷、纺织、中成药业外，酿酒、爆竹、棉织、土纸、纸扎业、剪纸、家具、卷烟、粮食加工等行业，也有了相当规模。其中酿酒和爆竹烟花业在佛山更是有300多年的历史。如同治（1862—1875）年间，佛山附近的大沥就已成为我国爆竹业的出口中心之一。据乡志记载，佛山制造的烟花爆竹，“多由本乡及附近四乡承造，按期寄回发售。惟炮引购自肇庆，销行四乡及港澳、南洋等处，大者数家，小者二十余家。”查三水海关的历史统计，1898年经三水海关出口的爆竹、焰火为4,319担，1899年为14,244担，1900年为22,210担，1901年为29,775担，大沥的爆竹远销东南亚及世界各地。

道光年间，石湾陈太吉酒庄、南海大沥雅瑶的蒸酒业，当时光大沥一地酿酒的商户就有数十家，从事蒸酒行业人数多达几百人，日产米酒几千斤，出产的米酒主要行销港澳和南洋各地。

佛山木版年画是中国华南地区的民间年画，在明永乐年间已经风行岭南，与苏州桃花坞年画、山东潍坊年画、天津杨柳青年画并称为“中国四大年画”。佛山年画受岭南传统文化影响，并迎合佛山人的审美情趣和生活习惯，以民间信仰神像画、岁时节令应景画、礼俗画居多，题材选择上具有广府文化的细腻艺术特征，为百姓喜闻乐见。佛山木版年画在清末盛极一时，成为珠三角家家户户过年必备之物，影响远及东南亚、欧美等地，最高年产量达到 800 万套。史料记载，镇内店铺作坊多达 200 多家，从业者数千人，鼎盛时单门神画就日产 11000 多对。

光绪年间，佛山的刻书业达到鼎盛。著名的书坊有金玉堂、近文堂、文元堂、天宝楼、宝华阁、字林书局等字号，所刻印的书籍远销东南亚，对中国传统文化和广府文化的海外传播起到了重要的作用。

传统的扎作技艺在清代也得到了极大的发展，造型生动，产品丰富，行销各地。道光《佛山忠义乡志》记载：“本乡扎作极有名，人物故事尤精，外乡多来购之，又有不倒翁为行酒令之具，外省销流极广。”

早在 600 多年前，佛山就开始生产漆器。到明清两朝，佛山漆器生产亦盛极一时，民国《佛山忠义乡志》记载：“漆器佛山为盛，近省中工艺厂用福建漆为之，尤佳。”佛山漆器是广东久负盛名的传统工艺美术，当时制作漆器的作坊分为髹漆行和漆盒行。髹漆行会馆在鹤园铺燕乔里，漆盒行有十数家店坊，多分布在汾阳街、承龙街等处。行会分东、西两家，东家为“同志堂”，西家叫“彩联堂”。佛山生产的主要品种有漆皮箱、漆盒和日用品等。漆器生产一直持续到 20 世纪 60 年代末才停止。

佛山的金箔制品工艺精湛，质量优良。东南亚一些国家，每年到佛山、汕头采购“四箔金花”用于装饰佛像神龛，金额达数十万两。产品也远销到香港、澳门、新加坡、美国旧金山等。

19 世纪 60 年代，南海丹灶人陈澹浦在联泰号机器小作坊的基础上，于广州豆栏上街创办了陈联泰机器厂，主要开展修船、造船业务，早于上海发昌机器厂和陈启沅创办的继昌隆机器缫丝厂近 30 年时间，成为广州近代第一家民族资本工业企业，也是中国近代最早的民族资本工业企业之一。后来，陈澹浦和二子陈濂川、六子陈桃川对着图纸认真琢磨、研究、讨论，他们决定承做缫丝机器的改造和安装工作，

十三行码头上正在装货的劳工

由陈启沅负责技术指导，继昌隆缫丝厂最终顺利投产，出丝精良，远销欧美。近代以来，在陈联泰、继昌隆等机械制造先行者的带动下，南海县内工业纷起。史料记载，在光绪末年，南海县开办机器缫丝厂已达 35 家，生丝每年出口值银 100 万元以上，内地行销者亦有 50 万元。

这种繁盛的商品外贸现象，一直延续到清末民初。据资料记载，在土布业出口方面，1912 年前三水口岸未见有佛山土布出口记录。从 1913 年开始，三水口岸开始有佛山土布出口记录：1913 年为 14.415 担；1935—1938 年，佛山土布出口达 4 万匹。民间手工艺方面，1935—1937 年，佛山纸伞出口量达 267 万把，出口占 80%。另外，1928 年佛山从事金箔贸易的金箔行就有 58 家。

明清是佛山传统手工业发展的高峰期，冶铸、制陶、织造、成药、民间工艺品等五大传统行业，被称为佛山手工业的“五朵金花”。佛山参与贸易的自产商品也很多，例如铁锅、铁线、铁锤、铁针、陶瓷、丝织品、金银锡箔、成药、爆竹、雕刻、绣花等。道光十八年（1838），佛山有 220 多行的手工业，70 多行商业及服务业，4000 多家手工业作坊生产 3000—4000 种商品，有 3000 多家商店。至此，佛山商人集团崛起，行会及行会会馆涌现，商品经济繁荣，成为岭南中心市场。据《中国通史》记载，乾隆至道光年间，佛山铺区从二十五个增加到二十七个；街巷从二百三十三条扩展到五百九十六条；墟市从三墟六市发展为四墟十一市；码头津渡从十一个发展为二十八个；编户人口则从二十万发展为二十七万，若加上疍民和外地流入佛山的谋生者，实际人口不会少于三十万。嘉庆十二年（1807），两广总督吴熊光等奏称“省会及佛山镇五方杂处，贸易皆以洋银，遂流行全省。”发达的商品经济和货币流通，使佛山发展成为“周遭三四十里”的繁华大镇，位列“四大名镇”之一，富甲一方，天下闻名。可见，佛山商贸业的繁盛，很大程度上是依托本地发达的手工制造业，佛山也正是因为手工业的兴盛而出现了人口兴旺、经济繁荣、文化发展的社会景象。

（二）佛山手工业商品内外市场扩大的原因

1. 农业生产结构发生显著变化，农产品商品化程度进一步提高

明初，朝廷非常重视农业生产，自洪武朝起就确立了以农立国的国策，统治者鼓励农民归耕，奖励垦荒，劝课农桑，使农村经济逐渐恢复了活力。明中期之后，随着社会的稳定，农业生产得到进一步的恢复和发展。

早在宋元时期，岭南地区的珠江冲积平原一带就盛产稻米，养鱼业已经很发达，被誉为“鱼米之乡”。明代中后期，农村以单一生产粮食为主、家庭纺织原料为辅的自给自足性质的小农经营格局被逐渐突破，随着经济作物的种植日益普遍，岭南逐渐形成了一种与商品生产密切相关的，以种植和加工经济作物的手工业为主体的新型商业性农业结构，较大地改变了农村的生产和生活模式。

清代顺治、康熙、雍正、乾隆诸位帝王，都十分重视农业生产，大力推行垦荒政策，使农业生产恢复迅速，农业耕作技术也有了较大的提高。同时，大力提倡经济作物的种植，棉花、甘蔗、烟草、茶叶、药材、花卉、水果等作物的种植面积也不断扩大，为清朝康雍乾盛世奠定了物质基础。清代中期，随着农业商品经济的发展，农副产品的附加价值与农业种植本身在经济效益上形成了巨大的剪刀差，经营主业得到的收益往往不及副业的零头。出于对利润的追逐，农户们大都轻农重工。著名理学家、文学家陆世仪（1611—1672）曾经说：“青浦之俗，工织布，棉三斤织布一匹，利率三倍。”[①]众所周知，粮食、棉花等作物的种植是有季节性的，而且要管理得当才能有好的收成，花时费工，利润并不高。但棉纺织业却也可以家庭式手工操作，工具简单，工艺也不复杂，而且三斤棉可以织出一匹布，利润就有三倍之多。面对如此高的附加值，有条件的农民纷纷放弃种植业而转向手工纺织业。清中叶，珠江三角洲地区逐渐形成了沙田、围田、基塘等不同类型的农业经济区域，对土地的综合利用和多种经营使得农业经济获得迅猛发展，形成了“种、养、缫”为一体的家

---

①《陆桴亭文集》卷六。

庭手工业。如顺德陈村，“周回四十余里，居人多以种龙眼为业，弥望无际，约有数十万株。荔枝、柑、橙诸果，居其三四，比屋皆焙取荔枝、龙眼为货，以致末富。”①农副产品的供给也相应增加，形成新的农副产品加工业的繁荣。佛山附近乡村桑基鱼塘等立体种植、养殖业的发展，直接造就了丝织业的兴旺，进而带动了针线、印染、布帽、鞋袜、丝绒、成衣等诸多手工业的发展。蔗基鱼塘的推广，使甘蔗产量得到增加，加工蔗糖的糖坊遍布各地，手工制糖业迅速崛起。熬制蔗糖需要使用大型铁锅，从而又刺激了铁锅和铁制工具行业的兴起，熬制好的蔗糖又需要大量的陶瓷大缸来储存，于是陶缸供不应求……这一系列的连锁反应，势必让农业生产结构发生显著变化，农产品商品化程度进一步提高。

传统社会普遍重农抑商，文人士大夫普遍鄙视商人。但到了明清时期，由于商品经济的发展，社会经济结构发生了重大的变化，岭南士人开始转变观念，一些地方士绅开始转向经营工商业。他们以家族为单位，从“力农为本”转向农商并重，“盖本可以兼末，事末不可废本故也。”②霍韬家族原本以孵鸭和手工制扇为业，“昼则鬻布于市，暇则作扇，市取值以起家”③。在他的策划下，霍氏家族在南海和香山（今中山市）购置了大片沙田，雇人开垦种植。后来霍氏家族不满足于对土地的经营，主张工商业并举。霍氏家族在佛山经营炭铁业，在石湾经营制陶业，在广西梧州经营木材业和其他“便民同利”的产业，如佛山正埠码头等④。霍氏宗族的许多后人都遵循霍韬的家训，亦官亦商。如明末清初的霍槐庭，主张囤积货物，丰年时收籴囤积，待价高时粜出，从中赚利。康熙年间霍春洲经商的目的更加直接，就是为了获取利润。佛山南海叠滘乡庞尚鹏，其父也“曾与家人负贩，及壮为木商”，身为巡按的庞尚鹏认为:“如商贾无厚利而妄意强为，必至尽亏资本。”因而把“民家常业，不出农商”⑤作为《庞氏家训》的重要内容，用以训诫子孙。除此之外，佛山的许多望族还涉足经营借贷业，如佛山的崇本堂霍氏、金鱼堂陈氏、顺德龙氏等就经营地方钱庄，开设银号，兑换银钱，可见生意范围之广。

农业生产的发展，有利于社会的稳定和繁荣；而农业产品品种和产量的增加，也对手工业和城镇商品经济的发展起到了推动作用。明清时期佛山周边宗族经营势

---

① 金堡：《岭海焚余》。

② 《太原霍氏崇本堂族谱》卷三《明会元宫保谥文敏渭厓公家训》。

③ 《石头霍氏族谱·霍韬又序》。

④ 乾隆《佛山忠义乡志》卷十一《艺文·官埠碑记》。

⑤ 《庞氏家训》，《岭南丛书》第三集。

力的扩张，经营理念和经营方式的转变，为佛山从以往单一的农业生产结构向多样化的商品经营发展做出示范，也使到以农产品为主导的商品市场发生了重要的变化，在农产品商品化程度进一步提高的同时，商品市场逐渐向手工业为主导的市场转变。

2. 佛山人口激增与城镇规模的不断扩大

佛山最早叫“季华乡”。元代编撰的《南海志》称为“佛山渡”。明景泰以前，作为南海县治下的“佛山堡”，堡内开八图，有十多个自然村。这时候的佛山，人口并不多。

明清时期的佛山，经济逐渐繁荣，四乡过剩的人口纷纷涌入以寻找商机或工作机会。四会、清远、新兴、阳江等邻近佛山的地方，大量的农业人口拥入佛山充当手工业的学徒，使得佛山的人口迅速增长，也促进了佛山手工业的繁荣兴盛。景泰二年（1451），佛山常住人口一万多。陈赞在《祖庙灵应祠碑记》中有诗道：“忠义心齐器仗精，万人守栅胜坚城。”黄萧养围攻佛山镇，当地乡绅率乡勇竖栅坚守抵抗，如果以每户4—5人计算，假如青壮年都参加守城的话，那当时佛山镇的总人口也不会超过6万。到了清初，佛山“天下商贾聚焉，烟火万家，百货骈集，会城（广州）百不及一也”。乾隆年间（1754年左右），佛山“鳞次而居者三万余家”，如果仍然按照每户（家）4—5人计算，这时的常住人口就已经上升到近20万人了，康熙年间的广东布政使郎廷枢在《修灵应祠记》中说，佛山码头，“舸舶之停泊者，鳞砌而蚁附，中流行舟之道，至不盈数武（半步为一武），桡楫交击，争沸喧腾，声越四五里，有为郡会之所不及者”。康熙四十年（1701），坐船经过佛山的法国传教士描写道：“我们从佛山的村边经过。……仅仅在河（汾江河）上，与我们的较大的船只同样长的船就有五千艘以上。……我的数字中，完全没有计入无数的渔船和从此岸渡往彼岸时使用的小舟。”。乾隆《佛山忠义乡志》也记载，到道光年间，佛山“举镇数十万人”，店铺林立，楼房栉比，商旅络绎不绝；汾江河上船只来往状若穿梭，终日不断。咸丰年间，《南越游记》的作者陈徽言说：（佛山）“商贾辐辏，百货汇集，夹岸楼阁参差，绵亘数十里。南中富饶繁会之区，无逾此者”。如果包括四乡来佛山做生意和打工的外来人口，估计当时佛山城区的人口已多达三四十万。据民国《佛山忠义乡志》记载，清末佛山的户籍数量在52000多户，近30万的常住人口，如果加上外来人口，肯定要在五六十万了，而今天禅城区常住人口也是110多万而已。

3. 墟市遍布城乡，商业空前繁荣

早期的墟、市各有所指，地方志称：“乡镇贸易之场，百货骈阗，其朝趋而午散，远方咸集者，曰墟。备朝夕之求，供饔飧之用者，曰市。”南朝沈怀远《南越志》记载：“越之市为墟，多在乡村。先期招集各商，或歌舞以来之。荆南岭表皆然。”广府地区一般把乡镇称为“墟”，把约定俗成的集市交易称为“墟日”。屈大均认为：“粤谓野市曰墟，市之所在。有人则满，无人则虚。满时少，虚时多，故曰墟也”。民国《佛山忠义乡志》云：“粤俗以旬日为期，谓之墟；以早晚为期，谓之市。墟有廓，廓有区，货以区聚，概犹有城遗制。市则随地可设，随便买卖而已。故墟重于市，其利亦较市为大”。后来发展到墟内设市，可以互称。随着商品交易的发展，围绕着墟市慢慢出现了墟肆、商店、酒铺、客栈等商贸服务设施，逐渐发展成以商品交易为主的小镇。

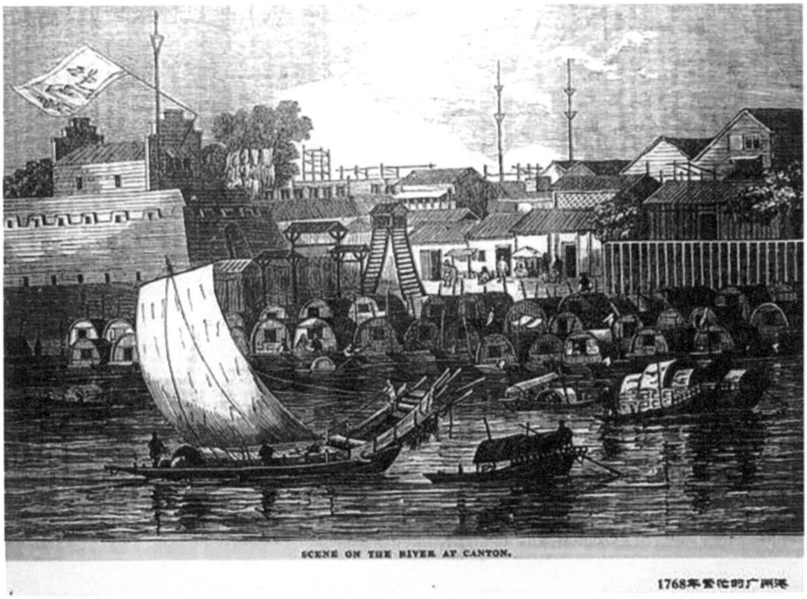

1768 年的十三行码头

佛山最早的墟市形成于宋代的栅下铺米艇头、果栏街一带。“佛地向称三墟六市”①，据不完全统计，佛山的墟市在明初发展成 3 墟 6 市；嘉靖年间，有墟 11 处；至清初为 6 墟 14 市；光绪年间，发展为 13 墟 15 市。② 明清时期商业空前繁荣，墟

① 民国《佛山忠义乡志》卷一《舆地 · 墟市》。

② 申小红：《明清时期佛山的墟市——以佛山地方志及家谱资料为中心》。

市也经历了一个从低层次向高层次发展的过程，初步具有了商品集散市场的作用。早在明代或以前，顺德龙山就有大冈墟，杏坛就有逢简墟、龙绪墟、马宁墟等。明代顺德县大良只有东门、碧鉴四市，石涌、大冈等 38 个墟，到了乾隆年间，增至三角、麻州、仓前等七市，栅扛、水藤等 42 墟。① 以前墟期并不规定，后来，不少墟都逐渐形成固定的墟日。如顺德杏坛逢简村的丝墟为三、六、九日，杂货墟则为二、五、八日，而马宁村则有一、四、七为墟期的桑市、丝市、鱼仔市。到嘉靖年间，随着经济的发展，佛山、南海、顺德附近的商业墟市大幅增加，顺德有大型墟市 11 个，到明末增加到 41 个，并逐渐出现专业墟市。如在蚕丝业迅猛发展下形成的顺德龙江丝市，明初每年在市面上土丝交易量 4000 多斤，如果以每 100 斤价格 40 两计，成交金额高达 1000 多两白银。随着专业墟市的出现，墟市的规模也不断扩大；墟期固定，时间间隔缩短。如晚上开档、天亮前散的“天光墟”；大良有细墟、大墟，陈村有新墟、旧墟，平步、葛岸有乐从墟，勒流有人和墟。到清代中后期，顺德墟市共有 62 个，其中专业墟市有 48 个，多以丝业和蚕业为主体。比较有名的有伦教的茧绸市，容奇的茧市也因水路畅通四洋而发展为广东省内重要的贸易场所，以至清代有首顺德的竹节词这样形容道：“一四七日大墟期，侬卖茧绸郎卖丝。丝爱织成绸爱剪，剪来容易织来迟。”顺德龙山大冈墟在明代洪武年间，就已经“货聚行列”“乡邻商贾交易其中”，当地流传的一首竹枝词写道：“呼郎趁早大冈墟，妾理蚕缫已满车。记问洋船曾到几，近来丝价竟何如。”把墟市写得趣味盎然，这也可能是顺德一带乡村妇女通过丝市参与国际贸易的有力佐证。又如西樵山下官山镇区的重阳墟市，从农历九月初八上午到初十凌晨，连续两天两夜不停，生意额顶平时几个月，因为人们来去匆匆，所以被称为“狗仔墟”。顺德杏坛北水神仙墟，又叫廿一墟，源于光绪年间，一年仅一次（春节前年二十一），摊位绵延 2 公里，趁墟人数超 2 万人，是顺德最大的墟市，百货齐备，种类繁多。当时有诗写道：“十日三墟百货场，逐尘碌碌趁晨光。请看于止亭前路，为问终年几辈忙。”在明清两朝，与佛山只有一河之隔的乐从，墟市体系已经很发达，其中最有名的一个叫临河墟市，因有六棵高大挺拔的水松而得名“六松墟”。此外，《永乐大典》中记载南海县有“大历（沥）墟”，清代学者胡方有诗描写南海盐步墟：“近来似城郭，茶肆酒楼新”，“村腹因私市，增开聚万人”，“居中百里内，分道四方均”。可见商贸相当繁华。又如南海的九江大墟，在南海县九江儒林乡“四方接界处”，经过明代几次迁移扩建，其范围“上自长磡头，下至显步街，逾桥迤南东福里，迤北船栏街，东西两岸为街衖（按：“衖”为“弄”的异体字，小巷的意思）二十有六（西岸曰长磡头、曰竹桥

① 详见万历《顺德县志》卷一《地理志第一》；乾隆《顺德县志》卷三《舆地志》。

街、曰永丰街、曰永胜街、曰潭汇街、曰洲埠西街、曰万寿街、曰谷行街、曰钱行街、曰太平街、曰东西二街、曰正埠街、曰汇源街、曰云衢街、曰沙基巷、曰显步街、曰东福里、曰海嘴街、曰船栏街，东岸曰大正街、曰桥东街、曰伏波街、曰财福街、曰六合街、曰白米巷、曰洲埠东街），为行市七（曰丝行、曰布行、曰蚕纸行、曰鸡鸭行、曰鱼种行、曰旧桑墟、曰新桑墟），为铺肆一千五百有奇。”①

清代，墟市业朝着更加精专的分类方向发展，不同地区的墟市，主要经营内容也有所不同，如桑市、蚕市、鱼市，甚至是猪市、牛市、布匹市等。例如三水西南就有专门交易耕牛的牛墟；顺德水藤堡的丝墟，主要经营蚕丝；陈村有经营花果秧苗的花木墟市；大良有专业经营龙眼等水果的墟市；位于太上庙前的太上墟，主要经营鸡只；位于佛山塔坡庙附近的塔坡墟，主要经营瓜菜、鱼、布匹、木屐、蚕种等。众所周知的普君墟，初仅指普君庙前的墟市，后随着佛山手工业、商业的不断发展，至清中期，普君墟附近已经形成了一个范围不小的商业区，包括京果街、德隆街、卖萝巷、线香街等，每逢一、六为普君墟日。《佛山忠义乡志》记，凡到墟日，普君墟被玲珑秀美的灯色装点得分外好看，鼎盛一时。随着佛山墟市的壮大、商业的空前繁荣，汾江河南岸的豆豉巷、升平街和筷子路一带也变成当时最繁华的商业街区。据《佛山忠义乡志》记载，无论是明清时期还是民国年间，每逢有大墟市与重大节日，汾江河码头一带都是人潮汹涌、车水马龙、舟船云集，升平路、莲花路、永安路一带，金店、钱庄、当铺、丝绸、瓷器、陶艺、米铺等店铺成行成市。佛山最好的茶馆、酒楼、粤剧馆、药行、民间工艺场所等，都坐落在此。这一片区聚集了十万以上的居民。四乡商户也慕名前来采购佛山出产的手工业商品，再通过便捷的水路运往四面八方。

明朝中叶之后，珠江三角洲地区农村剩余劳动力的增加是农业商业化的催化剂，而农业、手工业商品化的程度、交通条件、人口密度等因素也直接影响着墟市的发展。佛山周边发达的墟市，繁盛的农副产品交易，逐渐打破岭南地区小农耕作的传统农业发展模式。而墟市的繁盛，又促进了农产品的商业化程度不断加深，不少靠耕种养殖的四乡农民既种田养鱼，又种桑养蚕，更直接参与经营买卖。身兼多重身份的农民突破了传统耕种的小农经济模式，从农业生产者逐渐蜕变为小商品生产者，使原来的家庭副业成为主业，家庭中大量多种经营的出现，催生出各种专业生产市场和交易市场，为手工业的兴起积累了必要的人气和劳动力，也为佛山后来的冶铸、纺织、陶瓷等手工业专业市场的发展奠定了产业和经济的基础。到明中期，佛山逐

① 光绪《南海九江儒林乡志》卷四《建置略圩市》。

渐成为南方商业和手工重镇。清初，佛山的繁荣达到鼎盛，镇区内形成“三墟六市九头八尾十三沙二十八铺”的商业中心。史载，清道光年间，佛山商品种类达200种以上，许多街巷以行业命名，如铸犁街、布巷、花衫街、珠宝巷等；各地商人也纷纷在佛山设立会馆，如山陕、江西、浙江、楚南、楚北、福建会馆等，佛山成为当时广东南北贸易及商品集散的中心。此时的佛山有手工业220行，商业及服务业70多行，有三四千种商品生产，镇内有3000多间商铺。因货物来自全国各地，商品远销国内外，道光年间佛山“商务为天下最”，沿岸的大小货运码头有100多个，仅豆豉巷码头附近就聚集了98家“贮顿客货”，佛山名副其实地成为南方甚至中国的商贸和手工业重镇。

二、广州十三行是佛山手工业产品海外贸易的主要渠道

1. 十三行的功能和作用

乾隆年间，诗人李调元有《南海竹枝词》写道：“自是繁华地不同，鱼鳞万户海城中。人家尽蓄珊瑚鸟，高挂栏杆碧玉笼。奇珍大半出西洋，番船归时亦置装。新出牛郎云光锻，花边钱满十三行。”这个广州“十三行”，又称“十三洋行”，是清政府在广州设立的专门经营对外贸易的垄断机构。

自唐代以来，广州一向是我国最重要的商港之一。宋时往来广州与东南业各国的海船“大者五千料，可载五六百人；中等二千料至一千料，亦可载二三百人”①。南宋初年，广州市舶收入几占朝廷岁入的20%，进出口的商品包括金银、铅、锡、杂色帛、瓷器、香药、犀、象、珊瑚、琥珀、镔铁、玛瑙、砗磲、水晶、蕃布、苏木等。仅进口的香药就分乳香、木香、龙脑、沉香、檀香、降真香、安息香、速香、暂香、黄熟香、没药、槟榔、阿魏、香桂皮、胡椒、游罗、草澄茄、诃子、破故纸、豆落花、白豆葱、葫芦芭、芦荟、华拔、益智子、草豆盖、高良姜等数十种。② 明初，统治者为加强中央集权，实行海禁政策，对外贸易受到限制。洪武三年(1370)，“罢太仓黄渡市舶司”。洪武七年(1374)，又撤销泉州、明州、广州三个市舶司。从洪武十四年(1381)起，明政府多次实行海禁，规定了严酷的违反禁海令处罚办法。明政府先禁止海民私通外国，再禁外藩交通，最后干脆禁止一切民间贸易及使用“番货”。

---

① 吴自牧：《梦粱录》卷十二《江海船舰》，浙江人民出版社1980年版，第111页。

② 《广州史上的那些第一：中国最早的外贸管理机构诞生在广州》，《广州日报》2018年7月30日。

从洪武元年发布第一个禁海令，到隆庆元年（1567）废止海禁，其间接近两百年之久。隆庆元年后，海禁逐渐放松。

清初延续了明代的海禁政策。仅顺治、康熙两朝，就曾经颁布过五次禁海令禁止人民出海贸易。直到康熙二十四年（1685），清政府才允许发展对外贸易，指定在广东、福建、浙江和江南四省设立海关，其中广州粤海关的贸易量一直位于四个海关之首。次年四月间，两广总督吴兴祚、广东巡抚李士祯和粤海关监督宜尔格图共同商议，将国内商税和海关贸易货税分为住税和行税两类。住税征收对象是本省内陆交易一切落地货物，由税课司征收；行税征收对象是外洋贩来货物及出海贸易货物，由粤海关征收。规定广州的对外贸易全属官营，澳门成为中外贸易的枢纽。为此，建立相应的两类商行，以分别经理贸易税饷。前者称“金丝行”，后者称“洋货行”。乾隆二十三年（1757），因洪任辉事件，清政府撤销了江、浙、闽三海关和其他地方的贸易港口，只留广州一处口岸继续对外贸易，史称“一口通商”。1757—1842年，粤海关成为中国唯一的正式海关，广州成为全国通商的唯一口岸，广东的对外贸易进入高度发展的黄金时代。乾隆二十五年（1759），粤海关规定凡是外商来华贸易或办理其他事务，都须经过清政府特许的“公行”进行。先是由12个商人取得贸易特权，号称“洋行”，后来行商家数变动不定，少则4，多则20多。在嘉庆十八年至道光十七年之间刚好为13家，遂约定俗成地称为“十三行”。这十多家较有实力的商行，是兼有商务和外交性质的半官方组织，他们代理国内的海外贸易业务，是钦定的对外贸易经纪。十三行出口的主要商品有茶叶、丝绸、陶瓷、棉布、铜等，外国进口的货物则有棉花、毛织品、香料、毛皮、檀香木等。文化的交流随着贸易来往而变得频繁，中国的陶瓷生产技术、茶叶种植技术传至国外，外国的医学、钟表、机械制造等技术传到中国。

十三行以前的位置大概在今广州荔湾区文化公园附近至沿珠江河岸一带。据《广

繁华的十三行码头

火烧十三行

州史志》记载，十三行“位于广州新城外西南隅约半英里之地。面临珠江北岸，背后接近怀远驿，包括十三行街的全部地区，为西欧夷商船来华通市、验货、纳税之所”。几乎所有亚洲、欧洲、美洲的主要国家和地区都与广州十三行发生过直接的贸易关系，这里拥有通往世界各主要港口的环球贸易航线。据《华事夷言》所载：“十三夷馆近在河边，计有七百忽地，内住英吉利、弥利坚、拂兰西、领脉、绥林、荷兰、巴西、欧色特厘阿、俄罗斯、普鲁社、大吕宋、布路牙等国之人”。自有十三行以来，珠江附近的江面上总是“舟楫盈江几万数”，“笙歌达旦，官不能禁”。从一首流传下来的竹枝词，可以一窥当年盛况：“粤东十三家洋行，家家金珠论斗量。楼阑粉白旗竿长，楼窗悬镜望重洋。”屈大均也写道：“香珠犀象如山，花鸟如海，番夷辐辏，日费数千万金。饮食之盛，歌舞之多，过于秦淮数倍。”此外，十三行素有“金山珠海，天子南库”之称。康熙二十六年，行商已负有替朝廷收缴外洋货税的责任。乾隆十年，官府“于各行商内选择殷实之行作为保商”，专责其纳税。五年后，船钞、规礼也由保商收缴。在十三行垄断中西贸易后，数额庞大并构成清朝关税收入重要部分的中西贸易税均由行商收缴。税收之外，名目繁多的捐献供奉数额也很可观。如行商经常要奉送价格10000至20000两银的钟表、玩具供内宫皇族们玩赏。嘉庆皇帝六十大寿时，行商又被迫上贡300000两银。此外，灾年欠岁的救急之需、镇压起义的军事费用，也常取于行商。道光五年，清廷一次就向行商摊征600000两银的军费。乾隆初年，每年从十三行海外贸易获得的关税收入，除支付军饷、衙役差饷所需之外，尚有盈余50多万两上缴朝廷。据清宫档案记载，1754年，洋船到港27艘，税银仅52万两。1790年，洋船增至83艘，税银达到110万两。到鸦片战争前，洋船多达年200艘，税银突破180万两。

粤海关的设立，名义上专管对外贸易和征收关税事宜，实际上税收营生都是由十三行出面主持，包括代办报关纳税、购销买卖等业务。十三行作为清政府对外贸易中的一种特殊组织，具有特殊的历史地位。作为重要的商业符号，十三行既是连接中西方经济的枢纽带，也是岭南人精神传承的载体。鸦片战争后，清政府于1842年被迫签订《南京条约》，开放五口通商，外国商船可直接进入通商口岸，行商的垄断经营特权被废止，取而代之的是西方列强开设的各式洋行，它们控制和垄断了进出口贸易的具体业务。至此，十三行独揽外国贸易的局面逐渐式微，到了咸丰六年（1856）十月，英法联军发动第二次鸦片战争，十三行最终毁于大火。

2. 十三行成就佛山手工业商品的丝路贸易

清初，广（州）、佛（山）、陈（村）、（石）龙合称“广佛陈龙”，被誉为“广东四大镇”，其中广佛渊源尤其深厚。在四大镇中，佛山地处西江和北江的汇合处，成为广州的内河港。纵横交错的河流，便利的水陆交通，使之成为广州的姐妹港，一内一外，相辅相成，在海上丝绸之路中处于枢纽港的地位。

在海上丝绸之路的贸易体系中，佛山最突出的地位不是航线，而是商品。作为广州的重要货源地，佛山的陶瓷、铁器、丝绸等商品是海上丝绸之路的主要外销品，特别是冶铁业起着主导的作用。到明清时期，佛山以冶铁产品为大宗商品形成商业贸易中心，沟通了国内外的贸易渠道。而佛山的陶瓷、铁锅、丝绸等畅销产品也得益于广州港一路出海，远销海外。佛山之所以能够成为“四大镇”之一，同时成为“四方之商贾萃于斯，四方之贫民亦萃于斯”的大都会和岭南地区的商品发散中心，离不开广州。但佛山并非“单向依赖”广州，佛山手工业门类有220多行，各省运来的货物必先集中于佛山，再由行商转购或出口，各省所需中外货品也在佛山采办。广州城内的日常商品消费，有很大一部分就来自“佛山制造”。佛山还有很多手工业产品供应广州出口，钱江《1570—1760年中国和吕宋贸易的发展及贸易额的估算》称：“当时中国赴马尼拉商船总数为309艘，其中明末的64年有1677艘，康熙开海禁的第二年就有525艘。”“欧洲各国、印度及南洋各国通商于此者，摩肩接踵，鸦片战争以前中国最大之商场也。”[①] 可见，广州能成为著名的通商口岸，佛山制造业实在是立下了汗马功劳。广州和佛山的珠联璧合，共同促进了“南海丝路”的形成，中外商人云集，各国商品荟萃，使广州成为中国对外贸易的港口、集散地和世界闻名的商业大都会，而佛山则成为为广州提供诸多手工业产品货源的加工制造基地，在全国商业网络中居于重要地位。

---

① 陈灿初编著：《中国商业史》，1938年，第101页。

十三行行商与外国商人

早在宋开宝四年（971年），为适应中外货物交易流通，广州市舶司在佛山设立市舶务，除了蚕丝和丝织品，陶瓷产品开始大量出口。众所周知，瓷器贸易在中国外贸历史上一直具有重要的地位。在18世纪广州十三行出口的商品中，瓷器的重要性虽然不如茶，但它一般被用作压舱货，帮助船只抵御海洋上的大风大浪。瓷器的阻水性较好，将它堆放在舱底，其上再堆放茶叶、丝绸、棉花等不能浸泡的商品，这是较理想的舱储方式。因此，采购瓷器几乎是每艘西洋商船计划的一部分。1984年，英国潜水员在新加坡海峡发现了1751年触礁沉没的荷兰“海尔德马尔森号”商船。根据海牙国家档案馆保存商船清单，船上载有147块金条和元宝，203箱共239000件陶瓷器、687000磅茶叶，另有纺织品、漆器、苏木、沉香木等。可见陶瓷和茶叶是欧洲市场上的宠儿。历史上，西欧在17世纪开始接受茶叶，到了18世纪，饮茶在欧洲成为时尚。品茶时，茶具当然必不可少，欧洲的贵族们以来自中国的瓷器为上品。明代中晚期至清初的200余年是中国瓷器外销的黄金时期，而体现中国风情的花瓶、瓷碟、餐具、茶具等陶瓷制品，既有景德镇的青花瓷器、福建德化白瓷和青花瓷、广东的广彩瓷，也有石湾民窑的日用器皿。而使用量最大、出口最多的，还是作为日用品的石湾窑器皿。至雍乾时期，由于清政府赋予了佛山地区手工业发展的特殊优惠政策，对石湾窑制造的陶瓷器皿也采取“薄征其税”[①]的做法，石湾的制陶业发展达到顶峰，制陶业技艺也更加精湛，有“南海之石湾善陶”“石湾瓦，甲天下”等美誉。石湾生产的陶瓮和瓷瓮，在丝路延线的东南亚婆罗洲，也受到了追捧和重视。形制厚重古拙、釉色朴实无华的陶瓮，比白瓷、青花瓮还要美观实用，往往被作为一个家庭财富和地位的象征。当地人甚至将瓮应用于生活中极为重要的婚丧嫁娶仪式和财物存储之中。清中后期，石湾陶业艺人为适应欧美市场所需，不断创作和生产出各种具有浓厚中国色彩而又略带欧洲艺术风格的外销艺术品，尤其是园林建筑陶瓷，很受东南亚人民的欢迎。至今在东南亚各地，完整保留有石湾制造的瓦脊就有近百条之多，建筑饰品多得无法统计。

① 《三院严革私抽缸瓦饷示约》，《明清佛山碑刻社会经济文献资料》，广东人民出版社1987年版，第20页。

西方人眼里的十三行

据史料记载，清康熙二十四年，粤海关设立后，专门在佛山设立了一个“挂号口”，专门负责“进出税过南洋各货”[①]。乾隆年间，十三行作为清政府特许经营对外贸易的机构，也曾一度由南海县管辖。这一时期，广州一地几乎垄断全国外贸。产自南海各地的丝绸、陶瓷、铁器、中成药等货物，通过十三行远销海外，成为当时“中国制造”的名片。在十三行远销海外的“广货”中，大量来自广州周边的南海都堡（乡镇），比如西樵的丝绸、石湾的陶瓷、佛山的铁锅。以纺织业为例，分布在南海各个乡镇的桑基鱼塘生产模式为广佛丝织业崛起和远销海外打下了坚实基础，海上贸易的繁荣，使广佛地区丝织业发展达到鼎盛，成为全国丝织业最负盛名地区之一。屈大均有一首竹枝词，被后人无数次引用：“洋船争出是官商，十字门开向二洋；五丝八丝广缎好，银钱堆满十三行。”可知广州出口的绸缎商品，经过澳门与海外各国贸易，使十三行获得巨额利润。明清时期的佛山是以手工业和商业而闻名全国的，广州十三行聚集的是“外洋百货”，佛山镇聚集的是“内地百货”。在十三行为广州带来经济繁荣的同时，南海丝路也为佛山带来了繁华，并成就了佛山手工业商品的“丝路贸易”。

今天，随着我国对外开放的进一步深入，佛山要延续历史上“南海丝路”的创新精神，秉承“一带一路”建设的共商、共享、共建原则，依托广州找准制造业城市自身的定位和竞争优势，抓住千载难逢的“粤港澳大湾区”建设的重大历史机遇，对佛山的产业结构和城市定位进行重新调整，以更加开放的姿态，努力在“粤港澳大湾区”中再建一个科技更加发达、制造业竞争力更强、国际化程度更高的新佛山，努力把佛山打造成为面向全球的国家制造业创新中心、粤港澳大湾区枢纽城市、全球制造创新中心、大湾区西部航空枢纽和大湾区高品质森林城市。

① 梁廷楠总纂，袁钟仁校注：《粤海关志》卷九《税则二》，广东人民出版社 2002 年版。

佛山园林

佛山园林

——以佛山梁园、清晖园为例略论清代佛山士绅的归隐情结与岭南园林

园林，是指运用一定的工程技术，融入特定的艺术手段，通过改造地形环境、种植树木花草、营造建筑等方法创作出符合人们审美情趣的自然环境和游憩、居住的境域和空间。园林是人和自然互动的产物，取法于自然又高于自然，不同的园林风格代表着造园者的思想，体现着造园者对人生的态度和对文化艺术等精神世界的追求。中国园林萌发于商周，成熟于唐宋，发达于明清。按照南北地域分布可将之分为以北京圆明园、承德避暑山庄为代表的北方皇家园林，以苏州拙政园、留园，扬州个园等为代表的江南园林，以广东佛山梁园、顺德清晖园等为代表的岭南园林三大类。岭南自古山水清秀，层峦叠翠，又濒临沧海，环境风物别具特色。岭南园林的营造最早始于秦汉时，南越武帝建都番禺（今广州）后就开始仿造秦皇宫苑来建筑皇宫园林，从而揭开了岭南造园的序幕。唐末，刘龑建立南汉政权，再次兴建皇家园林。宋代岭南园林开始以私家园林为主。明清时期，岭南私家园林折衷中外，体现了岭南人开放融通、乐观务实、兼容并蓄的文化习性，透射出岭南文化的近代精神与审美理想，极具独特文化魅力与岭南风情。19 世纪初期，广州海珠、西关一带曾涌现出由十三行商人兴建的规模宏大、雍容华丽的私家园林，包括潘家花园、伍家花园、海山仙馆在内的众多名园，被称为“行商庭园”。它们不仅是岭南园林的巅峰之作，还引发了清代时期欧洲模仿中国式园林的盛况 。现存的清代岭南四大园林分别是梁园、清晖园、余荫山房、可园，其他著名园林还有番禺宝墨园、顺德和园、粤晖园等。

一、明清时期士绅集团对地方政治、民生的影响

士绅概指地方上有钱有势、有头有脸的人群，主要由较有文化的中小地主、退休回乡或长期赋闲居乡颐养的中小官吏、宗族元老、富商财阀等在乡村社会中有影响力的人群构成。宋代以后，几乎所有的政府官员都是通过科举考试晋身官场，士大夫群体逐渐形成，士绅阶层也就有了滋生的土壤。

1. 士绅集团对地方治理的重要作用

在封建时代，国家政权对乡村社会的统治较为薄弱，尽管设有里甲、保甲等组织，但其作用仅限于编户齐民、征收赋役。士绅阶层便成为了传统基层乡村社会治理的主体之一，士绅作为皇权的代表，分担了地方基层政府的部分责任。在社会基层治理中，乡绅即使无法施展“治国”之抱负，也怀有“仁里”之理想，他们致力于社会构建，造福地方。地方上的公共工程、公共福利、慈善、教育、治安、纠纷仲裁、组织团练和征税等事务，通常都由士绅集团主持。士绅以国家权力经纪与地方社会代表的双重身份，扮演着联结官府与民间的中介角色。比如沟通国家权力的有保甲、里甲等权力经纪，承担村社救济功能的有社仓，维持乡土秩序的是士绅、宗族、乡约及礼俗，提供纠纷仲裁的有族长、耆老等，村庄大事还有公议大会等组织。

士绅群体作为享有一定政治和经济特权的知识分子阶层，在基层社会中享有崇高的社会声誉，是社会基层治理的中坚力量，在中国传统社会中被视为精英阶层，其身份的获得以科考获取功名为主。士绅在地方上具有较高的地位、名望、威信与影响力，这种权威并非来自民选，也不是官授，但得到来自地方社会的承认。一名士绅，并不是有钱有势就可以获得权威，他通常还需要造福于乡人，维护地方的利益，才能够在当地民众中建立声望、积累权威。明清以来，中央政府都非常重视发挥士绅在基层社会治理中的作用，如兴办乡学、捐资助学、地方文献编撰、举办公共工程等。他们在维护社会安定、改良社会风气方面亦起到重要作用，如和睦乡邻、孝顺家人、编制乡约、调解纠纷等；在社会救助方面亦有突出贡献，如扶贫济困、赈济灾荒等。可见，士绅集团在中国封建社会的发展中，承担着治理乡村、教化乡民、传承耕读文明的重任，而这一社会形态一直持续到新中国成立前夕。

2. 明清时期佛山名门望族与知名士绅群体对佛山地方的治理与控制

佛山从明代洪武年间 (1368—1398) 开始编制户籍，设立图甲，称为佛山堡，由南海县五斗口巡检司负责管理。民间事务则由乡老、士绅用联合议事的方式来治理，“凡有公会，咸至灵应祠（佛山最有名气的三教合一神庙），旋聚旋散，率无成规”。嘉靖 (1522—1566) 后，士绅联合议事管理制度基本上全面代替了乡老来管治乡村，并在社会公益事业方面发挥了领导作用。明末佛山籍官员李待问（1582—1642，万历三十一年进士）致仕归里，联合了一批退休官员，建立起佛山首个士绅管理机构嘉会堂，以乡贤、士绅的角色来管理佛山的公共事务。嘉会堂不是官府派驻的机构，而是民间自治组织。嘉会堂“岁有会，会有规”，主要功能是处置地方公共事务、管理地方公益款项等，“自明以降，乡事由斯会集议决，地方公益其款亦从是拨出”。雍正年间 (1723—1735)，朝廷在佛山设立“文武四衙”（佛山海防分府同知署、巡检司署、分防都司署、分防千总署），职能主要放在社会治安上，市镇的日常治理还是依靠佛山本土士绅群体组成的“大魁堂”来进行。乾隆年间 (1736—1795)，在官府支持下，大魁堂开始介入城市管理。大魁堂设立绅士值理，值事由乡绅公选（值事由选举产生，有任期，不得连任），组成市镇的行政管理机构，其权力包括：议决地方公事、组织地方公益、维护市场公平、维持公序良俗、代表地方社会跟官府打交道。清代中期，佛山士绅势力更盛，大魁堂下有士绅专门负责管理祖庙的收支和佛山书院，佛镇义仓也专设值事与督铺士绅共同管理。士绅还在清浚河道、赈济、慈善等方面发挥着积极作用。官、绅之间基本上按“名隶于官，事理于民绅”的原则运作。清中后期，由于战乱和匪患不断，河涌淤堵，佛山工商业和城市逐渐走向衰落。与此同时，佛山的官僚统治日渐薄弱，佛山四衙对地方的管治能力进一步减弱，社会治安不断恶化。咸丰年间因洪兵起义和第二次鸦片战争，佛山士绅举办团练，协助地方官府维持统治秩序，这更进一步增强了地方士绅的势力。

自明中期以来，佛山名门大族中士绅集团名人辈出，有太师梁储、兵部员外郎梁焯、阁老（宰辅）方献夫、吏部尚书霍韬、户部尚书李待问、湖广总督吴荣光、四川总督骆秉章和户部侍郎、晚清外交家张荫桓等。梁氏家族向为佛山的望族，梁园主人梁九华之父梁玉成就是佛山镇富甲一方的巨贾，“一门以内二百余人，祠宇室庐，池亭圃囿五十余所”。这些士绅依托官场背景和名门大族的势力，你方唱罢我登台，在明清两代一直把控着地方治理的大权，对地方的政治、经济、文化、慈善、教化、水利、公共设施等方面，起到重要的影响和作用。

佛山梁园

二、士绅群体的归隐情结

1. 修齐治平的入仕理想与功成身退的人生设计

中国古代的文人，大都遵循儒家“修身、齐家、治国、平天下”的政治理想和人生目标，有着“立身行道，扬名于后世”（《孝经·开宗明义章》）、以天下为己任的情怀。出将入相，功成名就，是多数传统人士的人生目标。修己是出世，治人则是入世，这两种精神追求形成古代知识分子内心深处的双重人格。隋唐以后，通过科举考取功名进入官僚阶层成为可能，知识分子亦可借此实现“独善其身”与“兼济天下”的价值观念与人生目标。

古人的归隐原因有很多，但无论是哪一种原因，都需要有一个安定的环境和居所，既不失物质来源，又不失隐士品格，让身与心、职与事、仕与隐的相互矛盾转化为精神层面的解脱和物质层面的满足。

明清两代，朝廷明文规定官员最高年至七十必须听令致仕，致仕后一律给驿还乡，不得留住京师或任职地。同时，由于官员不得在原籍任官，且不得在任职地购置田产，返回原籍几乎成为官员的唯一选择。曾国藩也曾说：“居官不过偶然之事，居家乃是长久之计，能从勤俭耕读上做出好规模，虽一旦罢官，尚不失为兴旺气象。

若贪图衙门之热闹，不立家乡之基业，则罢官之后，便觉气象萧索。凡有盛必有衰，不可不预为之计。”正如陶渊明所说的那样，“开荒南野际，守拙归田园”，出仕的归宿就是回乡归隐。故此许多官员都会为自己留下退休之后回乡归隐的后路，利用为官之时积攒的财富在家乡购置田产、建房筑园以颐养晚年，于田园之间渔猎躬耕、踏青赏花、沉思行吟，在园林之内聆听鸟鸣、营园艺蔬、品茗饮酒，在雅舍陋室之中濡墨挥毫、吟诗作对、抚琴啸歌来消解世俗的烦累，体悟生命的本源和圆通精神的境界。

2. 官场失意的避祸心态与倦客思归的解脱意识

长期以来，传统文人在儒家文化的熏陶下，“独善其身”与“兼济天下”成为他们努力追求的人生目标。但官场的潜规则与权力争斗使他们无力与之周旋，政治的腐败黑暗、皇帝的喜怒无常、同僚的相互倾轧，这些都如同阴影一样笼罩着他们，难以摆脱。当人格修养、道德观念与世俗陋习发生激烈冲突，苦闷、矛盾随之而来。唐代大诗人李白写道：“安能摧眉折腰事权贵，使我不得开心颜。”另一位唐代诗人李颀更是明确地说：“闻道故林相识多，罢官昨日今如何。”可见越是有理想、有才华的文人，精神世界越高洁，其命运就越是多舛，这让他们感到寒心，使他们倍觉失落和无奈。人于得志时，无不欲取法乎上，处于顺境时，无不欲兼济天下，然而遇到逆境，命运多舛，保命不暇，遑论兼济？这种困惑与失望历经积淀便逐渐成为一种集体的认识：官场虽好、仕宦固然诱人，但那绝不是人生道路的最终归宿。明代文学家、史学家王世贞于嘉靖四十三年（1564），在家乡太仓的住处旁建了一座园林，名为“离贇园”，即暗喻政途险恶，不如远离的意思。离贇园建成后，王世贞广邀友人雅

聚族而居的梁园住宅群落

清晖园鸟瞰

集于园中，诗文唱酬，不问世事。清晖园主龙廷槐少而好学，聪颖过人，能诗善文。在 38 岁高中进士，授翰林院编修，历官左春坊赞善、监察御史。后见奸臣和珅弄权，朝政黑暗恶浊，便决意回乡扩建清晖园，隐居终老。类似的例子，举不胜举，于是乎选择避世、隐逸就成了士大夫们一种明哲保身的好方法，园林也顺理成章地成为官员、文人避世、归隐的一方净土。

做官为的只是“入世”，为了生活，实现梦想；而回归自然才是“出世”，这是精神和灵魂的安息之地，宁静恬和的田园才是人生最可靠的归宿。于是乎伴随着对朝廷的失望、对伦理道德的失落、对政治腐败和社会秩序的不满，坚守儒家传统和独立人格的士大夫产生了厌世、避世的情绪。这并非蔑视功名利禄，而是为了保存性命、躲避在政治纷争中给自己带来的灭顶之灾而采取的一种委曲求取的政治性退避，这一普遍的“倦客心理”现象，不仅源自功成身退的人生理想，也根植于文人精神层面的终极追求。明朝初期吏治极严，官员动辄得咎。明朝中期，政治趋于腐化，权力纷争不休，不少官员被流放充军，甚至入狱杀头，牵连九族。清朝大兴文字狱，推行奴化思想，很多前朝遗老拒不出仕。到了清末，朝政更加腐败，外有列强入侵，社会的动荡使更多的文人和官员选择归隐，向山林田园寻求慰藉，以远避祸害。这样基于官场失意的避祸心态与倦客思归的解脱意识便组成了古代文人的“归隐情结”。

三、岭南园林是士绅归隐意蕴与审美情趣的重要载体

1. 佛山归隐士绅的审美情趣根植于浓郁的岭南地方文化

岭南园林主要是指地域意义上的广府园林，佛山梁园、顺德清晖园、番禺余荫山房、东莞可园合称为“广东四大名园”，是岭南园林的代表作。岭南人追求自然、恬静、艺术化的园居生活，孕育了岭南园林兼蓄包容、实用为上、精巧秀丽的独特风格。岭南园林的构造不拘泥于庭院范围，更多是通过借景来扩大空间视觉的边界，使园林景观与园外的自然景观产生间接联系，并巧妙地将形成空间的诸要素有机地糅合在一起，参差交错，互相掩映，达到“以有限面积，造无限空间”的目的。在设计意念上善于运用动静结合、虚实相间、上下承接、徐徐渐进、引人入胜、渐入佳境的空间组织手法和空间的曲折变化来表现园林的景致，从而营造出无论动观或者静观都能达到“移步换景”“触景生情”的情趣。在建筑形式上，岭南园林有比较鲜明的特色：一是体型轻盈、结构通透、朴素实用；二是装修精美华丽，大量使用岭南元素，通过陶塑、木雕、砖雕、灰塑等民间工艺、门窗花格、漏窗花罩等工艺来营造多彩的光影效果，以小见大，以巧藏拙；三是兼收并蓄，善于融合中西建筑的不同布局风格，达到和谐兼容、独树一帜的效果，充分体现出岭南园林文化的特点。

明清时期，佛山地区河网密布，交通便捷，经济发达，士民富庶，士绅兴建园林日渐兴盛。道光《佛山忠义乡志》与民国《佛山忠义乡志》等相关地方志书中，

清晖园花窗

都特辟“园林”栏目来记录佛山园林，可见佛山造园之盛。而佛山梁园作为“广东四大名园”之首，则代表着岭南园林的兴盛时期。与讲究恢弘气派的北方皇家园林、注重以小见大的江南园林和沉醉于朴素淡雅的蜀中园林相比较，岭南园林追求的是清幽纤巧。佛山园林不在奢华，而在精巧，园林的营造者更多的是表达一种清新脱俗、淡雅自然的境界。梁园作为文人式园林，造园组景中西兼顾，立意高雅脱俗，清幽别致，造园者兼以诗人、书画家的素养和独到的审美眼界，营造出一种远离烦嚣、融入自然、恍如身在图画里的美学意境。

清晖园琉璃顶

佛山最早的园林并不是梁园，而是建于明嘉靖年间的鹤园。鹤园是世居佛山的乡绅冼灏通（字亨甫，号月松）所建。冼氏家族以铸镬为业，产品畅销全国及东南亚地区，故此家财丰厚。冼灏通本人因在明英宗正统己巳年(1449)抗击黄萧养起事、保卫佛山而有功于当地，被朝廷封为忠义官，成为佛山“二十二老”士绅乡贤的首领人物。他家境殷富又仗义疏财，将靠近宅第的田园池塘二百五十余亩立为祭田和赡学田，使终有所祀、幼有所学，此举开乡中风气之先，因此得到乡人的敬重。灏通还雅好诗文，爱菊如陶渊明，辑有《菊园秋色诗集》行世。他平素衣裾整齐，喜欢戴一顶平头儒巾，时人雅称为“头巾先生”。他所营造的鹤园占地50多亩，是园林式布局的住宅。园内水榭亭台错落有致，秀石环抱，遍植花卉。主人经常与宾客诗酒唱和其间，不亦乐乎。因屋后数株乔木常栖仙鹤，故称为“鹤园”（位于今禅城区祖庙街道文明里一带）。“冼子居之有楼焉，曰鸣鹤之楼，以安亲也。楼之前有内堂焉，曰荣养之堂，以善养也。其前为广居之堂，以体仁也。……广居之堂前为两厢，又前为牌坊，又前为浴鹤池，又前为自然池，池中为无极墪。前之右为祖祠，左为望樵阁。

梁园花窗

故兄古洛子治之，遂为兄祠。”① 鹤园的后人冼桂奇，嘉靖十四年（1535）举于乡，二十五年（1536）登进士，授工部主事，后得罪权贵，去职南归。他归乡后筑室古洛，增修鹤园，并写有《题鹤园》诗：“老鹤将雏起万松，碧桃初熟荔枝红。芳园春色流风远，独念当年老鹤翁。”在冼桂奇手上，鹤园扩展到占地 200 余亩，规模达到顶峰。

除了鹤园外，佛山还有李陞问的循园。李陞问（？—1629，字晋衷），从小好学，善文章。万历三十一年（1603）中举，会试置乙榜，曾任博罗县教谕。后擢任南雍国子监学正、大理寺司务、刑部任员外郎等职，后因得罪魏忠贤下狱，明思宗朱由检登位后获释，徐后归乡营筑遁园，常和老朋友在园中游乐、和诗、饮酒。

诗情画意的梁园

东林园是比鹤园稍后的佛山著名园林，位于佛山东部，是旧“佛山八景”之一，名为“东林拥翠”。东林园为知州冼效（1531—1599，字衍孔，号一吾，隆庆元年举人）所建，以后代有增筑。到万历中期，东林园已经是 “林周广约里许……内有小溪，通大河，引水为湖，湖满菡萏，游鱼可数。湖心为榭，虹桥跨焉。湖之旁，分植芙蓉、桃李、荔枝，四时佳气，可于湖中得之。去湖之南，为集雅堂，宾客游宴之盛，拟于辋川……怪石参错于竹林间，曲径通幽。有大院落，老松参天，古榆蔽日。中构书斋……斋右有松七株……每当斜阳欲下，微雨初晴，觞咏其中，俯瞰湖光，蔚蓝

① 湛若水：《鹤园记》。

秀水、名帖、奇石堪称梁园“三宝”

一色，令人作濠濮间想矣”[1]。明末清初，广东一带战乱匪患频繁，东林园迭遭兵焚，以致“木颓花谢，风景全非”，至清代日渐荒芜，民国时荡然无存，遗址在东头坊。

进入清代，吴氏家族建的大树堂（吴恒孚营建）、西华草堂（吴思诚营建）、守拙园（吴澍运营建）、学为圃（吴昇运营建）、鉴帏别墅（吴清运营建）、西园（吴济运营建）、陆沈园（吴荃选营建）等，松桂里佛山梁氏营建的梁园建筑群，［包括有寒香馆（梁九章营建）、群星草堂（梁九华营建）、十二石斋（梁九图营建）、汾江草庐（梁九图营建）］等较为著名。清后代中后期，佛山古镇里的园林大宅已经是鳞次栉比，如位于舍人十三街的骆家花园（清代名臣骆秉章的宅邸）、位于正仁里的春草园、位于观音堂的吴氏大树堂（清代著名书法家、书画鉴赏家吴荣光宅邸）等。一时间群园璀璨，目不暇接，佛山园林营建达到高峰。

佛山梁园是佛山梁氏宅园的总称，建于嘉庆、道光年间（1796—1850）。因是由任内阁中书的诗书名家梁蔼如及其侄梁九章、梁九华、梁九图叔侄四人历时四十余年精心营建而成的私家庭园，故称为“梁园”。梁园主要由十二石斋、群星草堂、汾江草庐、寒香馆、秋爽轩、客堂、书斋等不同地点的多个群体组成，规模宏大，是粤中四大名园中占地最广的。据说，群星草堂的建筑格局由梁九华一手策划，整体布局取自小说《西厢记》的意境和插图。其中主体位于松风路先锋古道，其他则位于松风路西贤里及升平路松桂里。陈开、李文茂之乱后，梁园受到破坏，有的建筑甚至仅剩断瓦残砖；汾江草庐则面目全非，最后完全荒弃；西贤里的房屋和园林

①道光《佛山忠义乡志·乡俗·园林》。

也人去楼空。清末，随着佛山梁氏家族中落，不少族人变卖家产，外出谋生，梁九华所建的群星草堂也被卖掉。时至民初，岭南一代名园已濒于湮没。80年代开始由政府牵头陆续修复。

梁园以融住宅、祠堂、园林三者于一体的特色成为岭南园林的代表作，在国内古园林中甚为少见。梁园的营造，一方面依托大面积湖池，以湖水萦回、奇石巧布著称；另一方面，则是以奇峰异石作为重要的造景手段，在岭南园林中独树一帜。园中亭台楼阁、石山小径、小桥流水、奇花异草布局巧妙，园内建筑玲珑典雅，回廊环绕，绿树婆娑。一池碧水，与船厅、桥亭相映成趣。太湖石、石英石或伏或卧，奇谲多姿。园内芒果、山松等百年古树，苍劲挺拔，别具珠江三角洲水乡的园林特征，秀水、奇石、名帖堪称梁园“三宝”。梁园既是研究岭南古代文人园林地方特色、构思布局、营造法则、造园组景、文化内涵等问题不可多得的典型范例，又体现了广府文化中文人对人造花园式宅第和融入自然空间环境的向往。其典型丰富的历史文化内涵，也是反映佛山名人荟萃、文风鼎盛的重要实物例证。

顺德清晖园，位于佛山市顺德区大良街道华盖里，园址原为万历三十五年（1607）状元黄士俊宅第。黄士俊高中状元后，任修撰，历官宫谕少詹礼部侍郎、礼部尚书、内阁大学士等职。天启元年（1621），在顺德大良城南门外的凤山脚下修建了黄家祠和天章阁、灵阿之阁。后黄家衰落，庭院荒废。乾隆年间，顺德龙氏龙应时（1716—1800，乾隆九年举人，十六年进士，曾任山西平阳府灵石县知县）将天章阁、灵阿之阁购进。龙应时的长子龙廷槐（1749—1827，字澳堂，号春岩，历官御史、左春坊左赞善）于嘉庆五年（1800）辞官南归，筑园奉母。嘉庆十一年（1806），园名改为清晖园。其子龙元任（字仰衡，号莘田，嘉庆二十二年进士）请江苏武进进士、书法家李兆洛书写了“清晖园”三字，喻父母之恩如日光和煦。清晖园经龙应时、龙廷槐、龙元任、龙景灿、龙渚惠等五代人多次修建，逐渐形成格局完整而又富有特色的岭南园林。抗日战争期间，龙氏家人避居海外，庭院日趋残破。

清晖园的主要景点有船厅、碧溪草堂、澄漪亭、六角亭、惜阴书屋、竹苑、斗洞、狮山、八角池、笔生花馆、归寄庐、小蓬瀛、红蕖书屋、凤来峰、读云轩、沐英涧、留芬阁等，造型构筑各具情态，灵巧雅致。建筑物之雕镂绘饰，多以岭南佳木花鸟为题材，古今名人题写之楹联匾额比比皆是。大部分门窗玻璃为清代从欧洲进口经蚀刻加工的套色玻璃制品，古朴精美，品味无穷。清晖园的造园特色首先在于园林的实用性。作为住宅，居住的功能是第一位的。为适应南方炎热潮湿的气候，造园者把整个园林布局成为前疏后密、前低后高的独特格局，建筑形式轻巧灵活，古雅朴素。庭园空间主次分明，结构清晰，构筑精巧，布局紧凑。布局重点以庭院中的水庭作为中轴线，利用四周星罗棋布的各种小空间来衬托突出大空间，使全园显得疏而不空，密而不堵，开敞通透，从而形成相互牵连、互为补充的园林格局。其次，清晖园内清幽空灵，水木清华，在精致淡雅中透出优美。营造者利用碧水、绿树、白墙、漏窗、假山、石桥、曲廊等建筑与楼阁亭榭交互融合，造型构筑于小处见大，使得园内叠石假山、曲水流觞、曲径回廊融于一体，别具匠心，浑然天成，景趣盎然。园内广栽奇花异果，银杏千秋，百龄龙眼，玉棠春瑞，沙柳飘扬。一年四季果香飘逸，姹紫嫣红，满眼葱茏。再加上园主收藏的诸多书画、陶瓷、木雕和奇石等精品俯仰即拾、琳琅满目，把岭南古代民间建筑、园林、雕刻、诗画、灰雕等艺术表现形式融为一体，集明清文化、岭南古园林建筑、江南园林艺术、珠三角水乡特色于一园，蔚为壮观。整个园林尽显岭南庭院雅致古朴的风格，园中有园，景外有景，步移景换，突显出我国古园林庭院建筑中“雄、奇、险、幽、秀、旷”的特点。

清晖园正门

新中国成立后，政府对清晖园进行了大规模修缮。1959 年，中共广东省委第一书记陶铸莅临视察，深为关注，批专款予以重点保护，同年县政府重修扩建清晖园，与左右的楚香园、广大园（均为龙应时后裔所建）合并，面积由 3000 多平方米扩大到近万平方米。1996 年起，政府鉴于清晖园的历史、艺术和观赏价值，投入了大量的人力、物力、财力，依旧制再度扩建，并增加了凤来峰、读云轩、留芬阁、沐英涧、红蕖书屋等多处建筑景点，面积由 1 万多平方米增至 2.2 万平方米。

2. 诗意的空间承载着士绅对生活的态度

园林是山水环境的微缩版，讲求藏风聚气、依山环水。园林营造作为一种文化载体和表现形式，呈现的是一种文化现象在特定历史条件下的存在状态，也体现着园主人对生活的态度。

明朝以来，岭南地区经济发展迅速，民间造园之风日盛，且有大批专业的文人和工匠共同参与。随着一大批专业造园专著的出现，如计成的《园冶》、李渔的《一家言》、文震亨的《长物志》等，文人园林逐渐在江南的苏杭、扬州一带兴起，并影响到岭南地区。佛山作为明清时期的“四大名镇”和“天下四大聚”之一，手工业发达，交通又便捷，得对外贸易之先机，民生富庶，士绅对居住环境的要求日益讲究。特别是文人出身的官宦、乡绅，十分向往“山蔚蓝光交抱舍，水桃花色合为台”的幽居环境，追求筑舍于幽山深谷，“朝岚夕霭，千态万状，其云烟吞吐，变化窗户间”的诗意居所，渴望享受“心与天壤俱闲随云舒卷”“起望山光寻味道腴”的审美意境。他们骨子里本就涌动着归隐田园的情结，在经历了早年的宦海驰骋后，或归田致仕，或退隐田园，或躬历山川，于乡闾间多置土地、广筑豪宅、营建园林、构筑苑囿，莳花种竹，意驰草木，以追求诗意地栖居，这样就有了佛山造园兴盛的土壤。再者，明清佛山文人集团的兴起也极大地推动了佛山园林的营造与发展。明代中后期，佛山出现了以状元伦文叙及其子伦以谅、伦以训、伦以诜“一门四进士”“父子魁三

清晖园澄漪亭

元”的文人家族；以冼桂奇、李待问、霍韬、庞嵩、梁储、方献夫等为代表的佛山籍文人集团。他们继考取功名，回乡后建造书院私塾，倡导诗礼传家、耕读传家的教育思想，使佛山一地的文风日盛。及至清代，佛山文人团体的力量更加壮大。乾隆年间，陈炎宗（字文樵，号云麓，乾隆《佛山忠义乡志》主纂）与李因斋、吴竹屏、左肖轩等结社汾江畔，称为“懒圈四子”，他们“流连文酒无虚日”，并经常与广东知名文士何梦瑶（1693—1764，字报之，号西池，广东名医）、罗天尺（字履先，乾隆元年举人，“惠门八子”之一）、苏珥（1699—1767，字瑞一，号古侪，乾隆三年举人，学者、书法家，“惠门四俊”之一）、劳孝舆（字孝于，号阮斋，雍正十三年拔贡，学者、诗人）等人书画往来、诗酒唱和，开佛山诗风之滥觞。其后的嘉庆、道光年间，以吴荣光为首的吴氏家族更是“一门之内甲第联翩，群从兄弟几于人人有集，不愧簪缨之族、诗礼之家矣”。特别是吴荣光，他集书法家、诗人、金石书画鉴定家和封疆大吏于一身，成为清中后期佛山文人集团的首领。而稍后的梁九图（1816—1880，字福草），尤善诗，在诗歌理论方面造诣颇深。他撰写的《十二石斋诗话》等多部诗歌及诗歌理论著作，成为研究清代岭南诗词理论和诗词艺术创作的重要史料。直至清末民初，佛山诗风依然不衰，吴荣光侄孙吴荃选于民国三年（1914）创立龙塘诗社，与当地士子霍小芙、张少图、陈铁逌等四十余人唱和其间，“亦一时嘉会”。佛山兴盛的文风与诗风造就了代有相传的众多文人团体，这些文人或为功成身退、致仕归隐，或为不乐仕途、纵情山水，其情怀与志趣大都效仿“竹林七贤”等隐士做派，融进了不少魏晋风度，力求营造一种“虽处城市之中，辄作山林之想”的心灵世界，追求一种“大隐隐于市”或者说“结庐在人境，而无车马喧”的淡泊境界。同时，这些文人、画家、诗人为了雅集挥毫、诗会唱和的需要，也极需园林这种具有诗情画意与山林韵味的“隐逸文化”场所作为载体，于是他们纷纷在喧闹的市镇中营建一方净土，以园林的空间来承载精神上的“诗与远方”。这是一种文人士大夫对生活的态度，也是一种对中国传统文化的传承与薪火相继的责任。以上诸多因素，就构成了明清佛山园林得以迅猛发展的最直接原因。

清雅的室内布局

中国古典园林造园的最高境界是追求与自然的高度和谐和完美结合，强调“虽由人做，宛自天开”“源于自然而高于自然”，即“天人合一”的理想境界。岭南园林的营造首先非常注重居住的用途，特别讲求房舍选址需“枕山、环水、面屏”的布局，深谙藏风聚气、曲水环抱、连廊九转、园圃星点的园林营建法则，十分注重住宅环境小气候条件的改善，以营造出更加舒适宜人的生活环境。如园林自然的布局、植物的种植、亭廊的构建等，无不以光影、气流、温度等人体舒适性的影响因子为依据，形成舒适宜人居住和生活的理想环境。如果说江南园林是筑有自己的天地，以隐逸的思想为主导，那么岭南庭院则反映了岭南文人既想拥有自己的一片小天地，但又向往山野田园自然风光的思想情感。

佛山早期的名园鹤园，以鹤为重点，前有浴鹤池，后有鸣鹤楼。主人视鹤为“天下之至静至洁者也”，以鹤为榜样，清净身心。同时园林景观的名称也多含理学思想，使整个园林少了几许性情，多了几分庄重。比鹤园稍后的东林园，位于佛山东部，原为一片树林。园主冼效先后出任福建罗源县教谕、平乐府知府等职，多有惠政，后以病告归。道光《佛山忠义乡志》载其晚年手不释卷，“纵情山水，吟咏甚多”。而东林园正是他的“觞咏地”， 真正成为具有文人品位的私家园林。

清晖园半边亭

梁园是清代岭南文人园林的典型代表之一，布局精妙，宅第、祠堂与园林浑然一体。宅苑囿设计讲究，园内回廊天井、水池曲榭，假山深邃、花木环绕。屋内木石砖雕、陶塑壁画、满洲窗装饰，显得祥和典雅，岭南式“庭园”空间变化迭出，格调高雅。造园组景不拘一格，追求雅淡自然、如诗如画的田园风韵。富于地方特色的园林建筑式式具备、轻盈通透。园内果木成荫、繁花似锦，加上曲水回环、松堤柳岸，形成特有的岭南水乡韵味，尤以大小奇石之千姿百态、设置组合之巧妙脱俗而独树一帜。园主人身处幽园，与世无争，经常呼朋唤友，抚丝弄竹、载酒湖山，于一方清幽雅地展经史、阅书画、陈鼎彝、罗稀石、施枕簟、赏名砚、谈风月，不亦乐乎。

清晖园是前庭后院的布局，全园构筑精巧，布局紧凑。建筑形式轻巧灵活，雅致朴素，庭园空间主次分明，结构清晰，并且兼备岭南建筑与江南园林的特色。庭园中的住宅，大都设在后院小区，自成一体。宅居和庭园相对独立，各自成区，但没有实墙相隔，而是既分又连。庭园区与住宅区的间隔，或用洞门花墙，或用廊亭小院，或用花木池水。庭园是主人生活的一部分，布局较为疏朗开阔。住宅采用合院形式，布局密集，但比较灵活和自由。整个园林以尽显岭南庭院雅致古朴的风格而著称，园中有园，景外有景，步移景换，园内池、泉、桥、洞、假山、幽林浑然一体，园主人在“相间无杂言，但道桑麻长”的隐逸生活中，承载的是对传统文化的一种记忆、一种缅怀。这是古代文人们生活与心灵的归所，同时也启示了清代佛山士绅阶层那种安身立命的价值观和传统审美情趣。

梁园木帘

3. 文化的烙印是对理想人格追求的符号

岭南园林意境表达灵活新颖，善用几何构图创造庭院的形式美感，通过不规则的形体变化引入丰富的空间感，营造出看似简单实则繁复变化的庭院空间；运用“以小见大”的手法创造丰富的意境，具有缩龙成寸、咫尺天涯的神韵。园林装饰观景特点是以静观为主，装修手法精美华丽、细致独到。就装饰来看，最典型的是在门头、门联、窗楣、基座、台案、檐口、檐柱、月梁、雀替、坐靠、栏杆、屋脊等处大量使用“三雕三塑”（木雕、砖雕、石雕，陶塑、泥塑、灰塑）等立体造型艺术和平面艺术，如书法、国画、楹联、匾额、碑刻艺术等融入造园之中，深化园林的意境。

这些艺术形式和艺术符号在园林中的广泛应用，既烘托出文人园林的雅致情趣，又给园主人在理想人格和精神境界的追求打上深深的烙印，是一种以艺术表现形式来强化文化符号的造园法则。

梁园在园内精心构思的“草庐春意”“枕湖消夏”“群星秋色”“寒香傲雪”等春夏秋冬四景俱全，各异其趣；展示文人园林特质的“石斋寄情”“砚磨言志”“幽居香兰”“庄宅遗风’四景，将岭南古园林的多种文化意境，如雅集酬唱、读书著述、家塾掌教、幽居赋闲等多种文人文化生活追求表现得淋漓尽致，令人回味无穷。

以山水构景。“妙法自然，虽由人作，宛如天开”是中式园林造园的基本法则，而“掇山理水”是最常用、最传统的园林景观布局手法。明代文震亨在《长物志》中说：“居山水间者为上，村居次之，郊居又次之”。隐居最佳之地当是要远离尘市，与自然山水融为一体的所在。岭南园林理水有多种形式，受岭南传统地域文化的影响，房水相伴、山水相依是岭南园林最具地方特色的理水手法。山抱水转、水穿山谷、水绕山间都离不开山与水的紧密结合，山因水而活，水因山而转，脉络贯通，相扶相依。岭南园林理水多以水池为主，池多水岸或石岸，池中或为清水养鱼，或种植少量花卉，充分表现出“幽而不露，玄而深远”的“幽玄之妙”和“余情之美”。

梁园的廊桥

水是园林的灵魂。梁园理水的运用体现在山石和池水的有机结合上，布局以小见大、以石喻山，池畔堆砌太湖石，既有叠石置景，又有独石成景，既有潺潺流水，又临一泓湖水。碧水中，隐见成群的金鱼、锦鲤来回游动，湖面涟漪不断，石舫跨池如带，犹如彩练横空。遥望湖面，则见一块形态奇特、高约三米的石块屹立于湖中。此石名叫“湖心石”，周围有白鹅、鸳鸯在戏水，“白毛浮绿水，红掌拨清波”之

顺德清晖园六角亭

意境毕现。夏天坐于石舫中赏荷，微风吹过，耳边满是四周竹叶沙沙的响声，临水漱玉，清幽恬然。这静中有动的景观布局，无一不透露着儒雅的文人气息，沁透出氤氲的雅士情怀，正所谓："观景得心，以心造景。境生象外，意在言外。"其精巧的造园理念，令人赞叹。

清晖园的水池多用规则的几何形式，一般为人工造池，有方形、矩形、曲尺形、半月形、多边形等，也有将池岸做成规则几何形式与自然山水形式的结合体。清晖园的荷塘南角有一小门厅，这便是古时清晖园的入口。进入园门，步出狭窄的门厅，景象豁然开朗。纵目四望，只见一方荷塘清凉扑面，三两飞燕掠波而去。漫步临水架台的澄漪亭中，隔窗眺望，六角亭悄然依水而立，仿紫洞艇建成的船厅恍如凌波而卧。池塘水质清澈，几尾锦鲤游游弋池间。水色如镜，偶尔被人的嬉笑声荡起涟漪。岸边花影簇簇，蕉叶弄影，尽显水乡风情。清晖园的荷塘与水池布局，其理水观念同样出自画理，讲究有曲有源，所以水岸曲折，作石矶滩头，设港汊水口，使小水面有浩渺之感，又深池四壁，周以高树廊房，以拒华南炎暑，自得一派清凉，起到了将有限空间延伸拓展的效果。整个园林的水网布局，有而若无，实而若虚；曲径通幽，联通水网；移步换景，柳暗花明，须弥芥子。山境、水景、画境、意境，实得于心境之有无，一种灵动水网"诗意的空间"，就是对自然的升华。

以花木寓意。花木是园林必不可少的精华，象征意义非常丰富。世间的花木千千万万、百态千姿、绚丽多彩。栽种不同种类的花木，可以表达园主人不同的思想、品格和意志，还可以寄托人的情感。如梅花的清高、牡丹的富态、幽兰的淡雅、

菊花的清逸。古代文人在书画中所喻的“岁寒三友”就是指松、竹、梅，而“花之四君子”又指梅、兰、菊、竹。不同的花木，拥有不同的寓意，成为文人陶冶情操、寄托情怀的象征。

“粤东三子”之一的名士张维屏（字子树，进士出身）是梁氏家族的至交好友，他在《次韵福草先生草庐春日两首》中写道：“得闲肯负好韶华，不是看书便看花。”梁园四季常青、佳果盈枝、鸟语花香，园中有荔枝、龙眼、菠萝蜜、番石榴、杨桃等数十种岭南佳果，通过树形的选择、剪裁，与建筑物及湖池相互呼应，形成“漏日无隙”的绿荫，古木蕴秀，庭园幽深。梁园的群星草堂、汾江草庐群体建筑都用松、竹、柳和盆景加以点缀，梁蔼如有诗写道：“门前桑竹已成阴，静对炉香坐拥衾。山鸟也呼行不得，一帘春雨落花深。”园中除有十余株古树外，还种有富岭南风韵的玉棠春、鹰爪兰、鸡蛋花等。园内还有高近 20 米的吕宋芒果，树龄已逾百年，葱郁依然；桂花、九里香、米兰、含笑、鹰爪、美人蕉等灌丛花卉，与高大树木形成高矮错落有致的空间，使视觉层次更加分明，让人在绿树掩映之中，感受“柳暗花明又一村”的诗意。梁九华的好友岑瀓在《和福草先生草庐春日原韵二首》中写道：“两处园林都入画，满庭兰玉尽能诗。”由此可见，梁园的造园者对植物的选择是借其性言己志的，借助植物表达他们超然洒逸的精神追求。沿着柳树成行的堤岸蜿蜒前行，便到达松竹寮景观。这里的建筑物以竹、木为基调，显示出“缚紫为扉，列柳成行，一水画堤”的天然意境，展示珠江三角洲特有的田园风韵，体现造园者追求远离烦嚣、贴近自然的独特构思。

梁园半边亭

清晖园内栽花卉果木逾百种，以岭南佳果树种为主，除了岭南园林常用的龙眼、芒果、荔枝、杨桃、大树菠萝等，还栽种了苏杭园林特有的紫竹、紫藤、五针松、金钱松、羽毛枫等，并从山东等地搜集了龙顺枣、龙爪槐等北京树种。其中银杏、木棉、沙柳、紫藤、桂花、龙眼、朴树、水松等古木树龄近百年。园中还栽种了与宗教有关的植物如罗汉松、佛肚竹、无忧树、香樟、栀子花等。

清晖园清幽的竹宛

佛教视为吉祥的植物“五树六花”在园中也有种植，“五树”包括菩提树、大青树（高山榕）、贝叶棕、槟榔、糖棕或椰子；“六花”包括荷花、文殊兰、黄姜花、缅桂花、鸡蛋花和地涌金莲。各种树木花草簇拥之下的清晖园，一年四季都显得葱茏满目，与古色古香之楼阁亭榭交相掩映，游人徜徉其间，随着步移景换，只觉繁花点缀、异香扑鼻，令人流连忘返。清晖园里的“竹苑”，堪称园中园，苑内遍种花竹，入口圆门楹联“风过有声皆竹韵，月明无处不花香”，形象反映此中雅静景观。过洞门回望，门上方塑有“紫苑”二字，两旁装饰着灰塑绿色芭蕉叶，叶上刻有“时泛花香溢，日高叶影重”对联，苑内遍种花竹。

以奇石咏志。俗话说，“居无石不安，厅无石不华，斋无石不雅，园无石不秀”，所以“园可无山，不可无石”。孔子说过：“智者乐水，仁者乐山。”孔子也以“仁、静、寿”的品格来比喻姿态各异的石头，虽“一拳之小，当千仞之高；片掌之大，体百里之回”。赏石文化在我国历史悠久，早在战国时期的《尚书 · 禹贡》就已经将泰山谷中所产奇石列入贡品。宋代还出现了苏东坡、米芾和叶梦得三位“石痴”，苏东坡认为：“园无石不秀，斋无石不雅”。据《宋史 · 米芾传》记载，米芾在知无为军（官职名）时，听说濡须河岸有一块奇怪石头，形状玲珑剔透而又古拙奇丑，与周围岩石大不相同，人们都不知哪里来的，感到神奇而不敢动它。米芾匆忙赶去观赏，一见大喜，具衣冠焚香拜揖，口中称奇石为兄，这就是流传千古的“米芾拜石”故事。叶梦得也十分喜爱石头，他自号“石林山人”，其园舍也命名为“石林精舍”。明朝的藏石大家有宋万钟，清代有蒲松龄，民初有吴昌硕等人。石虽不言，却坚贞温润，孤介高节，使痴者性灵超逸、禅心独处，正是“石不在多，有韵则灵；花若解语还多事，石不能言最可人”。石头，向来是文人托物感怀、寄托情思的载体。

以石头出名的梁园奇石园

在岭南，文人出身的梁九华、梁九章，也是喜爱石头的“石痴”。“群星草堂”是梁九华于清道光年间兴建的，位于沙洛铺刺史家庙西面。梁九图著《群星草堂记》写道：“余叔兄灯山，性好石，辟园地数亩”①。相传梁园奇石达400多块，有“积石比书多”的美誉。群星草堂中最吸引人的莫过于石庭，它讲究一石成形、独石成景，正所谓：“一峰则九华千寻，一勺则江湖万里。”园主人通过对独石、孤石的整理，突显其“皱、瘦、透、漏、丑”的个体特性，在壶中天地中表达了对人的个性和自由人格的追求，在岭南私园中独树一帜。

“十二石斋”原名“紫藤花馆”，是梁蔼如侄子梁九图所建。梁九图虽然饱读诗书、著述等身，但他不好功名，爱石成癖。据记载，梁九图在游览衡山湘水南归途中，舟过清远时偶然购得纹路嶙峋、晶莹剔透、润滑如脂的大小黄蜡石12座，用船运回佛山。梁九图在《自题十二石斋》诗中描述道：“衡岳归来意未阑，壶中蓄石当烟鬟。登高腰脚输人健，不看真山看假山。”这12块奇石让梁园声名远播，众多文人雅士纷至沓来，只求一观。一时间梁园门庭若市，热闹非凡。梁氏叔侄在梁园内巧布太湖、灵璧、英德等地奇石，大者高逾丈，阔逾仞，小者不过百斤。在庭园之中或立或卧，或俯或仰，极具情趣，其中的名石有“苏武牧羊”“童子拜观音”“美人照镜”“宫舞”“追月”“倚云”等，令人目不暇接、浮想联翩。景石大都修台饰栏，间以竹木，

① 民国《佛山忠义乡志》卷十二《风土篇》。

绕以池沼。其中，最大的一座名叫“千多窿”，梁九图视若性命。因石成痴，就以石为名，于是，梁九图将紫藤花馆改名为十二石斋，正如梁九图在《汾江草庐春日》一诗中所说的：“垂老兄弟同癖石，忘形叔侄互裁诗。”这里很快成为梁九图与文人骚客相互唱和、润豪泼墨、读书品茗、抚琴赏石的地方。

梁园的山都不是“叠”出来的，而是与整个造园质朴的风格相统一的。这 12 块石头体形都不大，园主人采用以石代山的方法，摒弃了石块的积压堆砌，省却了石头纹理及形状的比照磨合，可以更灵活自由地表达不同的意境与情感，同时又与周边的花木果树、亭台楼榭融合一体，形成诗情画意的境界。这刚好与梁九图追求石的神态韵味和以小见大、以虚代实的理念相吻合，以微缩大千来表现山川之雄奇，以意象之美来升华审美的层次。

近代画家吴昌硕认为“富贵神仙浑不羡，自高唯有石先生”，就是因为石有刚劲、坚定、沉雄、厚重、经得起风雨、耐得住寂寞、历经千万年而不朽、可与天地同寿的特点。清晖园在读云轩中也沿水池四周摆设了多种搜自全国的奇石，这些形状各异的石头，或突起于跨塘花墙的洞窗脚旁，或吻嵌于围池砖基中间，或兀现于砖砌花台之上，处处是石，各呈其趣。其中有产自安徽灵璧的“灵璧石”，坚硬如钢，色泽丰富，形态怪异。还有产自山东沂蒙的“龟纹石”、广东英德的英石和广

清晖园读云轩

西的钟乳石，有相当丰富的欣赏价值。读云轩门前对联写道：“过桥分野色，移石动云根”。意思是山间云霭都是从山石上袅袅升起的。该建筑为四合院结构，瓦面构造层层叠叠，融合了中国亭台楼阁“明标暗拱”的特点，具有相当丰富的欣赏价值。红蕖书屋处于整座园林的中心位置，是清晖园的主体建筑之一，也是园林的灵魂所在。整个厅堂开敞通透，装饰用色鲜亮，予人清新脱俗之感，是打破中国传统选园色泽风格的杰作。堂前一池碧水，引入苏州沧浪亭的宋代石法，用黄石及本地的龙江石，堆砌出既有生命力又有历史感的五百罗汉群石，石间遍种植物，野趣盎然。清晖园中最高处是“凤来峰”，用宋代列为贡品的花岗石堆砌而成，高 12.8 米，共用去近 3000 吨花岗石。

清晖园的灰塑

以瑞物寓意。古人习惯以物寓意，托物言志。瑞物，就是象征吉祥的事物。汉唐时期流传的《瑞应图》就是一部图文并茂的瑞物图典。

在梁园和清晖园中，处处可见代表吉庆祥瑞的瑞物。它们大量用于屋脊、椽头、斗拱、梁柱、陶瓷、砖雕、灰塑、木雕、玻璃门窗等建筑装饰部件之上，按其寓意大致分为四大类：一是借喻福禄喜庆、长寿安康，二是表达陶冶情操、怡情养性内涵，三是借喻道德伦理、德化教育，四是祈求趋吉避凶。动物以狮子（象征无畏）、麒麟（象征仁政）、鹿（禄的同音，隐喻富贵）、鹤（象征长寿和高洁）、蝠（福的同音，寓意幸运、顺利）、凤（象征祥瑞）、鱼（暗喻年年有余）、龟（寓意长寿）、鸳鸯（寓意夫妻和合）；植物以松（寓意坚毅、勇敢）、竹（寓意虚心、高节）、梅（寓意高洁、孤傲）、菊（寓意淡定、执着）、牡丹（寓意富贵）、水仙（寓意超尘脱俗，高雅清香）、石榴（寓意多子）、海棠（寓意玉棠富贵）、百合（象征圣洁和吉祥）、芭蕉（寓意兴旺、茂盛）、丹桂（寓意名气、收获）；器物以如意（寓意万事称心、顺意）、古钱（寓意财富，有辟邪的作用）、明暗八仙（都是法器，寓意吉祥）；人物以福禄寿三星（寓意人生圆满）、天官（寓意赐福）、关帝（寓意义气，有镇宅的作用）、钟馗（辟邪、镇宅）……民间流传的吉祥物形形色色，多种多样，不胜枚举。这些瑞物作为文化符号，都有特定的象征内容及意义，寄托着人们祈求万事顺利、向往和追求幸福生活的心理需求。

以书画会友。在文人的园林中，书房是不可或缺的建筑，它是文人读书吟赏、挥毫泼墨，收藏图书典籍、碑石法帖、古董雅玩的重要场所。明人王世贞在他的弇山园里，就把古籍、书法、名画、名瓷、碑帖称为“五友”。梁园有日盛书屋，清晖园有惜阴书屋和红蕖书屋，书房既可以丰富文人的生活情趣，又可以使文人在道德修行、性格养成和情操历练中得到升华。古代中国，诗、书、画并提，是一个有机的统一整体。古代的文人若要读书做官，就必须先练出一手好字。宋元以后，书画大家辈出，碑帖众多，一般的文人也有条件研读古人书法和画技。书画作品既体现了作者的审美情趣，也常常包含着艺术家强烈的思想感情，特别是文人画的出现，把文人的思想境界、精神气质和对艺术的追求，都深深地烙印在书画里。

“园主无俗志，筑圃见文心。”梁园的营建者们，出身诗书世家，自小便受到艺术的熏陶和严格的训练，晚年多寄情书画，潜心研究学问，著书立说。梁园创建者之一的梁蔼如（1769—1840，字远文，号青崖）善诗文，工书画，是清代岭南有名的书画家。其楷书学自颜真卿，行书学自苏东坡，草书学自王右军，篆书学自《峄山碑》，隶书学自《夏承碑》，可谓各种书体皆通的行家。时人谓“得其书画者，寸缣尺素皆珍之”，其于道光八年（1828）创作的传世之作《溪水深秀图》现存广东省博物馆。梁蔼如的侄子梁九章（1787—1842，字修明，号云裳），嘉庆丙子顺天乡试举人，告老还乡后在佛山西贤里筑寒香馆，建梅园种植梅花。他爱梅，更爱画梅。他的梅花画作，秀逸中见古劲。时人认为可与以画梅著称的“扬州八怪”之一的金冬心相媲美，人争购其画作。营造群星草堂的梁九华也是自幼工诗文、善书画、爱石头、喜收藏，是典型的“石痴”和“画痴”，晚年经常在群星草堂与其弟梁九图和一众文人雅士品题雅尚，挥毫濡墨。汾江草庐的营建者梁九图自幼聪明过人，在家庭熏陶下，喜欢读书，十岁就会写诗，以《粤台饯别图》一诗而声名鹊起，成为当时佛山镇远近闻名的神童。他生性淡泊，

梁园内的私塾

不愿做官。在归隐的日子里，他有诗写道：“萧斋四面绕萝垣，近市差堪避世喧。镇日编诗无个事，藤荫遍地不开门”。当时的名士、诗人李长荣对梁九图十分推崇，他在诗中写道：“不信门通竹，翻疑径隔萝。屈桥同比曲，积石比书多。兄共师颠米，儿应号小坡。生涯原自足，不必借鱼蓑。”对梁九图兄弟和父子极尽赞誉。除了诗文，梁九图还善丹青，书法中篆、隶、楷、草样样皆精，又是画兰花的高手，时人皆以得其墨宝为誉。广州美术馆藏有他画的《墨兰》两幅，佛山市博物馆藏有他的《墨兰立轴》和书画作品十多幅。此外，广东省和顺德博物馆也藏有他的书画作品。梁九图的四弟梁九昌也是一位嗜书如命的人，甚至在病中还坚持读书如故，家人藏匿其书。他便分辩说：“典籍怡情可养病”。一生写诗作文从不间断，堪称少年勤学榜样。

梁九图的儿子梁僧宝，咸丰八年中举，咸丰九年进士。历任礼部主事、员外郎、掌印郎中兼军机处行走、监察御史、鸿胪寺少卿。自幼聪敏，博览群书。稍长，随父钻研《易经》，甚有心得。晚年隐居梁园，潜心著述，存世著作有《古易义》《尚书泾渭录》《经籍篡诂订讹》《通鉴辑览年表》《说文条系隶正》《古术今测》等十五种。

清代顺德籍龙氏子孙“一门三进士”，是广东名的书香门第。惜阴书屋和真砚斋是一组相联的园林小筑，书斋为昔日园主供族中子弟读书及接待到访文人墨客之所，始建于嘉庆年间。龙家历代不乏学业有成之人，惜阴书屋就有寓意勉励子弟珍惜光阴、发奋攻读之意。“绿云深处”匾额为乾隆帝十一子成亲王所书，形象描绘出四周绿树掩映之清幽景致。“真砚斋”的匾额最初由书法家何绍基所题，因日久而损毁。在碧溪草堂明间，设有一座镂空疏竹木雕圆光罩，其工艺精湛且古色生香。两侧玻璃屏门的裙板上，用隶书、篆书和鸟虫书体镌刻有48个形态各异的“寿”字，称为“百寿图”。清晖园内至今仍存有李兆洛、李文田、何绍基等清代书法大家的书法。

清晖园状元堂

以碑帖抒怀。碑帖是碑和帖的合称，实际“碑”指的是石刻的拓本，主要指汉、魏、唐碑，按照类型来分，则有墓碑、庙碑、造像和摩崖等；“帖”指的是将墨迹刻在木板上或石上，主要是指名人的书札或诗稿等。在印刷术发展的前期，碑的拓本和帖的拓本都是传播文化的重要手段。历代碑帖是一座宝库，内容涉及政治经济、宗教哲学、风俗民情、文学艺术，可与史籍互相补证。

现存佛山梁园的《寒香馆法帖刻石》，原存佛山西贤里寒香馆，共85石，道光十六年（1836）梁九章编刻。梁九章是梁园的建造者之一，曾担任过知州，同时还是一位鉴藏家。他得到在京任职时视为知音的好友，内阁大学士、书法家、收藏家翁方纲等同好的帮助，广罗书法名画收藏于寒香馆内。民国《佛山忠义乡志》说他“喜鉴藏古今法书名画，刻有寒香馆帖六卷”。《寒香馆帖》与南海的《叶氏风满楼帖》《吴氏筠清馆帖》并称为岭南三大名帖。寒香馆今已不存，佛山市博物馆藏《寒香馆藏真帖》全6卷，收自唐至清乾、嘉时22家书迹。卷一为唐人书，包括怀素《千字文》、李邕《奂上人帖》和唐临王羲之等诸家手迹；卷二为宋人书，包括米芾《春和景明帖》；卷三为元人书，包括赵孟頫《耕织图诗》24首、张雨书《龙虎山上元夜》等诗，俞和《一别匆匆帖》；卷四为明人书，包括方孝孺《离落隔烟火诗》、陈继儒书《梁武帝书评》、王宠临褚遂良《阴符经》、朱耷书陶广文《石鼓歌》、金幼孜书《刘康民墓志铭》、邓锺岳书《归去来辞》；卷五为清人书，包括张照临柳公权《兰亭诗跋》、刘镛《易说》、张长史《题鲁公帖》等；卷六为清人书，包括成亲王临苏东坡《松醪赋》和临赵孟頫书《洛神赋》、陈邦彦书《陀罗尼经》等。帖后有梁九章题识，述说刻石传古人遗书俾垂永久之意。据考证，帖中之唐、宋人书均为伪托。

风流倜傥的咸丰朝探花郎李文田，年少时曾在梁园与梁九图的儿子梁僧宝共读，得以浏览梁九图所藏图书典籍中大量的奏议、策论和文章。李文田在京为官时就与龙家交往密切，后来更将其掌上明珠许配给了龙廷槐的曾孙龙渚惠，清晖园几乎成为他的另一个家。花前柳畔，幽径回廊，无不充溢其笔趣诗情，今日所见“归寄庐”的匾额，便是其墨宝余香。李文田平生不置田产，俸银几乎全部用于搜购历朝历代的古籍善本图书和金石碑板拓本，其中有珍贵的秦《泰山石刻》宋拓本、汉《西岳华山庙碑》宋拓本等，而且他学问渊博，也是书法名家，一生笔耕不辍，著述甚丰。他的大部分佳作及遗存在清晖园中的几千册藏书和大量珍贵的拓本，皆于清末之后频繁的战乱中毁失殆尽，令人扼腕叹息。

以诗词唱酬。清代的著名学者钱大昕（1728—1804）在《网师园记》中说：“然亭台树石之胜，必待名流燕赏，诗文唱酬以传。否则，辟疆驱客，徒资后人嗢噱而已。”

梁园内堂

可见文人园林多成为雅士儒生们诗文唱酬、字画酬答、聚会雅集之地。

冼桂奇是佛山籍的乡绅，嘉靖进士，曾任工部主事，晚年筑书室于汾江河畔。其兄冼桂魁筑慕洛亭于洛水河畔，隐居其中，桂奇和诗云：“古洛新成一钓台，石桥流水几人来。相逢莫问行藏事，且看沙鸥日往回。”一台、一桥、一水、一鸥、一人，恬然淡雅，意境空明，乡间悠闲的隐居生活一览无余。他的另一首诗《题鹤园》写道：“老鹤将雏起万松，碧桃初熟荔枝红。芳园草色流风远，独念当年老鹤翁。”更是将其幽居的鹤园景色描绘得如诗如画，恍如世外桃源，正所谓“一方园林可暂栖疲惫身心，两行诗句能幻化幽清之情”。

寒香馆位于佛山汾江之曲，观音堂铺西贤里，为梁九章所建。园中“树石幽雅，遍植梅花”。如此幽雅的环境，在适时的节令，南北士大夫往来络绎，观梅赏奇，煮酒论诗。梁九章曾作《画梅赠吕隐岚》一绝云：“与君同住梅花国，日写梅花数百枝。不及会稽童二树，三千三百十三诗。”其诗清丽缠绵，爱梅之情，简直是如醉如痴。梁九章卒年五十有六，诗人吴炳南哭以诗，有句云：“石多顽趣今无主，梅有花神亦哭君。”将梁九章痴石、爱梅的文人品性表现无遗。

在“汾江先生”梁九图隐居的草庐内，小桥流水、凉亭花木、水榭假山相映成趣，花鸟虫鱼活跃其间。张维屏、黄培芳、吴炳南、岑澂、陈璞等名士、好友常来做客，与他谈文论道、吟诗作画。正如岑澂所讲：“已拼心死不论文，岐路班荆喜识君。交到肝胆轻铁石，谈来今古激风云。”除了善诗文外，梁九图还善书画，是画兰花的高手。岑澂在《和福草先生草庐春日原韵二首》一诗中写道：“底须骑马踏东华，杜老溪堂枕浣花。玉案临书皆小米，纱厨读画有朋霞。人原汾水无双士，诗是梁园自一家。何日子猷乘兴访，雪舟闲泊剡之涯。”对梁九图的书画造诣赞不绝口。由于一众名人雅士与梁九图结为至交，经常吟诗雅聚，他的十二石斋，也成为远近闻名的雅居之地，吸引了众多亲朋好友前来观赏、吟咏，梁家一时热闹非凡。其中比较出名的有曾任内阁中书的黄培芳（字子实，号香石，工山水画，与张维屏、谭敬昭同称“粤东三子”）在《过梁福草先生草庐》诗中写道：“欲拜斋头石，汾江一棹过。随人看水竹，近市有烟萝。富贵浮云澹，胸襟列宿罗。名园推最胜，径曲小桥多。”名士徐广缙，在《题梁福草先生十二石斋》诗中写道：“娟娟十二耸奇峰，一角芳园不疑空。骤雨犹疑云碓外，落星已在竹木中。仙人有待传三略，石丈无生证通。留伴诗翁供啸傲，雅怀最爱玉玲珑。”另一名士罗文俊在《访梁福草先生山斋观石》一诗中写道：“瘦骨苍根各自奇，碧栏十二影参差。平章妙出诗人手，半傍书帏半墨池。”诸多名人雅士的唱酬雅作，举不胜举。而梁九图自己也有诗记述这种雅聚

别有洞天

的盛况："洗竹浇花与课儿，幽栖偏有外人知。叩门过访多生客，除却求书便寄诗。"江都咸丰元年（1851）举人符葆森（约1861年前后在世，近代诗人）将他的诗文列入《正雅集》，其作品在国内广为流传。

4. 宗族认同与血脉关系寄托着对故土的眷念和落叶归根的乡愁

宗族是以血缘关系为基础而形成的社会团体，宗族制度是我国具有民族特色的传统文化因素，中国传统社会是宗法的宗族社会，传统家庭中的认同心理，是以血缘关系为纽带的认同感为基本特征的。岭南的族群，大多数是从中原地区迁移过去的客家人，他们在珠三角开疆辟土，聚族而居，宗族结构较为完整，宗族观念很重，宗族势力也较为强大，而宗族观念的基础，是血缘、族谱、家族荣誉，本质上是祖先崇拜。正所谓："小族数世不迁，大族百世不迁。"宗族对保护族群里个人的合法权益、维持社会的相对稳定是有积极作用的。宗族认同心理，使家族关系稳定、家族内部具有很强的凝聚力，它是一种共同的集体意识和潜在意识，并随着历史的演变而得以强化和升华。在古代的中国，宗族组织的社会结构及其规范与儒家文化具有高度的、内在的精神和逻辑的合一性，修家谱、建宗祠是宗族组织的显著标志。清代学者屈大均认为："有祠而子姓以为归一家，以为根本，仁孝之道由之而生。"[1]明清佛山的名门望族，大都依靠当官获得在地方上的影响力，从而壮大家族势力。佛山园林的主人多有仕宦经历。梁园的主人梁蔼如的父兄以经商起家后，宗族子弟

① 《广东新语》卷十七《宫语》。

通过科举晋身官场。就算考不上举人、进士的，也千方百计通过捐官获得功名，如东莞可园的主人张敬修就是通过捐纳为官的。这些官员回乡归隐之后，依托在官场积累的势力、人脉关系网络和权力余威继续控制地方事务，并与乡村中根深蒂固、盘根错节的宗族势力捆绑在一起，从中获得利益，以维持宗族的传承和在地方上的优势。而这些归乡的士绅，归隐后并不会降低生活标准，相反还可以大大提高在乡间宗族间的影响力，以此获得更多的利益。这也就不难理解为什么退休的官宦会对回归乡间有一种独特的情感了。

如果说对宗族的认同是士人的一种责任，那么乡愁就是一种对故土家园的热爱。乡愁是一种对家乡亲人的情感和思念。“床前明月光，疑是地上霜。举头望明月，低头思故乡。”就如李白的明月、故乡，亲切、永恒。乡愁是梁园主人梁蔼如诗里的“绿阴深处夕阳低，野岸人家隔小溪。山静日长村路晚，澹烟微雨鹁鸠啼”，是吴炳南（字花溪，举人，工书画散文，曾任知县）诗中的“长亭风笛黯斜晖，绿水连天柳絮飞。到底家山在何处，年年三月便思归”。这是一种对家乡眷恋的情感，恬然、安详。乡愁是白居易笔下的“望阙云遮眼，思乡雨滴心”，是柳宗元低吟的“若为化得身千亿，散上峰头望故乡”。这是一种对故土思念的情愫，深沉、执着。乡愁更是一种文化的表达，就如同杜甫写的：“幸不折来伤岁暮，若为看去乱乡愁。”是明代诗人常伦在《望山有怀故人》诗中抒发的“高高见西山，乡愁冀倾写”。故乡总是魂牵梦绕，让游子夜不能寐，“岁时销旅貌，风景触乡愁”。对故土的眷恋是人类共同而永恒的情感。出仕他乡的官员、远离故土的游子、漂泊在外的商贾、流浪四方的游民，谁不思念自己的故土家乡？“故乡今夜思千里，愁鬓明朝又一年。”特别是到了晚年，就更加想叶落归根，正所谓“此心安处是吾乡”。乡愁是士人对传统文化孜孜以求的守望，是一种对故国家园的深切记忆，更是一种深深烙印在国人心中的情愫。在这样一种根深蒂固的思维观念影响下，明清的佛山士人，无不选择功成身退、告老还乡。归隐田园的生活方式，这也许是文人们最好的人生结局和精神追求吧！

“少无适俗韵，性本爱丘山。误落尘网中，一去三十年。羁鸟恋旧林，池鱼思故渊。……久在樊笼里，复得返自然。”作为中国传统文化中重要组成部分的隐逸文化，既是一种文化现象，也是一种生存方式，他们追求的生活方式、精神乐趣和价值理想是建立在深厚文化素养基础上的精神境界和审美情趣。从古到今，文人士绅的归隐情结，都是深深烙印在骨髓里的一种天性，代表着古代知识分子一种追求人格独立和精神自由的真性情。儒道两家的融合互补为传统的隐逸文化奠定了基础，士绅们在历经皓首穷经、功名利禄、兼济天下苍生后返乡营建园林，“或回避以全其道，或静己以镇其躁，或去危以图其安，或垢俗以动其概，或疵物以激其清”。在放情山水、及时行乐的同时，始终坚守“怀道而隐，以隐彰道”的济世理想，既率真任性、风流自赏，又心怀乡梓、造福宗亲，在地方自治和民间管理中发挥着积极的作用。特别是以佛山官宦士绅为代表的岭南文人士大夫，更是以城市园林的营造为样本，诠释了园林与归隐的文化价值，为后世的乡贤提供了丰富的精神能量和校行榜样。

伦文叙诗文探究

伦文叙诗文探究

——从伦文叙存世诗文看其政治抱负与才学

明代，自明太祖洪武四年（1371）起至明思宗崇祯十六年（1643），共出了90位状元，其中广东人只有三个（南海人伦文叙、顺德人黄仕俊和潮州人林大钦），而佛山籍就占了两人。在明朝开国130余年后的1499年，广东终于出现了明代广东籍的第一个状元——伦文叙。

伦文叙（1466—1513），字伯畴，号迂冈，广东南海藜涌村（现佛山禅城区石湾镇街道藜涌村）人，明孝宗弘治十二年（1499）己未科状元。在伦文叙之前，广东的状元在唐朝有莫宣卿，南汉有简文会，南宋咸淳年间有张镇孙。但科举制度在唐朝并没有像在后世那样受到重视，而且开考不止进士一科；南汉是五代十国时期的地方政权，所辖领地仅有今天两广一带；南宋更是偏安江南一隅的小朝廷，况且宋度宗时期，正值蒙元大举入侵，社稷风雨飘摇之际，状元的含金量显然与明朝一统河山后在全国范围内考试所选出的状元不可同日而语。可以说，伦文叙的状元及第是自宋朝科举制度完善成熟之后，广东人第一次击败全国竞争对手，勇夺头筹的大事件。

一、伦文叙的家庭教育背景

1. 伦氏家族在南海当地的情况

传说黄帝身边有位乐官叫伶伦，他将十二乐律的奇数音叫做“律”，偶数音叫做“吕”，和起来就叫做律吕，十二律正好是一个八度的音程，伶伦便成了我国古代音律的发明者。黄帝让他制定音律，负责编排名字叫《咸池》的乐舞以娱神，并赐他以名为姓，称为伦氏。伦姓目前主要分布在广东的南海、高要、江门和广西地区，在佛山市南海区的伦姓主要分布在桂城石硝、夏滘和西樵凤岗等地。据伦文叙墓志铭记载，“宋末，有为广州教授者，来自南雄，居南海之魁冈，遂世为南海人”。可见，南海伦氏一族是在宋末自南雄朱矶巷迁到南海定居的。今天，伦文叙直系亲属的分支已到 24 世，大多分布在南庄苏滘、叠滘、伦教、从化。其他分支已经繁衍到 26 代。据伦氏族人介绍，在 23、24 世的伦氏后人中，有很多从事教师职业的。本来在黎涌村伦地街一巷也有九户伦姓人家，现在已基本全部外迁，石藜涌村基本上没有伦氏后人居住了。

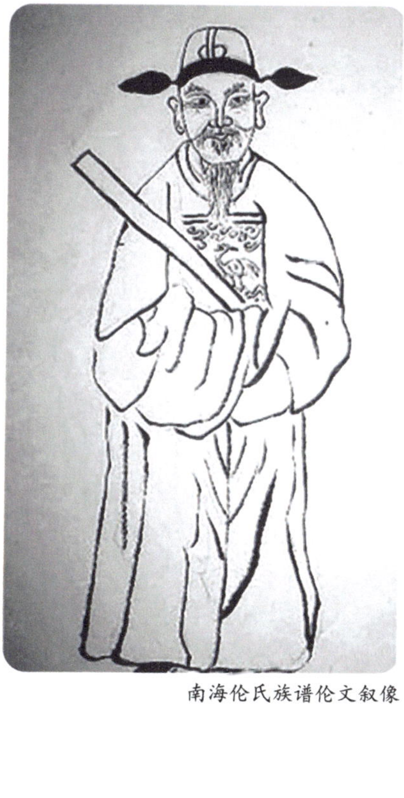

南海伦氏族谱伦文叙像

伦文叙墓，南海区罗村芦塘麒子岭长安墓园内

2. 伦家的情况

1992年3月，在佛山市南海区罗村罗湖开发区迁坟平地时意外挖掘出伦文叙的坟墓，据墓志铭上记载，“君讳文叙，字伯畴，于冈其别号。考讳明、祖讳敔，皆隐德不仕。”墓志铭是由上党人刘龙撰写的，他与伦文叙同是己未科进士，一甲榜眼，与伦文叙同是经筵讲官。由此得知伦文叙的祖父伦敔，父亲伦明。又据伦氏族谱记载，伦明(1433—1505)，字宗正，号显枝。伦明年轻的时候在季华堡的黎涌村居住，32岁时生文叙，后来迁到广州光孝寺附近的福地巷13号（今广州越秀区海珠中路）居住。伦明小时候读过书，原本在乡下务农，后来做过佣工，中年以后靠撑渡船为生，一家大小仅堪温饱。伦明的妻子何氏，共生四子：长子文叙，次子文敬，三子文敷，四子文彻。因为生活艰难，伦明虽然是个读书人，但却未能走科举之路，便把全部希望寄托在儿子身上。由于家庭收入甚微，伦明无力送子入私塾读书，但他不因此放弃对子女的教育，而是想方设法地对年少的孩子们进行一些启蒙教育。

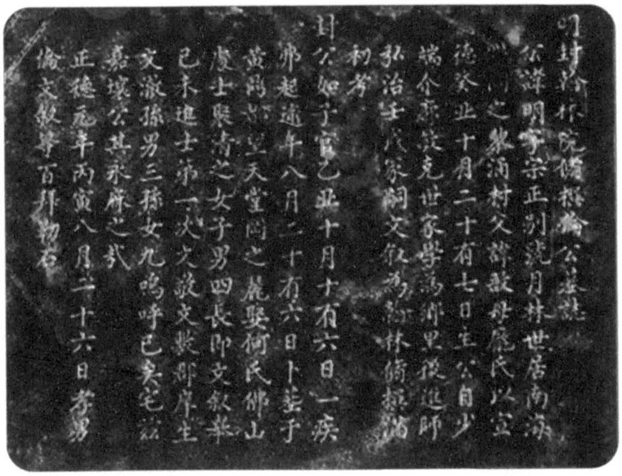

伦文叙父墓志铭拓片

3. 佛山地区耕读文化传统影响岭南文化传承

科举，是中国历史上的一种人才选拔制度。这种考试制度自隋开始实行，直到清末废止，一直沿用了将近1300年。科举制对中国政治、经济、文化、思想、民俗乃至民族性格产生了深刻而广泛的影响，“天子重英豪，文章教尔曹。万般皆下品，唯有读书高。”“朝为田舍郎，暮登天子堂。将相本无种，男儿当自强。”古人把读书、入仕当作头等大事，读书应举是科举时代绝大多数古代知识分子入仕的必由之路，科举考试也成为古时候士人生活的主要内容。

伦文叙母亲墓志铭拓片

珠三角地区水网密布，土地肥沃，气候宜人，是天然的鱼米之乡。明代以来，生活在这里的男子在谋取自身生活温饱的基础之上，力图通过刻苦读书进入仕途。“耕读传家久，诗书继世长”，是对传统耕读文化的核心解读，正所谓“富贵传家，不过三代；诗书传家，继世绵长”，千百年来几成共识。曾国藩认为：“耕读之家，最能维持长久”。在曾国藩的家书中，有许多内容都是教导弟妹子侄要谨守家传耕读文化传统的。现代广州文化学者黄勇认为：“耕读传家”既学做人，又学谋生。具体要求就是：本分做人，不废学业；耕读为生，朴中带雅。皓首穷经、躬耕垅亩，起于阡陌、达于仕宦。修身、齐家、治国、平天下，正是古人耕读的理想和追求，而这种民风在岭南地区有着厚重的历史传承和滋生土壤，在一些客家聚落中表现得尤为突出，而佛山更是以耕读传家的醇厚民风著称的。佛山至今还流传着有“五里四会元”的美誉，因为明清时代，南海的石头村、黎涌村、顺德石硝村相去五里，但出了四名会元：黎涌伦文叙、伦以训，石硝梁储、石头霍韬。时人称为“海内科举之盛，无出其右”。伦家更有“一门四进士、父子魁三元”的美誉，霍韬父子进士、梁储兄弟进士，虽然未能与伦家一门四进士相提并论，但也称雄一时。宋元明清四朝，南海（明清佛山属南海县）进士 347 人，顺德 238 人，番禺 253 人，南海、顺德进士数量分列全省第一、第三。另外，状元、榜眼、探花数量，佛山也位居第一。广东历代状元 9 人、榜眼 8 人、探花 9 人，南海顺德状元 5 人、榜眼 3 人、探花 3 人，占了三分之一多，可见佛山科甲之盛，耕读文化流传之广。佛山确是名副其实的“状元之乡”和“人文之邦”。

4. 伦文叙的天资与勤学

崇祯《南海县志》记载：“伦文叙字伯畴，长身玉立，头颅大二尺许。五岁时与群儿戏，有术者独指之曰：‘是儿当大魁天下’。弘治己酉以儒士小试，御史周南得其卷，于遗材中嗟异之，入籍果中高等。己未会试、殿试皆第一。”从这则史料记载可知，伦文叙自小就聪慧过人。据伦氏家族口口相传，伦文叙一生下来就有异相，头颅周长二尺，被人戏称为“大头仔”。伦文叙两三岁时，他父亲便在劳动之余，教他识字读书、背诵唐诗宋词。四岁时，他就能流利地背出数十首诗词，练得一手好字，还养成了勤学好问的习惯。七岁时，因经常到村内一私塾门外偷听老师讲课，塾师备受感动，免费收他为学生。因聪慧好学，伦文叙八九岁时已能吟诗作文，并长于对联，每试必列前茅，有“神童”“急才”“鬼才”之称。其后，塾师年老病逝，伦文叙因而辍学，但仍一面卖菜操持糊口，一面专心钻研经典。伦文叙学业优秀，十四岁考中秀才。弘治二年(1489)，赴省应试中举，为巡按御史赏识，选入太学肄业。弘治十二年(1499)在京考试，列第一(会元)，跟着殿试，又名列第一(状元)，遂衣锦还乡祭祖。

二、伦文叙青少年时期的求学之路

1. 伦文叙的师承

据《伦文叙墓志铭》记载，少年时候的伦文叙曾经“从西溪张叔亨尚《书》、受《易》，大有造诣。张殊礼遇之，称之畏友”。这个张叔亨应该是伦文叙的第一个授业老师。而伦文叙的另一个授业老师是藜涌村当地颇有声望的乡贤名士和理学

耕读传家历来是广府地区的家风

学者陈东峰（生于永乐二十二年，名庸，字秉常），他师从明代著名思想家、理学大师陈献章，时人评论：“若东峰者，其诚敦朴古雅士耶”。“白沙门下有二子，岭南风气真堂堂”，陈东峰就是其中一子。史料载陈东峰“师之献章，深服其德量”。曾以成化十年中式第五名的成绩举于乡，官至四川荆门州同知。后归隐乡间，开设私塾讲学，教书育人，可见青少年时候真正影响伦文叙思想和学业的老师，是岭南大儒陈献章的弟子陈东峰。陈献章是岭南极负盛名的理学家和诗人，主张“学贵知疑”，提出了以“自然为宗”“学贵自得”“宇宙在我”为主体的哲学主张，突出个人在天地万物中的存在意义，在宋明理学史上是一个承前启后、转变风气的关键人物。他提倡较为自由开放的学风，打破程朱理学沉闷和僵化的模式，开启明代心学先河，逐渐形成一个有自己特点的学派，史称“江门学派”。陈献章一生致力于授徒讲学，弟子遍天下。藜涌村与白沙村（属新会县）相距不远，以陈献章岭南一代大儒的名望，伦文叙同附近四乡学子慕名前去拜师求学也是理所当然的事情。而史料记载伦文叙号迂冈，著有《迂冈集》20卷和《白沙集》12卷。《白沙集》应该是他在江门白沙村求学时的文章合集。伦文叙传世的著作和诗文不多见于正史和有价值的史料，其思想及文风诗风应该与“江门学派”同出一脉。

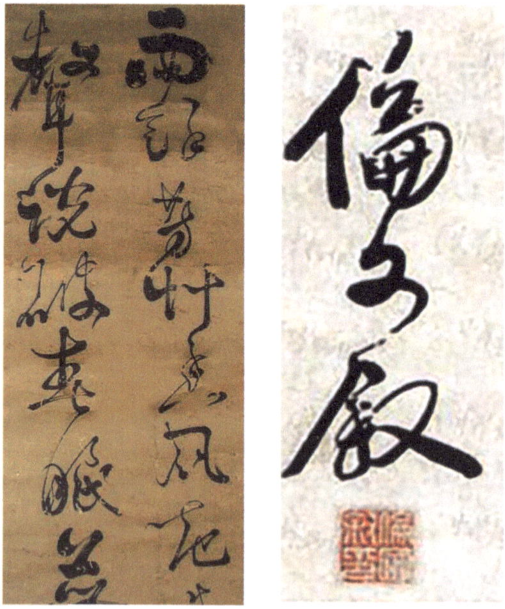

伦文叙真迹

2003年，南海区盐步镇南井村在维修旧祠堂时发现了一块由伦文叙题写的“三牧堂”牌匾。经有关专家初步鉴定，木匾是伦文叙的真迹题匾，距今已有近500年的历史。木匾残缺，剩余部分长约2.5米、高0.9米，木质坚硬，上面刻有“三牧堂”

三个大字，落款为“门生伦文叙敬题”，字体刻工精细。木匾虽然已残破，匾身还出现了裂痕，但伦文叙的字迹仍然清晰可见，而落款印章区已经模糊不清了。三牧堂是为纪念南井村刘氏第五代传人刘环溪而建造。史料记载刘环溪曾官拜上海崇明县令、苏州知府。据说伦文叙曾向刘环溪递过门生帖，由于两人同为南海人，加上伦文叙才学过人，刘环溪对伦文叙厚爱有加。刘环溪死后，其后人在南井村修建占地面积约 100 平方米的三牧堂，伦文叙亲自为三牧堂题匾。“三牧”意“谦虚、谨慎、自律”，反映了刘环溪的为官之道。伦文叙生于成化二年（1466），而刘环溪生活在成化到弘治年间。可见他俩是同龄同辈人。如果伦文叙向刘环溪行门生礼的话，只能说明刘环溪要比伦文叙早中进士，他们之间是授业师徒的可能性不大。

2. 少年伦文叙的政治抱负与文学抱负

少年时代的伦文叙，就向往贤达，志图高远。民间传说伦文叙少年时，因家境难支，不到十岁就被迫停学，回家帮父母种菜、卖菜。他白天参加劳动，晚上苦读诗书。有一天，伦文叙挑菜到广州西禅寺，寺里两个做饭的和尚素知伦文叙会吟诗作对，便故意说：“菜我们是想要的，但有个条件，我们寺里的面贤殿尚缺一副对联，这副对联要恰合一百的数目。你对好了给高价，对不好这生意就不做了。”伦文叙请和尚取来纸笔，沉思片刻即写就一联：“杏坛七十二贤，贤贤希圣；云台二十八将，将将封侯”。联中的 72+28 刚好等于 100，数目相符，内容妥帖。两个和尚连声赞好，便出高价买了伦文叙的那担菜。这副对联充分体现出少年伦文叙的抱负和人生追求。

还有另一则对联故事。相传伦文叙一次在广州西禅寺卖完菜，收了菜款，正待回家，忽然锣鼓喧天。原来两广总督吴琛要来寺进香，西禅寺法师正率领僧众吹吹打打出寺门迎候。伦文叙早听说这个总督大人是个才子，今天有了见面的机会岂能错过？便趁大家专心张罗迎候之机，悄悄地钻进大雄宝殿的神台下藏了起来。不一会，总督大人果然来了。在他向佛像参拜、上香、祝祷之时，忽见神台下有个黑影在蠕动，不禁大惊失色，忙叫卫兵拿刺客。卫兵迅速把“刺客”捉到，原来是一个八九岁的小男孩。法师怕小文叙吃亏，忙向吴琛施礼道：“此乃本寺附近的神童伦文叙，贫僧常与他吟诗作对。这孩子才思敏捷，应对如流。今日冒犯虎威，实是出于无知，还望大人恕罪。”吴琛听说是神童，心下有几分欢喜，便对小文叙说：“本官今日出一上联试你，如果对得好则恕你无罪。若对不通，可要重重处罚。小孩你敢对吗？”伦文叙点了点头。吴琛也是贫贱出身，靠勤学苦读中的进士，以后才逐步升任要职的。于是他信口就科举之事，道出上联：“一介寒儒，攀龙、攀凤、攀丹桂”；吴琛语

音刚落，伦文叙的下联就出来了：“三尊宝佛，坐鳌、坐象、坐莲花”。众人听罢皆惊奇，吴琛更是赞不绝口。又听说他少年失学，深感惋惜，立即赏白银五十两资助他继续完成学业。这两则故事虽然只是民间传说，但可以看出少年伦文叙志向远大，才思敏捷。事实上，伦文叙文采出众，有“神童”之名，民间称之为“鬼才”。

“举目纷纷笑我穷，我穷不与别人同。良田万顷如流水，茅屋三间尚古风。架上有书随我读，樽中无酒任其空。一朝拔出龙泉剑，斩断穷根变富翁。”相传这是伦文叙少年时写的一首言志诗，语言直白，颇有浪漫主义的色彩。另外一首写道：“平生志气与天高，欲把文章压富豪。胆大扳龙头上角，心雄拔虎嘴边毛。采薪要折蟾宫桂，放钓须擒海底鳌。他日圣朝来就聘，布衣脱换紫金袍。”这一首诗狂傲之气十足，已经不似伦文叙的性格了，“扳龙上角”“换紫金袍”更不应该是一个希望通过科举考试获得机会的寒门学子能说出来的话，这些诗歌应该是后人强加于伦文叙的。

还有一首劝谕诗：“劳碌奔波只为饥，但凡肚饱又思衣。衣食两全俱皆足，又想嫦娥美貌妻。娶得娇妻生贵子，并无田地养妻儿。买得良田千百顷，并无官职被人欺。得中高官朝帝主，可能学得汉钟离。”就更似是民谣了。再有传说是伦文叙写的《夜壶诗》诗：“土形火煽生吾身，父母贪财嫁老人。年迈应该无风月，谁料一晚三几勺。”本身就是一打油诗，而且立意粗俗、全无美感，倒像是某些落魄秀才的涂鸦之作，学富五车的状元是根本不屑一顾的。这些民间广为流传的所谓“伦诗”，大都意境欠奉，语言直白，思想肤浅，绝对不可能是伦文叙所写。

3. 伦文叙的才学

“去时曾携一束书，归来玉带挂金鱼。文章未必能如此，应是双亲积善余。”伦文叙存世的文章不多见，也没有流传千古的诗词文章，后世流传的诗文也多是民间传说，良莠不齐，难分真伪，这就难怪有人会评价这位状元郎高中全凭父母的“积善余”了。伦文叙明正史无传，只有片言只语的记载：“三月丁丑，赐伦文叙进士及第，出身有差”，“武宗践祚，命修撰伦文叙、给事中张弘至诏谕其国”。那到底伦文叙的真正才学如何？

首先我们来看看一个有志于参加科举考试的学子要读些什么书，要读多少书。据元代程端礼的《读书分年日程》记载，学子在八岁前启蒙，读程端蒙的《性理自训》；八岁后读朱熹的《小学》，再读《大学》《论语》《孟子》《中庸》《孝经》，接下来就是《易》《书》《诗》《仪礼》《礼记》《周礼》和《春秋》三传、《论语集注》、《孟子集注》、《中庸章句》、《四书或问》，十五岁后熟读朱熹《四书集注》，

再学写文章，还要通读《资治通鉴》《楚辞》《正始之音》等历史、辞赋和音义韵律等书籍。有的篇章还需要倒背如流，并练习“科举文字”的写作，熟悉“八股文”的写作方式，要“既有学识，又知文体”。读书的时间则是“每日鸡鸣而起，以寅卯辰三时诵书，以巳午时看书，以未时作文，申酉二时默坐思索，戌亥二时温书。”①换算成今天的时间，就是凌晨3点到上午9点读书，晚上7点到11点温习，每天只有4个小时的睡眠时间。要想“朝为田舍郎，暮登天子堂”，学子们首先就必须要经历艰辛，挨得住寂寞，才能等到“一鸣惊人”的金榜题名时刻。

弘治十二年(1499)，经会试、殿试，录取进士近300名。伦文叙会试和殿试均获第一，成为状元。能够在数千参加考试的举人中脱颖而出，而且力压殿试中的群雄，其文才不是靠民间传说的那些许小聪明就可以的。那到底成为状元的伦文叙有什么过人的才智？首先我们从明朝的科举制度说起。到了明朝科考进入成熟阶段，竞争甚为激烈。读书人有可能通过科举跻身国家管理阶层，实现鲤跃龙门般的蜕变，但是这个过程是漫长而又痛苦的。据史料记载，明、清时期一般情况下全国每次参加乡试的考生有16万—18万人次，从中选拔5000—6000人成为举人进入会试，再从会试中选出贡士300人进入殿试，最终在“殿试”中选拔出状元、榜眼、探花各一名。

18世纪法国启蒙运动时期的杰出思想家、社会学家孟德斯鸠特别推崇中国的科举考试，他认为：“中国不设世袭的官吏和贵族，皇帝通过科举等途径选拔官吏。凡是具有真才实学的人，不论出身如何，都有经过科举考试成为官吏的机会。考试的内容是儒家经典，这有助于以儒家思想治国。除科举外，地方官吏还可以向朝廷荐举品德高尚的人充任官员。这种制度有利于提高官吏的素质。法国实行买官鬻爵制，宫廷以此作为重要的收入来源，其结果是官员极端无能，惟以敛财为目的，百姓深受其害，而且代代相传，遗患无穷。”②伏尔泰、狄德罗等人也对中国的科举考试极为推崇，认为通过科举考试选拔政府官员的做法值得欧洲仿效。到今天还有不少欧洲学术界的人士认为，法国、英国18世纪实行的考试制度，后来美国的文官考试制度，在很大程度上是受到了中国科举考试的启发。科考中的殿试，由皇帝本人或钦命大臣做主考官。考试的方式是皇帝提问，考生回答，内容主要是“策问”。“策问”是以对答形式考试的一种文体，内容以经义、政事为主，与今之论文答辩略有类似之处。皇帝根据考生的表现，将考生划分成三个档次，叫做“三甲”。一甲只有三个人，

---

① 邓洪波、陈吉良：《从学规看明代书院之课程建设——以弘道、大科、湖南三书院为例》，《湖南大学学报》2007年第11期。

② 许明龙：《孟德斯鸠与中国》，国际文化出版公司1989年版，第67—86页。

叫进士及第，前三名分别是状元、榜眼、探花；二甲若干人，叫赐进士出身；三甲若干人，叫赐同进士出身。伦文叙参加会试和殿试均获第一，成为状元，这是何等难得啊！纵观明代200多年科举考试中也仅有后来做到首辅的商辂能够“三元及第”（同时获得解元、会元、状元。明朝第一个三元及第的是黄观，后被朱棣除名。可以说商辂是明代唯一一个三元及第）。明英宗以后形成惯例，在所有的进士中，只有一甲三人可直接进入翰林院，状元授予翰林修撰，榜眼和探花授予翰林编修，二甲和三甲中的佼佼者还要经过考试才可入翰林院任庶吉士。庶吉士的职责是给皇室成员讲解经史，从事诰敕起草、史书纂修、经筵侍讲等工作。翰林院编修正五品，翰林院侍讲学士从五品，官阶都不高，然而他们实际上就是皇帝的秘书，隐形权力很大。到了明朝中期，更形成了不是庶吉士不能当大学士的惯例。庶吉士号称储相。万历年间内阁首辅张居正，即庶吉士出身。

下面，我们来分析一下明弘治十二年（1499）已未科伦文叙的殿试试卷：

殿试题目：问致治之法与出治之本

制曰：朕惟自古圣帝明王之致治，其法非止一端，而孔子答颜渊问，为邦但以行夏之时、乘殷之辂、服周之冕，乐则韶舞，为言说者，谓之四代礼乐然，则帝王致治之法。礼乐二者足以尽之乎，宋儒欧阳氏有言，三代而上治出于一，而礼乐达于天下，三代而下治出于二，而礼乐为虚名。当时道学大儒称为古今不易之至论，今以其言考之，上下数千余年，致治之迹，具在可举而论之乎。夫三代而上，无容议矣，汉高帝尝命叔孙通定礼乐，负鲁两生不至，谓礼乐积德百年而后兴。厥后三国分裂，其臣有诸葛亮者，而世儒乃或以礼乐有兴，或以庶几礼乐许之，盖通与亮之为人，固不能无优劣，要之于礼乐，能兴与否，亦尚有可议者乎。我国家自太祖高皇帝，以神武创业， 圣圣相承百有余年，礼乐之制作，以时以人宜无不备矣，然而治效之隆未尽复古，岂世道之升降不能无异耶，抑合一之实，犹有所未至耶。朕祗承丕绪，夙夜惓惓欲弘礼乐之化，益隆先烈而未悉其道，子诸生其援据经史，参酌古今，具陈之，朕将亲览焉。

伦文叙试卷：

臣对：

臣闻若天下者，有致治之大法，有出治之大本。礼乐者，致治之大法也。天德者，出治之大本也。大本具而后大法可立，大法行而后大本以彰，本末相资，内外一道，不可以差殊劝也。然大法行于天下，非智术所能为。大本存乎一心，非掩袭所能得。

必其性诸天者，浑然完具，初无一毫之亏欠，则其施诸治者，灿然明备，可以四达而不悖矣。苟法有未备，固无所恃以为治，而本之不纯，抑又何以立大法哉！《傅》曰：有天德，便可语王道，其以是欤。钦惟皇帝陛下，禀神圣之资 ，际盈成之运，存心养性，以培植天下之根本者，无一日之不谨。化民成俗，以恢弘天下之治道者，无一事之不周矣。但善之可为，古人自以为不足，世虽极治，圣人犹以为未然，是以侧席求贤，临轩策士，询臣等以礼乐之治。上稽唐虞三代之盛美，下逮汉唐宋之得失，暨祖宗创业垂统之善，今日保邦致治之规，成有天下之远图，安天下之至虑也。顾臣学术肤浅，何足以语此，然有问而对者。臣之职，有怀必吐者，臣之愿，敢不罄一日之敷言，以答千载之奇遇哉！臣惟天地之道至大也，阴阳之理至妙也，而造化蕴育，固未尝不着见乎两间，观其物各付物，而不可以强同，则天地所示者，一自然之序以为礼也。絪蕴化醇，而不容以独异，则天地所示者，乃自然之和而为乐也。惟古之圣帝明王，兴天地合德，兴阴阳同运，履中正而大本以立，乐和平而大本以端，于是以一身之中和，为天下之中和，以一人之礼乐，为天下之礼乐。辨方正位，体国经野，设官分职，以立天下之纪纲，一制度，异好尚，明等威，正称号，以至定天下之名分。用天时，因地利，揭天长，立人纪，以广天下之政化，以至亲疏小大为之体，朝会交际为之期，宫室器用为之饰，吉凶哀乐为之节，以备天下之典。则使天下之事，莫不得其序，而人乐以持循，夫是之谓礼。天下之物莫不各适其和，而人兴于鼓舞，夫是之谓乐，礼乐备，而天下之治毕矣。故孔子答颜渊为邦之问，不过以夏时，殷辂、周冕、韶舞为言，尹炖因谓之四代礼乐，则凡古今致治之法，皆不出乎礼乐二者。而礼乐之外，安复有所谓治法者哉。降及后世，求治无本，如摭其文，以用于郊庙朝廷之间，不推其义，以及于闾阎里巷之下。宋儒欧阳修谓三代而上，治出于一，而礼乐为虚名，大儒朱熹因谓万世不易之至论，良有以也。臣请得而论之，尧舜禹汤文武之圣，精一执中，皆极夫渊微之妙。建中建极，皆纯乎羲理之天。惟其为德之纯，故政事之所修明，明化之所旁达，虽未尝明言礼乐于天下，而其变通之宜，衣裳云垂，玑衡之察，玉帛之修，兴夫钦昊天。而授人时，画井田，而备封建，昭典礼。而严命讨，祀神祇，而奠山川者，率皆礼乐之用也。虽未尝显礼乐于四方，而其文命之敷，人纪之修，咸和之用，由旧之政，兴夫关石和钧，其于王府正朔服色，易于革命，九一世禄，行于治岐。五教三事，重于武成者，率皆礼乐之行也。盖不出乎经世宰物之典，而得鼓动作与之机，不外乎民生日用之常，而寓渐摩诱掖之道。所治莫非教，所教莫非治。政治礼乐，初无二途，是以二千年间，经制大备，政教大同，礼乐之化，自国家以布获乎天下，自朝廷以流及于万国，咸有以沦人肌肤，浃人骨髓，致人人有君子之行，比屋有可封之俗者，合唐虞夏商周，而同一御焉。所谓治出于一，而礼乐于天下者，以其治之有本故也。若汉唐宋之君，具宽大之德者，不如尧舜之至仁。抱英雄之略者，类非汤武之大勇。惟其之不纯，故虽制礼作乐之命，后先相闻，蕞仪审音之奏，影响不绝。然徐考其所务以为治者，则九章之法，十五之税，南北之军，以为开基之伟制。习射殿前，更定律令，减省吏员，以为贞观之政要。收藩镇之权，严兵样之选，定覆奏之狱，亦视为立国之规。朝夕从事，以为治民之政，至其制作所成，谋议所定，则杂就之仪，掌天太常。大风之歌，奏于原庙。事文具，则着贞观之仪。耀武功，则崇七德之舞。刘温叟所定犹杂先朝之迹。和岘所奏，未谐声气之元。别其名目，以为礼乐之教，是皆求治于抑勒操切之余，而不知其陷于俗吏之非。立教于声容气数之末，而不知其流于文史之伪。所制非所教，所教非所制，政治礼乐，歧为二致。是以千有余年，经制荒忽，政刑苛紊，置先王之粗 ，以为有司之藏。采古法之遗略，以备斯须之用。妖声艳辞，无补于时政之缺失。虚饰美观，莫拯夫世变之下移。虽其享国，亦彷佛乎帝王之历年。而其风俗，则不逮帝王之季世者，合汉唐宋而一同睽焉。所谓治出于二，而礼乐为虚名者，以其治之无本故也。汉高祖因群臣肆拔剑击柱之失，叔孙通行共起朝仪之请，乃曰可试为之，又曰度吾所能者为之。则其所求者固已非三代之典，而其所委者又复无九官之臣，此积德百年之语。所以来两生之却，而绵蕞野外之习，姑以徼小就之功，则其君臣之所自许，与其志愿之所自足者，从可知矣。是其时虽若可乘也，而无可为之人，礼乐之所以不能兴也。诸葛亮感先主三顾之勤，而为两汉中兴之佐，立纲陈纪，而不为近图。广德率义，而不为小惠。庶政欲其精练，万事理具根本，则其施为之规，已得礼乐之遗意矣。使天下祚汉，假之以年，将见开诚布公之治，虽未敢必其匹休前古，而光明俊伟之业，将有以决其度越后世矣。王通谓其礼乐有兴，程颢谓其庶几礼乐，岂无见乎。是其人虽若可为也，而无可乘之时，礼乐之所以不复兴也。我国家自太祖高皇帝，以圣人之德御圣人之位。用夏变夷，为民立极，酌古准今，以建一王之法。因时创制，以定万世之规。暨于列圣率遵成业，以为永图。肆我皇上，益隆继述，以期光大华夷一统，百有余年，固非蜀汉之偏安，重明继照，世德作求，下陋汉高之不学，是宜礼乐之道，掀天揭地，超出乎百代之表，礼乐之化，风行海流，大被乎九围之内。然《凫鹥》既醉之什，尚未歌于审音之瞽。而鸣条破块之变，容或纪于上事之臣，堂陛深严，而吁吁咈之风未着。教化流行，而禁纲之密未舒，萑苻之扰间见于潢池，纨绮之习，下成于闾巷。治效之隆，未尽复古，诚有如圣谕所云也。将谓世道有升降之异耶，向使汉唐宋之君，有尧舜汤武之德，而其臣有皋夔伊周之贤，则王道着七制之书，未必为后世之僭经，而唐史赞文王之辞，亦遂为不刊之宝禄也。今以君明臣良之时，当重熙累洽之盛，所以时平世道者，特在陛下决取舍之机，而所以维持世道者亦在大臣竭赞成之力耳。复古之治，臣切望焉，若谓合一之宝有未至耶，则我祖宗为治之道，即礼乐之道，陛下保治之法，即礼乐之法，固无所谓出于二矣。但其道至大，非一人之所能为；其法至广，非一日之所能尽。朴略于风气未开之时，不能不藻饰于人文渐着之世，草创于文武更始之初，不能不大备于成康继体之后。今求夫为治之实，其亦有不能尽合于一者乎。伏愿陛下，上体天心，懋隆峻德，涵养情性，致极中和，以端出治之本，详审枢机，修明体要，以成致治之法，使天下之政，皆出乎天理之公，而后世人欲之私，有所不用。天下之务，皆由乎道义之正，而后世法禁之术，有所不行。殆见着于闺门，兴于朝廷，被于乡遂比鄰，达于诸候四海。自祭祀军旅，至于饮食起居，未始一日不在礼乐之中，亦无一人不被礼乐之化。所谓至礼不让，而天下治，至乐无声而天下和。近可以匹休于祖宗，远可以比隆于前古。而汉唐宋之治，不足言矣。虽然出治之本，固在于德，而修德之本，则岂外于学哉，尤愿陛下，于退朝之暇，清燕之余，注意于圣经贤传之蕴，留神于古训时务之谊。端本澄源，以肃此心之敬。防微慎独，以闲外至之邪。御经筵，不徒事讲说之勤，必求夫明善诚身之实。开言路，不徒侈献纳之广，必尽夫省躬克己之诚。治乱兴衰之源，在所周知，民情物态之变，亦垂听览，则圣学韦新，治效随着，礼乐之用，达于天下而无间矣。尚何合一之实有未至，而复古之治有不成哉。由是观之，帝王所以建致治之绩，于数千载之上者，此道也。祖宗所以隆政治之业，于百年之间者，此道也。然则陛下之所以光前振后，而绵亿万载隆长之绪，亦岂出于此道之外哉！臣学不足稽古，而窃尝怀复古之思；智不足以知今，而未敢忘当世之务。故酌治道之中，为探本之论，以上呈圣览，惟陛下采择而施行之，匪惟愚臣之幸，诚宗社无疆之休也。干冒震严，不胜恐惧战怵之至。

臣谨对。

礼，原本是古人事神祈福的一种原始宗教仪式。西周初年，礼便从宗教的制度转换成了基本的社会典章制度，规定着贵族社会生活和国家政治生活的方方面面。礼的本质是差异，也就是说贵与贱、尊与卑、长与幼、亲与疏之间，有各自的行为规范，绝对不可混淆。这种有差异的秩序叫“礼”，不可僭越。乐，原本是一种辅助性的原始宗教仪式，后来经周公等改造成了人们在宗庙、乡里之间，在君臣、父子、长幼之间沟通情感的基本方式。礼乐文明是中国古代文明的重要组成部分，用以维护封建社会秩序。

明朝的第五任皇帝朱瞻基在《御制官箴》的《礼部箴》中就明确了礼为“出治之本”的重要作用：“圣人立极，法天出治，为治之本，莫大于礼。”伦文叙的这张试卷，主要讲述了对礼乐制度的看法，回答了如何以礼乐治国。文章开宗明义地提出“礼乐者，致治之大法也。天德者，出治之大本”的主张，明确提出礼为“自然之序”、乐为“自然之和”的观点，认为“凡古今致治之法，皆不出乎礼乐二者”，礼乐备而后天下治。对于治理国家，伦文叙认为应当重视礼乐的教化作用，并以唐汉宋各朝无不用礼乐教化人民、治理国家为例子，阐明了教化的重要意义，指出实行礼乐之治的目标是要以“天理之公”、“道义之正”行“德治”之政，认为“明德”与“修身”是进行礼乐学习的重要环节。同时提出了要行礼乐之治，不能一蹴而就，要潜移默化、久久为功，建议皇帝应“端本澄源”“肃心敬畏”“防微慎独”，要“御经筵”“养性情”“致中和”“审枢机”“明体要”，进而“开言路”“察民情”，从而使“礼乐之用，达于天下而无间”。

伦文叙的这篇殿试答卷，引经据典地从礼乐的作用阐明道德教化的重要性，并给皇帝开出了实行礼乐教化的药方。文章思路明确、脉络清晰、引经据典、文采飞扬，彰显出伦文叙有着学富五车的才华，而且熟读儒家经典，有着非常厚重的国学涵养，同时对德治教化有独到的见解。

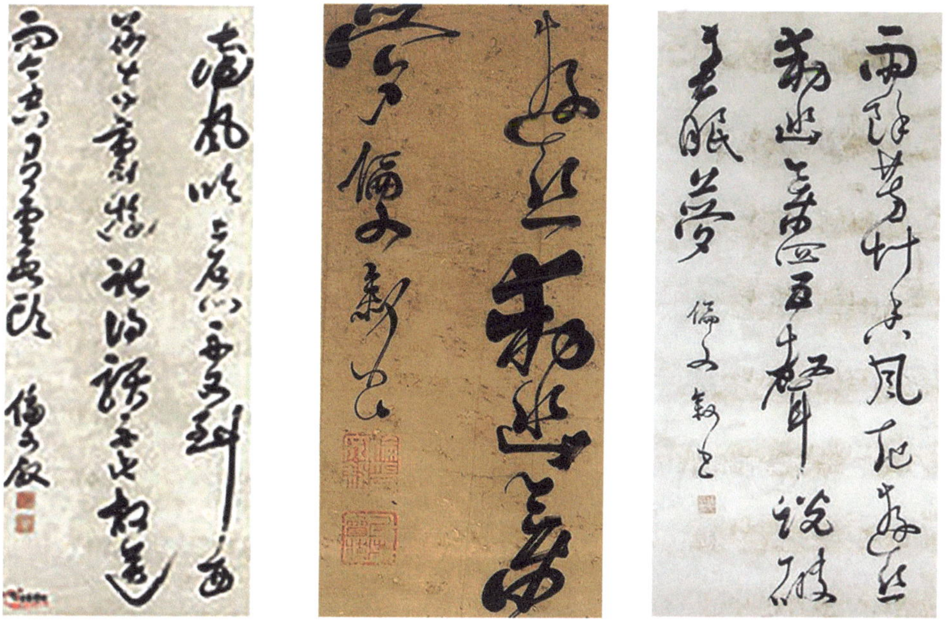

伦文叙书法

我们再来看看皇帝钦点的己未科14位阅卷官的资历、官职与学术水平（见下表）

己未科考阅卷官

序号	姓名	时任职务	生平简介
1	刘健	少傅兼太子太傅、户部尚书、谨身殿大学士	为英宗、宪宗、孝宗、武宗四朝元老，师承著名理学家薛瑄，熟读经书，学问博大精深，有经世济民之志，敢于仗义执言，以天下为己任，著有《刘文靖公奏疏》二卷
2	李东阳	太子少保、礼部尚书兼文渊阁大学士	天资英迈，清节不渝。少入翰林，即负文学重名，以文章领袖缙绅。主张学古，反对模仿；言由心生，诗文真情；知言养气，文主于气。为茶陵诗派的核心人物，又工篆书、隶书，著有《怀麓堂稿》等
3	谢迁	太子少保、兵部尚书兼东阁大学士	成化十一年（1475）状元，为人秉节直谅，见事明敏，善持论。时人谓“李公谋（李东阳的谋略），刘公断（刘健的当机立断），谢公尤侃侃（谢迁的能言善辩）”，为世称的“天下三贤相”之一。著有《归田稿》八卷，《湖山唱和诗》二卷
4	李杰	太常寺少卿兼翰林院侍读学士	弘治信臣，曾为皇帝和太子讲学。
5	焦芳	太常寺少卿兼翰林院侍讲学士	正德时内阁首辅，阿附刘开瑾
6	王鏊	詹事府少詹事兼翰林院侍读学士	自幼聪颖异常，八岁能读经史，十二岁能作诗。十六岁时，国子监诸生即传诵其文。博学有识鉴，经学通明，制行修谨，文章修洁。善书法，多藏书。著有《震泽编》《姑苏志》等。王守仁赞其为“完人”，唐寅赠联称其“海内文章第一，山中宰相无双”
7	屠滽	太子太傅、吏部尚书	御史出身，立朝持论公允，推贤让能，着有《丹山集》
8	周经	太子少保、户部尚书	为人刚直正派，好强谏，勇于担责
9	马文升	少保兼太子太傅、兵部尚书	历仕五朝，性俭介，敷文饬武，为“弘治三君子”之一，著有《马端肃奏议》《西征石城记》等

（续表）

序号	姓名	时任职务	生平简介
10	白昂	太子太保、刑部尚书	为官清廉，心思缜密，善治水
11	徐贯	太子少保、工部尚书	为官正直，善统兵，懂治水
12	闵圭	太子少保、都察院左都御史	御史出身，曾官两广总督，有《闵圭文集》十卷
13	元守直	掌通政司事、礼部左侍郎	历掌枢要，秉性朴鲁，寡交游，性素廉
14	王轼	大理寺卿	有战功，曾平定云南土司，著有《平蛮录》

纵观这14位阅卷官，都是弘治皇帝信任的肱骨重臣，大学士、六部尚书、御史大有人在，其中不乏文学大家、诗坛领袖、理学大儒。这些人大都熟读经书，学问博大精深，能够得到他们的赞许和认可，从数千学子中脱颖而出是多么不易啊！当年参加同一期科考的还有日后大名鼎鼎的一代心学宗师王阳明。同科参加考试的，还有当时有“江南四才子”之称的三位才子，唐伯虎、祝枝山、文徵明。据资料记载：王阳明生于1472年，中二甲第六名进士；唐伯虎，生于1470年，1498年中乡试第一名解元，次年入京会考，因牵连科场泄题案下狱，后被罢黜为吏，终生不得志。唐伯虎精通音律，传世的诗、文、书、画等作品数量可观，不愧才子之称。祝枝山，生于1461年，在弘治五年(1492)中举之后久试不第。文徵明，生于1470年，在1495年中举后连考十试不第。江南另一才子徐祯卿，生于1479年，与祝枝山、唐伯虎、文徵明齐名，号称“吴中四才子”，又与李梦阳、何景明、边贡合称“诗文四杰”，徐祯卿有没有参加1499年的会试不得而知，据载他也是累试不中，但是从哪一年起参考的，没有明确记载，但当时他已20岁，很可能也在同科。江南四才子在己未科会试中同时折戟，独伦文叙脱颖而出，可见伦文叙真乃一千古奇才，其文才也并非浪得虚名。

三、伦文叙的为官之道、品格魅力和教育理念

1. 从宫廷讲学官到编修史官

伦文叙史被钦点状元后，授翰林院修撰，开始了仕途的起步。翰林院修撰，从六品，职位不高，主掌修国史、实录，记载皇帝言行，进讲经史，草拟有关典礼的文稿。古代的翰林院是皇帝的秘书机构，而翰林本身的作用和权力，因皇帝的信任程度而有所差别。伦文叙在这个岗位上一干就是七年。明孝宗在位期间，勤于理政，选用贤臣，当时被任用的徐溥、刘健、李东阳、谢迁、王恕、马文升和伦文叙等人，都是正直忠诚的大臣，在弘治一朝发挥了较大作用。七年之后，明武宗继位，派伦文叙赴安南（今越南）充任正使，把次年改正德年号的文书通告安南。历史上此官职一般由正二品到从三品的尚书、侍郎担任，伦

明朝的经筵讲学场面，来源：《徐显卿宦迹图》

文叙以从六品官职充任安南正使，足见皇帝对他的信任和厚爱。在赴任途中，因其父伦明去世，伦文叙回乡丁忧守制服丧。

正德五年（1510），结束丁忧的伦文叙恢复翰林院原职，先后充经筵讲学官及右春坊、右谕德（负责对太子进行教导的官职）、翰林院侍讲等职。所谓“经筵”，是指汉唐以来帝王为讲经论史而特设的御前讲席。明人十分注重经筵，视为讲学第一事，认为：“经筵一日不废，则圣学圣德加一日之进；一月不废，则圣学圣德加一月之进。盖人之心思精神有所繫属，则自然强敏。经筵讲学，正人主开广心思，耸励精神之所也。”史书上记载伦文叙在正德七年（1515）九月给皇帝讲学时，读到“舜有臣而天下治”（见《论语．泰伯第八》）一节时，引用舜帝有贤臣五人，就可以把天下治理得很好的典故，说明了贤君必依靠贤臣，要重视人才，任用贤能之士以治天下之道，“每进讲，必阐发理奥，启迪君心”“语多规讽”，“所讲多忠爱启沃之辟，上为霁颜嘉动”[①]。他的讲课很有水平，皇帝也很受用。正德八年（1513），伦文述受命纂修玉牒（皇室族谱），《广东通志》中赞其文采出众、史笔精窍、文辞丰蔚。

伦文叙墓志铭

伦文叙墓志铭拓片

2. 伦文叙的品格魅力

伦文叙天性温纯，为人厚道，做人稳重，有君子之姿。《粤大记》评其“天性温醇，德器和粹，望之知为君子。居学以书史为长，手不释卷。为文宗韩（愈）杨（雄）悠长宛转，蔚有真趣”。这是说他的文章继承了韩愈和扬雄的风格，明白流畅，条理分明，文采斐然，深得世人称赞。

---

① 《伦文叙墓志铭》。

伦文叙崇礼重道，不好与人攀比，品格高尚，名重士林。屈大均在《广东新语》评述："自汉晋以来，扶舆清淑之化始毓而生人才，其卓然首魁天下者，在唐有莫公宣卿，在宋有张公镇孙，在明有伦公文叙、林公大钦。然莫公记传无闻；张公遭国危亡，不幸遇变；林公以早丧，弗克建立；独伦公名重士林，德高朝野。"[①] 莫宣卿是广东封开人，唐宣宗大中五年(851)状元，中状元时年仅十七岁，也是隋唐科举取士以来年龄最小的状元。张镇孙是广东南海人，出生于顺德，是南宋咸淳七年(1271)状元，也是南宋时期唯一岭南籍的状元。林大钦是广东潮州海阳人，嘉靖十一年(1532)状元。屈大均把伦文叙与历史上岭南地区的四名状元比较一番后感慨万千，认为"独伦公名重士林，德高朝野"，可见伦文叙以德行传世，其次才是文名。

3. 注重人才的选拔和培养

伦文叙清廉、勤政，死于任上，是个贤达廉政的官员。在日后的主考官生涯上，他善于综合考察评价学子的品行，为国家选拔人才。

伦文叙原配夫人区氏墓志铭。该墓志铭由墨料石构筑而成，长方形，长约0.8米，宽约0.6米，厚约0.1米。碑刻完整，品相上佳，上有文字1400字左右

正德八年(1513)，伦文叙出任顺天府主考，基于自己也是布衣出身的经历，他秉承公平公正的原则，为国家选拔有真才实学的人才。《伦文叙墓志铭》中记载：伦文叙曾"两为会试同考。壬戌取毕济川等，辛未取杨慎等。其考乡试，取唐皋等。毕尝选为庶吉士，授翰林院编修。杨与唐皆状元及第，余也多名士。时论以为得人。"经他选拔的人才，都是日后大名鼎鼎的人物。其中毕济川授翰林院庶吉士；杨慎是正德六年(1511)状元，授翰林院修撰，明代著名文学家，明代三才子之首。唐皋是正德九年（1514）状元，授翰林院修撰，曾以一品钦差出使朝鲜。这些名士都是伦文叙

① 《广东新语》卷九《状元》。

伦文叙一家四元，获御赐“中原第一家”

在会试中选拔出来的，可见其眼光独到，又有察人识才之能。

伦文叙把教育作为头等大事，通过言传身教，教育好下一代。《粤大记》里记载：“其孝友出于天性，而与物无竞，善教子。”伦文叙的教育理念，并非以功成名就为首要目的，而是遵循道德为先、做人为先的原则。现存的《伦氏家训》中也明确要求族人做到“三尊四务”：尊老爱幼、尊贤亲逊、尊师敬长，务怜孤、务恤寡、务济急、务解贫。伦文叙的妻子也是一位贤妻良母，湛若水曾在《区夫人墓志铭》中这样评价伦文叙夫人：“区氏恭人生而徽柔贞淑，敏慧婉娩。式闲梱范，外阈不逾。父母称其贤女，当配君子。生备人伦，有母仪之恭，有无违之敬，有事公婆之孝，有奉先之恪，有姻党之睦，有逮下之仁，有爱子之慈，有刑于之化……”后面又洋洋洒洒列出了九条具体内容，长达 1400 余字。

据伦氏族谱记载，伦文叙和两位夫人共育有五个儿子、六个女儿，伦文叙的正室是顺德陈村镇潭村厚街区氏，生长子以谅、次子以训、三子以诜、四子以谟。侧室邝氏，生五子以谔。伦文叙的三个儿子先后考中进士，留下“一门四进士”的佳话：长子伦以谅，字彦周，正德十一年乡试第一，十五年进士。官至南京通政司参议。次子伦以训，字彦式，号白山，正德十二年会试第一，殿试第二。官至南京国子监祭酒。三子伦以诜，字彦群，号穗石，嘉靖十七年进士。官至南京兵部武选司郎中，为文下笔数千言立就，赋诗一韵百余首。四女儿嫁给了大学士梁储之孙梁晨。梁储官至少师兼太子太师、吏部尚书、华盖殿大学士，一度出任内阁首辅，去世后获赠太师。

4. 伦文叙的文学成就

伦文叙主要的文学成就在对联。对联始于偶文，具有音律的节奏感。在明代，对联的创作形式更加灵活自由，出现了长联、机巧联、谐趣联，而伦文叙无疑是其中的佼佼者。

伦文叙的对联成就首先在于有着浓郁的岭南文化特色，能够根植于粤语的地域特色，扎根于广府文化的生活圈子。他的对联语言“白话化”（粤语又称“白话”），通俗易懂。其次是隐含讽刺色彩，如：“牛头焉会生龙角？狗口何尝出象牙”，“井底开花蝴蝶闻香难以采，粉墙画果老猴想吃枉心思”等。再次，伦文叙的对联具生活化特点，如：“山狗上山山石辘跛山狗脚，水牛过水水深浸过水牛头”，“蟹挂鱼筝好像蜘蛛结网，猫拉鸡肾犹如狮子滚球”等，体现出淳朴的乡村风味，又觉别有意蕴，如醇厚的农家自酿米酒，自成一格。当然，这些对联也不确定就是伦文叙的作品，勉强说是，也只能算伦文叙少年时代的涂鸦习作。

除了对联外，现存的所谓出自伦文叙的诗歌多是民间讲古佬附加给伦文叙的，水平粗劣，甚至有些粗俗不堪，基本不能采信。清朝嘉庆年间顺德籍学者温汝能编的《粤东诗海》中，所收录的伦文叙诗歌，和世俗流传的伦文叙诗歌大相径庭，诗风沉凝典雅，用典精当，意境深远，俚俗、轻薄之气一扫而空。《粤东诗海》被认为是乾隆后影响较大的广东文献，堪称岭南最大型的历代诗歌总集，是研究岭南文学的重要文献，历来为研究者所倚重。伦文叙比较可信的传世诗文中，有《吊古》、《口占柬友》和《薛兵宪宴寄谢》等几首。

吊古

万事悠悠总逝波，人非物是旧山河。

凤楼寥寂金莲步，燕馆荒凉玉树歌。

别浦春风开芍药，小亭秋色上藤萝。

客怀正苦风涛恶，况复登临思转多。

这首诗是伦文叙感怀历史之作，苏轼的《念奴娇·赤壁怀古》、辛弃疾的《永遇乐·京口北固亭怀古》、李白的《越中览古》、刘禹锡的《石头城》也属于这类诗歌。怀古诗往往通过对古人、古事、古迹的描绘，或借古讽今，或怀古伤今，或发表诗人的感慨。作者徘徊在古迹之中，感怀山河依旧、物是人非，借以讽喻官场的险恶，抒发诗人思绪万千的感慨。伦文叙的这首怀古诗，写景状物由远而近，抒情感怀温柔敦厚，蕴藉悠长，显然是上乘之作。

薛兵宪宴寄谢

轻熏晴旭满前楹，绮席金尊缱绻情。

啼鸟当庭呼吏散，名花入座近人清。

孟尝门下三千客，范老胸中百万兵。

别后相思寄江水，殷勤一为到虔城。

诗中范老指的是范仲淹。范仲淹曾被任命为陕西经略安抚副使，在延安练兵，防御西夏。西夏人闻之，相戒曰：小范老子胸中自有百万兵，不比大范老子（范雍）可欺也。虔城，今江西赣州市。兵宪，即兵备官，又称兵备副使、兵备佥事，多由按察司副使或佥事充任，从成化到弘治年，为了稳定地方治安，在各地不断增设兵备官员，尤以四川、山西、云南、广东等边地为多，到了弘治末年，沿边地区的兵备道基本已成定制。此诗是官场上的宴酬之作，寄谢，是答谢的意思，明代的文人经常唱酬雅聚，参加完宴会后回赠诗词以答谢主人的盛意。伦文叙这首诗，以写景入题，诗句抒情，借喻、对仗工整，用典得当，平仄合韵，写得云淡风轻，恣意纵情，既赞誉主人义气如孟尝君，韬略赛范仲淹，又寄托了送别友人到虔州上任之际的思念之情，不失为七律诗中的佳作。

口占柬友

万里长风扫碧苔，一时残雾日边开。

青山历历当轩接，绿树森森入户来。

竹径啼莺窥客过，沙洲飞鹭傍人回。

相思一水盈盈隔，日暮谁同泛玉杯。

口占，是指不打草稿，随口吟诵。伦文叙这首口占诗，写得率性随意，结构上由远及近，由景及情，层次分明，写景状物美轮美奂，语句接转自然，语言明白晓畅，感情真挚动人，显露出一种对友人自然真挚的情感。真正的好诗贵在有诗人独特的感受，而这种独特感受，正是诗作富有持久生命力的重要原因。

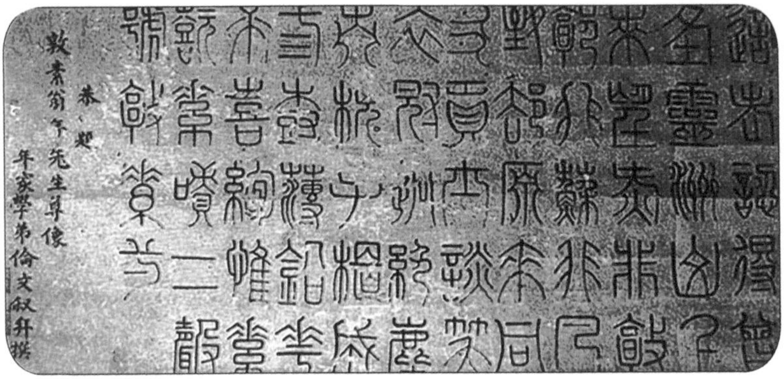

伦文叙的书法（篆书）

《中国历代状元诗·明朝卷》中还收录了伦文叙《及第》一首：

天榜今朝揭九重，状元人是广之东。

光摇四海飞金电，文耀长空驾彩虹。

翰林检讨知星者，国史先生识马翁。

从此岭南文运转，满江风雨化鱼龙。

诗中显露的是这位寒门子弟的才气与豪情，但语气张狂，并不符合伦文叙饱读圣贤之书的性格，而且不合平仄。“摇”字有平仄两读，用在“光摇”一词中时读为平声；“空”字也有平仄两读，用在“长空”一词中时读为平声，平仄已经不对了。另外，本诗压东韵，但最后的“龙”却是冬韵，在律诗中是明显的出韵了，这样低级的声律错误，又怎可能会出现在一个状元身上呢？这肯定不是伦文叙的诗作。另外，广州文化出版社 1998 年出版的《广东历代状元》中所收录伦文叙的《励志诗》：“举目纷纷笑我穷，我穷不与别人同。沧田百亩如流水，茅屋三间尚古风。架上有书随我读，樽中无酒任它空。腰间拔出龙泉剑，斩断穷根变富翁。”这首诗面目也颇为可疑，最后两句尤其突兀，谬传的可能性比较大，并不可信。还有就是一些流氓痞气十足的所谓伦诗，如伦文叙少年时见到母亲换衣服就作诗：“先生放学我回归，睇见天门大打开。自古皇帝从此出，探花榜眼状元来。”一副油滑轻佻的地痞流氓口吻，哪里有半分状元郎的气质呢！

另有《百鸟归巢图》诗：“天生一只又一只，三四五六七八只。凤凰何少鸟何多，啄尽人间千万石。”一只又一只即是两只。而在读“三四五六七八”时，习惯于把“三四”“五六”“七八”连读，而 $3\times4=12$，$5\times6=30$，$7\times8=56$，四个数字相加刚好为 100，切合“百鸟”之意。而清朝的大画家郑板桥写过一首《咏梅》：“一

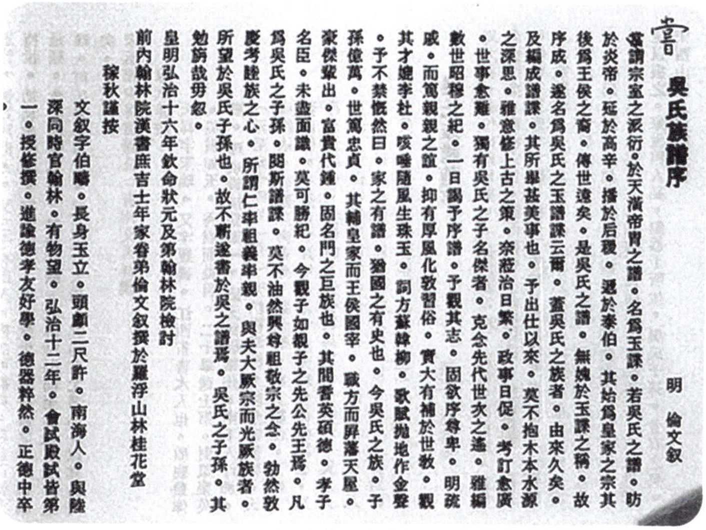

吳氏族譜序　　明　倫文叙

嘗謂宗室之派衍。於天潢帝胄之譜。名爲玉牒。若吳氏之譜。昉
於炎帝。延於高辛。播於后稷。遜於泰伯。其始爲皇家之宗其
後爲王侯之裔。傳世遠矣。是吳氏之譜。無媿於玉牒之稱。故
序成。遂名爲吳氏之玉譜牒云爾。蓋吳氏之族者。由來久矣。
及編成譜牒。其所舉甚美事也。予出仕以來。莫不抱木本水源
之深思。雖意修上古之策。奈莅治日繁。政事日促。考訂愈廣
。世事愈難。獨有吳氏之子名傑者。克念先代世次之遙。雖編
數世昭穆之紀。一日偈予序譜。予觀其志。固欲序尊卑。明疏
戚。而篤親親之誼。抑有厚風化敦習俗。實大有補於世教。觀
其才媲李杜。咳唾隨風生珠玉。詞方蘇韓柳。歌賦拋地作金聲
。予不禁慨然曰。家之有譜。猶國之有史也。今吳氏之族。子
孫億萬。世篤忠貞。其輔皇家而王侯國宰。職方而屏藩天壓。
豪傑輩出。富貴代鍾。固名門之巨族也。其間香英碩德。孝子
名臣。未盡面識。莫可勝紀。今觀子如親子之先公先王焉。凡
爲吳氏之子孫。閱斯譜牒。莫不油然興尊祖敬宗之念。勃然敦
慶考睦族之心。所謂仁率祖義率親。與夫大厥宗而光厥族者。
所望於吳氏子孫也。故不斷逐書於吳之譜焉。吳氏之子孫。其
勉旃哉毋忽。
皇明弘治十六年欽命狀元及第翰林院檢討
前內翰林院漢書庶吉士年家眷弟倫文叙撰於羅浮山林桂花堂
稼秋謹按
文叙字伯疇。長身玉立。頭顱二尺許。南海人。與陸
深同時官翰林。有物望。弘治十二年。會試殿試皆第
一。授修撰。進諭德孝友好學。德器粹然。正德中卒

大埔《吴氏浩源公族谱》弘治十六年伦文叙序

片两片三四片，五六七八九十片。千片万片无数片，飞入梅花都不见。”这首诗的意境就要好多了，估计这首《百鸟归巢图》诗也是后人仿效而强加给伦文叙的。

四、状元文化的影响

在佛山，至今人们还口口相传着有关伦文叙的传奇故事，另有不少关于伦文叙的影视剧作品、小说以及粤剧等。1994 年香港导演罗文拍的喜剧电影《伦文叙老点柳先开》更是家喻户晓。

粤剧《伦文叙传奇》

事实上，现在流行于坊间市井的许多关于伦文叙的故事和传说，多是后世说书讲古佬东拼西凑强加于这位大才子身上的。例如《鬼才伦文叙》一书，曾于1948年连载在广州《星报》上，作者衬叔，姓何，番禺沙湾人，当时在《星报》任编辑。有人问过他：“伦文叙生平史有明文，你哪来这么多奇奇怪怪的东西，写成长篇？又为何把他写成个促狭鬼？”他叹了口气说：“那都是东拉西凑，硬派到伦文叙头上的。我卖文为生，为了吃饭，不得不如此。稿子登出来以后，我都不敢再看一眼了。”这些民间传说，透露出世人对“朝为田舍郎，暮登天子堂”“一举成名天下闻”的功利向往。

古代科举制度为的是选拔官员，它对封建王朝的重要性不言而喻。在科举制实行以前，中国的官吏选拔主要是世袭制和荐举制，如汉代的察举和征辟，三国两晋

民国版《伦文叙故事》

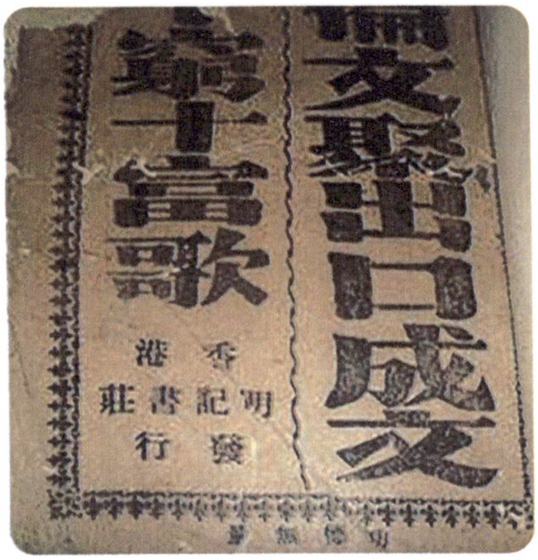

香港流传伦文叙故事

南北朝的九品中正制。但是到了后来，选拔人才的权力被世家大族所垄断，单凭门第出身看人，弄得“上品无寒门，下品无世族”。一般平民百姓乃至中小地主阶层在这种情形下便难有入朝为官的机遇。而“学而优则仕”的科举制度为中下层的读书人打开了一扇可以改变命运的门，虽然真正能进入此门的人少之又少，但这毕竟是可以改变命运的一个途径。倘若一朝高中，就如唐代诗人孟郊在《登科》诗中所描述的：“春风得意马蹄疾，一日看遍长安花。”这种诱惑，使得延绵近 1300 年的科举为中国发掘、培养了大量人才，产生的进士接近十万，举人、秀才数以百万。其中状元 700 多名，有名有姓、有案可考者 620 余名。在科举制度和状元文化的双重影响下，中国建立起完善的文官治国制度，许多清官廉吏都是通过科举选拔上来的，这些人有的成为千古名臣、名相，有的成为政治家、思想家，有的成为文学家、艺术家、教育家、外交家，如隋朝的房玄龄，唐代的张九龄、陆贽、韩愈、柳宗元、贺知章、宋之问、王昌龄、王维、岑参、刘禹锡、白居易、杜牧、裴度、李商隐、颜真卿、柳公权等；宋代的范仲淹、欧阳修、王安石、司马光、曾巩、黄庭坚、秦观、沈括、苏轼兄弟、柳永、程颢、朱熹、包拯、寇准、吴潜、吕蒙正、文天祥等；明代的汤显祖、张居正、齐泰、杨慎、海瑞、徐光启、袁崇焕等；清代的纪晓岚、刘墉、郑板桥、方苞、王士祯、林则徐、魏源、翁同龢、张謇、曾国藩、李鸿章、康有为、蔡元培等。从古至今，状元文化早已深入人心，状元情结世代在国人心中扎根。状元文化所体现的，是一种勤学有为、坚韧不拔、自强不息、善于超越的进取精神。

时至今天，状元文化的价值也没有因为科举制度的废除而湮没，其积极进取的文化内涵还具有跨越历史、穿越时空的永恒魅力。状元文化固然有其功利性、局限性，但也是传统文化不可分割的组成部分，它的现实教育价值显而易见，现在市面上大行其道的“成功教育”“励志教育”，或多或少都带有传统的状元文化影子。

庞嵩心学探究

庞嵩心学探究

——略论庞嵩心学思想对“王湛心学”的传承和发展

心学一派，自明以来为儒学正宗，然世人皆只知有王阳明，而不知有陈白沙和湛若水。殊不知，儒家心学一脉，先自岭南江门白沙子起，湛甘泉绪其宗，王阳明是集其大成者，而庞嵩将两派学说融汇其中，独树一帜。故清初学者屈大均说：岭南文化“始然于汉，炽于唐于宋，至有明乃照于四方焉。故今天下言文者必称广东”。[①]岭南一地，自明清以降，人杰地灵，自成一脉，对中原儒学传承的影响，尤其对岭南理学文脉的开创，深富殊功。时至今天，如能理清其绪，握控脉络，方知心学一脉，自白沙、若水传承有序，而阳明集其大成，同气连枝，但又分宗各述，遂成儒家心学体系。庞嵩虽素不显名，而执掌“甘泉心学”以理其绪，则其功未为世人知者，如今需正其名而显其声也！

一、庞嵩心学思想的传承脉络

1. 程朱理学与陈湛心学

“程朱理学”亦称“程朱道学”，由北宋程颢（1032—1085）、程颐（1033—1107）兄弟二人所始创，是宋明理学的主要派别，也是理学各派中对后世影响最大的学派之一。程颢以“心传之奥”奠定了道学的基础，更以“理”为最高的范畴，因此亦称作理学。他提出“天者理也”和“只心便是天，尽之便知性”的命题，认为“仁者浑然与物同体，义礼知信皆仁也”，识得此理，便须“以诚敬存之”。强

① 《广东新语》卷十一《文语》。

程颐

调“理”是先于万物的“天理”，“万物皆只是一个天理”，“万事皆出于理”，“有理则有气”，承认“天地万物之理，无独必有对”，“无人欲即皆天理”，因此教人“存天理、灭人欲”。程颐倡导“传心”说，提出了“定性”即“定心”的理论，主张“天道”与“人道”的统一，即通过内心修养的方法来悟得天理，获得知识。他们的学说经过弟子杨时，再传罗从彦，三传至李侗，到南宋朱熹完成。程朱理学以孔孟思想为主干，兼容佛道思想，特别是中国禅宗和华严宗的学说，构成了一个集大成的思想体系。二程的老师是北宋理学开山大师周敦颐，他们把“理”或“天理”视作哲学的最高范畴，认为理无所不在，不生不灭，不仅是世界的本原，也是社会生活的最高准则。在穷理方法上，程颢“主静”，强调“正心诚意”；程颐“主敬”，强调“格物致知”。在人性论上，二程皆主张“去人欲，存天理”，并深入阐释这一观点使之更加系统化。二程学说的出现，标志着宋代理学思想体系的正式形成。

朱熹

朱熹（1130—1200）是南宋儒学的集大成者，同时他还是唯一非孔子亲传弟子而享祀孔庙，位列大成殿十二哲者。南宋时，朱熹继承和发展了“二程”的思想，提出“理气论”、“人性二元论”、“格物致知论”和“动静观”，建立了一个完整而精致的客观唯心主义的思想体系。他认为，太极是宇宙的根本和本体，太极本身包含了理与气，理在先，气在后。太极之理是一切理的综合，它至善至美，超越时空。在人性论上，朱熹认为理是世界的本原，人有“天命之性”和“气质之性”，前者源于太极之理，是绝对的善；后者则有清浊之分、善恶之别。人们应该通过“居敬”“穷理”来变化气质。这体现出他的本体论思想，但在其理气的哲学范畴里，却没有把时间这一可变因素摆进去，因而朱熹的理气论是矛盾的。朱熹社会政治思想的核心是伦理道德，主张“讲明义理治天下”。他的理，其实就是儒家所说的“仁义礼智信”，是约束人们行为的社会关系准则。朱熹认为“理”是“天地万物之根”，“天下事当从本理会，不可从事上理会”，这里说的“本”就是三纲五常。他进一步认为，治理民众要用“怀德”和“畏威”相结合的手段，只要“为政以德，则无为而天下归之”①。朱熹还非常重视“内修”，强调人的道德修养，他认为：“不世之大功易立，至微之本心难保。敬肆少殊，影响绝异。”②反复强调“格物、致知、诚意、正心、修身、齐家、治国、平天下”八目，他曾多次对皇帝说：“治道必本于正心修身”③。希望通过匡正君德来限制君权。朱熹还把理的应用推及到人类社会历史，认为三纲五常都是理的“流行”，人们应当“去人欲，存天理”，自觉遵守三纲五常的规范。朱熹总结出来的“朱子读书法”六条，即“循序渐进、熟读精思、虚心涵泳、切己体察、着紧用力、居敬持志”，成为后世学子读书求进的法宝。朱熹学说的出现，标志着理学发展到了成熟的阶段。

陈白沙

陈献章（1428—1500），广东新会（今江门市新会区）白沙里人，故又称白沙先生。陈白沙既是明代哲学家、教育家、书法家、诗人，又是广东唯一一位从祀孔庙的大儒和明代心学的奠基者。他提出了“天地我立，万化我出，宇宙在我”的心学原理和涵养心性、“静坐中养出端倪”的心学方法，实现了明代儒学由理学向心学的转变。“白沙心学”理念的提出和“江门学派”的形成，成为儒学发展史上的一个重要转折点。陈白沙在学术上主张“学贵自得、学贵知疑”的教育理论，他说：“前辈谓‘学贵知疑’，小疑则小进，大疑则大进。疑者，觉悟之机也，一番觉悟，一番长进。”他认为读书要敢于提出疑问，求之于心，进行独立思考；不要迷信古人经传，徒然背诵书中一些章句。他以“宗自然”“贵自得”的思想体系，在教学方法上主张：先静坐，后读书；多自学，少灌输；勤思考，取精义；重疑问，求真知；诗引教，哲入诗。陈白沙好以诗论道，此其诗学之最大特色。屈大均在《广东新语》中评论说：“粤人以诗为诗自曲江（唐张九龄）始，以道为诗，自白沙始。”此外，陈白沙还高扬“宇宙在我”的主体自我价值，突出个人在天地万物中的存在意义，从而打破程朱理学沉闷和僵化的模式，创立了心学史上著名的“江门学派”，开启明朝心学的先河，对整个明代文人的精神取向产生了深刻的影响。

① 《论语集注·为政第二》。
② 《朱子文集》卷十一《戊申封事》。
③ 《朱子文集》卷十一《戊申封事》。

湛若水

湛若水（1465—1560），号甘泉，世称甘泉先生，增城沙贝村（今属新塘）人，是陈献章的衣钵弟子。明嘉靖八年状元罗洪先撰《太子少保湛文简公墓表》称：“（若水）道德尊崇，四方相从士三千九百有余……先生以兴学养贤为己任，故所造就之士，皆有得于先生之学。”弘治五年（1492），湛若水参加乡试中举人。随后到江门拜陈献章为师。湛若水按照白沙先生“若要学问深，放下名利心”的要求，认真钻研心性之学，对心学有独特见解，强调学贵知疑，从而深得陈献章器重。陈在逝世前一年把江门钓台作为“衣钵”传给湛若水，湛遂成为白沙学派第二代掌门人，故“白沙之学”也称“陈湛心学”。以后数十年间，湛若水每创办书院必设祠祀白沙先生。后来湛若水中进士，任翰林院编修。嘉靖三年（1524）任南京国子监祭酒，历任南京礼部尚书、吏部尚书、兵部尚书。湛若水 75 岁才离开官场，至 95 岁临终前仍在讲学。他以办学传播白沙之学为己任，一生在各地建立了 40 多所书院，其弟子遍布各地，其中不少成了硕学名宦。湛若水在广州创办了天关、小禺、上塘、蒲涧等书院，其中天关书院成为当时岭南的学术研究和交流中心。“明兴，白沙氏起，以濂雒之学为宗，于是东粤理学大昌。”① 因而湛若水也被世人誉为大教育家，他所创立的“甘泉学派”继承和发展了“白沙学派”，提出“体认于心，即心学也”“随处体认天理”等主张，提出“格物为体认天理”与“为学先须认仁，仁与天地万物为一体”的理念。甘泉学派，与王阳明的“阳明学派”并称“王湛”之学，皆为世人所重。湛若水还提出“民庶实为邦本”的治国策略，坚持“礼与刑互用”“出礼则入刑”的安邦观念，主张“重农”“恤商”，关注民生，追求“衣食足，善心生，伦理明，风俗厚，礼乐兴，和气致，天地泰，万物若”的太平社会。湛若水的诗文亦有很高的造诣，多阐述义理，每有自然超妙之作，著有《湛甘泉集》传世。

明代心学发展的基本历程，可以归结为：陈献章开启，湛若水完善，王阳明集大成。可以说，白沙心学、甘泉心学和阳明心学，构成了有明一代心学的主要体系。因湛若水与陈献章有师承关系，二人学说总体上有继承性与一致性，可合称为“陈湛心学”，是“阳明心学”的直接源头。

---

①《广东新语》卷十《学语》。

2. 阳明心学与甘泉心学的融合

明代前期，朝廷大力提倡程朱理学。随着明代中期经济的发展和各种社会矛盾的不断激化，维护传统伦理纲常的程朱理学思想已经不能适应社会需要，逐渐趋于保守。一些有识之士不满于现实，开始脱离理学的束缚，不断思考变革，酝酿新的学术思想。到明代中叶，陈献章、湛若水、王阳明建立起心学理论体系，取代程朱理学成为思想界的主流。陈献章的江门之学是明代心学发展的开端，他主张“静中养出端倪”，注重“静”而忽略“动”。而湛若水的“随处体认天理”则是动静合一，用他自己的话说是：“体认天理而云随处，则动静、心事皆尽之矣。”所以，心学上普遍把陈献章的治学宗旨概括为“主静”“自得”，把王阳明的治学宗旨概括为“慎独”。后来心学体系逐渐分化，产生了不同的流派。黄宗羲在其所著的《明儒学案》中，就准确地把握了明代心学酝酿、形成、繁荣和分化的轨迹，揭示出明代学术发展的主线。他说：“有明学术，白沙开其端，至姚江而始大明。……后来门下各以意见搀和，说玄说妙，几同射覆，非复立言之本意矣。”黄宗羲对明代儒学发展的脉络把握是非常准确和独到的。

王守仁（1472—1529），别号阳明，浙江绍兴府余姚人，精通儒、道、佛三家学说，是“陆王心学”之集大成者，士人谓之“阳明先生”。王阳明是弘治十二年（1499）进士，时授刑部主事，正德元年（1506）任兵部主事。因疏救科道言事官戴铣等人，遭刘瑾陷害，谪贵州龙场驿（在今贵州修文），始悟心性之学。刘瑾伏诛后，起用为庐陵（今江西吉安）知县，后迁考功至郎中，擢南京太仆寺少卿，继而进鸿胪寺卿。正德十一年（1516）擢右佥都御史，授南（安）、赣、汀、漳巡抚，行十家牌法，选民兵，镇压大庾、乐昌、郴州农民起义。正德十四年（1519）率吉安知府伍文定等平定宁王之乱。嘉靖初，拜南京兵部尚书、新建伯。旋以父丧守制，日与门人讲说良知之学。嘉靖六年（1527）诏以原官兼左都御史，赴广西镇压大藤峡起义。嘉靖七年（1528）十月以疾剧请归，十一月二十九日卒。阳明学说的精髓在于“心即理”、“知行合一”和“致良知”。王阳明继承了陆九渊强调心即是理的思想，反对程颐、朱熹通过事事物物追求“至理”的“格物致知”方法。他认为事理无穷无尽，格之则未免烦累，故提倡“致良知”。在宇宙观上，他认为“心外无物”，人心（即良知）才是宇宙的本体、万物的主宰，客观事物只是人的意念的体现；在认识论上，他认为“心外无理”，指出人们先天固有的良知就是知识的源泉和判断是非、善恶的标准。因此，王阳明认为人的认识，只需要内求诸吾心，从自己内心中去寻找“理”，“理”全在人“心”，“理”化生宇宙天地万物，人秉其秀气，故人心自秉其精要，而不应外求诸事物。在知与行的关系上，他强调要知，更要行，知中有行，行中有知，所谓“知行合一”，二者互为表里，不可分离。知必然要表现为行，不行则不能算真知。“致良知”是王阳明晚年最为得意的创造，它指的是：一曰明善恶（道德），二曰辨是非（智慧），三曰归本原（万物一体）。致良知，就是“去恶为善”，就是“存天理、灭人欲”。灭人欲不是将人变为草木，而是要控制人的私心杂念，使得事事合乎天理。换言之，就是要唤起和践行人人皆有、与生俱来的本心、善根和智慧，最终达到回归本原、天人一体的圣贤境界。纵观王阳明的心学体系，用他的话来说，就是：“无善无恶心之体，有善有恶意之动，知善知恶是良知，为善去恶是格物。”围绕着善与恶这两个极端，王阳明认为：“心之无善无恶，意之有善有恶，良知知善知恶，格物乃为善去恶。”这就是“阳明心学”有名的“四句教”。所以王阳明认为“格物致知”尤为重要，因为“致吾心良知之天理于事事物物，则事事物物皆得其理矣。致吾心之良知者，致知也；事事物物皆得其理者，格物也”。这就是王阳明“格物致知”的精义所在。王阳明对儒家心学的贡献是前无古人的，他所创立的阳明心学思想，在其所著《大学问》《传习录》等书中均有系统的论述。清初大儒黄宗羲称赞他道：“王阳明可谓‘震霆启寐，烈耀破迷’，自孔孟以来，未有若此深切著明者也。”清代著名学者王士禛说：“王文成公为明第一流人物，立德、立功、立言，皆居绝顶。”晚清中兴四大名臣之一的曾国藩说：“王阳明矫正旧风气，开出新风气，功不在禹下。”可见世人评价之高。

在阳明心学于岭南的传播和发展轨迹中，南海籍的大儒方献夫起到了重要的作用。方献夫（1485—1544），弘治十八年(1505)进士，授庶吉士。正德初授礼部主事，调任吏部员外郎，不久称病归，于西樵山读书十载。后官至太子太保、吏部尚书、武英殿大学士等要职，因此被尊称为“方阁老”。早在正德六年，方献夫担任吏部文选司员外郎的时候，他就与王阳明共事，两人常常切磋学问，后来方献夫更拜王阳明为师，向他学习阳明心学。其间，师承陈白沙研习心学的湛若水，也不时与方献夫一起，向王阳明书信请教，相互探讨阳明心学中的观点。到了正德十二年，方献夫辞官归南海，在西樵山上隐居，建石泉书院，潜心研究理学。方献夫归隐西樵的时候，王阳明写诗赠别：“西樵山色远依依，东指江门石路微。料得楚云台上客，久悬秋月待君归。”王阳明还称赞方献夫：“《大学》旧本之复，功尤不小，幸甚幸甚。”此后不久，湛若水亦归隐西樵山上，建大科书院、云谷书院。与方献夫同朝为官的霍韬也来到西樵上建四峰书院。他们三人在山上常常会面讨论阳明心学、陆九渊心学、白沙心学，并不时通过书信向王阳明、陈白沙等人讨教问题。他们在西樵山上的钻研互动，使白沙心学与阳明心学、陆九渊心学等不断碰撞出火花，湛若水更独树一帜地创立了甘泉学派。也正由于他们在理学上的钻研，张诩、郭棐、庞嵩等学子纷纷到西樵山求学问道。一时间，西樵山成为岭南理学重镇，不断将岭南的理学思想推向全国。

嘉靖六年（1527），王阳明在广州讲学，“首言知行合一，又言朱、陆之异同，又言为学莫先于致良知”，方献夫等“皆师事之”。王阳明主张“致良知”“万物皆在吾心”，湛甘泉主张“随处体认天理”，虽然学术思想不同，但相互间有大量唱和的诗篇和交心的书信往来。《明史·湛若水传》载：“若水初与守仁同讲学，后各立宗旨，守仁以致良知为宗，若水以随处体验天理为宗。”两派弟子中或学于湛，而卒业于王；或学于王，而卒业于湛。对于湛若水，王阳明曾经评价道：“吾与甘泉有意之所在不言而会，论之所及不约而同，期于斯道，毙而后已者”，“予之资于甘泉多矣”。对于王阳明，湛若水也有评价：“阳明公初主格物之说，后主良知之说，甘泉子一主随处体认天理之说，然皆圣贤宗旨也。而人或舍其精义，各滞执于语言，盖失之矣。故甘泉子学为之语曰：‘良知必用天理，天理莫非良知’，以言其交用则同也。”早在弘治十六年（1503),王阳明就与湛若水相结识，两人“一见定交”，决心“共兴圣学”。王阳明坦言“幼不闻学，陷溺于邪辟者二十年”，“予求友于天下，三十年来，未见此人”。相见恨晚之情跃然其中。他从甘泉学说中受到启发，认定甘泉之学，“务求自得”，便是“圣人之道”。与湛甘泉的结识，使他回归于圣学而“志益坚”“不可遏”。而湛若水也说：“若水泛观于四方，未见此人”，“某平生与阳明公同志，他年当同作一传矣”。对王阳明的敬佩之情跃然纸上。虽然他们二人为学各有宗旨，但在倡导心学、主张自得方面则是一致的。王阳明曾为湛甘泉的父母撰《赠翰林院编修湛公墓表》和《湛贤母陈太孺人墓碑》，王阳明逝世后，湛甘泉又为他撰写了《阳明先生墓志铭》和《祭王阳明先生文》。由此可见，二人不仅交情深厚，思想方面的互补性也极强，故时学者称为“王湛之学”。

《湛甘泉先生文集》书影

王湛之学成为明中期心学的两朵奇葩。阳明心学的核心是“知行

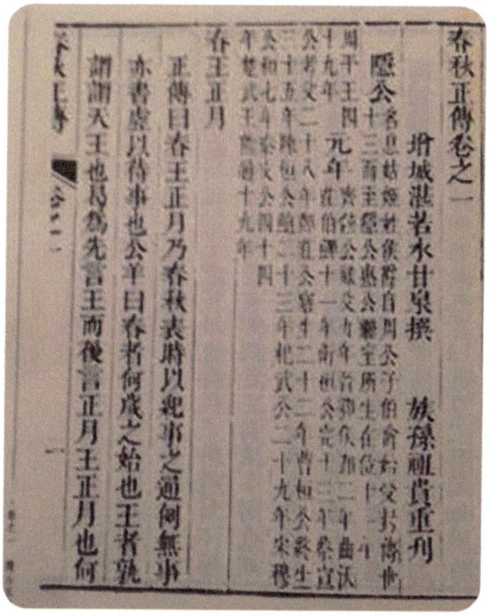
春秋正傳卷之一

增城湛若水甘泉撰　族孫祖貴重刊

隱公

元年

春王正月

正傳曰春王正月乃春秋表時以繫事之道何無事

亦書處以待事也公羊曰春者何歲之始也王者孰

謂謂文王也以爲先言王而後言正月王正月也何

《湛若水集》书影

合一”和“致良知”，而“致良知”是为了“去欲”和“存理”。王阳明强调：“学是学去人欲，存天理；从事于去人欲，存天理，则自正。”养心的重点是“去人欲”，追求的是一种“吾辈用功只求日减，不求日增。减得一分人欲，便是复得一分天理；何等轻快脱洒！何等简易！”的修养目标。王阳明认为，“为学须得个头脑工夫，方有着落”，“大抵学问功夫只要主意头脑是当，若主意头脑专以致良知为事，则凡多闻多见，莫非致良知之功”。他多次强调：“‘致良知’是（学问的）大头脑，是圣人教人第一义”；在知与行的关系上，他认为“知是行的主意，行是知的功夫”，“良知之外别无知矣。故致良知是学问大头脑，是圣人教人第一义”。其实孔子也说过：“未‘知’，焉得‘仁’？”可见“知”是前提，是第一要义。在格物致知上，王阳明与湛若水有着不同的见解。王阳明认为，“随处体认天理”与圣门“致良知”之功尚隔一尘，“是求之于外了”。而湛若水则反驳他说：“若以格物理为外，是自小其心也”。可见王阳明与陈白沙师徒均强调在自家身心上对德性的笃实践履，由格物致知而过渡到诚意正心。孔子曰：“有德者必有言”（《论语·宪问》），王阳明成就的是立德、立功、立言之“三不朽”的功德。与王阳明相对，甘泉心学的要旨在于“随处体认天理”，湛若水认为应该“存天理”为先而“去人欲”在后，指出“心中正时，天理自见”，即所谓“天理为吾心中正之体”。他在《新泉问辩录》中又说：“常存天理，则人欲自去，非谓一边存天理，一边去人欲也。”可见甘泉学派更多是讲求“中正”“中节”，不刻意讲“去欲”，另一方面，湛若水强调“随处”，是激发人们的主动性、能动性，倡导广泛学习，积极探究。无论是“随处体认天理”，还是“致良知”，都具有渐悟和顿悟两种方式。甘泉心学的“心中正时，天理自见”是顿悟，而为人处世、学问增进、经验积累的“随处体认”方式则是渐悟。阳明心学的“一悟本体便是功夫”是顿悟，时时注意事上磨炼、念念注意去欲则是渐悟。作为心学发展到明代的两大派别，甘泉心学和阳明心学实质是一阳一阴，两家都是阳中有阴、阴中有阳，各有所长。而把两家所长融合一体的，正是湛若水的传人庞嵩！

庞嵩（1510—1586），字振卿，号弼唐，南海弼唐（今佛山禅城张槎弼唐村）人。嘉靖十三年（1534）乡试中举，嘉靖十七年（1538）到罗浮山讲学。早年师从

庞嵩

王阳明，通晓五经，集诸生于新泉书院，相与讲习。嘉靖二十三年（1544）任应天府通判，代理知府凡八年，迁南京刑部员外郎，升郎中，最后调任云南曲靖知府。为官任上，皆以善政闻名。后因与同僚不合而罢归，拜入湛若水门下。今天，我们还可以看到湛若水墓壁两侧由庞嵩题写“山斗八座，真儒千载”和“九十五季，命归不朽”的金文刻铭。隆庆五年（1571），庞嵩筑室于南海西樵大科峰下，继续讲学。万历五年（1577）应聘西宁县（今郁南县）讲学。万历十四年（1586）辞世，葬于西樵祥云峰白沙祠后，尚书何维柏为其撰写碑文，《明史》有传。著有《太极解图书解》《刑曹志》《弼唐遗言》和《弼唐存稿》等书。如今广州天官里西面的长街二牌楼（今东风路的一段）上，还建有纪念庞崇的祠。五十三岁的庞嵩在曲靖知府任上辞官后，为湛若水主持广州天关书院二三十年。在湛若水逝世后，庞嵩承继了甘泉学派的心学一脉，成为广东理学代表人物，与甘泉门下讲学陕西的名儒吕柟一起，南北呼应，“北有泾野，南有弼唐，江门之绪不堕矣”。两人为甘泉学说的传播作出了很大的贡献，受到后世众多名儒的嘉赞。特别是庞嵩，他把两派思想加以融会，解决了争论。屈大均说：“弼唐谓阳明之所谓知，即朱子之所谓物，朱子之所以格物，即阳明之所以致知，与甘泉体认天理之说不相悖。良知莫非天理，天理莫非良知，原无二旨。当是时，甘泉、阳明二家子弟，各执其师之说，互有异同。自弼唐为之会通，而浙广二宗，皆于弼唐悦而诚服，于时乡士大夫翕然和之。若何古林则讲学诃林，薛中离则于金山，黄泰泉于白云，钟叔辉于宝潭，杨肖斋（传芳）、叶允中（时）于归善，叶纲斋（春及）于罗浮，王青梦于粤秀。而其在广州者，遇朔望必偕至天关，就正于弼唐。”[①] 可见岭南甘泉学派在流播中与阳明学派等其他学术流派既交锋又融合，体现出调和折中、融会贯通的特征。而庞嵩对岭南心学传承所作的贡献，既承继了王湛心学的精华，又深化了岭南心学文化的思想内涵，推动了岭南文化的发展。

① 《广东新语》卷十《学语》。

二、庞嵩心学思想的传承、融会和实践运用

1. 岭南心学实践理念

白沙心学讲求“以静为主，其教学者，但令端坐澄心，于静中养出端倪”。主张以简单、内省的静养的方式来代替程朱理学繁琐而难于践行的“格物致知”体验，故“其学洒然自得，论者谓有鸢飞鱼跃之乐”。这与阳明心学提倡“养静”“无欲”的“悟道”修养理念是一致的，可谓异曲同工。在陈白沙的心学体系中，“仁”与“善”是作为客观实体而存在，表现为“道体”与“心体”两种客观存在的实体。陈白沙通过日常生活中所呈露的“仁”与“善”的“端倪”渐次体悟，从而实现“心体”与“道体”的贯通，最终达致“至仁”“至善”的修养境界。陈白沙以体证仁、以善之为人的本质作为修身立德的根基，在强调致虚养静功夫的基础上实现体认人与物的贯通，即“惟仁与物同体”。这套实中有虚、虚中有实、虚实一体的心学辩证实践观，正是陈白沙心学思想的核心内容。

阳明心学既是知识的学问，亦是实践的学问。王阳明通过切身的生命体验确证心性本源。他一生讲学不倦，既教人“静修体悟”，又教人“于事磨炼”。可见阳明心学的体系，主要是为了解决知行关系的问题。王阳明一生思想大致经历了“心即理”“知行合一”“致良知”三个过程的变化。他根据自己现实中的体悟和教授学生的情况不断总结经验，提出具体实践方法，最终完成了阳明心学的理论建构和实践体系。“德性兼闻”是为了修养身心，主张“至善只求诸心”，“身之主宰便是心”：心灵光明磊落而严正崇高，世界就光明磊落而严正崇高。而良知是每个人原本固有，不虑而知，不学而能，是一个人的德性之本、存在之根。“致良知”则是教人修养出一颗善良、无私、强大的心灵，从而使一个人的“身”获得真正的自由。我们可以通过日常生活中的意识活动、语言表达、行

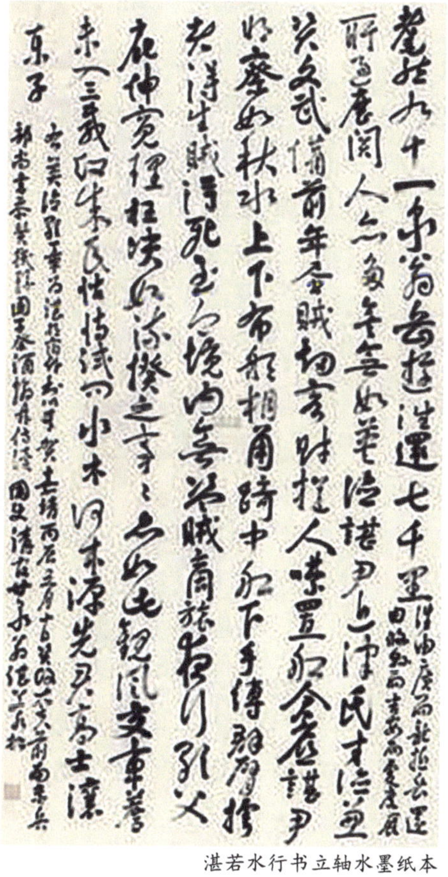

湛若水行书立轴水墨纸本

为实践，找到内心的良知，把良知贯彻到我们生活的各个方面，做到知行合一。心学门下，以知行合一为大成。知而不行，为不知；知而行止，为不知；而知是行之始，行乃知之成，“知之真切笃实处，即是行”。知行并无先后之分，然阳明先生更崇行。知行合一是王阳明学说的立学宗旨，为人们提供源自内心的道德感和判断力，是中国传统文化中的优秀践行观。它实现了三个统一：理论与实践的统一，主体和客体的统一，内圣与外王的统一。可见王阳明知行合一对“知”和“行”之间辩证关系的阐述，更为直接地指导着人们的生产生活实践。

甘泉心学的实践观主要是倡导“讨真心”说，突出躬行践履，旨在使儒家心性之学落于实地。“千圣皆过影，良知乃吾师。”王阳明以“致良知”为宗，湛若水则以“随处体认天理”为宗，主张“随心、随意、随家、随国、随天下”，认为人无论处于何种境遇，都应体会、实践心中的天理。他一生主张行王道，施仁政，教民以俭，力戒奢靡，办学养才，减轻赋税，倡导“知行合一”“知行相兼”，强调知行的统一性，把日常的认知与践履看作同一个整体，把心学的思想落实到以认知指导实践、以实践增进认知的高度。

庞嵩继承了王湛心学知行合一的理念，一生奉行“不言而躬行”的修行标准，多做实事。而躬行都在“精微纯粹”中，教书授徒更显出其“要而不烦”的素质。在罗浮山开院讲学的叶春及曾赞许庞嵩：“先生圣儒，不言而躬行。其质行，诸儒不能逮也。而教人则尤精微纯粹，要而不烦，可谓笃论者也。”[①]庞嵩晚年筑室于西樵大科峰下，继续讲学。年近70还到西宁县（今郁南县）讲学，一生致力把王湛心学传播到岭南各地，可谓学到老讲到老，身体力行地践行了阳明心学知行合一的思想。特别是庞嵩晚年将王湛心学融会贯通之后，将诚心正意、静修养性、崇儒守节、格物致知、知行合一、随体认理、崇行践履的心学理念进行了归纳修正、纠偏创新，强调了心学在实践中的应用，为王湛心学的发展作出了重大的贡献。庞嵩一生在官场、学界和坊间都声名显赫，学养著述、仕途从政、开馆授徒诸方面都有辉煌建树，时至今天仍是后辈学人的楷模。

《白沙子古诗教解》书影

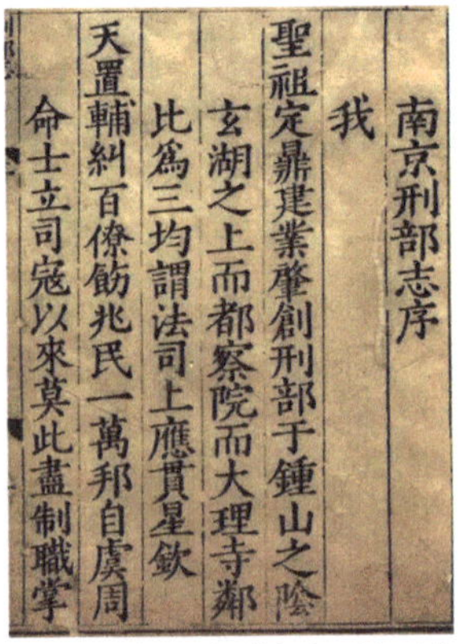
南京刑部志序
我
聖祖定鼎建業肇創刑部于鍾山之陰
玄湖之上而都察院而大理寺鄰
比爲三均謂法司上應貫星欽
天置輔糾百僚飭兆民一萬邦自虞周
命士立司寇以來莫此盡制職掌

庞嵩所著《南京刑部志》

① 《广东新语》卷十《学语》。

2. 庞嵩心学思想的社会、法治、教育实践

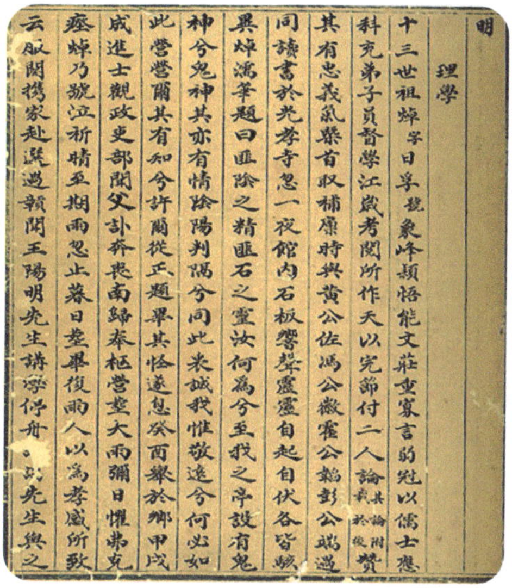
明
理學
十三世祖焯字日孚號象峰穎悟能文莊重寡言弱冠以儒士應
科充弟子員督學江戲考閱所作天以完節付二人論其論附載於後贊
其有忠義氣槩首以補廩時與黃公佐馮公徽霍公韜彭公端遜
同讀書於光孝寺忽一夜館內石板響聲靈靈自起自伏各皆駭
異焯濡筆題曰匪險之精匪石之靈汝何為兮至我之亭設有鬼
神兮鬼神其亦有情陰陽判隔兮同此衷誠我惟敬遠兮何必如
此營營爾其有知兮許爾從正題畢其怪遂息癸酉舉於鄉甲戌
成進士觀政吏部聞父訃奔喪南歸奉柩營葬大雨彌日惟弗克
瘞焯乃號泣祈禱至期雨忽止暮日葬畢復雨人以為孝感所致
云服闋攜家赴選過贛聞王陽明先生講學停舟。⋯先生與之

古文献记载明代佛山理学之风盛行

嘉靖二十三年（1544），庞嵩出任应天（今南京）通判，此职是辅助知府政务的官员，分掌粮、盐、都捕等。后升任治中（相当于市长助理）。在应天府司职八年的仕途生涯中，庞嵩为官清正廉明。他体察民情，不取民间一草一木；在灾荒之年，发票赈饥，活民六万余人。庞嵩为官一任，造福一方，他调剂苦役，治堤筑防，兴修水利，围垦造田三千六百余亩分给贫苦农户耕种，惠民四庄，造福百姓。庞嵩还是一位刚正不阿、铁面无私的廉吏，主张天子犯法与庶民同罪。在职期间，他经常自备壶浆，单骑出行走访，微服私访，屡破冤假错案。《明史 · 庞嵩传》里记载：时有一外戚贵胄王涌、举人赵军宠霸占人妻还杀人灭口，庞嵩私访查证后，不畏外戚强权，依法量刑，将其绳之于法。庞嵩重视教育，在任期间“尤加意训士”，注重为社会培养人才，他还捐出自己的俸给作为奖学金，人们把他视为“庞青天”。庞嵩在任刑部外郎、郎中期间，总结了多年在地方为官的判案和司法实践经验，撰写成《原刑》《司刑》《祥刑》《明刑》等四篇文章，统称为《刑曹志》，在中国法制史上有开创性的地位，当时一度引起轰动，朝廷对他的学问和专业能力评价甚高。嘉靖三十五年（1556），庞嵩调任云南曲靖地区知府，他非常重视少数民族地区的教化，足迹遍及偏远各地。他主持在少数民族地区开矿业，传文化，安民易俗，刻印《同文篇》，以沟通三种少数民族文字，有效地促进了中原文化和少数民族地区文化的交流。他还在少数民族地区中推行乡约保甲，主持疏浚盘龙江。庞嵩的这些做法，深得朝廷嘉许，皇帝赏赐他大夜明珠二颗以作奖励。庞嵩还是一位敢于改革创新的官员，他奏请皇上废止地方府官六年一次的京察与外察。朝廷接受了他的建议，“遂为永制”。

我们从庞嵩的地方治理和法治实践中，可以看到他知行合一的实践观，他是真正理解、悟透了心学中的“表里如一”和“格物致良知”的理念，并身体力行地运用到实践中去，从而达到了“随处体认天理”“德性兼闻”“表里如一”的心学修养最高境界。

三、庞嵩心学思想对岭南心学的贡献和对当代岭南精神的启示

1. 庞嵩心学思想对王湛心学发展的主要贡献和历史地位

庞嵩出生于明正德二年（1507），早年师从王阳明，晚年入甘泉门下，一生的大多数时间都在钻研学问。他从1544年步入政坛，到1559年罢官归乡，在15年的仕途生涯中，最高做到四品知府，与佛山其他名人如霍韬、方献夫、梁储等相比，官位要低很多。但是在他任职的地方，名声至今仍被传颂，不仅入应天、曲靖名宦祠，在他治水得田的葛仙乡，还设立有专祠祭祀。庞嵩所处的年代，正是阳明心学和岭南理学兴起时："时海内主盟道术，惟吾夫子（指阳明）与甘泉翁。"① 故全祖望称："有明正嘉之交，阳明、甘泉之学盛行，二家虽微有不同，然其要归则相近，学者不走姚江（指阳明），即向增城（指甘泉）。"② 王湛二人，一个倡导"致良知""知行合一"，一个提出"随处体认天理"，二人共倡心学，蔚成一代讲学风气。在王阳明和湛若水相继逝世后，心学开始分化为许多不同的门派，在理论研究上互有所长。

《明史·庞嵩传》记载，庞嵩"博通经籍"，"早游王守仁门，淹通五经"。《弼唐村志》的"庞嵩年谱"记载，庞嵩在嘉靖六年（1527）"师从王守仁门下"。庞嵩曾在广州府学读书，而王阳明曾任两广总督，在广州濂溪书院讲学，庞嵩拜王阳明为师，不足为奇。庞嵩在嘉靖三十八年（1559）以"年老致仕"回到佛山，不久"复从湛若水游"。在罗浮山上，庞嵩以五十三岁的年龄拜入湛若水门下，时年湛若水已经九十四岁高龄了。霍韬之子霍与瑕在《庞弼唐先生墓志铭》中记："先生之归也，讲学于罗浮旧馆，先师甘泉翁与语，曰：吾老友也。先生曰：数十年不及泉翁之门，几虚此生。乃北面执弟子礼，而泉翁遂推为诸院馆长，每称及门人之士，北有仲木，南有振卿，其忠信笃敬相似云。"③ 庞嵩很可能是湛若水的关门弟子，并且深得信任，湛若水把甘泉学派的全部书院产业都委托给庞嵩管理，并传其衣钵，任广州天关书院的首席山长。此事屈大均在《广东新语》卷十《学语·弼唐之学》也有详细的记述。庞嵩在受托之后，也是殚精竭虑，道光《广东通志》说他在湛若水死后"场居三年，力恤其丧"④。面对外界诸多谤言，庞嵩也只是"笑谈处之，迄以无訾"⑤。庞嵩跟湛若水交往较早。嘉靖十八年（1539），湛若水在南京担任吏

① 《王龙溪先生全集》卷二十《朝列大夫致仕绪山钱君行状》。

② 《鲒埼亭集外篇》卷十六《槎湖书院记》。

③ 《霍勉斋集》卷二十二《庞弼唐先生墓志铭》。

④ 道光《广东通志》卷二八〇《列传十三》，中华书局1985年版。

⑤ 《霍勉斋集》卷二十《西樵同门会奠弼唐先生》。

部尚书，庞嵩就写信给湛若水，言及在罗浮山朱明洞读书讲学之事，此时两人未有学问上的传承，是朋友关系。在之后很久一段时间，两人互有书信往来。庞嵩在出任应天府通判之前，也曾在罗浮山朱明洞接替湛甘泉的馆地开馆讲学。嘉靖三十三年（1554），庞嵩开始为湛若水管理新泉书院。由于庞嵩的办学思路很对湛若水的胃口，湛若水多次称赞庞嵩“惓惓于新泉之教甚笃”，推崇他是“岭南第一流人”①。湛甘泉有弟子四千，庞嵩与湛甘泉亦师亦友，湛甘泉对他颇为器重，并将蒲葵笠传授给庞嵩，确认庞嵩就是甘泉学派的衣钵传人。

湛若水逝世后，庞嵩“悯微言之既绝，慨大义之将乖”，在南京、西樵、广州、韶关、罗浮等地的新泉、西樵、天关、韶扬、萃和、紫云、天真、石塘等书院“谆谆卒岁”，继续讲学，“四时会友，远方云集，展明蕴奥”。②在每月的初一、十五，庞嵩都要请岭南知名学者到天关书院开学术研讨会，而在广州的名学者也因为庞嵩能把王守仁、湛若水两家的学术融会贯通，而深为佩服。庞嵩后又与陈唐山、林艾陵、刘素予、黄莱轩、岑蒲谷、邝五岭、霍勉衷等学者为“天山讲易之会”，“凡一续前修之坠绪，指后觉之坦途”。③庞嵩曾写过一首诗：“观鱼日观水，见鱼见吾性。鱼水浑非观，与天共游泳。”当其时，甘泉学派的弟子对庞嵩“让其德”，“服其行”，“莫不敛衽焉”，并尊称之为“弼唐先生”④，可见众人对庞嵩是十分推崇和信任的。

此外，庞嵩还在霍韬、方献夫等南海籍士大夫的影响下，积极响应岭南宗族建设，他在弼唐村建立的“孝睦祠”，开创了岭南小宗祠堂之典范。当时朝廷规定，只有三品以上的官员，家族里才能兴建祠堂。庞嵩最高才官至四品知府，按理说是没有资格建祠堂的，但他罢官回乡后，第一时间就兴建祠堂。这与霍韬、方献夫等南海籍士大夫在弘治年间所提倡的乡村宗族建设的思想是一脉相承的。宋代心学家陆九渊说：“家之兴替，在于礼义，不在于富贵贫贱。”或许是深受这种儒学思想影响，庞嵩致仕后“联族以恩，处乡以睦”，关心族内事务，编修《庞氏族谱》，兴建孝睦宗祠。《弼唐村志》记载，孝睦祠始建于嘉靖三十八年（1559），历时三年竣工。孝睦祠建成后，庞嵩还请其表弟、四川按察使卢梦阳撰《孝睦祠碑记》，并由其堂弟、福建巡抚庞尚鹏书丹。碑记中详细记载了孝睦祠兴建始末及建筑规制。“夫尊祖所以广孝，联一族之人而共事于一庙中，所以敦睦也。”这就是祠堂取名“孝睦”的缘由。碑记中还提到祠堂正门口挂着的“敦孝广睦”牌匾，是庞嵩请湛甘泉于嘉

① 《甘泉先生续编大全》卷九《复庞弼唐秋官》。

② 《霍勉斋集》卷二十《西樵同门会奠弼唐先生》。

③ 《霍勉斋集》卷二十二《庞弼唐先生墓志铭》。

④ 《霍勉斋集》卷二十《西樵同门会奠弼唐先生》。

靖二十二年（1543）写的。

2. 庞嵩心学思想对当代岭南文化传承的影响和对岭南精神发展的启示

湛若水在《心性图说》《雍语》等著作中系统地阐述了“心”的内涵，解释了心的本源、关系、善恶、净化等问题。甘泉先生曾说：“人之爱其身也，不如爱其物矣。爱其心也，不如爱其身矣。”其中，物是指身外之物，身是指身体健康，心则是指精神层面。强调外物与身心的调和，指出不能过分地追求物质的享受而忽视对身心的修炼，强调升华精神世界的重要性。甘泉心学可以说是传续了白沙心学的基本元素，吸纳了阳明心学的核心思想，最后由庞嵩融会贯通。康有为曾说：“白沙之后，广东多言心学。”因为心学是“内圣外王”的学问，能够唤醒个人内心的伟大力量，能够修炼内心的“良知”，从而改变自己的世界观，通过知行合一来实现“为天地立心，为生民立命，为往圣继绝学，为万世开太平”的人生终极理想，达到“立德、立功、立言”三不朽的圣人境界。

岭南心学的精华是创新和有为，这与新时代提倡的社会主义核心价值观是一脉相承的。习近平总书记指出：“一个国家、一个民族的强盛，总是以文化兴盛为支撑的，中华民族伟大复兴需要以中华文化发展繁荣为条件”，“博大精深的中华优秀传统文化是我们在世界文化激荡中站稳脚跟的根基”，“王阳明心学是中华传统文化的精华，也是增强中国人文化自信的切入点之一”。如今，提倡用心学来提升人生正能量，对当今塑造社会文明和加强自身修养都有重大的现实教育意义。而庞嵩作为湛若水在岭南心学的传承人，他对阳明心学和甘泉心学的贡献是巨大的，庞嵩的心学思想，是岭南心学体系的重要组成部分，与当下倡导的务实为民、崇德重法、开放包容、继承创新的精神是一脉相承的，至今仍闪耀着时代的光芒。它对于实现优秀传统文化的创造性转化与创新性发展，对于解决当下社会的种种问题，对岭南文化的传承和发展，都具有积极的启示意义。

“党性教育是共产党人修身养性的必修课，也是共产党人的‘心学’”。（《十八届中央纪委六次全会公报》）共产党人的“心学”，就是“不忘初心之学”，它继承和发扬了中华优秀传统文化中重视正心修身的思想，并赋予其鲜明的党性内涵及特征。“心学”的精粹和核心是“知行合一”，其中，“知”是“心”的本体，指人的道德良知；“行”是“心”的表现；“知”是前提基础，“行”是重点关键，必须以“知”促“行”、以“行”促“知”，这正是岭南心学的精粹所在，不忘初心才能继续前行。回顾我们党在革命、建设和改革开放的各个历史时期，都高度重视加强组织队伍的党性教育，从延安整风开始，党通过不断的学习和自我革命来及时地调整路线、修正航向，确保了初心永续、保持了党的宗旨本色，这已成为党的建设的一个成功经验和治本之策，也是保证党的事业能够长久兴旺发达的活水源头。共产党人“心学”讲的“知”，指的是共产主义信仰、社会主义信念、党的理论路线方针政策，党的立场、观点、方法，党章、党纪、党规和党作出的大政方针；共产党人“心学”讲的“行”，指的是坚定理想信念，贯彻落实党的决策部署，为实现党的奋斗目标、实现伟大复兴中国梦而进行的实践活动。

知是行之始，共产党员的党性不会自发产生，须以一定的理论修养和知识水平为基础，如果不注重知识学习，就难免产生“本领恐慌”，从而陷入少知而迷、不知而盲、无知而乱的困境。要修好共产党人的“心学”，就要用心去学、内化于心。最根本的是要学出理想信念，要完整地学习领会习近平新时代中国特色社会主义的理论，紧密联系党的十八大以来中国社会发展的生动实践，读懂弄通悟透习近平总书记系列重要讲话精神，并且要真正做到融会贯通、掌握精髓。

行是知之成，党性修养既是一个教育与学习的过程，更是一个实践锻炼的过程。修好共产党人的“心学”，就要用心去做，外化于行，要着力弘扬严实作风，敢于担当、敢为人先、敢闯敢试、勇立潮头，在具体的实践工作中贯彻落实习近平总书记系列重要讲话精神和治国理政新理念、新思想、新战略、新方法，不断开创事业发展新

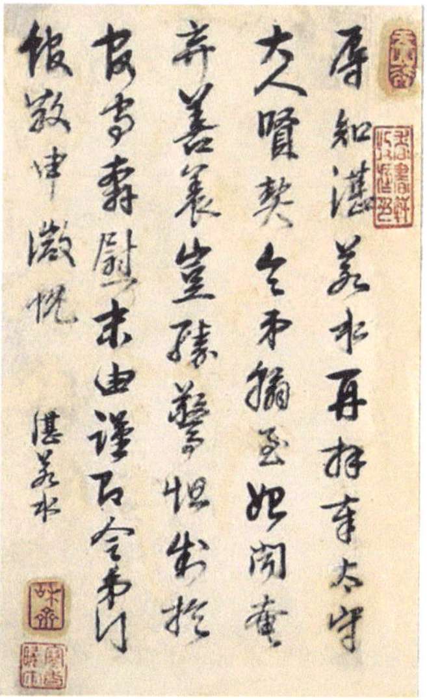

湛若水书法

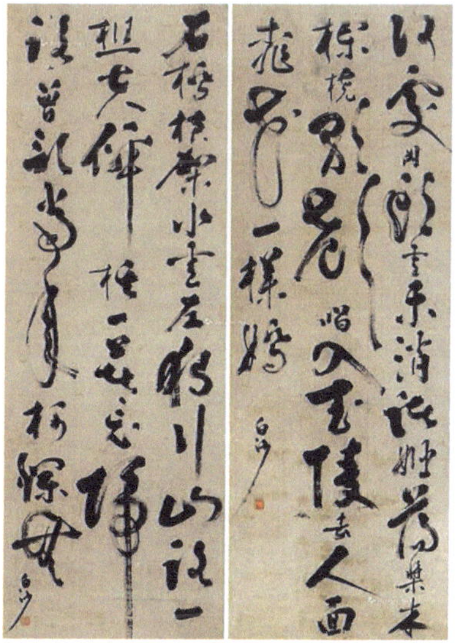

陈白沙茅龙笔书法

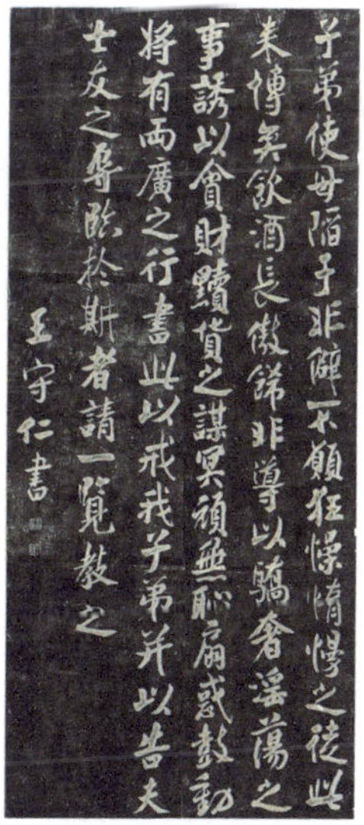

王守仁书法作品《客座私祝》

境界，并使之落地生根、开花结果、惠及人民。在自身修养上，要时刻“三省吾身”，注重培养高尚的道德情操、保持健康向上的生活情趣，做到修身慎行、怀德自重、敦方正直、清廉自守。“恒，德之固也”，要修好共产党人的“心学”，非一日之功，要耐得住寂寞、经得起挫折，潜心静气，持之以恒，久久为功，方能获得豁达通透的智慧和事业的圆满。

附录：

《明史·庞嵩传》

庞嵩，字振卿，南海人。嘉靖十三年举于乡。讲业罗浮山，从游者云集。二十三年历应天通判，进治中，先后凡八年。府缺尹，屡摄其事。始至，值岁饥，上官命督振。公粟竭，贷之巨室富家，全活者六万七千余人。乃蠲积逋，缓征徭，勤劳徕，复业者又十万余人。留都民苦役重，力为调剂，凡优免户及寄居客户、诡称官户、寄庄户、女户、神帛堂匠户，俾悉出以供役，民困大苏。江宁县葛仙、永丰二乡，频遭水患，居民止存七户。嵩为治堤筑防，得田三千六百亩，立惠民庄四，召贫民佃之，流移尽复。屡剖冤狱，戚畹王涌、举人赵君宠占良人妻，杀人，嵩置之法。

早游王守仁门，淹通五经。集诸生新泉书院，相与讲习。岁时单骑行县，以壶浆自随。京府佐贰鲜有举其职者，至嵩以善政特闻。府官在六年京察例，而复与外察。嵩谓非体，疏请止之，遂为永制。迁南京刑部员外郎，进郎中。撰《原刑》《司刑》《祥刑》《明刑》四篇，曰《刑曹志》，时议称之。迁云南曲靖知府，亦有政声。中察典，以老罢，而年仅五十。复从湛若水游，久之卒。应天、曲靖皆祠之名宦，葛仙乡专祠祀之。

佛山祠堂庙宇

佛山祠堂庙宇

——明清时期佛山祠堂庙宇的壁画艺术

壁画是绘画的一种，专指涂绘在竹木、砖石、墙体等壁面上的图画。壁画在中国起源很早，历史源远流长。早在蒙昧时期，先民就画画于石壁之上，以表达对自然的看法和生活情趣。秦汉以后，壁画开始广泛流传。到隋唐时，壁画艺术发展到顶峰，吴道子、李思训、阎立本等大师辈出，在社会上有很大影响。画圣吴道子，擅长壁画，洛阳玄元皇帝庙中就有他手绘的《五圣千官图》。敦煌壁画、山西永乐宫壁画、北京法海寺壁画、河北石家庄毗卢寺壁画并称为中国四大壁画，在中国美术史中占有重要地位。

敦煌壁画

敦煌壁画

敦煌壁画

一、广府壁画的历史与流传

中国古代壁画以形式分类主要有三种，分别是画在墓室内的墓室壁画、画在石窟寺壁的石窟寺壁画和画在寺观壁的寺观壁画。如果以技法区分，则有绘画型与绘画工艺型两类：绘画型指以绘画手段尤其是手绘直接完成于壁面上，具体又可以细分为干壁画、湿壁画、蜡画、油画等。而绘画工艺型是指以工艺制作手段来完成最后效果的壁画，可以细分为壁雕、壁刻、镶嵌壁画、陶瓷壁画等。如果以地域流派来划分，可大致分为北方壁画、江南壁画和广府壁画。

岭南地区大规模兴建祠堂、神庙，始于宋元，盛于明清两朝。在顶峰时期，大小神庙和祠堂遍布广府城乡，几乎是一村数庙宇、一姓数祠堂。广府俗语里说的“顺德祠堂南海庙”，就能充分反映出广府人对修祠建庙的重视。佛山在古代属于南海治下，而在南海、顺德、番禺等广府地区，祠堂、庙宇和传统民间住宅等古建筑众多，仅佛山市一地政府文件公布的就有260处文物保护单位，其中全国重点及省级文物保护单位就有50个之多。据民国《佛山忠义乡志》氏族篇记载，清末民初佛山全镇曾有家祠376座，有梁姓祠堂、家庙58座，霍氏祠堂49座，陈氏祠堂47座。另据2012年禅城区政府公布的不可移动文物名录，在所有165处不可移动文物中，古建筑有116处，而神庙祠堂有73处，占古建筑的63%。在这些文物保护单位中，古建筑占比70%以上。在广府地区这些古建筑之上，至今仍大量保存着岭南地区的民间文化艺术瑰宝——广府壁画。这些壁画，展现了广府民间文化生态和传统文化形态，成为广府文化会说话的“民间文化教科书”。现在佛山庙宇和祠堂内保存的广府壁画多为晚清时期创作的，但广府祠堂壁画的历史，最早要追溯到明朝中期甚至更远。这些古建筑上的广府壁画，作为岭南文化的重要组成部分，是极为丰厚的历史文化遗产，传承了广府文化的风采，不仅作为一个历史的载体呈现，也是佛山地区宋元以来特别是明清时期建筑绘画艺术的瑰宝。

佛山祠堂、庙宇壁画艺术，属于“广府壁画”。现存的广府壁画通常被画在祠堂、神庙、私宅的头门里外两侧、连廊、拜堂、后堂正面和侧面内墙的顶部，如果是民居则仅见于正面外墙的上部，因此，又被广府人称为“墙头画”“泥水画”。画师们首先在青砖墙上涂一层厚约1厘米的白石灰混合物作为底层，待石灰层完全干透后就在上面作画。据地方志书记载，岭南的壁画最早可追溯到南宋时期，明朝随着霍韬在岭南大兴建造私祠之风而广为流传，到清朝中期达到高峰，尤以晚清时期的为精致。与中国传统建筑一样，广府壁画在建筑物上的布局讲究对称，一般以建筑物的中心为中轴线，两两对应着分布。在同一建筑物的壁画，所用的花边装饰纹样和用色一致，以达视觉上的统一和谐。佛山宗祠、庙宇的壁画艺术装饰，体现了浓郁的岭南乡土风情，再现了佛山地区丰富多样的民间传统、民间艺术和民间习俗，是研究岭南文化和佛山乡土文化的活教材。

道光二十六年（1846），梁汉云《写道德经图》，广州市南沙区黄阁镇东里村辅党麦公祠

由于佛山襟江近海，地处亚热带，气候潮湿多雨，壁画不易保存，故现在能见到的多是清中期到民国时期的壁画。晚清到民国时期，战乱不断，民不聊生，祠堂、庙宇多有荒废，新中国成立后又经历诸多运动，能保护下来的更是十中无一。直到改革开放以后，才开始大兴复建、修缮祠堂之风。过去人们的文物保护意识不强，许多精美的壁画原作随着祠堂的全面翻修而被毁，能够原貌修复的极少，殊为可惜。

二、佛山祠堂庙宇壁画的题材与审美特征

1. 丰富多样的题材

佛山祠堂、庙宇壁画，题材主要分为山水、人物、花鸟、故事、书法和吉祥纹

饰等六大类。山水以岭南水墨画为主。人物分为道家故事、儒家故事、二十四孝故事、先贤故事和民间传奇故事等五大类。花鸟以代表喜庆、吉祥、富贵、长寿的龙凤、喜鹊、蝙蝠、仙鹤、梅花鹿、石榴、寿桃、松树、牡丹为主，寓意喜上眉梢、福禄双全、松鹤延年、富贵如意、多子多孙、龙凤呈祥、吉庆有余等，体现了儒家思想中“不亏其体、仁爱万物”的哲学思想，寄托了岭南先民对美好生活的向往，体现了民间审美和祈求吉利的内涵和意趣。书法以格言、家训和古诗词为主，吉祥纹饰作为辅助装饰起到补充和点睛的作用。

东坡听琴

佛山祠堂、庙宇中的壁画，题材以表现儒家历史和传统文化典故的最多。清代至民国时期，广府传统建筑壁画延续了自汉代以来中国壁画“成教化，助人伦”的传统，包含了大量的传统文化内容。情节性、叙事性的壁画是很好的启蒙教育素材，一幅画就是一个故事。如西汉“伏生传经”“苏武牧羊”，魏晋时期的“嵇琴阮啸”“白鹅换字”，唐代“李邕鉴真迹”，北宋“四相簪花”“米芾换画”等等。也有表现民间风情的题材，如渔樵耕读、渔舟唱晚、金殿比武等；表现花鸟鱼虫、花草果木等题材的，如龙凤呈祥、丹凤朝阳、指日高升、狮子滚绣球、喜上眉梢、二龙戏珠、福在眼前、鲤鱼跃龙门、岁寒三友（松、竹、梅）、四君子（梅、兰、竹、菊）、

三水长岐卢氏大宗祠

富贵牡丹、卷草等；表现吉祥器物、宝物类的，如道家丹鼎、拂尘、法宝（以八仙的法器为主，俗称“暗八仙”）、古董、家具、博古架、琴棋书画等。

在佛山三水芦苞祖庙，水磨青砖墙上壁画琳琅满目，如“五柳归庄”“白鹅换字”“竹林七贤”“韩信问路”等，画工精细，美轮美奂。尤其是大门顶墙上一幅水墨双龙，名曰“教子朝天”，画面仅现龙头、龙尾和部分身腰，在苍茫云水间呼啸腾空，活灵活现。

2. 审美特征与艺术风格

佛山祠堂、庙宇的壁画主要绘于祠内墙上部、前堂外墙的上部等地方。壁画大都由吉祥符文构组花边，书法与绘画相间而绘，状若梅花间竹。与中原地区古建筑壁画的富丽堂皇不同，岭南的古建筑壁画显得朴素淡雅，布局巧妙，讲究细节。广府壁画的特色在佛山古建筑壁画中体现得很充分，儒家文化是核心内容，大量唐诗宋词、文人学者的形象是广府壁画主要表现的内容。一般较大的祠堂进门显眼处绘水墨画“教子朝天图”，寓意家族文脉传承、子孙人才兴盛，凸显了明清时期岭南兴盛的文教之风。

《教子朝天图》（道光二十六年，1846），广州南沙东里村辅党麦公祠

八仙贺寿

清代至民国广府传统建筑的壁画主要分工笔彩绘和水墨两类。从绘画技巧来说，画匠们功力不俗，彩绘画的主要题材有山水、花鸟和人物，这类桃红柳绿、色彩斑斓的壁画占现存壁画的绝大多数。多采用传统的重彩设色技法，敷色艳丽，吸引眼球。在人物的刻画上，讲究形象具备、神态生动；在服饰衣冠的描绘上，细致入微、精准灵动，尤其是人物的衣纹勾描颇得吴带当风的神韵。在构图上讲究画面人物安排聚散有致、前后呼应，以达到纤毫毕现的艺术效果。在历史典故画上多有题跋，并以白话叙述典故的大致内容，使画作易于被广大文化程度不高的乡亲所识别、理解和认可。花鸟画则讲究用笔清丽纤细，层次分明，线条圆润流畅。水墨画的题材比较少，常见的只有《教子朝天》一种。

广府壁画的主要颜料是从植物和矿物质中提取的，多采用墨色添加矿物质原料进行描绘，在色彩的运上，偏爱使用藤黄、土红、赭色、石青、石绿和土蓝。这些矿物颜料色彩鲜艳，不易褪色，既能够使画面色彩清丽、灵动空蒙，又能够长期保存壁画鲜艳的色泽。广府壁画的创作手法，有采用中国传统工笔重彩技法的单线平涂方式，有在工笔勾线上运用写意技法的，特别注重细节的处理。从绘画技巧来看，现存广府壁画的花鸟画讲究用笔清丽、纤细，层次分明，线条圆润流畅；对物象的敷色渲染把握得十分精准，色彩冷暖互补，层次分明，呼应到位。在山水画上，特别重视对墨线的勾勒处理，笔法或刚劲稠叠，或圆转飘逸，或挫顿有致，更显得画工们技艺高超、手法娴熟。

吉祥装饰符号是广府壁画另一个重要的表现内容，图案具有简明朴素、自然流畅的特点。在中国传统文化中，不同的装饰艺术符号有不同的寓意。庙宇和宗祠，使用的装饰艺术元素多具备特别的象征意义。早在《周易》中，就把八卦符号与自然现象对应起来，把天、地、雷、风、火、水、山、泽等自然现象分别用乾、坤、震、巽、离、坎、艮、兑八种符号表示。龙纹、云纹、江水纹等古老的图案纹饰，是装饰艺术中常用到的吉祥符号，这些符号在传统文化传承中寓意着吉祥、美好、和谐。这些符号既源于生活又高于生活，人们通过符号的形式，简明扼要地表达对吉祥如意、福寿安康等幸福生活的向往，寄托了人们对理想生活的追求。在佛山祠堂、庙宇壁画中常见的有“盘长”和“方胜”两种吉祥图腾纹饰。“盘长”又叫盘肠，由S纹盘旋而成，寓意生生不息、源远流长；“方胜”在民间与宝珠、珊瑚、银锭、如意等合称为“八宝”或“双八宝”。

三、佛山祠堂庙宇壁画的文化功能和教化意义

祠堂，是我国古代祭祀祖先的场所，庙宇则是祭祀祖宗、先贤或祀奉神灵的庙堂。家族中重大的事情都在祠堂商议和解决。明清时期，岭南地区的宗族祠堂还代替官府行使部分行政权力，或施以族规家法，或调和乡间矛盾。庙宇是祀奉神灵的，是人们的信仰归宿，在祠堂和庙宇中对乡村社会大多数目不识丁的村民进行必要的儒化教育和传统伦理道德教化，是很有必要的。而祠堂和庙宇作为教育的场所，也是很有仪式感和庄严感的，分布在祠堂和庙宇中的壁画无疑在道德教化、艺术教育和审美教育方面，起着重要的作用。

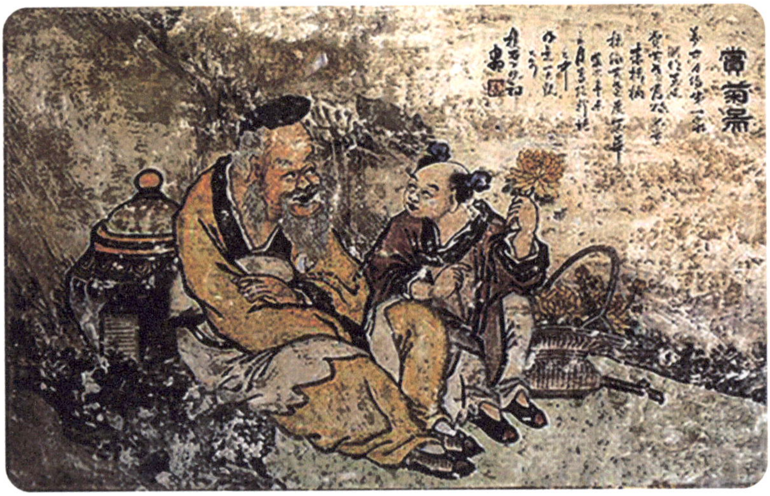

《赏菊图》（民国二十年，1931 年），高要河台镇罗建村宋氏大宗祠

1. 人生态度和生活情趣

壁画是浓缩世俗人情、寄托祖先功业、通过审美再创造的一种艺术，同时也是一门带实用性的环境装饰艺术，尤其以独特的审美意蕴和文化特性著称。不同的时代，壁画反映着不同的审美情趣和价值观。通过历史典故、国学故事、传说人物、山水花鸟、吉祥物件等题材，壁画反映了古人的审美趣味和对生活的态度。乡绅还通过壁画来表达崇尚隐逸的情愫。据统计，广府隐士题材类的壁画，约占壁画总数的三分之一，“竹林七贤”、陶渊明、北宋著名隐逸诗人林逋等古代隐士，是壁画中常见人物。如禅城石梁村的梁氏大祠堂、沙岗村张氏大宗祠、张槎大沙村的杨氏大宗祠、张槎村的仙槎书院、张槎弼塘村的永新社学等古建筑，都绘有此类题材的壁画。

2. 追思先祖和记录传承

康熙二十二年之后，对岭南地区实施了“粮户归宗”的特殊政策，即县以下的赋役负担任务，以宗族为单位来完成，宗族成了乡村社会的主角，族权代替了政权。当族权直接演化为世俗权力后，手握族权的乡绅便成为乡村社会的实际控制者和管治者。而祠堂和神庙，一直是宗族处理重大事务的场所，这时，它们就演变成乡村基层政权的“衙门”，而村与村之间，宗族与宗族之间，也存在着明显的利益之争。为了争夺更多的话语权，乡绅就把祠堂和神庙当作显示本乡和本宗族势力的标志性建筑。祠堂、庙宇成为祭祀神灵和祖先、处理裁决乡间事务的神圣之地。这些地方所绘的壁画，记录了宗法礼制、祭祀仪轨和乡村教化的演变与痕迹，对于我们了解当时的社会风俗和审美情趣有着很大的作用。

自汉代以来，中国壁画一直有“成教化，助人伦”的传统，乡绅要对乡村进行有效的管治，必须靠伦理观念的渗透，靠儒家耕读传家、仁义礼智信观念的传播。而壁画这种浅显易懂的“壁板报画”更为乡绅们所倚重，其教化功能不言自明。壁画作为图像资料，展现了广府民间社会鲜活的文化生态和传统文化的积淀，图解了许多难以用文字表述清楚的社会生活内容和非物质文化遗产。同时，通过对众多社会生活细节的描绘，壁画被赋予独特的民俗文化传承价值，反映了民间文化的深度和广度，弥补了传统官修史书和方志等历史文献的不足。

《红棉鹪鹩》（宣统二年，1910），广州番禺沙湾镇西村南川何公祠，黎蒲生画

3. 寄托吉祥寓意

中华吉祥物文化源远流长，古时人们多将喜爱的动植物作为图腾或吉祥物，用以寄托吉祥寓意。如在壁画里画梅花和喜鹊，就借此表达“喜上眉梢”“梅开二度”等美好寓意；画松、鹤、鹿寓意长寿；画梅兰菊竹，寓意高雅；画鲤鱼跃龙门、魁星踢斗寓意高中科举、文脉传承等等。广府壁画上的吉祥图案和纹饰，也寄托着岭南先民对美好生活的向往之情。

4. 教化育人

壁画除了具有出色的装饰效果外，还能展示丰富的文化内涵。广府壁画对于没有多少文化甚至不识字的乡人来说，还有文化普及、提升美育素养的作用，乡人在随时的观赏之中，多少也会被其陶冶。其他地方的壁画，描绘的内容往往是与建筑物用途直接呼应，像敦煌壁画绘制的是佛教内容，中原贵族墓葬壁画绘制的是贵族生前的生活情景，而广府壁画绘制的内容则与建筑无直接关系，祠堂不画家族先祖，庙宇不画神灵仙人，只画中国传统的文化故事、诗词歌赋及山水花鸟等内容。故此，在神庙、祠堂和民居建筑上的广府壁画，与西方教堂圣经故事画的作用是一样的，在实际生活中起着宣传画的功能，承担着对基层民众传递神灵信仰、传统文化观念、宗族风尚的重任。从伦理教化方面看，其画题、画意反映出当时的文化、礼仪、宗教、信仰等诸多价值观念和大众审美倾向，在一定程度上起到传播宗族礼制、宣扬传统伦理道德、劝化教谕民风的作用。

四、对佛山祠堂庙宇壁画的保护与传承

1. 民间画师中的壁画大师

广府壁画多为民间画师所作。明清时期佛山祠堂、庙宇里的壁画作品，一般只有在最主要的几幅壁画后有画师的落款，其他次要的壁画很少有落款。据统计，从清代到民国两百年间，佛山地区附近的广府壁画中曾出现的名款达一百多人，考之有据的画匠多达几十人。这些壁画作者虽然大多数是身处社会底层的画匠，就整体而言，他们的绘画是程式化、机械化的临摹，但也不乏有技艺高超、享有盛誉的大师级人物，如道光时期的梁汉云、杜伯洲，同治和光绪时期的杨瑞石、黎浦生等。据不完全统计，光绪以至民国初期的广府壁画师有袁添、吴栋石、黎文源、关庭光、

《四相图》（同治十年，1871），番禺沙头街梁氏大宗祠，杨瑞石画

陈墨泉、陈生泉、老粹溪、梁锦轩等几十人，可谓人才济济。其中以杨瑞石绘制的壁画流传最广、影响最深、研究价值最大。

根据《番禺县文化志》等资料的记载可知，杨瑞石擅长绘制壁画。杨瑞石（1836—1908）是番禺沙湾紫坭乡人，也有说是佛山人，号青箩散人，师从沙湾杰出的民间艺人黎文源，师徒两人善画壁画人物、山水、花卉、鸟兽。黎文源师徒几人在广府一带留下了不少壁画佳作，现存广州陈家祠里的壁画，据说也是杨瑞石所画。

2. 现状和传承

佛山地处珠三角区域，河网密布，湿气较重，一般祠堂前面大多数都有水塘，祠堂内部相对比较潮湿。特别是夏季初期的梅雨天气和龙舟水季节，湿度就更大了。而夏秋两季连续的台风天气也使得祠堂长期处于潮湿的环境之中。一般祠堂除了特定的节庆和纪念仪式外，多不对外开放，祠堂内部相对密闭的小环境使得水分不易蒸发，加上很多祠堂年久失修，壁画的载体石灰墙体容易开裂剥落。再加上广府壁画创作所用的泥料和颜料受潮容易变形、剥落，能保存下来的壁画非常罕见。到“文革”时，大部分壁画被涂盖或铲除。广东省文物保护专家委员会委员、资深文博专家黄利平就认为：“由于其（壁画）对墙壁天然的依赖性，比起木雕、灰塑等建筑构件，壁画因无法收藏故难以保存，更难以承受岁月流逝和沧桑巨变，建筑一旦翻修、墙壁重起，与墙壁不可分割的壁画就只有灰飞烟灭，消失于无形。”

广府地区传统建筑中清代道光以前的壁画已少见，道光之后的广府壁画，也主要保存在祠堂、寺庙等公共建筑之中，而民居的基本无存。壁画师作为非物质文化遗产传承人极少，面临后继无人的困境，抢救和传承刻不容缓。许多村落都没有对古建筑壁画开展专门的保护措施，更没有意识到对壁画做专业性的保护，因而大多数壁画都处于自生自灭的状态。文物保护部门应当尽快完善壁画保护专项制度、增加专项经费投入、提高保护技术，组织专家学者和画家、民俗学研究爱好者加强对广府壁画的研究，从多方面对广府壁画进行必要的保护。

柑酒听黄鹂

3. 保护和利用

中国带有鲜明群系特点的古壁画群有三个：一是敦煌壁画，这是公认的世界文化遗产；二是中原贵族墓葬壁画，大致分布在陕西、河南等中原地区，是国宝级的文物宝藏；三是以广府为代表的广东世俗壁画，它的区域位置标识突出、数量庞大，时代特色鲜明，在中国古壁画史中地位独特，是认识清代以来广府历史文化的第一手可视资料。广府壁画题材多样，内容广泛，真实形象地反映了广府地区的社会和文化生态，是广府民间和市井风情的真实历史记录。目前，广州、佛山等广府地区的祠堂、庙宇，组成了全国唯一的大型清代、民国壁画群落。同时，晚清广府壁画还是对中国传统官修史书中图像资料不足的重要补充，能弥补传统官修史书、方志等历史文献对基层社会文化记载的不足或误读错解。广府壁画上的年代款识，也成为考证建筑等相关文物的可靠佐证。广府壁画，也是探求岭南画派起源的一个重要侧面，是追寻南粤雅文化与俗文化如何融合的理想样本。广府壁画属民间艺术，但它们与“二居”（居巢、居廉）和高氏兄弟（高剑父、高奇峰）、陈树人等岭南画派代表人物，同处岭南地域，在历史上有着上下相承的时空关联。据岭南画派史学者研究，广府壁画的技法源流和表现形式，与岭南画派可以说是一脉相承、相互印证的。

今天，我们对广府壁画要真正落实“保护为主，抢救第一”的原则，在充分收集整理古壁画的基础上，通过样式谱系、技术源流、文献考究、工匠法则等多重研究视角，对壁画的样式、类型、工艺、材料进行深入的研究，为历史文物的保护工作提供参照。目前，文物部门对广府壁画的保护措施主要有：一是改善祠堂内部环境，建议祠堂要经常开放使用，使空气得到流通；二是注意清理壁画上的覆盖污染物，对壁画表面进行局部清理，对画基表层进行必要的加固；三是及时清除壁画上方的鸟巢和蚁穴；四是对一些重要的壁画进行抢救性保护，聘请专业的画工修补破损的画面，并对修补部分作出相应的处理，以保持壁画前后风格的一致；五是要及时对壁画进行影像留存或临摹保存，同时加强对壁画艺术的理论性研究，注意培养新一代壁画艺术的非遗传承人，使岭南壁画艺术这一特有的艺术得到传承和发扬。

近几年来，文物部门加大了对古建筑的保护力度，许多地方的村委会和村民也日益意识到保护文物的重要性和迫切性，加上媒体大量宣传报道，广府壁画和承载壁画的主体建筑物大多得到妥善的保护，有的还进行了不同程度的开发、研究和利用。目前，珠江三角洲广府地区的许多村落，采取了形式多样的保护措施，加大了对村落古建筑和广府壁画的保护力度。有的将祠堂作为廉洁文化示范点、党员廉政教育活动室，设廉政书法展览橱窗、装饰浮雕，设清风讲坛等，结合乡土教育和壁画内容对村民进行传统文化教育，以增强文化自信和乡土观念。有的设立基层党建平台，将宗祠打造成为基层治理的平台，建立村民议事会、村务监督委员会、家乡建设委员会和乡贤慈善会“四会联动”制度，构建自治、法治、德治“三治结合”基层治理体系，以“乡愁”“乡间”“乡亲”为主题，着力破解农村治理能力不足、民主协商不足、群众参与度不高、农村发展资金不足等实际问题，为推动基层治理和谐善治提供了积极有效的实践经验。有的将祠堂改造为农村社区的“红色驿站”，既是党员联系群众的新阵地，也是村民学习习近平新时代中国特色社会主义思想的新空间，把乡土文化与社会主义核心价值观有机结合起来，从而引导村民在思想上和行动上与党和政府保持一致。有的作为文化室，引导书法协会、摄影协会、曲艺协会等民间组织进驻，结合传统文化进行丰富多彩的文娱活动，活跃村民的文化生活。还有的作为老人活动中心，对本村和外来人口提供图书阅读、棋类、麻将娱乐等文体项目，让祠堂聚人气，管理有专人，环境得到经常的清洁打扫，这对于保护壁画也是很有好处的。

佛山的书院和社学

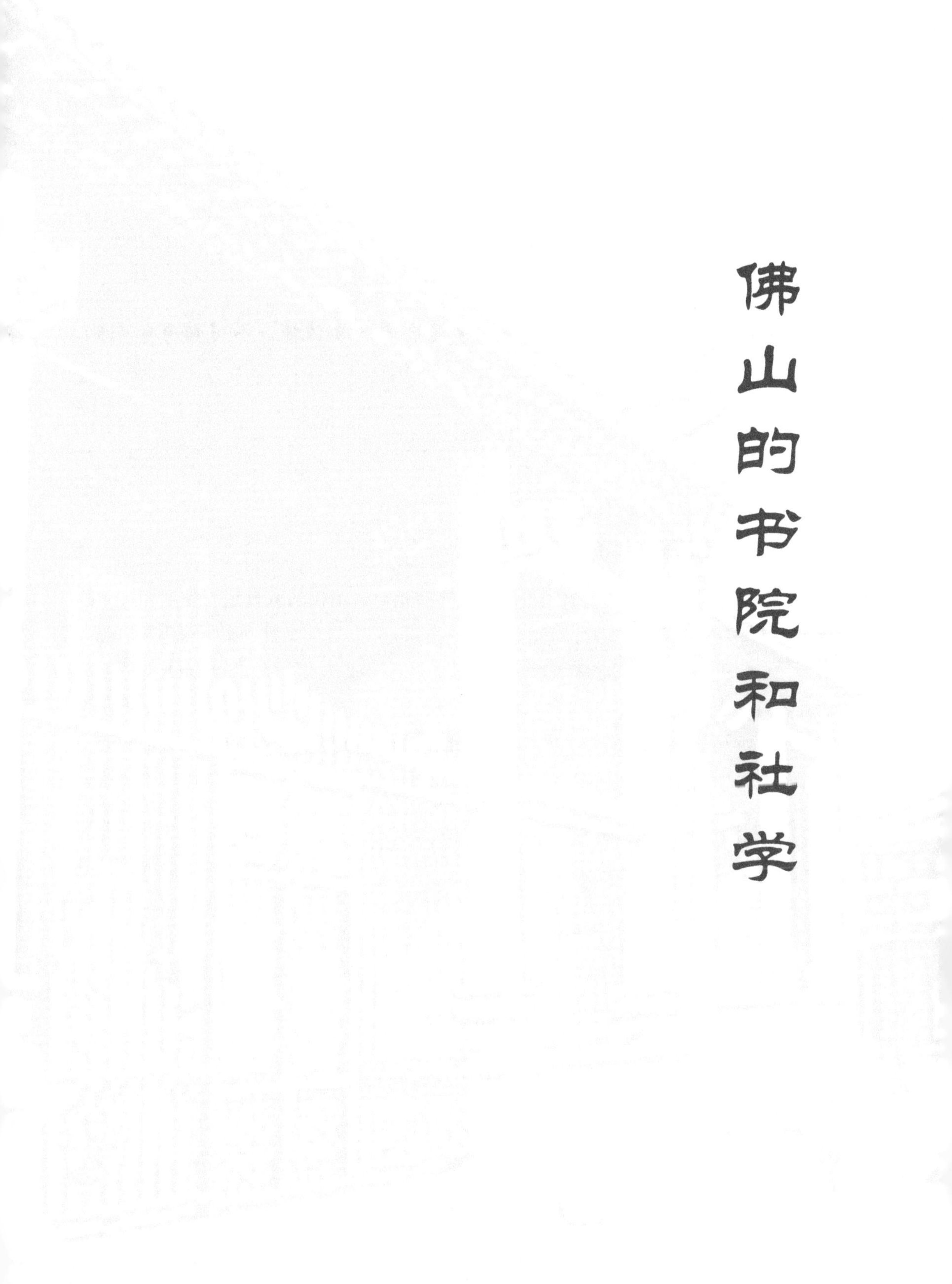

佛山的书院和社学

——明清时期广府地区书院和社学对岭南心学传播和人才培育的影响

一、中国书院文化的历史与传承脉络

书院作为一种独具特色的、古老而又具有相对自治权的教育组织制度和文化教育机构，是中国古代传统教育高度发展的产物，同时也是东亚儒教文明的典型形态。书院之名始见于唐，兴盛于宋，延续至清末，是官府或私人所设立的集祭祀、讲学、研习、藏书等功能于一体的文化场所和教育场所，更是自宋以来理学、心学等儒家思想的主要传播基地和道场。据《中国书院辞典》[①]记载，中国历史上有记载的书院多达7300多所，从唐代至清代千余年间，全国各地有史料可考的书院1600多所。

唐玄宗时，设丽正书院，集中了全国最著名的学者。据《新唐书》记载：开元六年（718），“乾元院更号丽正修书院……十一年，置丽正院修书学士。光顺门外亦置书院。十二年，东都明福门外，亦置丽正书院。十三年，改丽正修书院为集贤殿书院”。书院主管人员的职责是“掌刊辑古今之经籍，以辨明邦国之大典，而备顾问应对，凡天下图书之遗逸，贤才之隐滞，则承旨而征求焉。其有筹策之可施于时，著述之可行于世者，较其才艺，考其学术而申表之”[②]，并且兼做皇帝的侍读，“以质史籍疑义”。[③]《资治通鉴》也记载：开元十一年“上置丽正书院”，“或修书，或侍讲”。可见丽正书院是中国古代最早的官办书院，但也有学者认为，湖南攸县建于唐代初年的光石山书院要比丽正书院更早。这些书院虽然还不是后世那种完全

---

① 季啸风主编：《中国书院辞典》，浙江教育出版社1996年版。

② 毛礼锐、沈灌群：《中国教育通史》第三卷，山东教育出版社1987年版。

③《宋会要辑稿》崇儒七之三四。

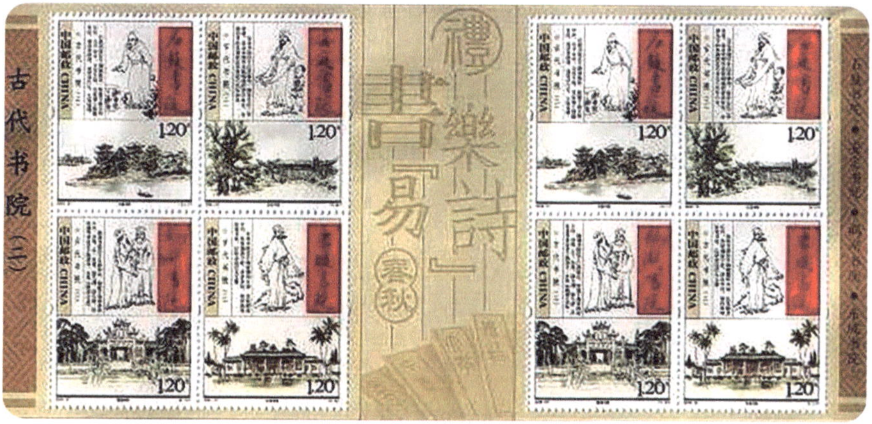

古代书院邮票

意义上的学校，但也孕育了以后书院“培养人才”“研究史籍”的学风，奠定了中国古代书院教育群星璀璨的基石。

到了宋代，随着程朱理学逐渐兴起，讲学之风日盛，各地书院的创办愈加兴旺。北宋，私人讲学的书院大量产生，陆续出现白鹿洞、岳麓、睢阳、嵩阳、石鼓、茅山、象山等书院。南宋时随着理学的发展，书院逐渐成为各个学派活动的场所，其中白鹿洞、岳麓、睢阳、嵩阳书院并称为“中国古代四大书院”。

元朝时书院更为兴盛，多讲程朱之学，并供祀两宋理学家。元世祖十分重视书院建设，先后多次颁布法令保护书院和庙学，并将书院等视为官学，书院山长也定为学官，这是书院官学化的开始。元代将书院和理学推广到北方地区，大大缩短了南北地域之间文化的差距，但同时，为了维护统治，朝廷对书院的意识形态控制也非常严格，不允许有百家争鸣的辩论出现。

明朝初年，书院由盛转衰，直到陈献章、湛若水、王阳明等心学大师出现，书院才再度兴盛。当其时，官方和私人设立的书院多达 1200 多处。一些私立书院崇尚思想解放，讲学内容相当自由，时常有抨击时弊的言论和著作流传于世，更有的成为思想舆论和政治活动场所，最有名的当数江苏无锡的东林书院。明朝统治阶级曾先后四次毁禁书院，尤其是东林书院事件后，魏忠贤钳制舆论，尽毁天下书院，书院开始走向没落。

到了清初，朝廷继续抑制书院的发展。直至雍正十一年 (1733)，清廷颁布谕旨，命各省省城设立书院，给银为开办费，并确定书院是“古侯国之学”（相当于“省立大学”）。全国再度掀起办书院的热潮。但由于书院不分官立私立，皆要受朝廷监督，大部分书院与官学无异，宋元时期的自由讲学现象不复出现。乾隆年间，官立书院剧增，朝廷对书院士人的思想扼制明显加强。庚子新政后，光绪二十七年（1901），各省的书院改为大学堂，各府、厅、直隶州的书院改为中学堂，各州县的书院改为小学堂，至此，书院制度瓦解。辛亥革命后，书院已完成历史使命而宣告结束，逐渐被新学堂、学校所替代。

从唐中叶至晚清，书院作为一种文化教学组织延续了一千多年之久。书院形成了独具特色的教育制度和学术精神，对中华文明作出了重大的历史贡献。

二、明清时期广府地区书院和社学的类型和传承

1. 书院、社学的分类和特点

南宋著名诗人、参知政事范成大（1126—1193）是中国历史上第一个提出“四大书院”说法的人，他把山东徂徕书院、江苏金山书院、湖南石鼓书院和岳麓书院并称为“天下四大书院”。理学家吕祖谦 (1137—1181) 也提出把河南嵩阳书院、湖南岳麓书院、河南睢阳书院和江西白鹿洞书院作为“四大书院”。北宋时期，石鼓书院、应天府书院、岳麓书院、白鹿洞书院、嵩阳书院、茅山书院成为闻名天下的“六大书院”。民国时期，也有学者将石鼓书院、应天书院、岳麓书院、白鹿洞书院、嵩阳书院、茅山书院、龙门书院、徂徕书院作为中国历史上的“八大书院”。当然，历史上最著名的要数“四大书院”，即白鹿洞书院、石鼓书院、应天府书院和岳麓书院。经过几百年的传承和发展，这些著名的书院已经不限于讲解学问和校正典籍，而主要是进行专门的学术讲座和学术辩论。这些著名书院，以雅正的治学理念、严谨的治学态度、丰富的精神内涵，在中国历史上创造了辉煌的文化成就，培养出无数的文化精英，谱写了人类教育史上的灿烂篇章。

明清两代，每府州县可设三四所，少亦一二所书院。这些书院由国家拨款创立，属于官办性质，延聘名儒任教，也有的属于社团创办，由官员、绅士、富商捐款，通过设立基金以解决每年办学经费。其余的则是由私人设立，这与私人讲学风气兴盛有关。民间设立的私立书院，有的是为了宣扬自己的学术思想，有的则是为了笼络有名望的士绅学子。清代的书院，以学习内容来分，可以分为三类：一是以中式义理与经世之学为主；二是以考科举为主，主要学习八股文制艺；三是以朴学精神倡导学术研究为主。明清时期的广府地区，特别是佛山周边书院的发展进入了鼎盛时期，较有名气的有西樵山上的大科书院、石泉书院、四峰书院、云谷书院等。这

白鹿洞书院邮票

嵩阳书院邮票

些书院都是由地方名仕、乡贤主持建立的，对广府文化乃至岭南理学的发展都具有重要的意义。

“社学”之制创始于元代，至元二十三年（1286）元世祖颁令各路劝农立社。元朝规定凡五十家为一社，每社置学校一所，择通晓经书者为师，曰社学。社学开办时具有教化性质，如劝人勤于农桑、遵守封建礼教等。后来演变为乡村小学，如农闲时令子弟入学，读《论语》《孟子》《孝经》和《小学》等启蒙典籍。洪武八年（1375）正月，明太祖下令在全国各地立社学，延师教民间子弟。十六年（1383）诏令全国各地于民间立兴社学，官吏不得干预，广东也不例外。正统年间（1436—1449），令各处提学官及司、府、州、县官，严督社学，把民间乡村初等启蒙教育正式纳入国家教育体系，学习内容包括启蒙读物和《大诰》等律令。明、清两代的社学可分为府社学、州社学、县及县以下社学三类，然而社学、义学、蒙馆、私塾等启蒙学校，相互之间并没有隶属关系，入学者均为 15 岁以下儿童。根据所读社学的地域范围，社学生升入相应的地方官学。社学主要有官办、民办两种，也有官民合办的，因为社学属于基础教育，具有基础性、平民性、义务性、普及性等诸多特点，是故佛山的社学遍及城乡。

弼塘永新社学

明代佛山有崇正、厚俗、蒙养、敦本四大社学。各村较大的宗族，也建有社学，较有名的如澜石石头村的霍氏社学、张槎弼塘村的永新社学等。南海西樵松塘村的明德社学、大沥的西堡社学、狮山的燕溪社学、小塘的龙唐社学，顺德勒流黄连社学，三水乐平尹边村的松桂书舍、诒燕书室、乐善书舍，三水芦苞的龙坡社学、大塘的永平社学、西南的南山书舍等也相当有名。

清代中后期，社学逐渐与义学、书院融合，三者之间的界限变得模糊不清。先是“嘉庆以来，岭南、珠江、南海、汾江诸义学，咸改署书院”。[①] 后来，“其有大宗名族，自设家塾，亦称书院者”[②]。社学有向着乡人“文会之地”转变的倾向。如佛山的崇正社学，史载自康熙四十二年（1703）开始，每逢二、四、六、八月之四日，文士齐集，盛时会者多至四五百人。[③] 而真正“延师授徒”的，“只佛山书院一处……其余皆乡人会文之地耳”[④]。此后逐渐形成风气，以至“粤中文会极盛，乡村皆有社学，文会即集社学中”[⑤]。其实自雍正朝开始，社学就兼有乡人讲约的功能。其时，朝廷规定，凡州县城内及各大乡村，各立讲约之所，设约正一人，值月若干，“每月朔日举行……众以齿分左右立，设案于庭中，值月向案北而立，抗声宣讲《圣谕广训》，各人肃听，约正复推说其义”。[⑥] 清朝中后期，更多的乡村社学成为乡堡士绅聚会议事的场所。如顺德县的安和社学，“每月二日，绅士齐集，诘奸饬俗”[⑦]。到了道光后期，鸦片战争爆发，广府各地纷纷编练保甲、兴办团练，社学又成为团练之所。如道光二十二年（1842）广州的升平社学、番禺的清平社学等，成为各乡团练的指挥部。此时社学已经名不副实，与原来的蒙童初衷大相径庭了。

2. 书院成为岭南学派的萌芽地和传播中心

自北宋二程、张载、周敦颐、邵康节等“北宋五子”以后，理学逐渐兴盛，至元朝被采纳为官方哲学。理学经过朱熹、陆九渊等宋代大儒的发展，到明代陈献章、湛若水、王守仁等开创心学，儒家分为两大流派：一称“程朱理学”，强调理高于一切，以“二程”（程颢、程颐兄弟）、朱熹为代表；一称“陆王心学”，强调心是宇宙万物的主宰，以陆九渊、王阳明为代表。

明代开始，读书人崇尚理学。明代中叶，广东新会县白沙村人陈献章（1428—1500）开明儒心学先河，为“王学”先声，成为著名的理学大师。黄宗羲（1610—1695）在《明儒学案》中说，“有明之学，至白沙始入精微”，“至阳明而后大”，

---

① 道光《南海县志》卷十一。

② 咸丰《顺德县志》卷五。

③ 道光《佛山忠义乡志》卷十六。

④ 道光《佛山忠义乡志》卷四。

⑤ 乾隆《番禺县志》卷七。

⑥ 乾隆《高州府志》卷六。

⑦ 咸丰《顺德县志》。

并认为白沙（即陈献章）是王阳明思想的先导。白沙先生的嫡传弟子增城湛若水，门徒愈众，影响愈大，世称“陈湛心学”。清代浙东学派著名学者全祖望(1705—1755)曾说：“白沙授之甘泉，其门户益盛，受业者录四千余人，当时称为‘广宗’，同时与阳明分讲席，当时称为‘浙宗’。终明之世，学统未有盛于二宗者，而河汾一辈之学，几至遏而不行。”[①] 于此可知明代白沙、甘泉学派（陈湛心学）在全国占有重要的地位。陈湛心学源出程朱理学，开启了王阳明心学，但又有别于程朱理学和陆王心学。陈献章开岭南心学之绪，提出了著名的“学贵知疑”教育理论，强调提出问题之于学习与成长的重要意义，打破了程朱理学原有的沉闷、僵化的理论格局，使明代的学术开始了新的阶段，这是明代心学发展链条中与王阳明心学不同的另一条心学路线。岭南学派的形成可以分为两个阶段：陈献章在世时，属发端、形成阶段；陈献章去世后，在湛若水时期，属发展、昌盛阶段。陈献章从青年开始教学至授徒终老，从小庐山设帐至嘉会楼会友研学，数十年来弟子、文友难以统计。清中叶邑人阮榕龄著《白沙门人考》，列有姓名的学子共164人，籍贯除广东省内番禺、顺德、东莞、增城、吴川等十四县之外，远至东北、华中，西南、华东地区，占人数四成左右。陈献章在教学育人方面有教无类，在教育方法上，又本着“学贵知疑”的信条，鼓励学子独立思考，因而四方来学者日众，无法查考的生徒，不可计算。白沙先生逝世后，湛若水继承白沙学说，又加以发展，使白沙之教得以行于天下。湛若水与王守仁同朝讲学，学者称为“甘泉先生”。他所到各地，皆创设书院讲学，以纪念白沙先生。计有广州天关书舍、白云山白沙书院、南海西樵大科书院、云谷书院，在广东增城、罗浮山、番禺和南京、扬州、贵州等兴建和扩修的书院共有40多间，门人有四千之多，一时间讲学风气遍南北，名宦学者多有出其门者。嘉靖六年(1527)，王守仁在广州讲学，“首言知行合一，又言朱、陆之异同，又言为学莫先于致良知”。南海丹灶人方献夫等“皆师事之”。由是，“广宗”的“岭南学派”与王守仁“浙宗”的“姚江学派”南北对峙，蔚为有明一代儒林盛事。

宋明理学的发生、发展和书院有着密切的联系，书院是创造、阐发、传播理学思想的一个重要物质载体。至明清时期，岭南书院已雄踞一方，形成了以西樵山、罗浮山为核心的传道中心，大小书院遍布岭南各处名山，形成了岭南书院的“山居特色”。书院林立的西樵山由此成为理学的重要研学阵地，岭南心学的传播首先就是从新会传播到南海西樵山的。明中叶，以湛若水、霍韬、方献夫等为代表的“岭南士大夫集团”在南海西樵山建立大科书院、云谷书院、四峰书院、石泉书院，对

---

① 全祖望：《端溪讲堂策问一》，《鲒埼亭集》卷五十。

白沙心学进行传播和发展，在岭南地区士子中的影响很大。据民国学者刘伯骥所著《广东书院制度沿革》：“自正德年间起，广东讲学风气与书院兴创便为之一变。湛若水、霍韬、方献夫、黄佐、薛中离等皆为理学名儒，各承师说，辟书院以讲学。所以明代广东书院，以这时为最盛。”湛若水、霍韬、方献夫等在西樵山设立书院，长期在此读书、讲学，例如湛若水在西樵设教，门人记其所言，是为《樵语》。陆王心学与岭南陈湛心学交相辉映，加上心学流派分支众多，名儒辈出，在思想领域影响颇大。

西樵山的白云洞也是传播理学的重要阵地，“明嘉靖间，何东江先生始辟洞门，子明继志筑室读书，弼唐庞子题其洞而为之铭，名流类聚，共结词坛，汇成白云洞倡和集，而洞名遂著。洎万历中赵文懿公增设涤心桥、云瀑亭、采芝径，而洞名益彰。”而南海张槎人庞嵩、南海鹭洲人韦宪文等也在白云洞讲习理学。西樵山各大书院聚集了众多士人，史载：“西樵讲学诸儒，湛若水出于白沙，方献夫等出自阳明。白沙之学以元公（即周敦颐）为主，由静而悟性，故其学孤行独诣，甘泉讲学最有名，承白沙之绪……从游者几遍天下。与阳明往复议论，一时有浙学、广学之分。至献夫则笃信于静，而疑朱子，取鹅湖一诗，谓孟子以后见道直捷独陆子一人，而朱子未免支离，本阳明之说也。”现存西樵山的许多建筑都与理学家有关，诸多理学家的坊表、祠墓也多建于西樵山，如太史坊、柱国坊、白沙祠、韩督宪祠、甘泉祠、西庄霍公祠、霍文敏公祠、高士李孔修墓、赠太子少保尚书霍华墓、孝子阮珩墓、甘泉行墓、中宪大夫知府庞嵩墓等。

西樵山三湖书院

湛若水传继岭南心学后，陆续在增城建明诚书院，在广州建白云书院，在西樵山建大科书院，与弟子讲学其中。《明史·湛若水传》载：“湛氏门人最著者，永丰吕怀，德安何迁，婺源洪垣，归安唐枢。”这实际只是湛若水在南京讲学时的事。甘泉致仕回乡时，其门生弟子已遍天下，不少致仕官员、知名学者都投入他的门下。如南海名士何维柏(1510—1588)，辞官归里，“四方从游者众，大会于光孝寺，发明白沙宗旨。名其所居为‘天山草堂’，又辟河南胜地为‘天山书院’，以处从游之士。”[①]如庞嵩，五十三岁归粤，即为甘泉主持广州天关书院近三十年。此外，还有“生平著述至二百六十余卷，在明人之中，学问最有根底”[②]的香山县名士黄佐（1490—1566），方志上记载：“既归，卜筑粤洲草堂，远近学者从之游。”[③]黄佐门人甚众，如梁有誉、黎民表、欧大任等明中后期的著名诗人、学者，皆为其弟子，形成又一学术中心，为白沙学派呼应增辉。《南海县志》载：“聚徒讲学之风，吾邑为最。自前明方文襄献夫、霍文敏韬建书院于西樵以开其始，至我朝乾嘉间，而何建则如瀣、劳莪野潼、冯来庐经、关云阶仕宠等所教授，或千余人，或数百人，逮近日其风愈炽。”[④]其中张潮主持增城明城书院十多年，大科书院学生钟景星、郭肇乾、陈谟三人，青年即弃举子业，追随甘泉进京，边学习边侍候老师，后又随回天关、大科讲学。甘泉去世后，钟景星即回东莞设帐授徒，誉传莞邑。此外，吕柟在陕西，戴冠在山东，姚虞在福建，钱薇在浙江，何塘在河南，洪垣、罗洪先在江西，高简、葛涧在扬州，蒋信在湖南，与庞嵩南北相呼应，都是宣扬“陈湛之学”的。湛若水之孙湛天润致仕归来后，长期在天关和沙堤等书院担任主讲；郭肇乾、陈谟、周荣朱、谢振卿皆任教于西樵大科书院。可见岭南心学传播规模之隆盛。广州及周围的南海、番禺、顺德、香山第县成了传播岭南学派思想的主要阵地，这一地区自然也就成了明代广府学术的中心。清前期，南海冯成修、劳潼，新会胡方等成为岭南理学领袖，他们主要讲学活动于广府地区，尤其是省会广州附近。总的来说，明清时期的岭南心学，是自新会而传至南海西樵山，再从西樵山传到广州，最后从广府地区传播到岭南乃至全国各地。

3. 广府地区书院兴起对岭南心学传播发展和民风教化的作用

明成化、弘治间，广东私人讲学渐盛，特别是岭南陈湛心学的兴起，也多借助于书院。故时人叹曰：“书院建于海峤者盛矣！其鹿洞、鹅湖之流风乎？”[⑤]据刘伯骥《广东书院制度沿革》统计，在明朝276年时间里，广东新建书院168所以上，其中广府新建46所，占四分之一。省城广州更是全省书院集中之地，连同宋元所建的书院合共29所。而广州附近地区书院之多，远远超过广东其他各府府城。据不完

① 《粤大记》卷十四。

② 《四库全书总目提要》卷一七二。

③ 《粤大记》卷二十四。

④ 同治《南海县志》卷十五。

⑤ 嘉靖《广东通志》卷二十八。

全统计，明朝中后期，广州有濂溪、矩洲、正学、崇正、迂冈、白山、慎德、晦书、天关、粤洲、泰泉、云淙、赤山、镇海、营道、龙德、云谷、五羊、晦翁等20多所书院。此外，尚有不以书院命名而实际上属于书院性质的讲学、读书的场所多处，如秋涧草堂、清泉精舍、两台精舍、蒲涧馆谷等等。在这些书院中，著名的官立书院有崇正、濂溪、粤洲、五羊、晦翁等。私立书院有白云、天关、矩洲、迂冈等。城外白云山有白云、月溪、景泰三院，为著名学者黄佐、黄衷、湛若水所创，四方弟子从游甚众，南北大儒学者俱讲学其间。清初，统治者惧怕书院聚众滋事，成为反清复明的基地，故极力抑制其发展。雍正后四海平定，始大力提倡，并以公费支持，兴建书院之风大盛，广府地区书院发展尤其突出，后人称“粤省所建最盛”①。据《广东书院制度沿革》记载，清代广东新建书院411所，广府新建124所，占三成左右，与明代情况相差无几。省城内书院林立，如粤秀、越华、穗城、禺山、文澜、濂溪、西湖等，其中以粤秀书院最著名，人称“为粤东人才渊薮，岁入肄业者数百人，郡邑聪秀之士，咸萃于斯”②。

明清时期，受省城广州的影响，佛山书院也呈现出兴旺的势头，尤以西樵山为盛。云谷书院、大科书院、石泉书院、四峰书院四座书院最为有名，并称明代“西樵四大书院”，西樵山成为岭南著名的“理学名山”。

正德十二年(1517)，湛若水在西樵山上创建云谷书院。书院地处山林之间，“地聚樵山之胜，瀑布左右夹流，东西各翼以五峰。前有蜘蛛峰，谷中空豁，四面若罗，结构最称优雅”③。建有息存堂、明伦堂、见泉楼、左瀑亭、右瀑亭、小歇亭、憩云亭、二妙阁、澄心亭等，与山林荣威一体，环境清雅幽静。书院教人以“体认大理”为宗旨，属于白沙学派。云谷书院不仅为聚徒讲学、谈论心性之所，且为岭南学术中心所在。

正德七年（1512），官至太子少保的方献夫因病归乡，于正德十二年在西樵山上创建了石泉书院，“构紫云楼、沛然堂以居，曰石泉精舍。后廓新之，恭贮钦赐书籍，改称书院”④。方献夫在其中讲学。与湛若水不同的是，方献夫提倡“充塞天地，贯彻古今，无非一本此理”的“性相近”理论。书院后来由嘉靖进士、南海人陈激衷掌教。

正德十四年(1519)，时为吏部尚书的湛若水在西樵山上烟霞洞再建大科书院，

---

① 道光《广东通志》卷一三七。

② 《粤秀书院志》卷十一。

③ 方献夫：《石泉书院记》。

④ 方献夫：《石泉书院记》。

有凝道堂、寅宾堂、进修斋、敬义斋、礼门、时时亭等，地极清幽。“湛子居西樵，先开讲舍于云谷。其后生朋联集，正德乙卯门人霍敦、陈谟、杨鸾等乃建书院于隐居之前，大科之名，海宇共仰。”①其中霍敦是南海人，“闻若水讲学西樵，来从之游。时大科书院方构，敦首捐助，而陈谟、霍杰、杨鸾协成，敦居十年，翘然斋长”。陈谟是顺德人，“东山之子也，若水称东山年六十犹好学，谟从若水于烟霞洞，筑亭曰仰止”。杨鸾是揭阳人，“闻湛若水讲学西樵，来馆烟霞，执弟子礼”。湛若水亲自担任山长，讲授白沙之学，从者颇众，订有《训规图》《堂训》等办学性规范，用以训导诸生。嘉靖年间，湛若水门徒张希载曾掌教其中，于肄业者影响颇深，有所谓“性和蔼而不肯诡随，士薰基德，不严自化”之说。

嘉靖二年（1523），霍韬在西樵山上寺边村创建四峰书院，有崇礼堂、环翠楼、卧云楼、敦古堂、毓秀轩等。霍韬亲自在四峰书院讲学，强调“为学须刻励处恭，切当用功，从天理上思，便是穷理，穷理即所以养心”。并著有《心性图解》，以训导诸生。后期四峰书院的主讲为湛若水门人郭肇乾，“南海人，掌四峰书院教数年，师道甚严，后往来于湛若水门，日闻心性之旨，造诣益进”。霍韬之弟霍任也曾师从湛若水，潜心理学，“少与兄韬读书，僧舍衣冠相对，暑夜不改，人服其端庄，两试不遇，遂潜心理学。父母殁，哀毁成瘠，庐墓西樵，遂移家焉。兄方历显要，而任泉石自娱，栖西樵垂四十年。比卒，闻者莫不悲之”。四峰书院以霍韬“居处恭”为核心思想，在岭南理学传承上有重要地位，既是霍韬宗族理念实践的重要场所，也是珠江三角洲地区宗族建设的典范与标志，更是霍韬建大宗祠、行合爨、立家长、设宗子、建书院等一系列宗族建设措施中的重要一环。嘉靖后期，户部郎中、惠州人叶春及（1532—1594）曾掌教于此。书院后经霍韬子霍与瑕、从孙霍尚守多次增建重修，至明万历中，禁讲学，书院毁为茶田。

明中期以后，书院讲学之风慢慢以各种形式深入到社会底层。西樵地区附近许多农夫、樵人、佛山的铁匠、石湾的陶匠等都得到了听讲的机会。史载有不少学者“以化俗为人，随机指点，农工商贾从之游者千余。秋成农隙，则聚徒讲学。一村既毕，又之一村。”②书院讲学渐渐成为一种流动式的类似现代的“文化沙龙”形式，也成为宋明理学家学术论辩的集会形式。方献夫在《西樵遗稿》中谈到了他与湛若水、霍韬在西樵切磋学问的情景：“三（书）院鼎峙，予三人常来往，讲学其间，藏修十余年。”③王阳明对西樵山的讲学活动亦颇为期许：“英贤之主，同时共地，

---

① 吕柟：《大科书院记》。

② 《明儒学案》卷三十二《处士王东崖先生襞》。

③ 方献夫：《西樵遗稿》卷六《石泉书院记》。

良不易得，乘此机会，毋需岁月，是所望也。”①

此外，明代佛山地区有名的书院还有佛山的文昌书院和顺德的凤山书院等，到清代更是书院云集，科举兴旺，人文鼎盛。

书院创办的目的在于兴教化。只有教化兴，才能够培育士子，实现移风易俗、教化乡里、敦睦社会的功能。明代，不管层次高低、建筑规模大小，书院的建制皆注重“道德以为之地，忠信以为之基，仁以为宅，义以为路，礼以为门，廉耻以为垣墙，六经以为户牖，四子以为阶梯，求之于心而无假于雕饰也”②的象征喻义。“教化以学校为本”，官学、书院、社学、私塾等组织性和目的性较强的学校组织，都是古代儒学研究和教育的重要形式。明清时期的书院，遵循着“传道、授业、解惑”的教育理念，按照儒家的道德理想模式来培养人才，在不同的社会条件下，塑造人格、培育英才一直都是书院教育的首要使命。其次，书院有教学、授受传统文化基础知识和启蒙心智的功能。书院以普通士民和大众为教学对象，通过善教乐学的形式，倡导儒家礼宜乐和、经世致用、治国安邦的人生理想，在基层社会中起到文化启蒙和思想启蒙的作用，并以其相对宽松的学术环境、自由探究的风气与开放的精神，为儒家文化的传播与传承提供了丰富的资源，成为中华文化传承与文化创新的重要场所。此外，在书院里奉祀孔子、四配、十二哲、先贤、先儒，附祀名宦和乡贤，为士子们提供了一系列学习的榜样，很好地发挥了成圣、成贤、成人的道德教化作用。

三、书院、社学的发展对广府地区文化传承的作用和意义

1. 书院、社学对人才的培养

明清两代学制大致相同，官方教育体系在中央有国子监（太学），地方有府州县学，但是府州县学每地仅一所，且招收学生数量相对固定，学制也比较呆板。作为官学体系的补充，各地还有书院、义学、私塾、社学等，所以考察一地教育水平的高低，不能光看府州县学，往往还要看社

禅城石梁村贤恕家塾

① 霍韬：《石头录》卷一。

② 王阳明：《应天府重修儒学记》。

学、书院等方面。明朝统治者基于儒家“建国君民，教学为先”的治国思想，陆续建立了府州县学来教化百姓、启迪民风，科举取士成了学子摆脱现状、晋身仕途的唯一出路，尤其是明代，最重进士及第。十年寒窗，文武之艺货与帝王，一举成名天下知。八股取士，得熟读儒家经典，揣摩时文的开承转合。要想中试，名师指点、同门切磋、悬梁苦读、游历博闻等等，都必不可少。远离尘世的喧嚣，青灯黄卷，书院是最佳的备考场所。可以说，书院是那个时代的产物，在封建时代备受学子们的欢迎，这也是造成明清科举鼎盛的原因之一。

明代府县儒学是官办的学校。明初政府规定，府学设教授一人、训导四人，入学生员名额四十人；县学设教谕一人、训导三人，入学生员二十人。之后又决定增加各级学校的生员名额，广揽士子进入学校读书。可见，府县学、书院是政府培养人才的场所，也是地方文化赖以发展兴盛的重要场地。明朝，广州城内除设府学一所之外，还有番禺、南海两县的县学。天顺年间，广州府学进行了大规模的改建和扩建，建“新屋百四十有八间”。广府地区的学子大多都在广州府学和番禺、南海县学读书。如湛若水在中举之前，就读于广州府学。洪武三年(1370)，番禺县学于广州东城外新建校址，此后不断增修，弘治十五年(1502)又新建生员宿舍七十间。南海县学原来“甚隘且陋”，经多次改建和扩建之后，有“成德斋”、“达材斋”和“尊经阁”(图书馆)；有教谕宅、训导宅二区，有生员住宅五所。至明中期，广州城内的府县学“学制大备，文教日兴”。

书院发展至清代，逐步纳入官学体系，不再为自由讲学、独立探讨学问之地，而是成为科举取士制度的附庸，这是清代书院发展的最大特点。嘉道之际，阮元(1764—1849)督粤，于广州创建学海堂，这是培养朴学人才新型书院的开始，有恢复宋元书院独立探讨学问优良传统的意味。此举对后世影响深远。此后菊坡精舍、广雅书院等相继建立，都秉承学海堂的宗旨和传统，成为广东兴办书院的主流。到了清后期，广东尤其广府社学、义学、书院，不仅数量激增，而且彼此间界限模糊，“党塾乡庠，错布乡堡。其间或称书院，或称义学，或称社学，名虽不同，而实则一”[①]，“其有大宗名族自设家塾，亦称书院者”[②]。这种情况反映民间创办学校的热情高涨且学校数量众多，使广州尤其是南海一带地区成为广府教育的中心所在。

明清两代的私立书院大多是自筹经费来建造校舍。教学采取自学、共同讲习和教师指导相结合的形式进行，以自学为主。它的特点就是为了教育、培养人的学问

① 同治《番禺县志》卷十六。

② 咸丰《顺德县志》卷五。

和德性，而不是为了应试获取功名。清代桐城派三祖之一的姚鼐及弟子们就在书院讲学长达数十年。自唐代开科取士以来，广州府便成为广东省内读书人学习进修之地，而广州府治下的南海县更是成为岭南地区学子的摇篮。

在书院里学习，要遵守严格的学规。南宋淳熙年间，朱熹重建白鹿洞书院，招收门徒讲学，制定了一套学规，包括“无教之目”“为学之序”“修身之要”“处事之要”“接物之要”等多方面的内容，成为明清以后书院沿用的学规。朱熹在白鹿洞书院拟订和颁布书院教条，阐明了创办目的、教学要求、学生守则等。以后元、明、清的大书院定有学规、学则。广州的学海堂、广雅书院、万木草堂，都有学规公布。例如由康有为创办的万木草堂，学规总纲里就有“志于道，据于德，依于仁，游于艺”的要求，在学科上设义理之学、考据之学、经世之学、文化之学，在学外学科上，则设演说、札记、体操、游历各科。万木草堂设立四年多，培养包括梁启超、陈千称、梁朝杰、麦孟华、韩铭基、曹泰等人才，很多学生后来成为戊戌变法的骨干分子。

明清时期，书院在私塾进行启蒙教育的基础上，增加对科举考试内容的教育，为族人考取功名奠下基础。这样一来，书院便成为为朝廷输送人才的教育机构。此外，书院还有参政议政的功能，因为官办书院无论资金来源、人员管理都是由政府控制，书院师生多有功名，对地方管理都有一定的影响力。例如，三水有据可考、最早的私立书院是明正统年间建于芦苞华山（龙坡山）的范规精舍，由芦苞人范规私人所建。

嵩阳书院

正德二年（1507）在青岐建立的瑞凤书院，是三水目前可考的最早的官办书院。三水在嘉靖五年建县后，官方以兴教劝俗为务，大力兴建书院，如三江书院、凤岗书院、正学书院、行台书院等皆由知县或者官绅创建，成为三水士人求学、备考的重要场所。即便在三水这样的小县城里，书院师生也多有功名，对地方管理有一定的影响力。

据统计，明代广东全省乡试中举 6355 人，其中广府 3090 人；全省进士 889 人，其中广府地区 457 人，均占一半以上。而科举考试难度最高的一甲进士，全省共 6 人，状元有南海伦文叙，榜眼有南海伦以训，探花有番禺涂瑞；清代状元有顺德黄士俊，探花有南海陈子壮等 5 人，除海阳县的林大钦外，均为广州府属南海附近人士。清代广东全省乡试中举 6567 人，其中广府 3549 人；全省进士 808 人，其中广府 433 人；也是均占一半以上。而一甲进士，全省 13 人，除定安张岳崧、吴川林召棠外，状元有番禺庄有恭、顺德梁耀枢；榜眼有番禺许其光、东莞陈伯陶、南海林彭军、南海谭宗浚、清远朱汝珍和原籍萍乡的文廷式（文廷式生于潮州，长期生活于广州，为东塾弟子）；探花有南海罗文浚、顺德李文田、番禺商衍鎏。可见，有清一代，广府在科第方面仍占绝对优势。

明清时期，就佛山、南海、顺德、三水、高明地区而言，就出过五位状元、三位会元、近千名进士，冠于岭南，其余的举人、秀才更是多如牛毛，数不胜数。故时人有“广郡科第之盛甲于粤中，南海科第之盛甲于广郡，佛山科第之盛又甲于南海”之说。仅南海西樵镇的松塘村，明清时期就出了 14 位进士和举人，有“翰林村”之称。可见，广府南番顺地区，特别是佛山地区在科举方面占了绝对优势，使佛山成为名副其实的“人文之邦”。

明清时期，广府地区书院教育的普及和发展为岭南各类人才的大量涌现奠定了雄浑的基础，因为古代人才首先表现在科第方面，凡社学书院众多、学风昌盛之区域，必为科举人才荟萃之地，二者密不可分。科名人数的多少成为衡量一地教育水平高低、文风优劣、人才盛衰的标志和尺度。在封建社会里，科名与仕宦又是紧密相连的。《明史》中为广东立传的人物共 90 人，其中有官职者 88 人，占总数的 97%。立传人物中，广府有 58 人，占 60%以上。① 清代新会学者卢子骏就说过：“吾粤之科第仕宦，所传为美谈者，则伦文叙、以谅、以训、以诜，所谓父子四元也。梁储、霍韬、伦文叙、伦以训，所谓五里四会元也。戴璟、霍韬、潘浚、陈绍儒、方献夫、李待问、何维柏、陈子壮，所谓七里八尚书也。”② 以上诸人均属广府，且高度集中在今佛山及附近

① 数据来源：黄小高著《明代广东人物研究》，载《中山大学历史系硕士生毕业论文集》。

② 卢子骏：《潮连乡志》卷七。

一带地区，确属罕见。湛甘泉去世后，至隆庆年间，其弟子李春芳（1510—1584）累官至内阁首辅、太子太师、礼部尚书、吏部尚书、中极殿大学士，是甘泉学生中官位最高的一位，可谓青出于蓝胜于蓝。除举仕宦以外，其他各类优秀人物也大量涌现，故称"岭南人物，至明号称极盛"。[①] 到了清代，广东人才更加鼎盛。清初诗人屈大均、陈恭尹、梁佩兰号称"岭南三大家"，其中屈大均（1630—1696）是番禺人，陈恭尹（1631—1700）是顺德龙山人，梁佩兰（1629—1705）是南海人。号称"岭南四家"的张锦芳、黄丹书、黎简、吕坚，其中黄丹书、黎简是顺德人，吕坚是番禺人。其他享誉海内的学者还有番禺林伯桐、南海曾钊、番禺张维屏、南海谭莹、香山黄培芳、顺德梁廷枏、番禺陈澧、南海朱次琦等等，真可谓群星璀璨、人文鼎盛。到了晚清时期，广东更是人物崛起，佛山及附近地区的就有：南海康有为、陈启沅、詹天佑，新会梁启超，香山孙中山、容闳、郑观应等。这些名人，对近代中国政治、经济、思想、学术、文化都产生过巨大影响。

2. 书院是古代岭南地区区域性民间图书馆

拥有一定数量的藏书也是书院的重要特征之一。书院藏书始于唐代，与官方藏书、私人藏书、寺观藏书并列，号称古代藏书的四大系统，在我国的藏书史上占有重要的地位，在保存文化典籍、促进教育发展与文化传播中发挥了不可替代的作用。元欧阳玄（1274—1358）《贞文书院记》云："唐宋之世，或因朝廷赐名士之书，或以故家积书之多，学者就其书之所在而读之，因号为书院。"可见"书院"之名因书而立，没有藏书，也就没有书院了。故历代著名书院都有藏书，以供师生研究学习之用，由此使大量的古代典籍得以保存，并形成图书收藏和维护制度。有的书院还出版师生的著作和诗集，编纂、整理地方志，修订典籍图书。明清时期的藏书，大致分公藏、私藏二类。据《明会要》记载：永乐初，"颁五经、四书、《性理大全》于两京六部、国子监及天下府州县学。"[②] 可知公藏主要是府州县儒学及书院藏书。许多学校、书院筑设有"尊经阁"，即为藏书之处。而私藏则是文人士绅在自己居所或主持讲学的书院所建立的私人图书馆，供自己研究及族中学子借阅、学习之用。

明清时期，广府地区最有名气的书院藏书楼要数广州粤秀书院，书院内所建的"御书楼"，即为藏书之所。"当时藏帙富有，取唐人诗'东壁图书府，西园翰墨

---

① 乾隆《番禺县志》卷十五。

② 龙文彬编撰：《明会要》，中华书局1956年版，第419页。

林’十字为号，而分橱贮之，故非五楹，不敷庋贮。”① 道光年间，监院是顺德人梁廷枏（1796—1861），他根据存目，清理检查院中藏籍，计有：经部 227 种、2669 卷册，史部 76 种、3838 卷册，子部 12 种、1307 卷册，集部 37 种、1071 卷册，共计 8785 卷册。梁廷枏历任澄海县教谕，广州越华、粤秀书院监院，学海堂学长，一生著作共约 38 种、288 卷，是晚清著名的地方史学家、戏曲作家和戏曲评论家，这与他自小博览群书、利用藏书是分不开的。清嘉道年间，私人藏书热进一步升温，南海人曾钊 (1793—1854) 在所著《西城楼记》中称：“嗜蓄书，自戊辰（嘉庆十三年）迄今七、八年，得数万卷。”② 香山人黄培芳 (1778—1859) 自己也说过：“培芳与勉士各储书数万卷。”③ 南海人吴荣光 (1773—1843)，“性好书籍，官京师二十年，聚至七八千卷”。后来他在闽浙一带做官，所得尤多。道光初回粤省亲，筑赐书楼，将二万卷尽列其中。④ 光绪时，南海人谭莹之子谭宗浚（1846—1888）曾说，“余家希古堂书，凡先教授（指谭莹）之所遗近三万卷，余续购凡八万卷，合之凡十二万卷有奇”⑤。道光年间南海人伍崇曜 (1819—1863) 所建的私人藏书楼“远爱楼”、南海罗格孔家村人孔继勋 (1792—1842) 的“岳雪楼”、谭莹 (1800—1871) 父子的“乐志堂”、十三行巨商番禺人潘仕成 (1804—1873) 的“海山仙馆”等，并称为清代广东地区四大私人藏书楼。正是广府地区民间的藏书热，把广府地区的人文教化和儒学教育推向一个新高潮。

书院藏书与官方藏书最为显著的特征就在于书院藏书的公共性、开放性、教学性和研究性，既重藏又重用。就如近现代著名历史学家班书阁 (1897—1973) 在《书院藏书考》中所说：“书院所以教士者，而书籍为教士之具。使有书院而无书，则士欲读不能，是书院徒有教士之名，已失教士之实。故凡教士之所，皆有广搜典籍之必要，以供学者之博览。”例如位于浙江宁波东钱湖畔的“东湖书楼”，为元代高僧释祖铭所建。建于清初的嵩阳书院藏书楼一直保留至今。明初东莞人陈琏 (1370—1454)，“家有‘万卷堂’，所储多秘府所无者”。⑥ 正德年间，方献夫于西樵山构筑石泉精舍，恭储御赐书籍，“藏书甚富”。⑦ 其在广州府邸有“赐书楼”，“藏

① 《粤秀书院志》卷一。
② 曾钊：《面城楼记》，陈在谦：《国朝岭南文存》卷十七。
③ 道光《新会县志》序。
④ 吴荣光：《赐书楼藏书记》，《石云山人文集》卷二。
⑤ 谭宗浚：《希古堂书目自序》，《希古堂文甲集》卷一。
⑥ 黄佐编撰：《广州人物传》卷十四。
⑦ 嘉靖《广东通志》卷三十八。

罗格孔家村“岳雪楼”

明伦大典处也”。① 嘉靖时期，黄佐有“宝书楼”，故址在今广州市北京路；番禺李韧，“积书数千卷”。② 顺德籍诗人潘光统，“雅好图史，作‘怡馨堂’‘飞云阁’为藏书之府”。③ 晚清著名的书院教育活动家、藏书家梁鼎芬(1859—1920)，掌教惠州丰湖书院后，就致力于书院藏书建设，先后创建了丰湖书藏、端溪书库等藏书馆。南海南庄罗格孔家村的士绅，清代岭南著名藏书家、刻书家孔广陶(1832—1890)，在家乡也建有宗族社学。方志记载孔广陶是孔子第七十代孙，父孔继勋(1792—1842)，早年经商，“以盐业起家，富收藏，藏书处曰‘三十三万卷藏书堂'，其楼‘岳雪楼’”。④ 所藏之书，皆为精品，尤以清殿本为富，与伍崇曜“粤雅堂”、潘仕成“海山仙馆”、康有为“万木草堂”，合称“广东四大藏书家”。而康有为讲学的万木草堂，也是一处著名的藏书之地。据徐信符《广东藏书纪事诗》载：“康馆所藏，多属普通之书。戊戌政变，曾奉诏令饬南海县籍没其家，其书多移置广雅书院中……康氏归自海外……复锐志蓄书，广收宋元旧椠、佛典精本，孔氏岳雪楼残书尽为收纳，殿本《图书集成》在其中焉。”

同治、光绪年间的广府书院，如学海堂、菊坡精舍、广雅书院、广雅书局等，皆有数量不菲的藏书，其中以广雅书院最为宏大。广雅书院藏书处曰“冠冕楼”，楼中规模弘壮，复分东西两楹，藏庋图籍。清末民初岭南地区有名的目录学家、南海人廖廷相是光绪进士，任翰林编修，曾著《广雅书院藏书目录》七卷，著录2706部，共45045册。五四新文化运动启蒙者胡适在北京大学演讲时也十分推崇广雅书院的藏书，认为广府地区学海堂编撰的《经解》和广雅书院编撰的《史学丛书》，“为广东两大不朽名著”。

---

① 同治《南海县志》卷十一。

② 乾隆《番禺县志》卷十五。

③《粤大记》卷二十四。

④ 徐信符：《广东藏书纪事诗》，辽宁人民出版社1988年版。

3. 书院是古代的地方性大学，担负着教化风气、培育人才的重任

在岭南地区的书院中，一般书院相当于中学性质，属于普及教育，如广雅书院。有的书院讲学的教师是名儒大家，主要招生对象是准备科举的学子或研学的成年人，犹如高中或大学预科，如广州的学海堂。

曾有网站评出古代“广东十大书院”，分别为：广州越秀山的粤秀书院、梅州市梅江区东山桥畔的东山书院、罗定市罗城镇的菁莪书院、广州市黄埔区萝岗的玉岩书院、广州北京街闹市区的庐江书院、信宜市镇隆镇的镇隆古书院、罗定市泗沦镇的罗西书院、陆丰市甲子镇的甲秀书院、吴川市博铺镇的茂山书院、德庆县播植镇的昆冈书院。当然，古代广东著名的书院远远不止这些，早在北宋建隆三年(962)，由孔子第四十一代孙孔闰在广东南雄县油山镇平林村创办的孔林书院，不仅是南雄的第一所书院，也是岭南（广东省）第一所书院，在全国早期书院中，也是名列前茅的。

传统广东有名的“四大书院”有：广东韶关相江书院（原名濂溪书院）、广州番山书院、禺山书院和惠州的丰湖书院。也有人认为是顺德的容山书院、肇庆的星岩书院、广州的学海堂和惠州的丰湖书院。无论何种说法，韶关的相江书院和惠州的丰湖书院都值得一提。位于广东韶关的相江书院，始建于宋乾道六年(1170)，是韶州知州周舜元为祀周敦颐而建于州治曲江县城。从濂溪书院到相江书院，历经800余年历史，韶州这座千年古学府，一脉相承，名垂青史，为粤北培养了众多人才。据《韶关教育志》记载，仅宋代时粤北八县（曲江、乐昌、仁化、乳源、翁源、英德、南雄、始兴），科举考试中进士的有88人，中举人的有325人，中解元的有20人，还有各种贡生406人，可见韶州这所古书院的教育成果丰硕，不愧为名扬岭南的千年名校。位于惠州银冈岭的丰湖书院，早在700多年前的南宋淳祐四年(1244)，惠州太守赵汝驭在惠州银岗岭创建“聚贤堂”，以纪念唐、宋以来对惠州经济文化最有贡献的名儒“十二先生”（陈偁、苏轼、唐庚、陈尧佐、陈鹏飞、古成之、张宋卿、留正、许申、苏过、陈瓘、陈奂），并作为讲学传道的场所。十年后的宝佑二年(1254)，惠州知州刘克纲就进一步把“聚贤堂”改为“丰湖书院”，“以州学兼山长”，挑选生徒，讲习其中，并将之作为惠州的最高学府。宋代三百年间，惠州地区共有进士53人。明代，惠州府有进士44人，名人众多。明末，书院逐渐荒废。到清代康熙年间，惠州知府王瑛在原址恢复丰湖书院。嘉庆年间，大规模扩建丰湖书院，聘名士宋湘为山长。自丰湖书院重建和扩建后，“从者云集，人竞向学”，“士之读书奋起，以得科名者，不乏其人。而远近亲朋，相与扁舟湖上，一唱一酬。篇什流传，颇极一时之盛”。[①] 书院进入一个新的鼎盛时期。到19世纪，丰湖书院已是闻名岭

① 王瑛：《丰湖书院记》。

南。广州的禺山书院和番山书院，建于北宋到南宋时期，位于广州禺山和番山之麓（今广州北京路和农讲所附近），历经修缮，到清末逐渐荒废。顺德容山书院建于嘉庆十三年 (1808)，现为顺德容山中学。肇庆星岩书院建于宋仁宗朝，清代改为包公祠，现为图书馆。广州的学海堂创建于嘉庆二十五年（1820），其教学管理体制在广府地区享有盛名，至光绪二十年（1904）被废。

明朝，从嘉靖至崇祯年间止，广东共有书院 102 所，广州则占十分之一。清代，私人讲学之风仍盛，书院发展迅速。比较出名的书院还有位于广州萝岗的玉岩书院、位于广州西村的濂溪书院、位于北京路的粤东书院、位于西湖路的西湖书院、位于越华路的越华书院、位于应元路的应元书院等几十所，其中比较重要的是由两广总督阮元所倡办的学海堂。学海堂位于广州越秀山麓，办学宗旨明确。堂内有文渊阁，藏书甚丰，一时学者云集、人才荟萃、规模具备。除教学与研究外，学海堂还担负编书、修史任务。其创办者阮元，《清史稿》称他为“身历乾嘉文物鼎盛之时，主持风会数十年，海内学者奉为山斗焉”。他在治学上提倡“崇尚汉学，实事求是”，主张通过音韵训诂，弄清古代经书中的本来意义，从而探求圣贤之道。他还要求学生:“或习经传，寻疏义于宋齐；或解文字，考古训于仓雅；或析道理，守晦庵之正传；或讨史志，求深宁之家法；或且规矩汉晋，熟精萧《选》；师法唐宋，各得诗笔。虽性之所近，业有殊工，而力有可兼，事亦并擅。”。阮元还颁定了《学海堂章程》，确立了学长制、季课制和刊刻制。梁启超在《论中国学术思想变迁之大势》一书中也称:“阮芸台督粤，创学海堂，辑刻《皇清经解》，于是其学风大播于吾粤。道咸以降，

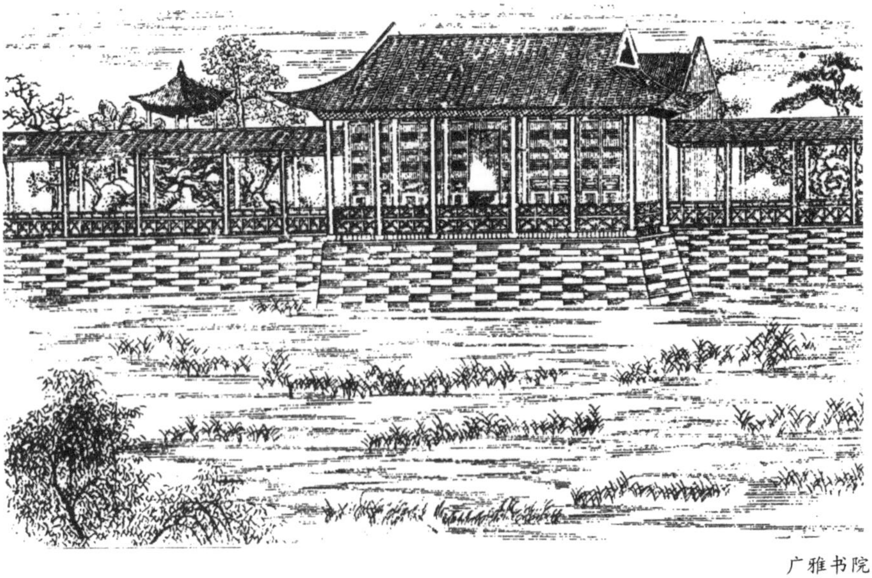

广雅书院

江浙衰，而粤转盛。”在阮元的努力下，学海堂俨然成为广东的最高学府和岭南文化学术的中心。

清朝时期，广府地区以粤秀书院和广雅书院最为有名粤秀书院是康熙四十九年清廷御批的官办学院，位清代广东四大书院之首。书院于 2013 年 7 月复建。创办于光绪十三年（1887）的广雅书院，创办者是晚清洋务派代表人物、两广总督张之洞。他亲自拟定的《广雅书院学规》，对学制管理、课程设置、学生课业、品行诸方面均有规定。广雅书院第三任院长是光绪二年（1876）的进士、南海人廖廷相（1842-1897），他曾历任水陆师学堂总办、惠济义仓总理、南海保良局总理、金山书院、羊城书院、应元书院、广雅书院山长，又任学海堂和菊坡精舍学长十余年。在长期的教学生涯中，他根据《广雅书院学规》实际运行中存在的不足，结合实情增订了十条新的学规，例如增订“九年为断，学成出院”的规定，开中国九年制教育的先河。在他的管理下，广雅书院的运行更臻成熟和完善。学海堂、菊坡精舍、广雅书院等书院的出现，大大改变了广府地区的教育面貌，“省城及近县大馆师十余人，弟子千余人”①。仅光绪十九年（1893）会试，广雅学生就有 18 名进士，而光绪二十三年（1897）两省乡试，共有 8 人中举，其中 6 人就得益于廖廷相的培养。

在广府地区书院发展中，佛山一直处于前列。据史料记载，宋代广东有方志可查的书院 26 所，而佛山就有 6 所。自宋到明，佛山、南海、顺德地区比较有名的是文昌书院、凤山书院等。

崇祯十四年（1661），佛山士绅、在籍尚书李待问 (1582—1642) 在明心铺文昌正街购学田、隙地亩余主持兴建文昌书院。这是佛山最早的书院，也是明代佛山唯一的书院。据佛山地方志记载，佛山忠义乡向无文昌专祠，有之，则李待问开始。李待问曾出一百两黄金，购买学田隙地亩立文昌书院三栋，以春秋二季拜祭于此。书院崇祯十五年秋季落成，“金碧丹垩，辉映日月”，内祀文昌帝君，“一以培风气之不足，一以作士类之维新”。自此，佛山“文运蒸蔚而起”。李待问逝世后，乡人士不忘其德，奉其像祀之。延至民国中期，书院因日久失修，中、后座倒塌，只留下前殿。新中国成立后，当地重新兴建为普君文化站（现为禅城祖庙街道文体服务中心）。

凤山书院，位于顺德城西凤凰山麓，是知县吴廷举 (1460—1526) 创建的，不久便废弃了，后由知县叶初春改为四贤祠，祀明布政使刘大夏、知县吴廷举、吏目邹智、

---

① 陈澧：《讲书议》，《东塾集》卷二。

举人李承箕等人。康熙二十三年(1684)，由知县姚肃规捐修，创建书舍，仍祀四贤。雍正二年(1724)改为镇标守备署。乾隆三年(1738)绅士游法珠等请迁营署，还复书院，未成。二十三年，知县高坤捐俸复建。构堂八楹为讲院，可坐数百人，院后有楼祀四贤，左为魁星阁。凤山之下有池，环池筑学舍四十余间，池旁为西厅，面山临水，可钓可观，厨房、浴室皆备。嘉庆十七年(1812)知县周祚熙、咸丰元年(1851)署县郭汝诚倡同绅士罗家政等重修，建监院一所，修复学舍二十八间。每岁由官延师主讲，甄别考取生童进院。光绪二十四年(1898)招收内课生监45名、童生35名，每人月给膏火银2两，经费主要来自官拨田产及租银。康熙二十二年拨田211.76亩、租银597.32两，嘉庆间续有增加。后延请名儒，讲习切磋，每科累有中第者，光绪三十二年改设高等小学堂。

张槎仙槎书院宝砚堂

明代，佛山地区由宗族或私人设立的书院也很多，如嘉靖二十一年（1542）由霍韬主导创办的石头书院，分设前后两堂，前堂教导18岁以上的家族子弟，后堂则教育18岁以下的儿童。

清代，佛山书院进入兴盛期，比较有名的有田心书院、佛山书院、福山书院、三湖书院等。这些书院，对清代佛山地区民风教化的影响甚深。

建于康熙十二年(1673)的田心书院，由侨籍人士陈绣卿、卢梃樵倡捐修建于佛山镇山紫铺南泉观音庙左，因地环以田，故名“田心”。前为大坪，进而为大门、讲堂、寝室、两厢，井然有序。院内原祀文昌帝君，后又增祀宋儒先贤五人。五十二年，左副都御史左必蕃与侨籍人士重修，并建厅厨，为佛山侨籍人士会文之所，盛时各乡来会者达四五百人，一般亦有三四百人。每十多人主持一会，每年有二十余会。文章必当天交卷，收齐后汇送乡中先达评定甲乙，首名奖银一两，其下以次递减，“粤中论文者至不敢轻阅田心会文，谓此固文章薮泽，恐去取稍苛，贻笑大方”。嘉庆四年(1799)，两广总督吉庆以煤厂充公粮银2000两交绅士吴、陈两家置铺产，以其租息作每年院中会文奖赏费，自是书院始有经费。道光八年(1828)再加修葺，并增建房屋、小廊、月池等，同时，将官封赌博房五所拨为院产，总督李鹿坪捐银千两，置房三间，租息皆作为书院经费。书院自建立后，历康、雍、乾、嘉、道五朝，四次重修，到光绪末年废科举，文会遂停，经费改拨予佛山学堂，但院址犹存。民国初，佛山教育会曾设于此。后书院逐渐荒芜，今已无存，遗址在今普澜路普澜二街内。

乾隆八年（1748），知县黄兴礼倡建汾江义学于佛山镇栅下铺广德里。嘉庆七年（1802），知县杨楷以旧地低湿，移建于丰宁铺衙旁街分府署左，更名佛山书院。岁拨灵应祠租银80两、田心书院租银40两为延师修脯及课士膏火费用。二十四年，同知王继嘉以院前地方狭隘，且有买卖商贩，喧闹如市，肄业诸生常受干扰，乃捐俸五百两，拓而大之。建壁于前，周筑以墙，左右置二门供出入，讲堂、斋舍、厅厨、浴室俱全。咸丰四年（1854）毁于火。七年，英法联军侵占广州，考棚被毁，全府绅士倡议将书院改为考棚，曾于此科试数次。同治五年（1865），少府李大经、陈敏书捐俸，偕同佛山士人复建，延师授业。肄业生分内课、外课，内课纳费6元、外课3元。每月4课，其一为官课，由同知及巡检主持。光绪间陈梅坪为主讲时人才最盛，内外课肄业者200余人。光绪十五年（1889）中举者10余人，如三水之梁士诒、新会之梁启超等均同学于佛山书院。同年，全镇捐款重修书院，三十年（1904）改为佛山高等小学堂，次年附设初等小学，为两级小学堂。1912年南海督学附设于此，1916年改为南海县立第一师范讲习所。1921年讲习所停办，改为南海县立第三高等小学校。1945年，改为中正学校及佛山镇立第一小学校，傅家祠（四分府址）设立经纬中学。后经纬中学和元甲、西樵两中学合并，改名为佛山市第三中学校，现在校址在卫国路。

乾隆五十七年（1792），全镇乡绅为增会文之所，辟讲习之地，尽课程之变，育栋梁之材，捐建福山书院于纪纲铺纪纲街。书院名寄寓“灾害罕逢，厉虐鲜遇”，佛山“敛福锡民”。书院原为民众产业，后借为五斗司署。民国期间改为警察第四分驻所。现已不存。

三湖书院位于离佛山镇不到25公里的西樵山白云洞中，因位居应潮湖、鉴湖、会龙湖这三个湖之间而得名。乾隆五十四年（1789）金瓯堡乡绅岑怀瑾（1740—1813）等创建，道光二十年（1840）重修。1987年南海县人民政府拨款按原貌在白云洞异地重建，门匾为林则徐亲书“三湖书院”。书院当年“延请耆贤，按时讲书”。每年讲四书一部、经一部及律赋、杂文。每月考课3次：初五为官课期，十五、廿五为馆课期，每年授课9个月。每课四书文一篇、试帖一首。不设膏火，奖赏优厚。官课奖金由县令捐廉，馆课奖金由书院经费支付。经费主要来自捐俸与筹款。书院创建当年共得银6000余两，发商生息，年息作为山长修脯、学长酬金、馆课奖赏及杂费之用。1878年冬，21岁的康有为离开了教育他三年的岭南儒学大师朱次琦（朱九江），来到三湖书院修学，为后来的戊戌维新运动作理论准备，探索变法图强之路。后来康有为发动了轰轰烈烈的公车上书和戊戌变法，三湖书院因有“戊戌摇篮”之称。直至 1902 年，清廷下令废书院、兴学堂，三湖书院才淡出历史舞台。

佛山澜石石头书院

此外，跟佛山有关而又值得一提的还有万木草堂。位广州市越秀区中山四路长兴里 3 号的邱氏书室是万木草堂旧址之一，最早由增城举人邱觉黉在嘉庆九年 (1804) 倡建，后经由“广东十府十州八十县”的邱姓先贤决议，集资白银 1600 两，于嘉庆十三年 (1808) 创办。1891 年，康有为为了宣传其维新变法思想和培养变法人才，租借了邱氏书室部分房舍作为讲学堂（即“长兴学舍”），聚徒讲学，宣传改良主义思想，成为戊戌变法策源地。同年 3 月，康有为撰写了《长兴学记》作为万木草堂学规，以《论语》“志于道，据于德，依于仁，游于艺”为纲，对学生施以德、智、体教育。康有为明确提出中体西用为办学宗旨，内容上中西并重。1896 年，著名爱国诗人丘逢甲作为丘氏后人来到邱氏书室，长期在此生活。1898 年，戊戌变法失败，万木草堂被清政府查封，藏书 300 余箱被焚毁，租借的邱氏书室也归还到邱氏族人手中。

在清代，佛山地区比较有名的书院还有阮元在三水创办的行台书院，乾隆四十二年（1777）始建。道光十九年（1839）重修的西樵云溪书院，由当地士绅创办的顺德龙江镇观澜书院、长春书院、儒林书院、鳌峰书院，石湾的莲峰书院等。此外，佛山还有陇西书院，在栅下，后改为李参军祠，今已无存。桂香书院，在祖庙三元上街。心性书院，在突歧铺。颍川书院，在耆老铺。浣江、辉映两书院，在祖庙铺。以上书院在民国十二年后均已无存。

建于康熙五十年 (1718) 的石湾莲峰书院，是由康熙年间最后一任南海知县宋玮召集七堡士绅捐资修建作为七堡内五十四个村庄子弟的封建科举的教育场所。据《南海县志》记载："莲峰书院在魁岗堡。石湾园尾莲子岗南麓，康熙五十七年知县宋玮楷大江、大富、魁岗、深村、榕洲、张槎、土炉七堡绅士捐建……"乾隆己卯年 (1759) 重修，嘉庆乙亥 (1815) 增建奎星楼。同治，民初又经两次维修。现今保存在莲峰书院门廊的《书院碑记》亦有记载："南海大魁之间旧有文武庙，在丰宁古刹之左……因日久栋宇圮颓，召集各乡绅士拟解奚囊，仍其旧而修葺之兼创后坐，大其规模，以广嘤鸣之雅谊，或品商古今，或会课艺文……"在书院立的《禁例》里面有这样的记载："书院原萃七堡英才，已冠未冠分题制艺，争先砥砺，树帜文坛。"在清末，书院还立有一个规定：在七堡之内，凡院考中翰林者，给予"一千元"的"利是"，中举人、进士者也有不同奖励。在此我们可以看到，莲峰书院作为一个教育场所，拥有自己的产业，除店铺、田产收入，丰宁寺的收入亦归莲峰书院，光是丰宁的收入每年就近两千元。清末废除了科举考试，管理佛山地区的"七堡总局"就设在莲峰书院。七堡所管辖的范围称为"莲华四十六乡"。后来，连佛山镇亦包括在内，又称为"莲华四十七乡"，书院成为七堡乡绅议事之地。光绪十年 (1884) 设"七堡团练总局"，成为七堡以石湾为中心的政治、经济、文化中枢，可见莲峰书院是得到官府保护与支持，民众广泛认可的。再以后，书院办过团练，做过粮仓、山水茶社、社会福利院、工厂、宿舍、仓库等。

石湾莲峰书院

4. 社学成为童蒙教育的重要基地

明朝建国伊始，朱元璋就仿效古时小学，在全国范围内普遍建立官办社学，要求“民间幼童，年十五以下者，送入读书”。[①] 洪武八年（1375）下诏：“昔成周之世，家有塾，党有庠，故民无不知学，是故教化行为风俗美。今京师及郡县皆有学，而乡社之民未睹教化，有司其更置社学，延师儒以教民间子弟，庶可导民善俗也。”洪武十六年（1383）冬，“复诏民间自立社学，延师儒以教子弟，有司不得干预”。[②] 明初社学逐渐兴起。到了嘉靖年间，广东提学副使魏校大毁寺观淫祠以建社学，“广东社学之盛，至此始”。嘉靖《广东通志》统计，全省所建社学 556 所，其中广府地区 241 所，占近一半，其中南海 105 所、番禺 48 所、顺德 42 所，分占全省第一、二、三名。可见自明代开始，南、番、顺地区的社学建设在岭南地区是兴旺的。到了明末，由于连年兵祸，岭南地区社学普遍荒废。

清朝在稳固统治后沿袭明制，鼓励兴办社学。康熙二十五年（1686），“议准，社学近多冒滥，令提学严行查革”。[③] 此后，社学一度改名为义学。社学性质从启蒙教育变成有针对性的慈善教育了。雍正年间，雍正帝发布谕旨，恢复顺治九年的做法，要求“州县于大乡巨堡，各置社学。择生员学优行端者，补充社师，免其差役，量给廪饩。凡近乡子弟，年十二以上、二十以内，有志学文者，俱令入学肄业”[④]。“又奉文饬立以训官音，每社动支存留库项二十两，以给廪饩”。[⑤] 一时间各乡踊跃兴建，岭南社学重新获得辉煌。据雍正《广东通志》统计，全省社学有 649 所，广府地区 297 所，占近一半。而南海 112 所、顺德 74 所、番禺 47 所，继续稳居全省第一、二、三位。

佛山最早的社学是天启七年（1667）由佛山士绅李待问的兄长李昇问重修的崇正社学，称大魁堂，设在文昌宫，居祖庙的左边，这个地方以前原是佛寺，最早于洪武八年（1375）设置崇正社学。社学经过重修后，李待问亲自延聘教师到社学任教。后明朝嘉靖元年和十九年先后两次重修社学社址。天启七年，户部尚书李待问等再一次主持重修。乾隆三十六年（1771）对社学进行较大的改建。改建前的社学一祖庙外门相连，外殿的空地上设有一石碑，上面刻有“云汉为章”几个字，中间是大

① 《大明会典》卷七十八。
② 《明太祖实录》卷九六、卷一五七。
③ 《清会典事例》卷三九六。
④ 《清会典事例》卷三九六。
⑤ 《南海县志》卷十一。

魁堂，也是作为社学讲学的地方。墙的中间，祀有文昌神像，左边有奎星、右边有金甲神像相伴，后殿作为寝室。乡间士子、每年四月中旬在社学相叙，互相研讨学问，叫做会文。每年农历十一月二十四日，乡间60岁以上的父老举行饮酒礼也是在这儿进行。光绪三十一年（1905），诏令废除科举，社学会文制度从此结束，社学改为诗社。民国成立前后，大魁堂均为佛山镇绅士把持。民国十四年（1925）佛山市工人代表会成立，会址设在大魁堂。1949年10月，佛山解放，后将这个地方改为佛山市博物馆的接待室。

嘉靖元年(1522),魏校主持改建佛山厚源社学,原址在明照铺厚源路铸造厂附近,康熙五年曾重修过一次。雍正十年（1732）将关帝、文昌奉祀在社学内，当时称作文武庙，俗称二帝庙。新中国成立后改为工厂厂房。

蒙养社学，在锦澜铺，社址不明，早已无存。

敦本社学，在社亭铺郘步街。嘉靖十九年重修，光绪十九年再次重修，民国时已无存。

除了以上四大社学外，还有在祖庙铺的忠义社学、在锦澜铺的报恩社学。这两个社学建毁年代不详。真明社学，在真明铺三圣庙道。镇安社学，在栅下铺新胜坊，建于光绪十七年，民国时已无存。南海大沥最早的社学是“大沥西堡社学”，创办于崇祯年间。据《佛山市志》记载，从康熙年间到晚清，佛山先后修建的书院就有田心、佛山、文昌、心性、桂香、陇西、颍川、浣江、辉映等10多所。当时佛山一镇不过弹丸之地，从书院到数百家私塾，可以想象清代时文风之盛了。

宗族士绅对社学的建设和宗族子弟入读社学有严格的要求。霍韬在《霍氏家训》中就明确规定：“凡社学师，须考社学生务农力本，居家孝悌，以纪行实。乡间骄贵子弟，耻力田，勿强。本家子侄兄弟，入社学，耻力田，耻本分生理，初犯责二十，再犯斥三十，三犯斥出，不许入社学。”明清两朝的社学、蒙馆招收初入学的儿童，授以初、中级课程。初级教《三字经》《千字文》等，中级教《千家诗》《百家姓》《幼学故事琼林》《声律启蒙》等。大馆主要培训生童参加科举考试，教授《大学》《中庸》《论语》《孟子》《孝经》《诗经》等。明代的社学教育，可以用六个字来概况，就是“教化”“育才”“正风”；而清代的社学教育，主要功能是“学为文字”“教以礼义”“宣讲《圣谕广训》”，少数民族地区再加上“训以官音”。据清末出版的《广东教育官报》统计：光绪三十四年（1908），三水有700余村，共有私塾1042所。规模大者学生数十人，最少者仅数人。也有富户在家设家塾，延聘塾师教育子弟的。以三水为例，至少出现过28所社学，其中西南19所、白坭3所，大塘、乐平、芦苞各2所。故地方志记载："广人多好学，聘名师训子弟，不惮远道，不惜重修。一家之力不足，联约数家、数十家而集其成。故宿儒启馆授徒，一岁可致千金。每年冬间散馆后，别延鸿博才人，专训古学，谓之冬学。迩年科甲鼎盛，人文蔚起，皆由贤父兄之加意培植也。"可见明清两朝的基础教育，多由私塾和社学承担，加上明清两代社学经费多由官绅捐赠或有学田支持，社学教育带有普遍性、平民化和免费义务教育的性质，所以社学在推动民间普及基础教育方面，是太学、府州县学和地方书院所不能比拟的。社学在启蒙童智、普及文化知识、教化社会风气、凝聚乡村民众等方面发挥着重要的作用。

四、中国传统"书院文化"对当今教育和办学的启示

书院在中国历史上，是最重要的教育场所，也是典型的学校。作为学校和教育机构，书院在历史上创造过辉煌的教育成果。许多历史上的名人、大师和国家栋梁，都曾经是书院的山长、讲师或学生。在中国几千年璀璨的传统文化当中，书院文化和书院精神是传统文化传承中光辉灿烂的篇章。

1.书院的发展和演变，对于我们当今的教育和办学，仍然有着很多值得我们深思、借鉴的启示

中国古代传统书院的发展对于儒家思想的传播、传统文化的传承和优秀文化的弘扬，发挥了重要的作用。书院的产生和它带给中国古代教育和传统文化的一系列转变与发展，意义深远，也给我们今天的教育留下了宝贵的财富。传统书院以其鲜明的教学风格，经世致用、砥砺名节的办学思想，博采众长、广立门户的学术精神，品行严谨、雅正的高尚师德，问学辩难、自由开放的学术氛围，对当前中国的教育改革有重要的参考意义和经验借鉴。

一是古代书院的"名家"办学、"大师"办学，对我们今天开展全民普及教育具有借鉴意义。古代书院提倡由教育家、思想家来办学。在著名的四大书院中，白鹿洞书院最初有李善道、朱弼等人在此置田聚徒讲学，称为"庐山园学"。后南宋时著名理学家、教育家朱熹亲任洞主，亲自讲学，并制定了《白鹿洞书院揭示》，成为南宋以后书院办学的样式，也是教育史上最早的教育规章制度之一。嵩阳书院

先后有范仲淹、司马光、程颢、程颐、杨时、朱熹、李纲、范纯仁等二十四名“大家”主持院务，司马光的巨著《资治通鉴》第九卷至二十一卷就是在嵩阳书院和崇福宫完成的。号称中兴理学“二程”的程颐、程颢在嵩阳书院讲学10余年，学生虚来实归，皆有获益，有如沐春风之感。湖南的石鼓书院更是一座历经唐、宋、元、明、清、民国的千年学府，素称人才荟萃之地，讲学风气甚浓，苏轼、周敦颐、朱熹、张栻、程洵、郑向、湛若水、叶钊、邹守益、茅坤、旷敏本、赵大洲、林学易、王敬所、蔡汝南、胡东山、李同野、罗近隐、王闿运、曾熙等人曾在此执教，使石鼓书院成为士子们向往和云集的学府，并进一步发展成为中国古代“讲学式”书院的楷模，对湖湘文化的演变和发展作出了突出的贡献。名扬天下的岳麓书院，在历史上更是人才辈出。早在北宋时期，山长周式便“教授数百人”。南宋理学家张栻出任山长后，岳麓书院很快就成为湖湘学派的发源地，培养出了一批“岳麓巨子”。南宋乾道三年(1167)，朱熹来岳麓书院与张栻一同会讲，史称“朱张会讲”，历时两月，吸引了大批学子自四面八方赶来听讲，“方其盛也，学徒千余人”[1]，讲堂被围得水泄不通，辩论连续三昼夜不辍，被人形容为“一时舆马之众，饮池水立涸”。明清至民国初期更是岳麓书院培养人才的鼎盛时期，一批批深刻影响中国近代历史的人物从这里走向社会，走向世界。仅清一代，就有陶澍、魏源、曾国藩、左宗棠、郭嵩焘、胡林翼、刘坤一、唐才常、熊希龄、程潜等。可见，有名家、名师才有名校，名家、名师永远是名校的灵魂。

二是古代书院办学宗旨明确，提倡弘道崇德，注重人格塑造。古代书院教育大多秉承儒家的教育理想，主张办学自主、思想自由、关注现实，从“修齐治平”着眼，以成就儒家完美道德人格为教育的终极目标，主张正心明德、笃学敏行、惟志惟勤、修己达人、重德崇优的“外圣内王”经世之道，反对追逐名利，致力于心灵的修养；提倡以“修己”为起点，而以“治人”为终点。古代的书院不仅是教育的重要补充，更是文化传承、社会主流价值传播的重要载体与渠道，对培养人才和引导社会文明风尚发挥着重要作用。理学家朱熹曾说：“熹窃观古昔圣贤所以教人为学之意，莫非使之讲明义理，以修其身，然后推以及人，非徒欲其务记览、为词章，以钓声名取利禄而已也”[2]。书院的终极意义是给人以思想，教人们学会思考。儒家特别注重成人教化，个人立足于社会最重要的是怎么做人、怎么做事，书院的教育往往以此来展开，这是一种精神的启悟。著名的东林书院“风声雨声读书声声声入耳，家事国事天下事事事关心”的名联和所倡导的“读书、讲学、爱国”的精神，彰显了

① 杨茂元：《重修岳麓书院记》。

② 朱熹：《白鹿书院揭示》。

中国书院文化和文人的风骨，对比今天以分数为导向、以功利为目标的教育，值得我们深思和反省。

三是古代书院一以贯之的自由思辨和兼容并包的学术精神。传统的中国书院，多是由民间发起的，重视教学与学术研究相结合，强调读书治学，提倡论辩问难的为学方法，所以最能体现学术的自由精神。因此，在书院发展的高峰时期，学术界往往出现百花齐放、百家争鸣的现象。如岳麓书院本为湖湘学派张南轩的讲学基地，但他却广邀不同学派的学者到书院讲学，闽学派的朱子、永嘉学派的陈止斋等，都曾到书院讲学，受到学生欢迎。此外，朱子主持白鹿洞书院，甚至邀请论敌陆象山前往讲学，双方都显示出兼容并包的学术胸襟。而自由的学术氛围是研究学问、产生伟大思想家的土壤和温床。书院常常举办讲会，召集不同学派的代表人物一起讨论重要的学术问题，通过辩论、交流等方式，使大家彼此了解对方观点，对学术问题互相融会贯通。史载王守仁讲学，“流风所被，倾动朝野，于是绅之士，遗佚之老，联讲会，立书院，相望于远近”。[①] 这与现代教育中学术研讨会的研学交流精神大抵可以相提并论。这种求道与求学的统一，也就是价值关怀与知识追求的统一，也是值得我们当今教育反思和学习的地方。

四是古代书院倡导的著书、藏书、爱书、珍书的风气。很难想象，一所没有读书氛围，不爱书、不藏书、不把书视为珍宝，没有教师发表学术论文和著作的学校，能够成为名校。传统的书院，就是一个爱书、藏书和把书视为珍宝的地方，在讲学的大儒、名师，也多有著述传世。传统的书院有祭祀、教育、藏书三大功能，藏书即是古代书院的重要内容和特征，也是书院发展的根基，更为书院推行以自学为主的教学方式提供必要的研学条件。因此书院藏书成为中国古代藏书中的一种重要类型，与官府藏书、私人藏书、寺院藏书一起，并称中国古代藏书事业的四大支柱。“四大书院”之一的应天府书院，藏书量已超过了当时的国家书库。广雅书院的藏书，更是“仿《四库》而有变通”，“冠以御制、敕撰诸书”。张之洞于光绪十三年六月创办的广雅书局，“雕刻成书者千余种，雕片逾十万”，均赠藏广雅书院藏书楼（名冠冕楼），供院中诸生借阅研习。反观我们现在的许多学校，除了每年一换的教科书外，有几所自称名校或被冠名校的学校有如此规模的藏书呢？这确实值得我们的教育工作者深思。

---

① 《明史》卷二三一《王守仁传》。

2. 现代书院的价值

书院作为古人读书、讲学、做学问之地，历经千余年发展，已累积了对文化传承、教育、艺术、哲学、社会礼仪等多方面的认知，是文化保藏、精神蕴蓄的重要载体，书院作为文化传承载体的精神价值是永存后世的，对推动文化传承、民族文化振兴有着重要价值。在今天，书院不仅是传统文化传承和展示的窗口，更是作为一种活态化的文化形态日益融入现代人的日常生活，成为当下文化活动的重要实践空间，还蕴蓄着独立自主、理性思考、启迪教育、教化国民等精神存在，是守护和创新民族精神的一种载体。近年来，随着中国的和平崛起，全球许多国家对中国传统文化日益重视，“国学热”和孔子学院在世界各地蓬勃兴起，特别是党的十九大报告进一步提出“四个自信”，文化自信就是对中华传统优秀文化的充分肯定。现代兴办的书院，有作为旅游景点在原有基础上加以创新、改造的文化遗迹型书院，有由大学创办的新型学术研究性书院，有由当地学者、文人主持进行文化研究的社会型书院，有民办的全日制大学层次教育型书院，林林总总，丰富多彩。但如今的书院大多已不是传统意义上的书院，尽管很多书院正在被新建或复修，但它毕竟不是现代教育的一个渠道或重要组成部分，新型书院的功能应首先定位于国民文化活动空间，继续成为文化传承和蕴蓄民族精神的重要载体，实现推动文化繁荣的活态化载体。

2017 年中办、国办印发的《关于实施中华优秀传统文化传承发展工程的意见》提出，要保护传承文化遗产。书院文化作为中国传统优秀的文化遗产，更要注重传承和发展，既要凸显适合当下民众的精神追求、价值启迪和生活方式，又要发挥其提升社会主义核心价值、社区居民日常生活文明程度的积极作用。2013 年 9 月，习近平在会见第四届全国道德模范及提名奖获得者时指出，“中华文明源远流长，蕴育了中华民族的宝贵精神品格，培育了中国人民的崇高价值追求。自强不息、厚德载物的思想，支撑着中华民族生生不息、薪火相传，今天依然是我们推进改革开放和社会主义现代化建设的强大精神力量。”古代书院是儒家文化的道场，是儒家信仰者的精神归宿。书院应体现“书院精神”，所谓“书院精神”就是师友之间以德性为宗旨、以道义相砥砺、以传承斯文为己任的精神。今日的新型书院不再是儒家的道场，但最起码应该是传播中华优秀文化的阵地。讲学、研究、藏书、礼贤、社会教化等都是传统书院的功能，这些规范对当代书院建设仍有着积极的指导意义。

在现代书院的建设和营运中，西樵的三湖书院就采取与中山大学合作的形式，在共同开拓书院内在价值的同时，还发挥三湖书院自身的作用，吸引了一批批学童来参加开笔礼，在传承书院精神和社会运营上取得双赢。又如成立于 2018 年 5 月的佛山市顺德区黄龙村的黄龙书院，就被当地党组织打造成为学习宣传习近平新时代中国特色社会主义思想和延安精神、梁家河精神、改革开放精神的重要阵地，成为佛山基层的一个榜样、一面旗帜。黄龙书院作为黄龙村党员干部的培训基地，在落实习近平总书记提出的“农村党建要让群众更满意”的重要指示要求，坚持党建引领、干字当头，把党组织的建设和村集体经济的发展结合在一起，让村民生活走向更加富裕安康上起着重要的示范引领作用。

顺德黄龙书院

书院的终极意义是给人以思想，教人们学会思考。因此，我们既要立足于对书院文化中教育、学术、藏书等方面的研究，又要重点关注书院文化所倡导的价值追求、做人之道、道德精神、君子人格等传统伦理或人文精神，以及书院文化所起到的匡正社会风气和教化民众的作用。荀子有言：“儒者在本朝则美政，在下位则美俗。”传承文化传统，实现馆藏典籍、礼乐教化、教书育人等功能的有机统一，进而担负起弘扬、光大传统文化的责任是当代书院应尽之责。如果说古代书院是儒家的道场，那么美俗则是当代书院的重要职责与使命，而优良社会习俗的形成源于社会教化，因而成就以社会主义核心价值观为核心的社会教化就是当代书院对当代社会的价值所在，也是对普罗大众的意义所在。

佛山乡饮酒礼

佛山乡饮酒礼

——明清时期佛山的乡饮酒礼风俗

一、乡饮酒礼是我国自古有之的一种宴饮风俗

1. 乡饮酒礼的源流

乡饮酒礼是中国古代以尊老尚贤、凝聚宗族、宣扬教化为目的的一种公众性礼仪活动。

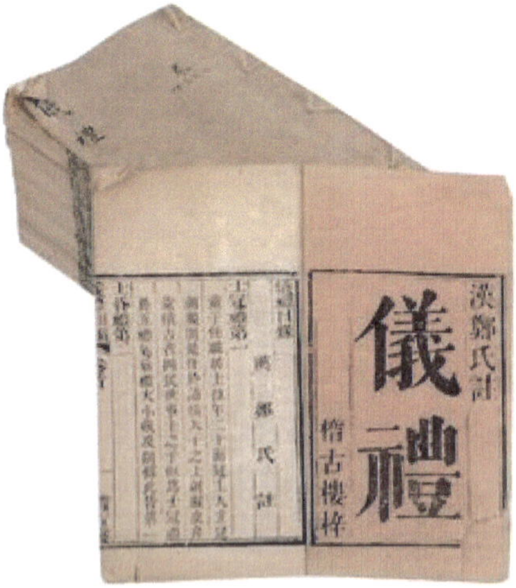

《礼仪》书影

乡饮酒礼碑拓

乡饮酒礼起于周代，为“周制五礼之目，是为嘉礼之一”[①]。乡是周天子及诸

① 《大明集礼》卷 29《乡饮酒礼》。

侯都城四郊的基层组织单位，以一万两千五百家为一乡，相传天子有六乡，诸侯有三乡，乡饮酒礼繁文缛节，极其复杂。西周至清朝，统治者多将其视为倡导“敬老尊贤”“长幼有序”“谦让不争”的道德教化举措，在全国范围内积极推行。一般由乡大夫做主人设宴，后演为地方官设宴招待应举之士，此宴就称为“乡饮酒”。唐朝经学家、孔子的第 31 世孙孔颖达 (574—648) 和唐朝的儒家学者贾公彦认为，乡饮酒礼包括宾贤、序齿、乡射、蜡祭这四种功能。第一，三年大比，诸侯之乡大夫向其君举荐贤能之士，在乡学中与之会饮，待以宾礼；第二，乡大夫以宾礼宴请国中贤者；第三，地方官于春、秋会民习射，射箭饮酒；第四，党正于季冬蜡祭饮酒。古代诸侯之乡有乡学，学制为三年。学成者作为人才推荐给诸侯。为此，每过三年的正月，乡大夫举行乡饮酒礼，招待乡学中的贤能之士和德高望重者。西汉成帝鸿嘉二年（前 19），朝廷举行过乡饮酒礼。东汉，郑玄注“三礼”，称“今郡国十月行此饮酒礼”。可见，东汉时期“饮、射皆为常典”，地方郡国的长官以乡饮酒礼为常。晋武帝泰始六年（270），在辟雍举行过乡饮酒礼，史籍称为“乡事”。北魏孝文帝太和十一年（487），令天下恢复举行乡饮酒礼。隋代明确了乡饮酒礼制度，规定国子寺和地方官学每年都要举行一次。唐代科举制度给乡饮酒礼带来新变化。唐太宗颁布官方《乡饮礼》规范，让各州县每年照此执行，后来规定每年十一月（仲冬），各州县在选拔出科举人才后，向中央贡举时，举行乡饮酒礼为之饯行，谓“乡饮酒贡士”，后来俗称为“鹿鸣宴”。唐代的宾贡乡饮酒礼固定在州县学校举行，而宋鹿鸣宴则在学校之外举行。此后，“宾贡”乡饮酒礼逐步转化为科举制的配套仪式“鹿鸣宴”，进而脱离乡饮酒礼的范畴。乡饮酒礼渐趋缩小为以“尊德尚齿”为主旨的基层社会的礼仪仪式。到北宋末期，宋徽宗在政和三年（1113）正月一日下诏，肯定鹿鸣宴仍然是古乡饮酒礼的旧俗，“可止改鹿鸣之名，有古乐处令用古乐”。[1]

古人饮宴图

① 袁枢：《通鉴纪事本末》卷 133。

于是鹿鸣宴又改名为乡饮酒礼。南宋绍兴十三年（1143），政府“颁乡饮酒仪于郡国”。过了四年，朝廷又下令州县每三年行一次乡饮酒礼，乡饮酒礼再度在全国各地铺开。到了元朝，除政府之外，民间的乡饮酒礼也未中断。元朝将百姓分为四个等级，南方汉人地位很低，儒生地位尤低。在此种情况下，儒生们自发举办乡饮酒礼，通过尊老礼让、崇贤尚能、揖让周旋等仪式，在诗乐歌声中传承华夏旧俗，乡饮酒礼成为儒生们延续汉风、提振精神、相互联络的方式。在明清两朝，统治者对乡饮酒礼颇为重视，制定了一整套详细的仪轨，并赋予法律保障，乡饮酒礼成为倡导尊老尚贤、教化、宣讲封建道德与伦理规范的场所。这在明清两代各地的地方志中载之甚详。

2. 明清时期广府地区的乡饮酒礼

乡饮酒礼是中国古代地方政府的一种重要官方礼仪活动，孔子说：“吾观于乡而知王道之易易也。”意思是说，看到乡饮酒礼的实行，便知道王道教化的推行并不太难。在这里，孔子所说的“乡”，就是指乡饮酒礼；孔子在乡饮酒礼中看到王道易行的根本原因是“尊先、尚齿”。“齿”就是年龄，“先”是儒家礼法。孟子也说：“朝廷莫如爵，乡党莫如齿，辅世长民莫如德。”随着儒学的兴起，儒家在其中注入了尊贤敬老的思想，更加注重崇贤尚德。宋代史学家郑樵在《通志》中说：“乡饮酒者，王道之始也，尚龄尊贤莫尚乎此。”可见乡饮酒礼的性质和功能，无非两个方面，一是尊贤，二是敬老，其中敬老尚齿的意义更为重大。元代的陈澔在《礼记集说》中也说过，养（敬）老之礼必须在学校举行，是因为那里是“讲明孝弟礼义之所”。西汉时期桓宽在《盐铁论·散不足》称，“乡人饮酒，老者重豆，少者立食，一酱一肉，旅饮而已”。这里的“豆”是行礼时盛食物的礼器，专门用以装菹、酱、醢、醢之类的佐料，摆放在饮宴宾主的面前。六十岁的人面前摆三个豆，七十岁的人前面摆四个豆，八十岁摆五个豆，九十岁摆六个豆。所有这些，其目的都在于“正齿位”“明养老”。到明清时期，统治者又赋予其宣法、教化和安定社会秩序的功能，使乡饮酒礼从内容到形式出现了许多变化，内容上增加了替朝廷读律普法，告诫民众安分守己等举措，其仪式也更为简化，更适合普遍推广，但是“尚齿”“敬老”“尊贤”的乡饮宗旨一直被保留下来。清代文字训诂学家、经学家、朴学大师段玉裁在《乡饮酒礼与养老之礼名实异同考》一文中写道：“礼有二事，名异实同，实不尽同而无大异者，

連平州志　卷之四　學宫
鄉飲酒禮圖

乡饮酒礼图谱

乡饮酒礼与养老之礼是也。……学者据此二经，谓乡饮酒礼专以尊贤，而不知乡饮酒礼之起，起于尚齿。”因此，他也认为乡饮酒礼的实质和起源其实是尊老“尚齿”。在统治者看来，“乡饮酒礼敬老遵贤，敦序长幼之节，申明朝廷之法，其有关于礼教甚巨”①，这样的仪式是具有较强的教育、教化功能的。所以在古代的中国乡村，乡饮酒礼素来被认为是事关地方礼乐教化、道德伦常和社会和谐稳定的大事。

明洪武三年九月，《大明集礼》书成，重举乡饮酒礼则是其中的成果之一，“凡礼之所纪，冠婚丧祭，皆自士以上乃得行之，而乡饮酒之礼达于庶民，因其聚会之际与之揖让升降，使知尚贤尊长而兴礼让之道焉。”② 据《明史》记载，朱元璋在洪武五年（1372）四月颁布诏书说：“诏礼部奏定乡饮酒仪，命有司与学官率士大夫之老者行于学校，民间里社亦行之。”朝廷还将乡饮酒礼的实施状况作为地方官员政绩的考核指标。朱元璋在洪武十七年（1384）《谕礼部诸臣严谨举行八事》中有一条规定：“州县之官，宜扬风化，抚字其民，均赋役，恤贫困，申怨抑，禁盗贼，时命里长诰诫其里人，敦行孝弟，尽力南亩，勿作非为以罹刑罚，行乡饮酒礼使知尊卑贵贱之体，岁终察其所行善恶而旌别之。”③ 有了朝廷的谕令，各级地方官员自然不敢怠慢，乡饮制度得到落实。

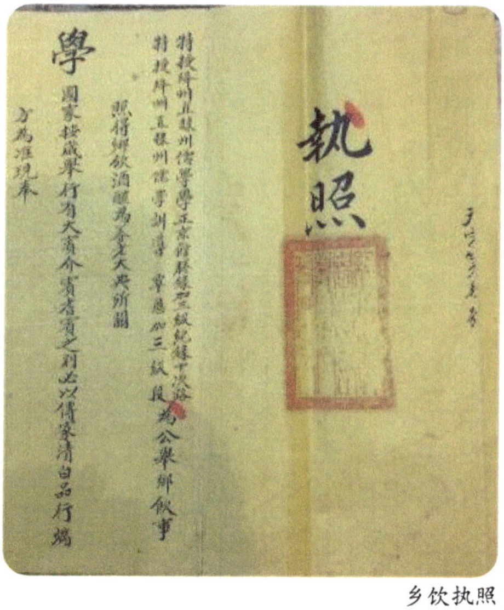

乡饮执照

在明代，乡饮酒礼分春秋两季举行，分别是每年的正月十五和十月初一。饮宴提前七天发出通知，务使宗人知晓，并提前五天将参加乡饮的宾、僎、介、主席、赞礼、司正、执事名单报官府审核备案。乡饮前一天，参加者须按时报到，对于德高望重的耆老贤达，还要多次下帖恭请，以示尊敬。清代乡饮酒礼沿袭明制，也是每年正月十五与十月初一各举行一次，由各府、州、县正印官主持，地点一般选在儒学明伦堂。晚清思想家、散文家冯桂芬在《杜年丈七十寿序》中写道：“有三代之制，历汉迄今莫之或废者，乡饮酒礼其

① 中国第一历史档案馆编：《乾隆朝乡饮酒礼史料》，2002 年版。

② 《大明集礼》卷二十九《嘉礼十三》。

③ 《明太祖实录》卷 161。

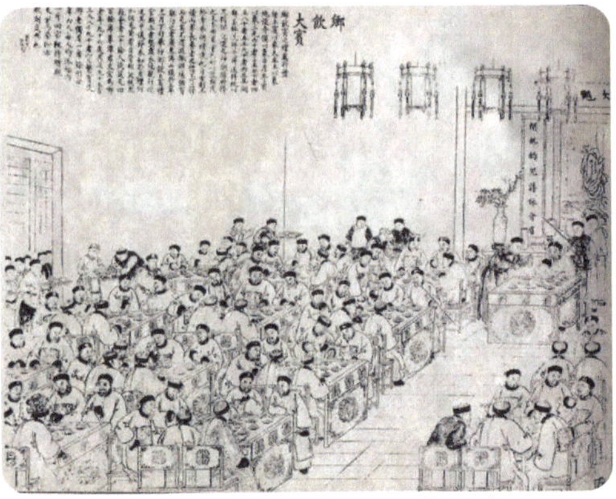

清末民情画家吴有如绘制的乡饮酒礼画

一也。今制孟春望日、孟冬朔日举行于府厅州县之庠，其宾若介，非齿德并尊，誉望有夙者，不足居是列。”乡饮酒礼对形成尊贤、敬老、礼让、守法的良好社会风尚大有裨益，为明、清两朝统治者所重视和利用。直到清末民初，由于政局动荡，财政困难和社会危机加深，乡饮酒礼也日益荒废而怠于举行。

佛山特色的乡饮酒礼始自明景泰二年（1451）。据《灵应祠志》记载：佛山为岭南巨镇，都人士环处其中，类皆敦伦，修行彬彬，有士君子风焉。有明正统间，渠魁黄萧养攻掠城市，延及吾乡。里人捐粮糈、率子弟祷于玄天上帝之灵，卒赖安堵。事闻，敕赐佛山为忠义乡，颜其庙曰“灵应”，遣官谕祭，载在祀典。① 当年黄萧养率起义军围攻广州不下，分兵进攻佛山，佛山乡老梁广、霍佛儿等 22 人，组织乡民抵御黄萧养军有功，朝廷遂敕封季华乡为“忠义乡”，之后在祖庙立“灵应”牌坊、忠义流芳祠褒奖，每年正月十五、十月初一在祖庙设千叟宴。

初时，乡饮酒礼在春天举行，后多为秋天举办，招待年龄 60 岁以上的老人家。明中后期，时局动荡，乡饮酒礼被逐渐淡忘。佛山的乡饮酒礼也随着祖庙的发展而几经兴废，祖庙庙产收入稳定时，乡饮得以维继，反之则荒于举办。据佛山《乡饮酒礼序》记载：“与荷神庥者，前后捐置田地入庙。庙之右建流芳祠，以祀当时有功。又建崇正社学，俾乡之秀者咸率教焉。岁收租银，永供祀事……”随着流芳祠和崇正社学的兴建，祖庙有了田产地租等固定收入，在康熙四十二年（1703），乡饮酒礼得以再度复兴。史载“康熙癸亥 (1683), 由庞东侣、李南洲、梁彝仲、简熊子、梁翰章、梁图章六君按额清复。牺牲俎豆，视昔有加。缙绅学校，接踵厥事。壬午 (1702) 中和，上谕祭期也，余同人适典斯役，夙夜斋居，因交口言曰：‘中和，仲春也。春酒介眉，诗咏之矣，盍修乡饮礼乎？’爰是谋诸耆硕，佥报可。发帖敦延，得杖朝以上者五十六人。维时觥筹交错，齿德相辉，观者哦为盛事，乐

忠义乡牌匾

① 康熙四十一年《乡饮酒礼序》碑记。

观礼让之成。夫祠曰流芳，报功也；社名崇正，尚贤也；乡饮酒礼，序齿也。有其举之，莫或废也。子曰观乡而知王道之易易，信斯言也，请自佛山始。”到了后来，佛山的乡饮酒礼与春秋两祭相结合，春祭融合到“三月三”活动，秋祭则成为“出秋色”活动的一部分，逐渐形成了佛山乡饮的特色。佛山的乡饮酒礼经过明、清两朝的演变和发展，逐渐成为佛山地区一种提倡民德归厚、教化风尚和融洽乡情的民间风俗活动。民国十四年（1925）后，佛山的乡饮酒礼活动又因为时局动荡而一度中止。

二、明清时期佛山地区乡饮酒礼的内容与形式

1. 乡饮酒礼的仪式是饮宴的灵魂

众所周知，古代中国是一个礼制森严的国家。对于乡饮酒礼，古人制定了一整套严格的管理制度与礼制程序，对礼仪活动中的人员设置、座次安排与物品陈设都做出了严格、细致的规定。周代时，以致仕之卿大夫为乡饮酒礼的主持人，贤者为宾，其次为介，又其次为众人。仪式严格区分尊卑长幼，升降拜答，俱有规定。这些仪轨礼仪见载于《仪礼》等儒家经典之中。

明朝在继承古礼和唐、宋礼制的基础上，对乡饮酒礼多有创新。据《明史·礼志》记载，洪武五年（1372），朱元璋下诏命礼部奏定乡饮礼仪。经过一番讨论和研制，洪武十六年（1383），朱元璋颁布了《乡饮酒礼图式》，规定“每年正月十五日，十月初一日，于儒学行之（乡饮礼），民间里社亦行此礼”[①]。其仪式是，府、州、县的主要官吏担任宴会的主人，以乡间年老的乡绅为宾客：“以乡之致仕官有德行者一人为宾，择年高有德者为僎宾，其次为介，又其次为三宾，又其次为众宾。”除此之外，还有一个酒会的主持人，名为“司正”，由乡校的教师担任。准备好这几个不同层次的宾客席位后，乡饮酒礼就开始了。其仪式如下：

（1）司正扬觯。所谓“扬觯”，是饮酒的雅称。司正（相当于司仪）端起酒杯（觯），向各位宾客行揖礼，大家还报一揖。司正说道：“恭惟朝廷，率由旧章。敦崇礼教，举行乡饮，非为饮食。凡我长幼，各相劝勉。为臣竭忠，为子尽孝，长幼有序，兄友弟恭。内睦宗族，外和乡里，无或为坠，以忝所生。”司正喝完酒，回到座位上。

（2）读律令。赞礼唱：“读律令！”一名执事把律令放到堂中的案子上。宣

① 《明史·礼志·嘉礼四》。

读者来到案前，面朝北宣读律令。这时，有过错之人到正席前站着听读律令，读毕复位。

（3）供馔。给大家端上饭菜。

（4）献宾。主人（地方官）向宾、僎宾献酒，置于其席上。

（5）酬酒。宾带着僎来到主人前，向主人斟酒。旁边的赞者为介、三宾和众宾等斟上酒。赞礼者喊“饮酒！”

（6）彻馔和送宾。

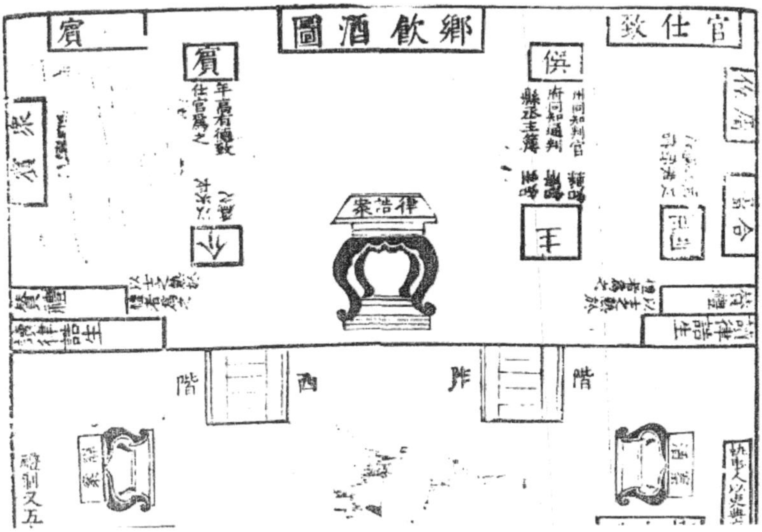

乡饮酒礼序坐图

朱元璋还明令天下府州县及乡村均要按此图例所示座次及礼节执行，规定京师及州县以下，令民间以百家为一会，以里长或粮长主之，坐席时，还要以善恶分列三等，不许混淆。在彰显尊老崇贤的同时，对犯过之人加以甄别对待，不允许其“杂陈于善良之中”，以达到“家识廉耻，人知礼让，父慈子孝，兄友弟恭，夫和妇顺之道不得教而兴，所谓宴安而不乱，和乐而不流者也”[1]的教化效果。同时以此为道德教育的手段，使乡饮酒礼统一化、模式化、制度化，并带有普遍性和强制性。

明朝的乡饮酒礼又为清朝所沿用，故明代乡饮礼制实际上代表了乡饮酒礼在传统中国最后阶段的形态。明代乡饮实质上是政府官员与民间精英合作起来引导社会

① 《明太祖实录》卷135。

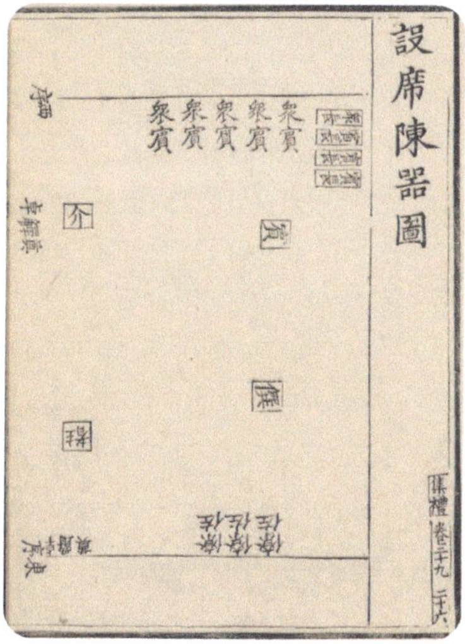

乡饮酒礼设席陈器图

秩序的示范性表演，按规格可以分为府州县乡饮和甲社乡饮。前者是地方官调控基层社会的一个有力工具，因为地方官往往选择齿德（年长、贤德）、财势兼备的人作为乡饮宾介，并希望借助他们的德望和实力来协助处理基层社会纷繁杂芜的事务；后者带有较强的乡民自治性质，与保甲、乡约、宗族等乡民自治实体相配合，一道维护乡村社会秩序。据《桐柏县志》“乡饮酒”一节记载，礼仪仪式中，司正举酒曰：“恭维朝廷，率由旧章，敦崇礼教，举行乡饮，非为饮食，凡我长幼，各相劝免，为臣尽忠，为子尽孝，长幼有序，兄友弟恭，内睦宗族，外和乡里，无或废坠，以忝所生”。曾任礼部侍郎的清代学者阮元认为，民间举行乡饮非为筹钱饮食，而是乡党兴贤德大典，因为整个乡饮酒礼的仪式，实际上是在弘扬与宣传封建社会传统道德，即为臣尽忠、为子尽孝、兄弟相亲、邻里和睦、朋友有信、长幼有序等道德伦理规范。在乡饮酒礼中，主人与大宾象征天地，介僎则象征阴阳，三宾（大、介、僎）又象征日、月、星三光。这种更高意义的象征，也从另一个侧面反映了乡饮酒礼在当时社会活动中的重要性。

佛山传统的乡饮酒礼，规定“民自六十以上得举作正宾，呈由儒学转详藩司，咨部注册，先期赴儒学习仪。是日，设馔于明伦堂，按图行礼，与古制合。道光以后，此礼久废，间或举报寿民，循例给照而已。乡间有行之者，大率岁一举，其犹醵与。吾乡以有司将事，礼仪卒度，盖犹有先王制作遗意，于以明教化、洽乡情，民德归厚，君子窃有取焉。”① 隆重的酒礼，仪式感十足，酒宴的高潮就是由地方官对德高年长的耆老授予寿爵，并向老人敬酒祝寿。此时堂下八音齐鸣，奏鼓乐助兴，充满喜庆祥和的气氛。散席以后，主事向七十岁以上的老人送“耆胙”。“耆”是对老人的尊称，“胙”是猪肉条，多数由一方烧肉来代替。佛山乡饮酒礼无“国老”（有功名的老人）、“庶老”（普通老百姓）之分，这种只按年龄、不论职位的平等对待，在等级森严的封建社会里，实属难能可贵。

① 《乡饮酒礼序》碑记。

2. 乡饮酒礼中的官员与士绅是饮宴的主角

乡绅是介于朝廷和百姓之间的一个群体，充当着官方与民间联系的角色。中国传统社会的乡绅，一般是指在宗族和乡里享有一定特权，拥有一定土地或其他垄断性资源，受过良好教育，在乡民中有一定声望的士绅。明清时期基层社会的士绅阶层，形成了一个庞大的利益集团，享有一定的特权，支配着民间的社会和经济生活，在民间起着举足轻重的作用。他们是基层社会的实际统治者，而且被纳入国家权力体系，也是中央集权统治在社会基层的代言人，朝廷依靠乡村的士绅阶层来推动民风教化，从而主导基层社会秩序。

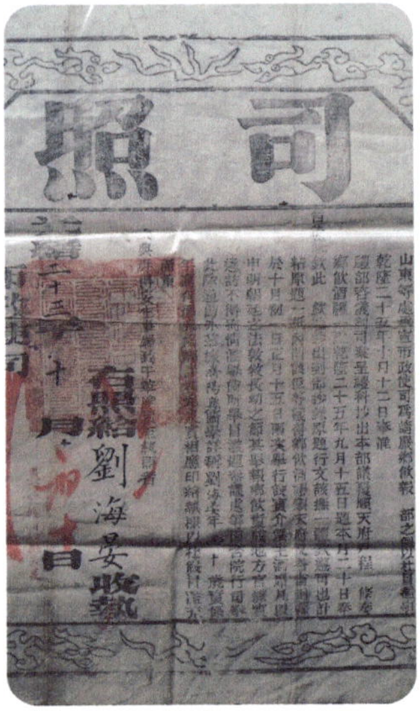
司照

光绪十六年山东布政使司为“乡饮宾”颁发的“司照”

乡饮酒礼既是中国古代一种重要的礼仪活动，也是封建政权对民众教化的重要方式。由于乡村中的士绅身份和地位特殊，统治者也极为重视官员在乡饮酒礼中所发挥的作用，明确规定官员和乡村士绅在此活动中的角色与职责。在传统的乡饮酒礼中，各级政府官员和乡绅都是主角，他们往往以介宾的身份参加乡饮。除了官员和士绅外，能有资格参加乡饮的就是德高望重而且年长的耆老，“乡饮酒之礼，六十者坐，五十者立侍，以听政役，所以明尊长也。”“乡饮之礼废，则长幼之序乱，而争斗之狱蕃”。可以说，汉代人理解的乡饮酒礼，就是个排定长幼顺序的地方乡仪。可见乡饮酒礼的主旨是尊老敬老、礼尚贤能，这样才能实现儒家君臣父子尊卑有序、不可僭越的礼教目的。在传统的乡饮酒礼中，首先由各地方正印官员代表朝廷率领僚属做主宴请众宾；职教官员充任司正，主持乡饮酒礼的进行；典史充任执事官，管理由老成生员充任的引赞、读律、司钟、司鼓诸执事人员。在举行乡饮酒礼的过程中，司正、读律等人员按照礼仪进程不断宣讲道德与伦理规范。其次，座次安排严格遵照阴阳五行方位与长幼、尊卑关系进行，物品陈设更是有着明确的规定。行礼中，从迎宾、升堂、入席、落座到读律、宴饮、礼毕送客都有着详细的程序规定，以保证整个仪式的庄严、隆重。除了上述涉及的人员外，还有一个重要的司礼人员，这就是执掌觯案的扬觯官（所谓觯是古代的一种酒具），负责监督在场每一位人员的一举一动是否严格按照礼仪规制进行。不论宾主，如果有人在行礼过程中高声喧哗、坐错位置，或者出现其他违礼行为，扬觯官便会立即予以制止、纠正，同时“依礼、扬觯以罚”（即罚酒）。这样就保证了乡饮礼始终能够符合礼的规范，有条不紊地进行。

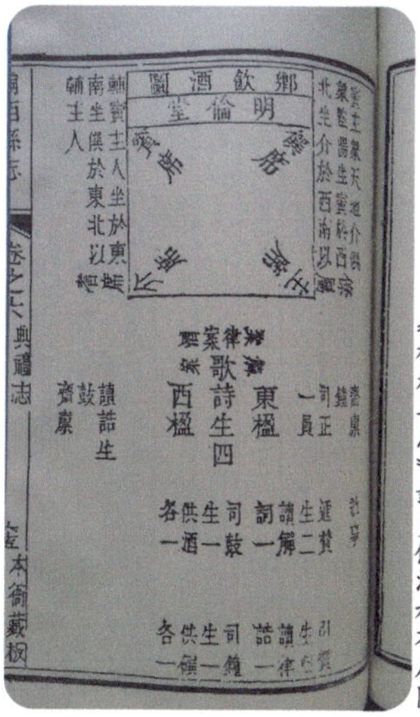

《桐柏县志》载乡饮酒礼布局图

早在宋代，朱熹就十分重视乡饮酒礼，并于庆元年间改革乡饮酒礼。“庆元中，朱熹以《仪礼》改定，知学者皆尊用之，主、宾、僎、介之位，始有定说。”① 他纠正了绍兴礼式中的多处不合古礼之处，重新确定了宾、主、僎、介的座位和秩序，并进一步确定了乡饮酒礼中“释菜于先圣先师”这一仪式。② 同时对乡饮酒礼的仪式删繁就简。“乡饮酒礼，向来所行，真成强人，行之何益，所以难久。不若只就今时宴饮之礼中删改行之，情意却须浃洽”，“乡饮酒礼，节文甚繁，今强行之，毕竟无益，不若取今之礼酌而行之”③。在传统的乡饮仪式中，参加的嘉宾统称乡饮宾，分为乡饮大宾、乡饮僎宾、乡饮介宾、乡饮众宾，诸宾皆本籍致仕官员或年高德劭、望重乡里者充之，乡饮宾之人选由当地学官考察，并出具“宾约”，报知县（或知州、知府）复核。复核通过后还要逐级上报，由藩台转呈巡抚，由抚院咨送吏部，由吏部呈皇帝批准。被皇帝批准为“乡饮宾”的人，朝廷赏给象征荣誉的品级，地方政府还要赠送匾额以示祝贺。对乡饮众宾的选择有严格的要求和名额限制，据《桐柏县志》记载：以乡饮大宾为尊，一人；乡饮僎宾次之，一人；乡饮介宾又次之，数人；乡饮众宾更次之，多人。

明清时期的乡饮酒礼，一般以州县地方长官做东，县级则以知县为主，大宾以致仕（退休）官员充任，僎宾以地方上年高有德望的人充任。清朝规定：“直省乡饮酒礼，府以知府、州以知州、县以知县为主。”作为地方首长的知州、知县，州县中负责教育的州学教授、县学教授是当然的乡饮嘉宾，一些致仕退休的官员以及在当地有名望的乡绅、耆老和有功名的秀才、举人、进士等读书人，也是在被邀请之列的。朝廷规定被列为“乡饮酒礼”宾、僎的人选，必须由州、县儒学详细具文上报本省督抚，再由省造册报礼部审批。清代，朝廷对充任“乡饮酒礼”的“耆宾”审查非常严格，有时候还需要当地有名望的人士举荐。

乡饮酒礼介宾、大宾木挂

① 脱脱等撰：《宋史》，中华书局 1977 版。

② 《行乡饮酒礼告先圣文》，《朱文公文集》，上海古籍出版社 2002 年版。

③ 朱熹：《朱子语类》，中华书局 1994 版。

充任宾、僎的人员，如果在德行上犯有过错，就会被逐级上报予以褫革，“咨部除名”，推荐的官员也会被一并查处问罪。被推举为“乡饮宾”者，必须是身家清白、品行端正、德高望重、引誉乡里的乡贤。因此，作为乡饮宾既是一种荣誉，也具有一种隐性的权力，其中包含着官方对士绅的笼络和认可。被保举为乡饮介宾，这是个人荣誉，更是家族荣耀。

佛山每年的“乡饮酒礼”都在祖庙举行，宾客多为乐善好施、关心地方事务的乡绅。据《佛山忠义乡志》记载，春秋谕祭过后，七十岁以上的佛山土著老人可以到祖庙参加宴饮。“乡饮酒礼，岁以十一月良日举行，年在七十以上皆得与席。先期赴大魁堂报名，绅士为之介绍。是日，设馔于灵应祠之后楼及崇正社学，以年最高者位专席，地方官授爵，余以齿序，乐奏堂下，酬酢如仪。燕毕颁胙，礼成而退。其款由大魁堂支给。复序其爵里榜之两庑，士大夫亦以得与斯燕为荣。无国老、庶老之分，乡党上齿，厥风已古。此礼起于康熙四十二年，以春仲举行，后改为十一月。中辍，旋复。至今不废，四方于是乎观礼。”①

在清乾隆以后，随着佛山地区工商业经济的蓬勃发展，地主和商人逐渐掌控了佛山地区的话语权，社会融合程度也逐步增强，代表官府的官派管理机构“文武四衙”（佛山海防分府同知署、巡检司署、分防都司署和分防千总署）官员同时出席乡饮仪式，佛山本地土著和侨寓的老人们共聚祖庙，同享乡饮。官府正是通过举办乡饮酒礼，按照一定的标准去选拔出席宴席的宾客，这些以地方致仕官员和地主豪绅为主体的乡绅，代表中央政府把国家的价值观念和意识渗透到地方社会的世俗民众生活中去，通过对民众的教化，从而间接控制了地方社会。乡饮酒礼不但是朝廷推行教化的手段，同时也是地方官员与乡村宦绅、地主、族长们互相交流政治资源的平台。

3. 乡饮酒礼中的礼乐是饮宴的精粹

唐代萧昕在《乡饮酒礼赋》中说：“乡饮之制本于酒食，行于尊俎，和其长幼，恰其宴语，熙以阴阳，重于宾旅。此六体者，礼之大序。”②可见，“以礼致序，以乐致和”是乡饮酒礼的精粹所在，它提倡宾贤、敬老、无讼，融合礼教、乐教、诗教等仪轨于一体，提倡饮宴之礼，重点是要借着诗乐等文学艺术活动的教化与熏陶，而达到催生礼乐社会之目的。清初，统治者为安定民心，继续沿袭明代乡饮酒礼的

① 民国《佛山忠义乡志》卷十《风土志一 · 乡饮酒礼》。

② 李昉：《文苑英华》卷 83，第 376 页。

习俗。康熙九年（1670），康熙在明代六条的基础上，对乡饮酒礼增添了更为详细的规定，增补成《圣谕十六条》颁行天下。乾隆在位期间，多次下旨“岁时举乡饮，毋旷”，并在乾隆八年以古《仪礼》《戴记》为蓝本，重新颁布乡饮酒礼的仪轨，为乡饮酒礼配置了乐奏，用“礼以配乐”的形式重现了礼乐合一的古制，使乡饮酒礼更具严肃性和仪式感。明清两朝，在乡饮酒礼中通过讲“礼”、崇“让”来规范人际关系的仪轨准则，宣扬儒家礼教，培育儒化民风，这充分体现了封建统治者以乡饮酒礼来维护封建伦理道德的目的。据《清会典事例》记载，在乡饮酒礼开始之前，辅助主持仪式的司正一般都要诵读一段祝酒词作为开场白。仪式开始后，“每行礼，奏御制补笙诗六章。其制，献宾，宾酢主人后，酒数行。工升，鼓瑟，歌鹿鸣。宾主以下酒三行，司馔供羹，笙磬作，奏南陔，间歌鱼丽，笙由庚。司爵以次酌酒。司馔供羹者三，乃合乐，歌关雎。工告‘乐备'，彻馔。”

据《仪礼》等文献记载，乡饮酒礼正式的宴饮过程分为迎宾、献宾、乐宾、旅酬、无算爵无算乐等环节，在升降拜答、注重行为仪式感的同时，将《诗经》音乐的演唱、演奏融入其中，使道德礼仪的思想主张在艺术层面充分展现。作为诗乐艺术集中展示的“乐宾”环节，共囊括了十八首《诗经》作品（十二首《小雅》作品和六首《国风》作品），通过多种形式的音乐演绎，表达了对宾客的尊敬，同时在礼乐教化的层面突出厚重典雅的君子风貌。“乐宾”环节，又可分为升歌、笙奏、间歌、合乐四个阶段。第一阶段是谓“升歌”：由乐工四人（鼓瑟者二人，歌唱者二人），升堂上歌唱《小雅》中的《鹿鸣》《四牡》《皇皇者华》三曲。歌罢，主人向乐工献酒。这三首作品的演唱，着重凸显君臣之道和宾主之谊。第二阶段是谓“笙奏”：多位吹笙者入堂下，吹奏《小雅》中“有目无辞”的笙诗《南陔》《白华》《华黍》之曲。奏罢，主人向演奏者献酒。这三首作品的演奏，强调的是孝子奉养父母之道。第三阶段是谓“间歌”：堂上升歌与堂下笙奏交替歌唱、演奏，堂上鼓瑟歌《鱼丽》，堂下则笙奏《由庚》；堂上鼓瑟唱《南有嘉鱼》，堂下则笙奏《崇丘》；堂上鼓瑟歌《南山有台》，堂下则笙奏《由仪》。堂上堂下交替间歌，以彰显君臣等级、社会秩序的规范。第四阶段是谓“合乐”：升歌与笙奏相合，奏唱《诗经》中“二南”篇目，即《周南》的《关雎》《葛覃》《卷耳》与《召南》的《鹊巢》《采蘩》《采薇》。歌罢，乐工告于乐正：“正歌备。”在“乐宾”的诗乐表演中，乐工的动作、位置、朝向等细节都体现出丰富的礼仪元素，与周围环境融为一体。“升歌”与“笙奏”随着宴饮的节奏，从独立表演到呼应表演，再到合作表演，显示出礼乐艺术清晰、严谨的章节段落感，以及审美体验的完整性。

根据古乐谱文献资料记载，乡饮酒礼歌诗的音乐风格，其显著特点是：第一，

乡饮乐舞图

调式特征明显。《小雅》六首作品明显都是“雅乐七声宫调式”，“二南”六首则更接近“七声清乐徵调式”的音高体系。由此可见，在《诗经》“风”“雅”“颂”的分类中，音乐曲调是一个重要的分类标准。第二，节拍自由，结构清晰。乐谱无明显的节奏和节拍记录，音乐随唱词、句法有自由停顿，但章节段落结尾都有明显的曲式终止感。第三，音域适中，便于传唱。除小雅之首《鹿鸣》和召南之首《鹊巢》的旋律音域较宽（11 度和 12 度，或为体现歌唱技巧而设计），其余十首作品的旋律音域都是 9 度，非常易于传唱；第四，一字一音，音调清晰。一个乐音对应一个字，咬字更清晰准确，适合仪式感特别强的唱诵演绎，旋律进行没有同音重复，以级进和三、四度跳进为主，起伏舒缓，彰显礼乐的中和之美，让人们在雅正的音乐中潜移默化地接受教育，提升对礼的理解和对礼的崇敬。

值得一提的是，乡饮酒礼中乐工们或坐于堂上鼓瑟歌唱，或立于堂下吹笙演奏的技艺分工与表演模式，与我国古代音乐艺术的巅峰——隋唐燕乐中的“坐部伎”“立部伎”极为相似，只不过后者在乐队规模上更为庞大，音乐风格上更加多元化。这也说明，乡饮酒礼中的诗乐艺术作为一种兼具“雅乐”与“燕乐”（又称宴乐）功能的演出蓝本，对于古代音乐艺术的专业化发展有着积极的引领作用和深远的影响。作为一种专业化的音乐表演形式，乡饮酒礼诗乐最大的艺术特色，就是将声乐演唱与器乐演奏有机结合，从而增强音乐语言的表现力。所以，乡饮酒礼，是借诗乐等文学艺术活动的熏陶，而达到催生礼乐社会之功能。

4. 乡饮酒礼的菜式及用度支付

《礼记 · 礼运》中说：“夫礼之初，始诸饮食。”可见在早期社会，饮食和礼仪的关系是十分密切的。乡饮酒礼属于嘉礼的一种，是在乡里举行宴饮的礼仪。这种饮食礼仪盛行于周代，绵延至三千年后的清朝。据《广东通志》记载，明代广府地区的乡饮“每岁孟春正月、孟冬十月百家为一会，共备酒席”。按照《明会典》的规定，饮宴的规格是“每所用酒肴于一百家内供办。毋致奢靡”。乡饮酒宴上的菜式，据《周礼》《礼记》《诗经》等古籍的记载，西周时出现的“周八珍”，已经是用料广泛，选料严格，讲究刀功，注重火功，使用油、盐、酱、醋、梅、姜、桂、葱、芥、蓼、蜜、茱萸、饴糖等多种调料，运用烤、煎、炸、炖、煮、酿、腌、渍、腊等多种技法，形成了鲜、香、酸、辛、咸、甜多种味型俱全的风味特色。

自唐代开始，广州成为我国主要的进出贸易口岸，商业日益兴旺，带动了饮食行业的发展。南宋以后，随着北方移民入粤，广府地区烹饪的技艺和特点日趋成熟。明清两代，是粤菜、粤式饮食的成熟和发展时期，品种繁多，五光十色，粤菜真正成为一个独立的菜式体系。明代乡饮酒宴的菜式，既没有北方“四八宴席”的繁复，也没有“千叟宴”“定鼎宴”的奢华，一般都是采用广府传统粤菜的代表菜式，以猪、牛、鱼、鸡、鸭、鹅等乡村常见的食材为主，一般每桌上九道大菜，俗称“九大簋”。广东人所说的“簋”是可装五至六斤米饭的大碗。九大簋的意思正是有九个大簋装放食物，如果按今天人们的食量，装满九大簋，可供一百几十人享用。由此可知，“九大簋”是极言饭菜之丰盛，夸耀筵席规格之高。传统的九大簋，第一道菜一般是乳猪拼盘或全只烧乳猪，亦可用脆皮烧肉拼卤味代替。乳猪要皮酥肉滑，烧肉要香脆五花，而卤味则是掌翼、鸭肾、鹅肝等拼砌而成。第二道菜，发菜扒鸭或发菜蚝豉。扒鸭也可以做成八宝琵琶鸭，鸭的胸腔内填糯米、红枣、花生、豆子等八种食材，亦可用发菜配猪脚、猪脷。发菜不仅美味营养，而且粤语发音与“发财”十分相近，配合生菜作为底菜，寓意“生财”。猪脷，寓意“大利”，因此成为饮宴中不可缺少的一道菜。第三道菜，白灼大虾，亦可用白切鸡或豉油鸡代替。红彤彤的大虾寓意生活红火，白切鸡皮肉金黄晶莹，寓意银玉满堂。第四道菜，豉汁蟠龙鳝或蒜子焖大鳝。鳝形似蟠龙，有虎踞龙盘今胜昔之意。鳝谐音“善”，在乡饮中象征提倡行善积德，正暗合“积善之家必有余庆”的道德伦理规范。第五道菜，香芋扣肉或梅菜扣肉。广府人多从中原迁徙而来，香芋扣肉是客家菜式的典型代表，梅菜更是典型的客家特色，表达的是对祖先的怀念与崇敬。第六道菜，酥炸或清蒸生蚝（或带子、扇贝）。酥炸生蚝要外酥内嫩、外香内嫩，清蒸生蚝、扇贝等海产品则要突出海鲜的原汁原味。生蚝寓意生猛，带子有添子之意，扇贝则代表富有钱财。第七道菜，清蒸海鱼。鱼一向是广府人的挚爱，同时寓意年年有“余”，是饮宴不可缺少的一道菜式。第八道菜，时菜炒杂。西兰花、西芹、荷兰豆等时蔬配合鸡杂、腊肉或鱿鱼等爆炒而成，用料丰富，就着不同时令、季节的蔬菜，变化万端。第九道菜，瑶柱粟米浮皮羹或粉丝玉米拆鱼羹。羹汤所用材料众多，简单而不奢华，色泽鲜艳而又清淡可口。八菜一汤，组成了九大簋，俱是广府地区随手可得的地道食材，通过厨师的精心烹制，成为色香美味的传统粤菜，虽然在菜式的配搭上多有更替，但八不离九，长期的民间饮食风俗传承，让广式饮宴的菜单慢慢地定型下来。现在的乡饮酒宴，大都是阖村统请，由于出席的人数较多，便逐渐以盘菜代替了制作繁琐、用料讲究的粤菜，以白切鸡、蒸鹅、鲍鱼仔、脆皮烧肉、炸浮皮、炸支竹、脆炸双丸（鱼丸和肉丸）和油菜为主，层层叠叠，浇上滚烫美味的汤汁，简单方便。主食则以雪榴莲、咸煎饼、黄糖糕、葛粉卷等岭南点心为主。众人围坐而食，于杯盏交错之间，乡音俚语，很自然地拉近了彼此间的关系，增进了桑梓之情。

乡饮宴席之“九大簋”

佛山自行乡饮以来，当地的乡绅们就依据官祀典礼应有的规格，制造祭祀器皿十种 41 件，分别有：硎（汤盂）、豆、铺（圆而鼎足盛器）、簠、簋、筐、筥、盘、爵；祭祀供品有猪、羊、饼、面、鲜果、糖等等。除了猪、羊各准备一头外，其余的供品均要五份。这些在仪式完成后自然都成为饮宴席上的美味食物。

俗语说，无酒不成宴，明宣宗朱瞻基曾作《酒谕》云：“夫非酒无以成礼，非酒无以合欢。”但是乡饮酒礼中的酒，只是饮宴中的点缀，并非真的可以狂欢痛饮。酒宴既然是很严肃的一种仪式，大醉如泥或者因酒醉而出现不雅现象是绝对不允许出现的，所以饮宴中是不会安排烈酒的。酒席上虽备有酒，但都是当地自酿的米酒或水酒。在象征性饮用一些低度数的米酒之后，就得上玄酒了。这玄酒是酒精度数很低的水酒甚至用清水来代替。何谓“玄酒”？因为古以水色黑，谓之“玄”，孔颖达说：“太古无酒，以水行礼。后王重古，尊为玄酒。”《乡饮酒义》里有：“尊有玄酒，教民不忘本也。”《礼记 · 礼运》也说：“故玄酒在室……以正君臣，以笃父子，以睦兄弟，以齐上下，夫妇有所，是谓承天之祜。”在饮宴中，宾主要行献酒之礼。整个过程仪式严谨，场面隆重。

唐代乡饮酒礼一般经费由中央政府拨给，是公费开支，专款专用，但后期地方上的乡饮经费已得不到政府保障。绍兴二十六年（1156），南宋朝廷干脆颁诏：

"其乡饮酒礼愿行于里社者，听从其便，仍不许官司干预"。洪武十六年规定："里社每岁春秋社祭会饮毕，行乡饮酒礼。所用酒肴，于一百家内供办，毋致奢靡。"也就是说，经费由地方自筹。嘉靖年间，沙县举办乡饮酒礼的备料有："猪两口、牛肉九十斤、鱼九十三尾、羊两双、鹅七十、核桃一十六斤、荔枝一十六斤、榛干一十六斤、枣肉一十六斤、圆眼一十六斤、员花饼一百二十斤、锭花饼一百二十斤、川椒胡椒各二斤、盐三斤、香料二两、火柴三担、老酒一桶、豆豉二升……以上物价银一十五两，两季俱于纲银支办。"[①] 可见此时乡饮的经费已是民间置办了。清代举行乡饮酒礼虽可官费开支，但要向县、府、司逐级申报，程序非常繁琐，民间筹资成为举办乡饮的主要方式。《清史稿》也说："初，乡饮诸费取给公家，自道光末叶，移充军饷，始改归地方措办。"清朝后期政局动荡，内忧外患，政府已经无力拨付地方乡饮经费，自道光一朝始，乡饮的费用转由民间置办。到光绪二十三年（1897），清政府正式下令废止乡饮酒礼，沿袭了几千年的乡饮酒礼从此退出历史舞台，但民间的乡饮仪式却是断断续续地保留了下来。

佛山自有大魁堂后，每年乡饮酒礼的费用都在大魁堂的收入中开支，仪式仍由官府主导，乡饮的酒宴务求丰简得当，以节约为主。而现代的乡饮费用，则由各乡各村自行筹备，或在集体收入中开支，或有专门的基金，或华侨、港澳台乡亲和社会各界热心人士赞助。

三、明清时期佛山地区乡饮酒礼对乡村民风教化的影响

乡饮酒礼是中国古代社会民间风俗中延续时间最长、流行范围最广、影响最深远、政治礼教性最强的一种官方参与、民间举办的乡礼习俗。明清时期的乡饮酒礼实质上是中央政府与地方官宦乡绅携手合作，共同对地方秩序和社会风尚进行维护、引导、调控和规范的仪式和工具。在明清两朝，佛山地区十分重视教育，儒学、学宫、书院、社学、明伦堂、乡贤祠、名宦祠、乡约亭等教谕场所一应俱全，乡风尚学，名人辈出。"问学相资，闾里相继"[②]，佛山地区完善的民间教化体系比江南富庶之地是有过之而无不及，而乡饮酒礼正是实施民间教化的一种重要形式。

---

① 嘉靖《沙县志》卷五。

② 嘉靖《庆阳府志》，甘肃人民出版社 2001 年版，第 28 页。

1. 乡饮酒礼的法律地位与民间认同

《尚书》有云：“明于五刑，以弼五教”。明朝初期举行“乡饮酒礼”时，饮宴之前要先读律令，“取仪礼及唐宋所行参酌损益为乡饮酒礼，又采周官属民读法之旨于行礼之中，一人升读律令。”（《大明集礼·乡饮酒礼》）同时还要宣读刑部颁布的其他有关文件，并致训诫辞，以增强民众对朝廷律令的权威性，这是明代乡饮酒礼与历朝乡饮的最大区别。洪武二十二年，朝廷规定：“各用本等之家子弟，务要分别三等坐次，善恶不许混淆。”（《明会典·礼部·三十七·乡饮酒》）如有乡民若被全体与会者指责为“顽民”，按情节可呈明政府，充军边疆。这反映出明初重视宣传法规以强化地方治理，提倡和睦、朋友有信、长幼有序等道德伦理规范。清沿旧制，每年正月十五日及十月初一日，京师及各直省地方均举行乡饮酒礼，“顺治初元，沿明旧制，令京府暨直省府、州、县，岁以孟春望日、孟冬朔日，举行学宫。”（《清史稿·志六十四·礼八》）用示敬老尊贤、敦崇礼教，以求治化民间风俗之效。在饮宴上，作为乡饮仪式的主持人司正也需要颂读律令曰：“律令，凡乡饮酒，序长幼，论贤良，别奸顽。年高德劭者上列，纯谨者肩随。差以齿，悖法偭规者毋俾参席，否以违制论。敢有譁譟失仪，扬觯者纠之。”（《清史稿·志六十四·礼八》）故而乡饮酒礼不仅是一种礼仪活动，也是封建统治者对民众进行德礼教化、实现社会控制的重要方式，具有显著的政治法律功能。

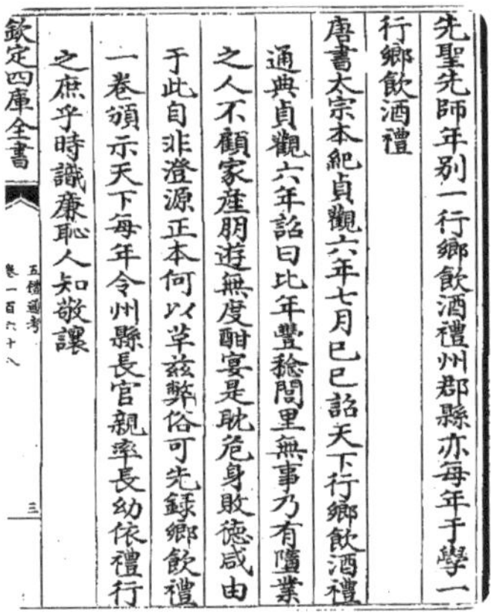
先聖先師年別一行鄉飲酒禮州郡縣亦每年于學一
行鄉飲酒禮
唐書太宗本紀貞觀六年七月巳詔天下行鄉飲酒禮
通典貞觀六年詔曰比年豐稔閭里無事乃有墮業
之人不顧家產朋遊無度酣宴是耽危身敗德咸由
于此自非澄源正本何以革茲弊俗可先錄鄉飲禮
一卷頒示天下每年令州縣長官親率長幼依禮行
之庶乎時識廉恥人知敬讓
欽定四庫全書　五禮通考　卷一百六十八

《五礼通考》书影

明清两代对乡饮酒礼从法律上有着诸多的规制。在明代，规定了乡饮酒礼举办的规则：“命诸州三岁科举之年行之。其愿每岁一行者，亦从其便。二十六年又命愿行于里社者听，官不得预。”（《大明集礼·乡饮酒礼》）甚至连参加的人选、所坐的位置和饮宴的仪式也是法定的：“百家内除乞丐外，其余但系年老者，虽至贫，亦须上坐；少者虽至富，必序齿下坐，不许搀越，违者以违制论。其有过犯之人，虽年长财富，须坐于众宾席末，听讲律，受戒谕，饮酒毕，同退，不许在众宾上坐。”（《大明集礼·乡饮酒礼》）清代，朝廷在《礼部则例》中不但强调各级地方官员在乡饮酒礼中的作用，还规定官员要严格甄选宾客，自觉担当起在乡饮中宣读律令的责任。在《清会典》和《清会典事例》中，还详细规范了乡饮酒礼的程序。清政府在《大清律例》中，明确规定了违反乡饮酒礼面临惩处：“乡党序齿，乡饮酒礼已有定式，违者笞五十。”在《清会典》中，同样用法律规定了违反乡饮酒礼仪轨笞十八的惩处。

这些律令都反映出清政府对乡饮酒礼的态度，重视“明刑弼教”与德礼政刑的统一性，而强调官员在仪式上读法、普法，履行的正是教化的职责，其意图是通过乡饮酒礼对民众进行德礼教化，暨发挥法律的辅助功能，并用国家机器进行强化保障，从而实现对基层社会的管治和控制。

此外，乡饮酒礼的宾介都是在道德、才学等方面取得成就或者在乡闾间有一定地位和身份，故而乡绅们多以能够被邀请参加乡饮为荣，并以此来标榜自己的身份，认为这是家族和个人的最高荣誉。地方的志书、族谱也会进行记录和褒扬，有的还将之写进墓志铭，以垂后世。于是乎乡饮酒礼以法定之名成了士绅、豪族、乡贤们提升宗族声望、家族地位和个人名望的宣传工具，在明清两代得到基层社会的广泛认同。

2. 乡饮酒礼对地方民风教化的意义

总的来说，尚齿、尊贤是中国古代乡饮酒礼的实质；明教化、正风俗，则是乡饮酒礼的客观效果。明清时期，统治者又赋予了乡饮酒礼予宣法、教化和安定社会秩序的功能，使乡饮酒礼从内容到形式出现了许多变化，内容上增加了替朝廷读律普法、告诫民众安分守己等举措，其仪式也更为简化，更适合普遍推广，乡饮酒礼对形成尊贤、敬老、礼让、守法的良好社会风尚大有裨益，为明清统治者所重视和利用。

一是增进对乡村人际关系的认同，有利于加强对社会秩序的维护。乡饮酒礼的首要功能，就是识别人际关系、明确宗族和血缘纽带。乡饮酒礼这种对人际关系的识别与认同，有利于对基层社会秩序的维护，乡饮也就自然成了基层社会的稳定器。

二是有利于宣扬儒家礼教，在基层社会中形成尊老、尚贤、重学的民风。明代整个乡饮酒礼的仪式实际上是在弘扬与宣传封建伦理规范，其主旨是倡导尊贤敬老、崇礼重教的社会风尚，防止犯上僭越。

三是有利于维护乡村基层管理权威，加强封建政权对乡村的基层管治。明代大力倡行乡饮酒礼，最主要的目的是为了恢复汉民族传统礼制体系，凝聚民心，达到“大振华风，以兴治教”的社会教化效果。清代乡饮酒礼是官员与民间精英合作起来，彰显朝廷继承正统，推行儒家治国理念的社会德礼教化。其中，州县乡饮是官方扩展政治资源的平台，地方官选择齿德财势俱佳之人作为乡饮宾介，以假借他们的实力来处理乡村社会纷繁杂芜的事务。里社乡饮则与保甲、乡约、宗族等乡民自治体系相配合而发挥教化作用，一同维护基层乡村的社会秩序。

四、乡饮酒礼对当今乡村新风俗建设和社会主义核心价值观养成的积极意义

到清中期，佛山地区的乡饮酒礼开始从严格的仪轨程式向民俗活动演化，增加了许多民俗的因素，逐渐形成了固定的礼仪程式。乡饮酒礼也逐渐从讲求以齿爵为依据的等级制度向重视乡村教化、维护乡村基层统治秩序的方向转变。在清末战乱不断的情况下，由政府主导的乡饮酒礼逐渐成为由民间士绅主导的活动。佛山传统乡饮酒礼由官办向民办的转变，没有了繁琐的程式和严格的仪轨，反而更加强调尊老尚贤和乡风教化，表达了民间朴素的亲情观念和尊老传统。在农耕社会里，民众祈盼国家太平、社会和谐、风调雨顺、五谷丰登、六畜兴旺、物阜民丰等，而乡饮酒礼巧妙地将民众的情感、社会道德与国家法律融合在一起，以乡宴的形式倡导良好社会道德风尚，起到了凝聚人心、倡导儒学、稳定社会秩序的作用。自明代起盛行的佛山秋色传统民俗活动，实质就是在农业丰收之时，佛山四乡的百姓联合举行的庆祝丰收的游行，反映了人们期待风调雨顺、人乐年丰、万事顺意等美好愿望和心理诉求。据不完全统计，新中国成立以来至2019年，佛山有详细记录的大型秋色

佛山秋色巡游

巡游共举办了20次，把传统秋祭、乡饮酒礼、文化交流和秋色巡游融合为一体，反映出佛山人所蕴涵的乐善有为、包容四海、敢为人先的历史传统和人文精神，表达了佛山市民对美好生活的热爱，传承了佛山优秀的传统文化，弘扬和宣传了新时代社会主义核心价值观，形成了别具岭南广府文化特色的民间秋色欢乐节、民间欢乐嘉年华大型文旅活动。

2002年，禅城区澜石镇的石梁村（现属石湾镇街道）就举行过一次乡饮酒礼，这是“文革”后的第一次。其后，塘头村、沙岗村等村纷纷复办乡饮酒礼。2010年，历时三年的佛山祖庙全面修缮工程顺利竣工。在竣工仪式当天，祖庙恢复了传统的秋祭乡饮，这是解放后祖庙首次恢复乡饮酒礼盛事。2014年后，禅城区政府每年都主导大型的秋祭和乡饮酒礼活动，并且作为每年一度“佛山秋色欢乐节”的开场大戏，市委书记、市长、区委书记、区长等地方党政领导参加并致辞，把季华古乡传统的乡饮酒礼活动推向了一个新的高潮，使季华古乡的礼乐遗风在崭新的历史时期被赋予了崭新的风貌、内涵与魅力，得到弘扬与彰显，这同时也成为佛山新时期精神文明建设的崭新标志。古老的乡饮习俗，在今天作为佛山联络国际友人、海外同胞、港澳乡亲的桥梁，实现了土著与侨寓的和谐共荣；同时，它弘扬崇尚社会公德，宣传尊老敬贤、慈善仁爱的佛山城市精神，对于弘扬优秀岭南文化、传播传统美德有着积极的意义。今天，佛山的乡饮酒礼活动，禅城区都广泛地邀请海外友人、港

祖庙乡饮酒礼

澳乡亲，佛山友好城市、对口援建、帮扶城市领导嘉宾，非遗项目文化交流城市嘉宾前来参加，共庆欢乐，共商善举，招商引资，文化交流。现在的乡饮酒礼，在尊重传统的同时简化了仪式，通过对历史文化传统和风俗礼仪的继承，使季华古乡淳朴的尊老崇贤民风得以传续相延和弘扬彰显，并发挥其和谐乡里、凝聚人心、维护社会秩序的社会作用。传统乡饮酒礼也成为树立佛山文明新风尚、打造佛山文旅品牌的一道亮丽风景。

佛山节庆民俗

佛山节庆民俗

——明清时期佛山传统节庆、庙会与神诞风俗

中国的传统节庆，形式多样，内容丰富，是中华民族悠久历史文化的重要组成部分。传统节庆的形成，是一个民族或国家的历史文化长期积淀凝聚的过程，传统节庆也是传承民族优秀历史文化的重要载体。岭南广府地区的古老传统节庆，与中原地区的历史文化发展一样，其形成与原始信仰、祭祀文化、天象、历法等内容息息相关，涵盖了哲学、历史、天文等方面的内容，蕴含着深邃丰厚的文化内涵。从远古先民时期发展而来的传统节庆，清晰地记录了华夏民族丰富而多彩的社会生活文化内容，也积淀着博大精深的历史文化内涵。

一、明清时期佛山的传统节庆

1. 传统节庆

明清时期，广府地区民众由于长期受到中原地区文化的熏陶和影响，大型的节庆活动与中原地区的趋于一致，但也因为长期根植于南越文化，也形成了一些与中原节庆有所不同的特色。雍正《广东通志》记载："迎春日竞看土牛，或洒以菽稻，名曰'消疹'，啖生菜、春饼，以迎生气。元日礼神贺节，上元观灯，或作秋千百戏。十六夜，妇女走百病，撷取园中生菜，曰采青。十九日挂蒜于门以辟恶，广州谓之'天穿日'，作馎饦，曰补天穿。二月祭社，分肉小儿食之，使能言。入社后田功毕作（谚曰'懒人傍社'）。十五日花朝，至三月上巳祓禊。清明插柳于门，其前五日始。一月中扫墓郊行，谓之踏青，亦曰铲草，俗曰压纸，以楮置坟上也（吴震方《岭南杂记》

云：'宗孙盛者，堆如积雪'）。四月八日，浮屠浴佛。五月朔日，祀祖先；五日，饮蒲酒，饷角黍，书朱符，为儿女佩，采莲竞渡，至五日乃止（广州有逾月者，夺标较胜，往往成讼。今此风已戢。惟大舟龙船高大如海舶，具渔龙百戏，积物力至三十年一出，出则诸舟行以从。悬花球、绣囊，香溢珠海。孙仲衍所云'天香茉莉素馨园'是也）。夏至日，擘荔荐祖考，磔犬以辟阴气。七月七日曝衣书，家汲井华水贮之，以备酒浆，曰'圣水'。儿女以花果作供，捕蜘蛛乞巧。十四日浮屠盂兰会，剪纸为衣，以祀其先。望日以龙眼花果相馈遗曰'结缘'。二十五日，士庶多为蒲涧游（广州相传，安期生以是日升仙，自古有'遨头会'）。八月望夜赏月，剥芋食螺。重阳有墓祭者，亦曰登高。细民放纸鸢（风鸢之戏自古有之，或云因天地之风候以舒小儿之气，而除内热。但广州则以重阳。若琼州则于五月南风盛时截竹绷布，续藤为绳，放之声闻数里，鸢制大可十倍）。十月朔日，以五敛杂芥菜食，辟寒气举火星醮。冬至，作冬糍祀祖，有祭墓者。腊月廿四日，为小年夜，祀灶，用爆竹、饴糖。除夕祀祖，家人聚饮，曰团年酒。围坐达旦，曰守岁。相遗以物，曰馈岁。易桃符，小儿卖痴呆。此粤俗大较也。"这里指的粤俗，其实主要是指广府地区，特别是广州、佛山一带地区的民间风俗。

广府地区每年的传统节日主要有：春节（正月初一）、元宵节（正月十五）、龙抬头（二月二）、上巳节（农历三月初三）、清明节（阳历 4 月 5 日前后）、端午节（农历五月初五）、七夕节（农历七月初七）、七月半（农历七月十四或十五）、中秋节（农历八月十五）、重阳节（农历九月九）、冬至节（阳历 12 月 21—23 日）、除夕（年尾最后一天）等。

其实，在广府地区，节庆的气氛从农历春节前就已经悄悄地开始了。

年宵花市 春节前十天左右，一年一度的年宵花市就已经在南粤各地开市了，特别是以广州、佛山等为代表的广府地区，大街小巷摆满了鲜花、盆橘供民众选购。广府地区每年一度的花市，据说是起源于明万历年间，特别是除夕前三天．各大墟镇的街道上都搭起彩楼，竖起花架，四乡的花农纷纷涌来，摆开花阵，售花卖橘，花市延绵数里。一时间人海如潮、繁花似锦，香飘满城。花市一直闹到初一凌晨方才散去。

小年夜 农历十二月二十三日是小年夜，俗称"谢灶"。这天，佛山居民有"祭灶神"的习俗。灶神又叫灶王爷、灶君菩萨、锅灶神君等。相传"灶君乃东厨司命，受一家香火，保一家康泰，察一家善恶，奏一家功过。每逢庚申日，上奏玉帝。终月则算，功多者，三年之后，天必降之福寿。过多者，三年之后，天必降之灾殃"。意即灶神是受玉帝之命到人间来，腊月二十三日上天向玉帝禀报人间功过。在这之前，

家家以鸡、鱼、酒诸菜肴，让灶君吃个饱，喝个醉；又以水果、糖果、饼食、点心敬之，其中麦芽糖是少不了的，为的是让灶神回天庭后多说好话。所以，旧时普遍在灶头上贴对联：“上天言好事，下界保平安”。

90年代体育路佛山乐园的花市

这一天还要清洗家具，打扫卫生，准备干干净净迎春节。从腊月二十三日至除夕止，这段时间叫做迎春日，也叫扫尘日。

除夕 农历一年最后一天的晚上，春节的前夜。民间俗称“年三十”或“大年三十”，旧时也叫“除日”“除夜”等。旧时有除夕守岁的习俗，杜甫《杜位宅守岁》诗云：“守岁阿咸家，椒盘已颂花。”白居易在《客中守岁》诗中写道：“守岁尊无酒，思乡泪满巾。”宋吴自牧《梦粱录》载：“十二月尽，俗云‘月穷岁尽之日’，谓之‘除夜’。士庶家不论大小户，俱洒扫门闾，去尘秽，净庭户，换门神，挂钟馗，钉桃符，贴春联，祭祀祖宗。遇夜则备迎神香花供物，以祈新岁之安。”明清时期的佛山民众，在除夕前除了置办年货、添新衣、筹办春节一应之物外，还要进行打扫庭院、换贴年画与春联、吃团年饭等活动。

春节 也叫大年初一。从正月初一到十五，广府民众普遍处于节日的氛围之中。行花街、插桃花、摆年橘、贴年画、上春联、团年饭、守岁、迎春、拜年、逗利是、游春、开年、行银路、煮汤圆、闹元宵、行通济等是佛山人春节的习俗活动。

元宵节 每年农历的正月十五日是中国传统节日元宵节。又称为上元节、灯节。元宵燃灯的风俗起自汉朝。唐朝诗人卢照邻曾在《十五夜观灯》中这样描述元宵节

燃灯的盛况："接汉疑星落，依楼似月悬。"唐代诗人苏味道在《正月十五夜》一诗中写道："火树银花合，星桥铁锁开。灯树千光照，明月逐人来。"宋代更重视元宵节，赏灯活动更加热闹，辛弃疾有著名词作："东风夜放花千树，更吹落，星如雨。宝马雕车香满路。凤箫声动，玉壶光转，一夜鱼龙舞。"明代自正月初八点灯，一直到十七的夜里才落灯。省城及各乡镇白昼为市，夜间燃灯，正是"一曲笙歌春如海，千门灯火夜似昼"，可谓蔚为壮观。清代赏灯活动虽然只有3天，但是规模很大，除燃灯之外，还增加了舞龙、舞狮等"百戏"内容，富裕的村镇还要放烟花助兴。

元宵节也是中国传统的情人节，古代的女子平时不能随便外出串门，但是到了元宵节这一天或和姐妹们相约去观看元宵灯会，或与情郎约会共同观灯。宋代欧阳修就有诗写道："去年元夜时，花市灯如昼。月上柳梢头，人约黄昏后。"此外，传统民间过元宵节吃元宵的习俗，广府地区也不例外。元宵以白糖、玫瑰、芝麻、豆沙、黄桂、核桃仁、果仁、枣泥等为馅，用糯米粉包成圆形，可荤可素，风味各异。可汤煮、油炸、蒸食，有团圆美满之意。

清明节　清明在每年四月初，扫墓祭祖、踏青郊游是清明节的基本主题。唐代大诗人王维就有诗句说："少年分日作遨游，不用清明兼上巳。"明清时期，佛山的居民，在清明日晨早，不论男女，手挽竹篮或藤篮，携带香烛、纸衣、冥镪、爆竹、红白肉、饭菜、烧酒、水果、包点等，肩荷铁锄到祖坟。扫祭时，先把墓前野草锄去，然后在墓顶和后土压上长白纸钱，把祭品摆在墓桌上，燃烛烧香。拜祭后，烧元宝鸣鞭炮，并在墓前分吃供祭品，将少许糕点、芋头、鸭蛋等留放墓前，以祈日后添丁发财。旧时，富有的人乘轿骑马，雇请工人扛抬酒菜，并由武馆的人员舞狮而行。新逝者的坟则在清明前祭扫，一般在二月社日之前，俗称"新山不过社"。扫墓回去后，在家族祠堂里聚饮，在族长的主持下分烧猪肉，俗称"太公分猪肉"，凡家中有男丁者都会分到，这就是《周礼 · 大宗伯》里面所说的"以饮食之礼亲宗族兄弟"。

端午节　每年的农历五月初五，是中国传统的端午节。端午节历史悠久，有许多民间风俗，如斟艾酒、饮朱砂雄黄，门前贴符章、小孩佩戴朱砂雄黄香包等，古人以为这样可以避邪。此外，最有广府特色的要数赛龙舟、吃龙船饭和吃粽子了。早在明代之前，广府地区端午赛龙舟的风俗已然成风，到明朝中期达到顶峰。屈大均在《广东新语》记载道："岁五六月间斗龙船"。每年的农历四月初八，是龙舟出水的日子，这一天大家合力将去年深埋在河涌淤泥底下的龙舟抬上岸，擦干净淤泥，清洁好船身，挑选村里壮健的小伙子参赛。古时候的佛山一带，河网密布，水乡纵横，每逢端午前后，西江经常发洪水。龙舟水起，洪峰经过，住在河边的村民怕涨大水，

龙舟饭

以扒龙舟为“游龙”祭祀仪式，以祈求不遭水淹。赛龙舟十分精彩，清人江仲瑜在《羊城竹枝词》中写道：“买舟同日掷金钱，爆竹声中笑语传。指点五仙门外水，彩旗画鼓斗龙船。”赛完龙舟后，如果龙船得胜还埠，则广召亲朋燕饮。主办方为获胜者“赠与状元标，张伎乐，簪花挂红”。各村由族长牵头请乡亲们在村里的宗庙祠堂里饮宴，以筹神谢恩。这种乡间宴饮，广府人称为食“龙舟饭”。

早在光绪年间，南海九江镇端午节赛龙舟就已相当盛行。据光绪九年(1883)《九江儒林乡志》记载：“乡人每夏五月，必斗龙舟。舟首尾刻作龙形，阔可二尺许，长或十余丈，短亦数丈，可坐数十人。”当时流传的一首竹枝词，就生动地描绘了九江赛龙舟的情景：“五月龙舟逐海游，兴来直闹到寒秋。一声鼓响如飞去，人力让他沙咀头。”九江濒临西江，龙舟竞渡活动除在境内的小河涌进行以外，还要划到西江河里进行“赛龙夺锦”，乡人称为“龙船出海”。参加“出海”的龙舟，一定要由六社村一艘号称“周将军”的龙舟率领。相传周将军即汉代名将周亚夫。九江各地对“周将军”深为仰慕，因而在出海赛龙时，都公举号称“周将军”的龙舟领头。据说，“周将军”领头出海，可以威镇龙王，使海不扬波，村镇安然无险。

南海叠滘村的单船龙舟赛是佛山地区比较有特色的一种龙舟竞渡活动。清代文人易瑞瑜这样描述叠滘的端午龙舟活动：“翠拥两岸，袅袅清风送爽，男裳女帕，腼腆随波笑纳。龆龀香囊胸披挂，雀跃堪嘉。妇孺包粽告天下，蒲符护家。”叠滘是水乡，河涌纵横交错，在沧海桑田的演变中，溪滘多弯浅窄，决定了龙船不能并

船角逐争先，只能单船竞渡。在河湾拐角位置，还打上木桩或垒石堆，故意收窄河面，增加进出的难度。在比赛中，要快速转过急湾，巧妙地避开石础，用最短的时间到达终点站，并非只靠劲力，舵手兼具聪慧和勇气，加上全船人的协作，才能取得胜利。

南海西樵山还流行更为独特的“山顶扒龙舟”民俗活动。明代弘治年间，西樵人在西樵山腰的火山口筑堤蓄水，称为“天湖”。每逢端午，村民相约在湖中赛龙舟，俗称“半山扒龙”。是日，湖上群龙汇集，锣鼓声动群山，引来万人登山围观。

七夕节 旧历七月七日是传统的“乞巧节”，又名乞巧节、七巧节或七姐诞。东晋葛洪《西京杂记》有“汉彩女常以七月七日穿七孔针于开襟楼，人俱习之”的记载。唐朝王建有诗说“阑珊星斗缀珠光，七夕宫娥乞巧忙”。宋代诗人刘克庄对广府地区过七夕有诗咏道：“粤人重巧夕，灯光到天明。”七月初六晚，“罗酒果于庭，祝牛女二星，瞻拜以乞巧”，初更时分，少女们在天井中摆好八仙桌，把手工制作的小工艺品放置其上，向织女星乞求智巧，故称为“乞巧”，也叫“摆七娘”。有的家庭还提早浸育一盘秧苗用以供奉七姐，当地俗称“摆慕仙”，这盘秧苗又叫“慕仙秧”。佛山民间拜七姐，祈福许愿、乞求巧艺、坐看牵牛织女星、祈祷姻缘、储七夕水等，都是七夕的传统习俗。这一晚，男子也爱到各街巷参观各户摆设的台景，并暗中记下手艺出众姑娘的家门，作为自己的追求对象，这种风俗称为“睇慕仙”。

古代乞巧图

中秋节 农历八月十五，是中国传统的中秋节。根据史籍的记载，“中秋”一词最早出现在《周礼》一书中。中秋节源于我国古代“秋暮夕月”的习俗，“夕月”即祭拜月神。

月饼是中秋节必不可少的食品，清人袁枚在《随园食单》一书中介绍道：“酥皮月饼，以松仁、核桃仁、瓜子仁和冰糖、猪油作馅，食之不觉甜而香松柔腻，迥异寻常。”明代田汝成所著《西湖游览志余》中说：“八月十五谓中秋，民间以月饼相送，取团圆之意”。明代刘侗所著《帝京景物略》中也说：“八月十五祭月，其饼必圆，分瓜必牙错，瓣刻如莲花。……其有妇归宁者，是日必返夫家，曰团圆节也”。每逢到中秋前夕，人们多互赠月饼。广府地区盛行广式月饼，其特点是皮薄、松软、香甜、馅足，有五仁水晶、莲蓉、豆沙、蛋黄等馅。中秋月圆之夜，多在天台、楼顶置桌子，摆上月饼、柚子等，挂上彩灯，焚香燃烛，举行拜月仪式，或邀亲朋好友一起吃田螺（相传月下食田螺可以明目）、饮桂花酒，赏月赏灯，其乐融融。清代有首《羊城竹枝词》云：“中秋佳节近如何，饼饵家家馈赠多，拜罢嫦娥斟月下，香芋啖遍更炒螺。”形容的就是这般情景。

烧番塔

在南海丹灶仙岗村、西樵松塘村、罗村上柏村等乡村还流传烧瓦子灯（或称烧花塔、烧瓦塔、烧番塔）的游戏，以砖瓦砌成空心塔，填入树枝、木柴、稻草烧起火来，以火苗高升、火星高腾为吉利。有的村还会舞火龙，锣鼓喧天，声闻数里，灯火达旦不绝。

重阳节 农历九月初九是中国传统的重阳节。明末清初，佛山人在重阳节有放风筝的习俗。据屈大均《广东新语》记载：“南海之佛山，岁九月十日为放鹞会。先期主者悬式于鹞场，鹞皆以白楚纸为之。”

重阳节登高古已有之。古人以为九月九日饮宴登高可消灾，佛山人在这一天拜扫先人坟墓，按俗蒸松糕，宰鸡奉神祀祖。登高游览则多选省城广州的白云山、南海的西樵山或顺德龙江的锦屏山。

冬至 冬至是二十四节气之一，杜甫有诗云：“天时人事日相催，冬至阳生春又来。”古人认为冬至乃“阴极之至，阳气始生”，含有重新开始的意味，是阴阳转化的关键节气。冬至又被称为“小年”，广府人对此节很重视，把它与春节、端午节、中秋节并称为四大节日。佛山人更为重视，称之为“过冬”，民间有俗谚云“冬大过年”。冬节那天，佛山人有拜祭祖先的习俗，除各家各户备酒肉、果品祭拜外，还要在宗祠祭祖。据乾隆《佛山忠义乡志》记载：“冬至祀祖。乡最重冬祭，春秋之祭间略，冬则无不举者。祀毕，与家人宴于室，曰‘团冬’。”一般家庭备有蒸糕、糍粑等，并劏鸡杀鸭，准备一顿丰盛的晚餐。冬至前风干物燥，人们喜欢在此时食“腊味”，有所谓“冬前腊鸭”之说。在饮食方面，冬至吃汤圆是必不可少的。过去还有“冬至鱼生，夏至狗肉”的习惯。此外，开煲狗肉“打边炉”也是在冬节前后时兴的一道美味菜式。

2. 地方性节庆与民俗

南海里水赤山村“跳火光” 在元宵节的晚上，村民们在村祠堂门口空地燃起火堆，然后腾高一跃跳过火堆，有着去除一年晦气、祈求新年顺利的寓意。据村民口口相传，这个民俗至今已有300多年的历史。

张槎大沙南昌庙神诞与舞火龙 正月十七，是张槎大沙村南昌庙神诞。相传大沙的舞火龙民俗源于明永乐年间（1403—1424）。每逢诞期，乡民烧大炮，舞火龙“出会景”，建醮庆祝，敲锣打鼓绕村巡游。乾隆《佛山忠义乡志》中就有“纸马火龙”的记载，火龙是在用茭笋壳扎成的龙身上插上香火，晚上舞动起来火光闪闪，烟雾弥漫，如龙在烟云中飞舞。巡游活动结束后，还要请来戏班在村里搭棚演戏，一连七晚，热闹非常。舞火龙的风俗在张槎的大江、大富、村头、村尾等村也相当流行，不过时间在农历八月十五、十六两晚。

石湾陶师诞 农历三月二十六日和八月二十二日，是石湾的陶师诞，俗称“春秋二祭”。相传舜帝曾制陶于河滨，故被奉为陶业祖师。明清时期是石湾制陶业的兴旺期，每逢陶师诞，石湾制陶行举行祭拜祖师的活动，一连数日，十分隆重。石湾的陶师祖庙，始建于宋末元初（约1273），嘉靖七年（1528）迁到石湾莲子岗东麓，为石湾祭祀虞舜祖师之所。陶师诞当天，请出虞舜祖师的神像沿街巡游，队伍穿街过巷，入工场，上窑炉，陶工们虔诚拜祭。各行会组织在诞期聚会饮酒，俗称“饮行”，凡入了行的不论老少均可参加，活动经费由行会支出。

南庄上元舞火龙 每到农历八月十五、十六两天，南庄镇上元、溶洲、东村一带村民在村中举行传统的舞火龙。上元村建于1078年，距今已经940多年，传说在100多年前，上元村流行瘟疫，有仙人报梦给村民：只要扎制火龙，挥舞便可消灾。火龙巡游活动包括“起龙”“采水”“游龙引福”“放龙归海”四个“规定动作”，火龙一般长80米，重达800斤，舞动时火光闪烁，烟气环绕。

南庄上元村舞火龙

三水南边镇黄塘狗肉节 农历九月十五，三水南边镇黄塘村举办村节活动，主菜便是野狗和家狗（当地人也称菜狗），当然也有鸡鸭鹅等其他菜式，俗称“黄塘狗肉宴”。传说狗肉节起源于清咸丰年间，已经有上百年的历史。狗肉宴主要盛行于乐平镇、南边镇一带，附近数十个自然村都有“做节”的习俗，每年农历正月、二月、八月、九月初十到九月十八有不同的村庄举办狗肉宴，其中最隆重和热闹的是九月十五在黄塘村举行的狗肉节，附近过半的村落集中在这天举行盛宴。光绪元年，一位署名“莲船女史”的诗人有竹枝词曰：“响螺脆不及蚝鲜，最好嘉鱼二月天，冬至鱼生夏至狗，一年佳味几登筵。”广东人食狗的习俗源自百越先民的习俗，炆狗肉与烩蛇羹、杙（焗）雀并称为“粤菜三绝”。广府地区有谚语云：“入秋三蛇肥，冬令狗肉香”。曾大力在顺德《美食竹枝词》中也赞狗肉煲：“开煲狗肉隔墙香，禾秆陈皮配老姜。三滚醉倾天外客，浓醇香味赛琼浆。”

顺德大良镇日娘诞 相传日娘姓陈，是顺德大良人，是明代有名的刺绣能手，农历八月二十五是她的诞日。据《顺德县志》记载：“先是东门外，有某妇名曰日娘者，素工刺绣，女子从学者多，既死无子，其徒弟相率于其生日致祭。八月二十五日即其生日，故他县皆无之，因其为女红师，故其祀事遍一邑也。”这一天，从事刺绣的妇女们备齐香烛果品，到东门外致祭，相沿至今，形成当地行业的风俗。

明清时期，佛山、南海、顺德一带地区的民间节庆活动很多，其中相当一些民俗活动是比较小众化的，如张槎上朗村的“烧沥星”、张槎大富村的谭仙诞、张槎东鄱村的车公出色、澜石石梁村的“三月三”万人宴、石湾何太公寿诞饮宴、澜石番村禾花节等。许多在特定地区流行的民俗至今已经消失甚至不可考了。

二、明清时期佛山的庙会

1. 传统庙会

传统的庙会有正月十五的元宵灯会、正月十六的“行通济”、三月三佛山祖庙北帝巡游，秋色巡游也算是庙会之一，除此之外，还应包括大众认同的中心城镇的圩日。

祖庙祈福庙会 正月初一凌晨，佛山祖庙就已经是人头攒动，民众来到此处争上“头炷香”。上香祈愿后，聚集在祖庙正殿前的龟池前，用铜钱砸池里的石龟和石蛇的头部，据说能够砸中石龟头的在未来一年里就会身体安康、事事如意，砸中石蛇头的就会财源滚滚、生意兴隆。佛山祖庙庙会是流行于珠江三角洲一带的融世俗性、群众性、娱乐性于一体的民间信仰活动。庙会的起源与北帝崇拜和祖庙的修建密切相关。佛山祖庙建立于宋代元丰年间（1078—1085）。屈大均在《广东新语》中说：“吾粤多真武宫，以南海县佛山镇之祠为大，称曰祖庙。”清代以前在遍布广东各地的真武庙中，以佛山祖庙“历岁久远”，规模最大，影响最广，成为“诸庙之首”，很早就形成了乡耆、士绅来祖庙议事的“庙议”，使祖庙成为一个集政权、族权、神权于一体的著名庙宇。据史料记载，一年中祖庙的主要祭祀活动有：正月初六开始的北帝坐祠堂、二月十五的春祭、三月初三的北帝诞、八月十五的秋祭、九月初九的北帝崇升等。其中三月初三北帝诞是一年祭祀活动中最隆重、最热闹的。

北帝巡游 每年农历三月初三，是道教传统的北帝诞，也是佛山祖庙北帝巡游的日子。佛山有俗语云：“北帝巡，保太平。”北帝巡游是祖庙庙会的主要内容，时间为一天一夜。巡游时，北帝武神铜像端坐在朱漆贴金龙纹北帝轿椅（现陈设于祖庙）内，前有锣鼓、仪仗队、彩旗幡伞队鸣锣开道，后有醒狮随尾，所到之处街坊张灯结彩迎驾，纷纷瞻拜神像。“烧大爆”活动在每年三月初四举行。所谓烧爆，就是点燃安放在华丽彩车上的一个大爆竹。爆竹内附有一个铁制小环，爆竹一响，铁环飞向空中，围观的人们纷纷争夺这个小环，以寄祈祥纳福之意。

北帝巡游

祖庙庙会作为佛山最大的综合性祭祀和娱乐活动，“举镇数十万人，竞为醮会”，呈现出“鼓吹数十部，喧腾十余里”的盛况，有着广泛的参与性。除巡游和烧大爆，主要活动还有设醮肃拜、演戏酬神等。庙会活动中有丰富多彩的巡游展演和祭祀仪式，北帝武神铜像、北帝巡游大轿、精美的铜制仪仗和木雕高脚牌、龙楼凤阁的爆竹装饰、各类秋色制品，八音锣鼓、木鱼、南音等民间音乐，粤剧、曲艺、武术、杂技、粤味小吃文化等，各有各的艺术魅力和艺术价值。佛山祖庙庙会于2008年被选入第二批国家级非物质文化遗产名录。

普君墟灯市 明清时期，佛山镇内元宵灯会，以普君墟的为盛。据民国《佛山忠义乡志》载：“上元，开灯宴。普君墟为灯市，灯之名状不一。自元旦（春节）为始，他乡皆来买灯，挈灯者鱼贯于道，通济桥边，胜门（现城门头）溪畔弥望，率灯客矣。”可见灯会的盛大。

行通济　正月十六，佛山镇万人空巷行通济。“行通济”习俗作为在元宵节期间举行的游玩祈福活动，最早出现在明末清初，乾隆年间达到鼎盛。正月十五晚上吃过汤圆以后，家家户户纷纷扶老携幼、提着灯笼向通济桥涌去，开始行通济，然后在桥上买把生菜（生财），祈求来年没有烦恼、事事如意。自清晨到夜幕，举着风车、摇着风铃、提着生菜的人群浩浩荡荡地由北到南走过通济桥，口诵“行通济，无闭翳”等吉祥语，祈愿这一年平平安安、顺顺利利。

通济桥始建于明代，得名在天启六年（1626），距今近400年，佛山旧八景之“村尾垂虹”指的便是通济桥。桥立在佛山涌的上游，正好是河涌的出口。天启五年（1625），返回佛山的李待问发起募捐修桥，翌年建成并取名“通济桥”，寓意“桥以通济名，必通而后有济也”。通济桥横跨佛山涌，是通往顺德、番禺的必经之路，是佛山商贸交流的重要通道。在建桥时，他征求了乡中父老和河涌下游各乡父老的意见，用木石参半的方法，这样既能使桥结构雄伟坚固，又不至于阻塞下游的流水。桥头石级共9级，桥尾13级，暗含“九出十三归”的经商理念。佛山商民为求来年生意兴隆，便行通济桥讨好意头，后渐成习俗，并衍生出“行通济，无闭翳”这一本土民间俗语。

行通济民俗

明末，通济桥两岸建了南济观音庙和通运社坛后，四乡民众每逢正月十六步行到通济桥，或者在社坛焚烧香烛、放鞭炮，或者步入观音庙烧香，男子求签，妇女扯神前花灯灯带，接着就购买“行运风车”走通济桥，而且要按照固定的路线行走。凡行通济桥，要一次从桥头（北岸）行至桥尾（南岸），不能折回复返，且须由桥尾右旁大基而去，经尾窦到澳口返回佛山镇，否则不吉利。以前佛山本地人习惯在正月十六下午行通济，在南岸购买生菜带回家里。近年来，许多新住民在行通济的时候抛扔生菜，已与旧时民俗的本愿相去甚远了。

秋色巡游 佛山秋色俗称“秋色赛会”或“秋色提灯会”，亦统称为“出秋色”。佛山的秋色巡游据考源于明永乐年间 (1403—1424)，距今已有近 600 年历史。相传在正统十四年 (1449)，黄萧养起事攻打佛山，时值中秋，各乡里杂扮故事，“鸣金击鼓游村中，昼夜不绝”，黄部以为有备不敢攻击，后传为美事，从此定名为“秋色”，相沿成俗。

秋色活动具有严格的形式和内容，包括表演艺术和手工艺术两大类，分成车色、马色、飘色、地色、水色、灯色、景色共七色之多，又分为扎作、砌作、针作、裱塑、雕批、音乐、舞蹈、戏剧、杂技、化装表演等十大类。游行队伍有起马、开路队、大灯笼、唢呐队、马色、头牌幡旗、罗伞、耍龙灯、灯色、合面、担头、车心、陆地行舟、十番、锣鼓柜、扮演戏剧、大头佛、踩高跷、狮子队等。每年的秋收时节，佛山人举办秋色巡游活动，清代诗人岑澂有竹枝词咏秋色：“柚灯画炉妲己娥，丝竹沿街按节歌；纸马莲舟都入画，果然秋色比春多。”秋色巡游队伍往往长达数里，火树银花，目不暇接，观者如潮，彻夜欢腾。秋色巡游到清代已发展至成熟阶段，自清中后期，秋色赛会除了在佛山镇内举行外，佛山周边镇乡如石湾、澜石、深村、张槎、平洲、礌岗、叠滘、官窑、松岗等地也举行过秋色赛会。

佛山秋色巡游

2. 地方性庙会

佛山的地方性庙会很多，主要有罗村乐安花灯、官窑生菜会、西南耕牛会、西樵评花会等。

顺德乐从岳步村人日庙会 古人以正月初七为人日。传说女娲初创世，于第七天造出了人，这一天便成为人类的生日。广府人家对人日有着特别的称谓——众人生日。据佛山历史文化资料记载，人日这一天，除了拜神祈福，还要制作“人日菜”，备酒肴，祭祀祖先，共饮生日酒。顺德乐从镇岳步村人日庙会历史悠久，从明代沿袭至今。岳步村大庙原本是北帝庙，其历史可追溯到宋末年间，与佛山祖庙建立的年代相近。初七当天，进行北帝像巡游、卖斋饭、扒龙舟、分烧肉、烧大炮、吃七宝羹等活动。传统的七宝羹是用七种蔬菜煮成的汤，其中五种菜是固定不变的：芹菜，谐音“勤”，寓意勤劳；蒜，谐音“算”，寓意精打细算；葱，谐音“聪”，寓意聪慧；芫茜，即香菜，“芫”谐音“缘”，指美好的缘分；韭菜，取“韭”的谐音“久”，寓意长长久久。另外两样菜就是各家的“秘方”了，代表着各家的年味，承载着人们对新一年风调雨顺大丰收的期盼。

南海各乡醒狮会 醒狮赛会是广府地区有着悠久历史的民间传统艺术活动。相传在明代时，醒狮已经在广东出现，起源于南海县。自明代开始，舞狮就成为南海重要的民俗活动，几乎每个较大的自然村都有狮队。每逢过节、庙会或庆典，各乡村都要举办舞狮盛会。规模较大且有传统的狮会有正月初一平洲狮会、正月初八里水狮会、正月初十小塘狮会、正月十一盐步狮会、正月十二松岗狮会、正月十四大沥狮会、正月二十六官窑生菜会狮会、正月二十六黄岐北村生菜会狮会等。正月初八至十五，是佛山、南海、顺德、三水各地举办乡间醒狮赛会的会期。每年的这个时候，四乡醒狮云集佛山附近的墟集、村落，竞技献艺，采青比武。“醒狮采青”，寓意生财，兴旺。“青”，用生菜，取“生财”之意。采青是醒狮的精髓，有起、承、转、合等过程，具戏剧性和故事性。舞南狮讲究的是意在和神似，其动作套路主要是见物必疑、见青必喜、见红必惊、见柱必咬、见水必戏、见桥必探、见台必望，后人根据这个“法则”，演绎出各种优美灵活的动作。南狮历经变化，派生出多种套路，在佛山、南海、顺德一带乡村广泛流传。民国《佛山忠义乡志》中记载：“五斗司光绪三十三年呈报工商部实业品汇册载，‘狮头行'制品精良，省垣及外洋均来定购，多在石路铺。”可见佛山镇当时已经是制作南狮的主要地区。佛山人认为，醒狮是驱邪避害的吉祥物，所以每逢节庆，或有重大活动，必有醒狮助兴。舞醒狮、舞龙活动在当地人们心目中是雄健、勇敢、力量、兴旺、吉祥的象征，代表着人们对美好生活的向往。

南海罗村乐安花灯会 正月初九，南海罗村乐安举行传统的花灯会。早在洪武三年，在西隆堡（乐安）内设立黄鼎都司治所后，这里的村民便有正月十五“庆灯”的习惯。每年正月初九为乐安圩期，正月初十“开灯”，到了清代的康雍乾年间，这里的花灯更为兴旺，出现万人空巷看花灯的欢乐场面。位于汾江河上游的乐安圩，扼省城与佛山镇之出入咽喉，发展成为商业集散地，商贾云集，市面繁华，尤以花灯为著名。

中国的传统灯会多在正月十五 ，而乐安的花灯会为什么选择在正月初九呢？原来乐安的民间信仰是道教，道教玉皇大帝被认为是天界的主宰，尊贵非凡，其神诞为正月初九日，乐安人俗称此日为“天公生”。乡俗对“天公生”的注重，比之庆祝新春有过之而无不及。每年初八晚，乐安圩家家户户点了灯笼挂在门前，多备清香、果品、花烛、斋碗，求天公赐福。也有另一种说法，乐安正月初九的花灯会来源于一个神奇的传说：相传当时有一麦姓男子，多年前已娶妻，却一直未能生育。其妻劝说丈夫娶妾，以继香火，丈夫坚决不允。光绪乙亥年的正月初九，丈夫携妻来乐安圩闲游，在此买了一盏观音送子莲花灯。意想不到的是，回家后的第二年，其妻便诞下一子。此后，这对夫妇每年正月初九都到乐安圩一游，并再买一只莲花灯还愿。一传十，十传百，结婚多年没有生育的妇女，竞相效仿，据说结果都颇灵验，遂使乐安圩声名鹊起。每年春节期间，街边的档口挂满各色灯笼，花团锦簇，渐渐使乐安圩有了“灯地”之称。“正月初九行灯地”的风俗由此传袭下来。每年的这一天，周边四乡民众纷纷涌到乐安观看花灯，真个是热闹非常。有别于元宵花灯，乐安的花灯是观音送子莲花灯一统天下。莲花灯以竹篾、铁线、丝绸、花边、彩穗等为主要原料，配上各种衬色剪纸、图案制作而成，造型美观，富丽堂皇，玲珑纤巧，着色鲜艳，像一朵盛开的莲花。莲花灯貌似简单，但制作都是纯手工的，完成一盏需要近百道工序。而无一例外的是，每一盏莲花灯上总带有两颗慈姑，当地人俗称“生仔灯”。有的花灯还加上纸扎的石榴莲藕，所谓“流连富贵代代传”。

乐安花灯会

南海大沥颜边投灯会 正月初十，南海大沥颜边村举行投灯会。这个民俗活动，据说明初已有，当时谁家添了新丁，在这一天就要到村中的祠堂添上一盏灯，把家族新成员录入族谱。族人竞价投标花灯，价高者获得写满祝福词句的花灯，成为一种荣耀。这种风俗后来还流传到粤西。

顺德灯酒 在每年正月十四至十六期间，顺德各乡村都要举办“灯酒”，全村男女老少和邀请来的客人、亲朋好友等会聚一堂，吃年宵饭，叙旧，相互交流、联络感情。活动中还进行花灯竞价，将写有诸如“身体健康”“年年顺景”“东成西就”“大展宏图”“财源广进”“生意兴隆”等内容的花灯在大家聚餐时进行公开竞价。1990年代后期，成交价多在二三千元以上，最高时可达万元。席间竞价成功者每竞得一千元将获得明年“灯酒”的一围酒席，多竞多获，来年可自主邀请亲朋好友参加。竞价的钱必须在第二年过年前交付。村里用这些钱来组织和举办各种公益活动。

张槎大沙出色 每年农历正月十七日文昌诞，村民在文昌庙抬文昌公出游，白天舞沙龙，晚上舞火龙（用竹扎成龙骨，龙身扎上水浮莲，在莲茎上插上大香点燃后出游），同时举行的还有出秋色活动。秋色巡游队伍有八面大头锣开道、四个大灯笼、八个彩挂屏，接着是仪仗马匹、彩龙表演。传说大沙是南海、佛山“龙”的发源地，村民认为，龙狮不相容，因此不能舞狮。过去大沙出色，除舞龙出秋色外，还一连七晚在村内搭棚演粤剧、烧礼炮，祈求风调雨顺、国泰民安。新中国成立后，大沙出色活动曾停办数十年之久，直到1986年才恢复，但是出游节目就只剩下舞彩龙这一项目，出色民俗已变为“舞龙贺丰年”了。

南海官窑凤山庙会 在每年的正月二十三到二十七日举行。南海官窑镇，因五代十国南汉国在此设办陶窑而得名，古时是为南粤辗转中原的中枢，享有“百粤通衢”的美誉。官窑的地理位置和多元文化的交汇，形成了官窑独特的传统民俗文化。凤山古庙（又名白衣观音庙，当地简称白衣庙），位于南海官窑驿市街尾，前身为白莲观，建于唐代。至宋末元初，元兵南下，烧了白莲观，然后才兴

顺德勒流连杜生菜会

建了凤山古庙。自明中期开始，凤山庙会逐渐形成，其间又分为正月二十六举行的生菜会和正月二十七举行的烧炮会。

生菜会 正月二十六，佛山南海狮山镇官窑举行每年一次盛大的生菜会。这一天，附近大沥镇黄岐北村、顺德容桂等地也有同样的盛会。生菜会是流行于广州、番禺、佛山、南海、顺德一带的民间信仰活动，民间有谚云："正月生菜会，五月龙母诞"。"官窑生菜会"源于明代（据民间传说明代中期），兴于清代，盛于民国，并延续至今。生菜会吃生菜包，取"生财"的好意头。《广州府志》记载："迎春日，啖生菜、春饼，以迎生气。"这些生菜包，是用洗干净的生菜嫩叶包着饭团。饭团由蚬肉、粉丝、酸菜、瑶柱、虾米、韭菜等食材拌好姜葱等调料炒制而成，用巴掌大小的生菜叶包着吃，色香味俱全，鲜美可口。生菜包的材料中，生菜寓生财，粉丝象征长寿，虾米代表富贵，酸菜表示子孙，蚬肉表示显贵发达，韭菜表示长长久久，吃生菜包蕴含着人们希冀人财两旺的美好愿望。生菜会散场后，还要购买"盈盈满筐"的嫩绿生菜带回家，取"引财归家"之意。拜观音求财保平安、祈求生子是古代官窑生菜会的两大主题。官窑生菜会于 2007 年被佛山市定为非遗；2009 年被广东省列入第三批"非遗"；2013 年，"官窑生菜包"获评为"佛山十大名小吃"之一。

烧炮会 正月初八起，佛山、南海、顺德、三水等地的村镇结合各地神诞祭礼、宗庙祈福等活动，按例大烧神炮，名为烧炮会。所燃之炮大如竹筒，腰间系铜圈，炮响圈飞，直冲云霄。故佛山民谚有"佛山放大炮，弹子过雷岗"之说。抢炮者组织精壮队伍，有计划，有指挥，抢夺传接有序，互相呼应，高声吆喝，志在必得，争夺激烈。一般每次连放六炮——头炮、二炮、三炮、闰三炮、四炮、五炮，其中以抢得闰三炮为贵，因此这炮又名"丁财炮"。抢到花炮的村庄把炮圈供奉在祠堂中，以求诸事顺遂、兴旺发达。

西樵评花会 南海西樵山，是岭南名山，也是著名的理学名山。早在明万历三十七年，西樵山就成了"羊城八景"之一，与罗浮山齐名。据《西樵山志》记载，西樵山评花会始于明、盛于清，有600多年历史。明嘉靖年间，西樵山上建有四间书院，登山求学者甚多，经常在山间寻觅名花，以花为题写诗作赋。著名思想家湛若水晚年隐居西樵山从事讲学活动，曾在山上自建四花亭、借芳台，将奇花异草采集起来，收揽种植于亭台楼阁四周，供学生们课后赏花赋花，名曰"评花会"。清代，有学者在翠岩山中筑建百花台，在白云洞里建评花亭，自此西樵评花会成为当地一种儒雅的风俗。从古至今，西樵山里山花品种多、数量多、有特色，因此被称为花山。岭南的初春，西樵山上的梅花、桃花、杜鹃、粉蝶、白鹤、锦莺、桂花、山茶花等 30 多种名花次第盛放，满目姹紫嫣红。每逢评花会举办，文人墨客争相来到评花会现场。评花会还评出花中“状元”（花魁）和十大名花赋，评花活动一直持续到元宵节。传说明代佛山状元伦文叙曾为西樵山评花会写下诗篇：“远携书剑到樵西，一路花香趁马蹄。红日已随头上过，白云刚与帽檐齐。耳边涧水泠泠响，眼下峰峦个个低。我是九霄云外客，隔林花鸟莫惊啼。”晚清著名思想家梁启超因错过评花会满怀遗憾，曾作联“春尽花魂犹恋石，雨余山气欲吞湖”，如今此联仍刻在西樵山的三湖书院门前。此外，西樵山白云洞的评花亭仍有“拥翠评花”的摩崖石刻留存，而翠岩崖壁上也有“几点梅花归笛孔，一湾流水入琴心”的佳句。

塔坡庙会 农历六月六，是佛山镇举行塔坡庙会的日子。佛山俗语有云：“洗过塔坡水，顺风又顺水。”据民国《佛山忠义乡志》记载：“六月初六日，凡列肆于普君墟者，以次率钱演剧，凡一月乃毕。”每逢庙会在普君墟一带做生意的人家，都会集钱筹资，广邀本地戏班合众参演，附近几条街都装饰成了花街，贺诞活动最长的延续整个月，可谓佛山最具传统的民俗节庆活动之一。

普君神诞庙会 农历六月六，还是佛山镇内的普君神诞。普君墟是古佛山镇内一个大墟，位于塔坡街东侧，当地有古语说：“未有佛山，先有塔坡”。明清时期此处是佛山的腹地。据《佛山忠义乡志》记载，普君墟形成于天启七年(1627)，墟期为一、六日，除了摆卖瓜果、猪肉、鱼、杂货和副食品外，以绸布店、布摊为多，还有酒、米、菜籽等店铺。如上所述，普君神诞时间长达一月，天天有大戏上演，端的是热闹非常。

大良鱼灯会 鱼灯会是渔民庆贺年节和丰收、祭祖时的群众娱乐。顺德大良鱼灯会历史悠久，清代中叶至抗日战争前，每年秋季，选秋高气爽之夜或元宵佳节，举行巡游盛会。由民间募捐经费并组织鱼灯主会负责筹办。出赛的鱼灯，款式多样，有红斑、黄花、狮子鲈、鲤鱼、马鲛等。鱼灯长三至五米，用竹篾扎成鱼灯骨架，用紫花菜胶均匀地扑到网格疏松的银纱上，晾干后成为纤薄透明的鱼灯纱，按不同的鱼形裁开，扪在鱼灯骨架上，描鳞着色后，画上鱼眼，安装灯光设置，系支架，扎吊钩。一个鱼灯重10余斤，游行时，由20余位精壮男子，手举鱼灯，列队巡游，表现渔民不畏强暴、团结抗争、追求幸福生活的精神风貌。

大良鱼灯会，惯例在大良镇北门罗氏大宗祠或花基龙家祠前集合出发，三声炮响，鼓乐齐鸣，队伍由彩旗队开路，接着是鼓乐队，还有八音队和十番飞钹。乐师们各显神通，有将二胡、三弦放在头顶上拉的，有放于肩后弹拨的。一队武士打扮的壮汉，挑着玲珑标致的木花篮桶，桶上有小铃铛“桑朗”作响。接着是飘色板、锣鼓柜，随后便是长长的鱼灯队。栩栩如生、斑斓夺目的鱼灯翩翩而来，飘然而去，光彩闪耀，相映争辉。压轴的是醒狮队。每举办鱼灯盛会、顺德大良镇及周边镇乡群众赶来赴会，夹道翘首，争相观看。多姿多彩的大良鱼灯会，寄托着人们对鱼肥蚕丰的美好期望。

大良鱼灯会兴盛了100多年，终因日军侵略而衰落，至新中国成立前已停止举办。改革开放后，杏坛镇的鱼灯舞队又活跃在大良和乡镇街头。

三水西南耕牛会 据史料记载，嘉靖五年（1526），西南形成集镇，在西南街武庙东边河滩（现西南水闸附近）设有供四乡农民买卖耕牛的牛圩，至今已有近500年历史，当地人称为"耕牛会"。三水西南镇地处三江汇流之处，自然资源丰富，曾是珠三角的鱼米之乡。明清时期，是西江航道主要埠头，船只商贸发达，河滩成为大型牛只交易市集。每天晚上11时半到次日早上7时半是活牛进入圩场时间，活牛在圩市交易后，早上10时至中午1时被卖家牵走或进入待宰栏。西南的牛圩，每月开圩一到二次。每逢圩日，四乡买卖牛只的商贩和农民络绎不绝，整个圩市热闹非常，一直到下午才陆续散去。在上个世纪90年代，西南牛市还存在，只是规模逐渐缩小，到现在已经基本消失。

三水耕牛会

三、明清时期佛山的神诞风俗

（一）传统神诞

神诞是指各种神灵的诞辰，传统的神诞是佛山人普遍认同的神、佛、仙的生日"派对"，大致又可以分为道教的神诞和佛教的神诞两种。

1. 道教的神诞

车公诞 农历正月初二，是车公诞。车公又称车大元帅，是岭南民间信仰中的一个神祇。相传车公为南宋末年时的一名勇将，籍贯江西南昌五福，因勘平江南之乱有功，被封为大元帅。车公诞每年有四个，分别为正月初二、三月二十七日、六月初六、八月十六，以正月的头诞最为热闹。车公诞这一天也有小型的庙会，人们多到庙中上香、转风车、打鼓，以祈求转运。

财神诞 农历正月初五日及七月二十二，是中国传统的财神诞，但也有个别地方是在正月二十二、三月十五、九月十七过财神诞。古代民间有两个财神，一个是文财神，另一个是武财神。文财神掌管财帛，吸纳好运。武财神镇宅守户，守住财富。这两个财神诞都是民间约定俗成的，并非具体指某个人物的诞辰。广府地区信奉武财神较多，以赵公明和关羽为主。佛山人把关公作为财神，据说因为关公面红，商家以“红”为“红利”的好意头，加上关公的性格是义薄云天、讲求忠义，是古代忠、勇、信、义的理想人格化身，而信与义正是商贾生意买卖必尊之道。此外，广府人还把观音当作万能的财神，认为她大慈大悲，能救苦救难、解人困厄，所以民间有“观音开库”的风俗。

玉皇诞 正月初九日，传说为玉皇大帝的诞辰。道教称天界最高主宰之神为玉皇大帝，犹如人间的皇帝。玉帝权衡三界，统御六合，主掌八荒四海，可谓神中之神，亦称为天公、玉皇上帝。拜玉皇的仪式自初九凌晨开始，一直到天亮为止。在这一天前夕，全家人斋戒沐浴。家家户户在正厅前面，放置八仙桌，搭起祭坛，供桌上备神灯、五果（柑、橘、苹果、香蕉、甘蔗）、六斋（金针、木耳、香菇、菜心、豌豆、豆腐等），并面线塔，另设清茶三杯，还有甜粿、社龟，到了时辰，全家整肃衣冠，按尊卑挨次上香，行三跪九叩礼，望空叩拜，然后烧天公金，祈求福寿两全。

天官赐福牌位

天官诞 正月十五是道家的天官诞。天官就是传说中道教的紫微大帝。道教的神仙体系中，三官大帝排在“三清四御五老”之后。道教认为紫薇大帝掌握着为天下万民赐福的权力，正所谓“天官赐福”，因此人们对天官圣诞日的祭祀活动尤为重视。古代许多民宅的天井墙壁上都有“天官赐福”的牌位，这一天的祭祀仪式一般在小院子或在有天井的望天院落进行。

土地诞 农历二月初二是土地诞，祭祀土地公，也有的地方是以正月初十为土神诞、正月十九为门官土地诞。明清时期的佛山镇，一般每个村落都建有土地庙、社稷坛，供奉“社公”，清人张渠记载道：“各乡俱有社坛，盖村民祈赛之所。族大者自为社，或一村共之。其制砖砌石，方可数尺。高供奉一石，朝夕追虔。亦有靠树为坛者。”佛山祭社多在元宵节，也有在农历二月初二土地诞的，而广州的旧俗是以农历三月二十九为土地诞，由宗族举行祭祀活动，名为“社火”，其时各村敲锣打鼓、歌舞唱戏、尽情欢乐，以祈求当年风调雨顺、粮食丰收。现在佛山还遗留着麒麟社的古街名，就是昔日祭社民风的见证。除了里社的社神要祭拜，自家的土地公也要祭祀。

文昌诞 农历二月初三是道教文昌诞。古代天文学认为，文昌星为北斗星前六星，民间又名文曲星。明代以来，随着科举制度的规模化和制度化，对文昌帝君的奉祀也逐渐普遍，文昌成为莘莘学子的守护神，受到广大读书人的崇奉。清代，佛山的文昌庙建在明心铺，在栅下海口建有文昌阁，在协天胜里建有桂香宫，奉祀的都是文昌帝君。附近四乡大都建有文昌塔，南庄罗格孔家村的文昌塔和文昌诞尤为出名。每逢农历二月初三文昌诞，佛山的读书人到文昌庙，供奉鲜花、水果、点心等供品，祈求科考顺利、仕途高升。家中儿童如果调皮捣蛋，不好读书，大人便选用“葱”（象征聪明）、“芹菜”（代表勤奋好学）、“肉粽”（代表高中状元），来到文昌帝君像前祈愿小孩好学上进。

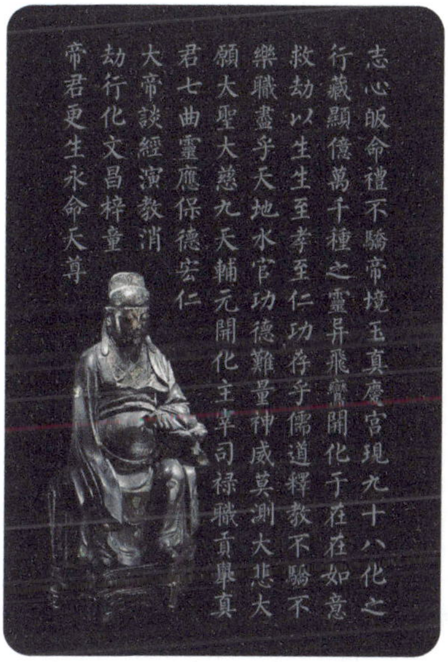

文昌帝君像

洪圣诞 每年农历二月十三，是广府地区流行的洪圣诞。“洪圣诞”即洪圣大王的诞辰。洪圣大王本名洪熙，是唐代的广州刺史，廉洁爱民，精通天文地理，曾经设立天文气象观测所，使出海的渔民和商人受益。死后受到敬仰和供奉，唐朝天宝年间封为“广利王”，宋加封“洪圣”“威显”，元朝诏尊为“广利灵孚王”，清雍正再封为“南海昭明龙王之神”，民间则称为“广利洪圣大王”。洪圣诞已有700多年的历史。明清时期佛山地区民间对南海神的崇拜和祭祀十分隆盛，建有大量的南海神祠和洪圣王庙。咸丰《顺德县志》记载顺德有南海神庙14座，实际数量会更多。有“小波罗诞”之称的“洪圣诞”庙会，往往是全村出动，热闹非常，

三水芦苞镇独树岗村洪圣古庙

喜庆场面胜似过年。在佛山民间，比较有名的洪圣诞庙会要数三水芦苞镇独树岗村的洪圣庙。此庙始建于万历四十五年(1617)，距今已有400多年历史。庙宇建筑古朴，庄严肃穆。该村每年都在洪圣庙举行包括洪圣像巡游等活动在内的洪圣诞会。

佛山高明更楼镇平塘村每年也有洪圣诞民俗活动。全村分六个坊，轮流做“东”。二月初一开始活动，请戏班演戏，先选出一个10—14岁的童子作为“杠童”。杠童沐浴更衣，穿上戏服，站在杠中间，手执红绸，到十三日由两个新结婚的男青年抬着走。环村走两次后，即到送大王菩萨回庙时刻。六个坊分别舞狮子、吹八音、打锣鼓、举大旗，汇成二千人的队伍，到村前三岔路口，六狮会合，送菩萨回庙。随后，又在村中草坪举行抢炮活动，直到晚上大戏唱罢，庆典活动才算结束。每年农历二月十三日，该村家家做“角子”，吃“角子”。这种角子是用米粉做成的饺子，有软有脆，有甜有咸，品种多样。

佛山南海狮山镇万石村的洪圣诞庙会也很隆重，其中“辘木马”的民俗被评为南海区第五批非物质文化遗产。据说万石村先民从南海官窑镇迁移到狮山时，曾用骑木马的方式把洪圣庙的洪圣神像搬迁过来。中午时分，巡游正式开始，由若干位“仔头”为身骑白马的洪圣公辘木马。所谓“仔头”，指的是在去年农历二月十三至今年洪圣公诞辰前家中添男丁的万姓村民。从接神、采青、更衣、上马、巡游到最后洪圣公回庙，全都由仔头操办。游行队伍由十三声铜锣开路，罗伞列队跟随，醒狮紧随其后。洪圣公身骑白马，行至巷口，各家各户设供品香烛迎接洪圣公。醒狮紧随洪圣公后面助兴，巡游队伍所到之处，锣鼓喧天，非常热闹。村民从醒狮口中接过生菜后，点燃炮仗，并将供品带回家，寓意“引财归家”。从农历二月十一开始，连续三天在村中唱大戏，并把洪圣公神像和木马摆放在北向南坐的戏台上，以示敬奉。

北帝诞 每年的农历三月初三为佛山祖庙北帝神诞，不仅要建醮贺诞，还举办各种祀神庆典活动。北帝诞的活动内容分为两部分：一是北帝诞庆典期间的，包括设醮肃拜、北帝巡游、演戏酬神和烧大爆等；二是与北帝诞相关的祭祀活动，如正月初一至十五及其他月初一、十五的行祖庙，正月初六至三月三十的北帝坐祠堂，二月十五、八月十五的春秋谕祭，九月初九的北帝崇升等。祭祀仪式规模宏大，“举镇数十万人，竞为醮会”。

天后神诞 农历三月二十三，是道教的天后诞，也称“妈祖诞”。天后也称天妃，传说是司水的神灵，专管水上商旅行舟的安全，在福建、广东沿海地区有很许多信众。明朝时期的佛山，河网密布，一派水乡泽国，民众离不开舟楫渡河，对天后十分崇拜。佛山镇的天后庙，以始建于明崇祯元年（1628）的栅下天后庙最为有名，李待问在《栅下天妃庙记》中记述道：“（天妃庙）左右两庑，翼肴岿然，中堂广深，设神像俎豆其间，后建公馆堂寝，为乡人及众商谯集之所。”可见天后庙成为商贾、士绅娱乐聚会之所在。在天后诞这一天，多举行盛大的庙会活动，有时一连数天演出大戏来酬神。

吕祖诞 农历四月十四是道家的吕祖诞。据史载，吕洞宾是唐末五代时的道士，姓吕，号纯阳，全真道奉其为五祖之一，故称为“吕祖”。吕洞宾在民间八仙中是传说最多、最著名的一位，同时也是在民间影响最大、被普遍尊奉的神明之一。在其诞日，许多地方要举办吕祖庙会。佛山镇内栅下铺三元里建有吕仙庙，每逢吕祖诞，举行小型的道教活动和商贸集市。

此外，自明初以来，南海西樵镇每年都在这一天举行大仙诞民俗活动，距今已有600多年的历史。吕祖巡游是每年西樵山大仙诞的必备活动，信众们把西樵山云泉仙馆大殿内的吕祖金像恭迎出殿，在四乡巡游。相传农历四月十四日，吕洞宾来到罗浮山与西樵山的上空，左足踏上罗浮山，右足踏在西樵山，在西樵山留下脚印。从此每到吕洞宾诞辰，西樵人都上西樵山参拜，以求风调雨顺、丰衣足食、老少平安。西樵山自古文风鼎盛，是日不少文友墨客也借机雅集相聚，舞文弄墨，吟诗作对，寻幽探胜，赏花观瀑。山上文人雅士相聚谈古论今，山下商贾设市摆卖，喧嚣熙攘，经过几百年的发展，大仙诞就渐渐就演变成了诞前三日诞后三日的盛况。如今，“西樵大仙诞庙会”已经被列入佛山市非物质文化遗产保护名录和广东省非物质文化遗产保护名录。

金花诞 农历四月十七是金花诞。金花娘娘，又称金花夫人、金花圣母、送子娘娘等，是广府地区信奉的生育女神。佛山民间俗语有“行船驶舵拜娘嫲，生男捡女拜金花”之说。据《粤小记》，金花是生长在广州城里的一名少女，因为少有异秉，被奉为巫女，溺水死后化身为神，时人建庙祀之。明成化年初，广东巡抚陈濂扩庙加封，嘉靖年间广东提学魏校清除淫祀，金花信仰一度被禁。但由于民间需求旺盛，金花信仰显示出强大的生命力，明清时期仅佛山一镇就建有四座金花庙，平日香火不断。金花诞日更是热闹异常，四乡信众到庙中祭拜。从清晨开始，各乡狮子队接踵而来，争先恐后涌入庙中，善男信女，轮流跪拜。庙堂中挂个大灯笼，四周悬挂红白两色彩带或花朵，供求子者采摘。求男摘白花，求女摘红花。人们一边参拜，一边祈祷，口中念叨：“祈子金花，多得白花，三年两朵，离离成果。”群众在金花庙前开坛打醮，演戏酬神，还有八音歌台、画舫船歌。庙前陈列盆景、书画、古董等，更有来自四面八方的养鸟爱好者带着漂亮的笼子、出色的鸟雀到此斗唱，还有灯饰展示，名曰“唱灯花”。妇女组织“金花会”，集资庆祝，到期备办祭品，请戏班，唱八音，非常热闹。

药王诞 每年农历四月二十八日是药王诞，药王指唐代医学家孙思邈。至明后期，佛山的中成药业，成为佛山镇四大行业之一，所制之中成药远销各地乃至海外，颇负盛名。每逢诞期，制药行业的工人到药王庙上香拜祭，还有大戏演出等民俗活动。

龙母诞 每年农历五月初八是龙母诞日。大沥黄岐龙母庙最初建于道光二十八年（1848），据说源自德庆悦城龙母庙。现在的龙母庙仍用旧庙的“龙母古庙”石匾刻载。龙母崇拜是广府水乡地区民间重要的习俗。传说明朝末年，西江发大洪水，整个黄岐成为一片泽国，有一木刻龙母像随着洪水漂浮而来，到黄岐就不再漂移。当地的百姓认为黄岐与龙母有缘，并相信能够得到龙母的庇佑，于是就把龙母像抬上黄岐河岸边，建庙供奉，并于每年农历五月初八举行祭拜活动，久而久之渐渐形成“龙母崇拜”的习俗。“五龙祭母”庙会，是当地端午节期间重要的民俗活动，辐射面遍及广佛等周边地区、港澳地区。贺诞活动内容有朝拜龙母、贺诞典礼、锦龙盛会（龙船会景）、醒狮采青、演大戏（粤剧）等。

顺德杏坛的龙潭龙母诞也非常有特色。每年农历五月初一至初九，在杏坛镇龙潭村龙母庙，举行盛大的龙母诞民俗活动。相传宋代咸淳元年(1265)龙潭村已建成龙母庙，明嘉靖年间、乾隆四十四年（1779）、道光五年（1825）、光绪二十四年（1898）重修。龙潭龙母诞民俗活动主要包括信众祈福、龙船朝拜、彩龙竞渡三部分。拜祭龙母，拆卸安装龙头龙尾、龙牌、姓氏旗，制作与安放神楼，锣鼓唢呐粤韵助兴，龙母帅印、龙船符、龙船水、龙船饭等仪式、器物，蕴含着丰富深厚的民俗学信息，是我们研究明清时期佛山乡村民间信仰崇拜和民间习俗生态演变的活化石。

关帝诞 广府一带多以农历五月十三为关帝诞，这与北方以农历六月二十四日为关帝诞的风俗不同。其实每年五月十三至十月，共有三天是关公的纪念日，即五月十三“磨刀日”、六月二十四诞辰日、十月遇害之日（也称成神日）。广府地区以五月十三为关公诞，更多是与节气有关。民谚有“大旱不过五月十三”“五月十三雨，关公磨刀水”的说法。

清末民初的水上关帝庙

关羽一生忠义勇武，坚贞不二，为佛、道、儒三门崇信。有“武王”“武圣人”“关圣帝君”之尊，被世人附会成具有治病除灾、驱邪避恶等“全能”法力。关公文化体现了忠诚、信义、仁智、勇武的精神，这四种精神蕴涵着中国文化的伦理、道德和理想。关羽被神格化后，道教封为“关圣帝君”，信徒颇众，全国各地关帝庙数以千计。明清时期佛山镇内的关帝庙就有十多间，分别在祖庙铺协天胜里、东头铺、锦澜铺忠义里、仙涌铺仙涌上街、社亭铺朝市街、岳庙铺永丰大街、汾水铺永兴街、汾水铺正埠对海、高地下巷、鹰沙尾海尾及福德铺高地里等处。最有名气的是位于汾江与佛山水道交汇口岸边的水上关帝庙，建于顺治八年，是国内少有的水上关公庙宇，被誉为汾江河畔商贾、船家的保护神。庙前即文昌沙船埠，水面过去还有沙岸，被称为黑马沙岸，对岸不远处就是著名的琼花会馆和正埠码头牌坊。清代许多沿河居住的居民和在汾江河中生活的疍民到此祭祀。每逢关帝诞，更是人山人海、烟火鼎盛。

除了佛山一镇外，关帝信仰在四乡都深入民心。每年农历九月初四至十二日，顺德均安镇的信众举办盛大的关帝诞民俗活动。传说均安镇境一带的关帝信仰源自宋代。明洪武年间，同祀关公与侯王神銮的帝王古庙建成。咸丰元年（1851），附近五村扩建帝王古庙，故庙宇俗称“五股庙”。扩建后，农历五月十三日至二十一日的庙会期，村民抬关帝、侯王神銮在江尾洲十三乡巡游。后将赛会改为农历九月初四至十二日举行。关帝出游盛会内容主要有迎关帝（起宫）、侯王神銮，巡游原江尾洲十三乡（现均安镇镇境，昔日横跨顺德的江尾堡、鼎新堡、福岸堡、云步堡、白藤堡等五堡）、接受村民祭拜（座宫）、回宫等。巡游所到之处，村民设香烛以祀。巡游队伍以神像銮舆为中心，以八音锣鼓伴奏，有彩旗队伍、大罗伞队、兵勇队、鼓乐喧天，隆重而热闹。均安关帝出游覆盖区域广，参与民众人数众多，持续时间长达九天。

鬼节 农历七月十五日是“中元”，俗称“七月半”，民间称为“鬼节”。这一天，在道教是“地官诞辰”，在佛家是“盂兰盆会”。当日，俗、僧、道各路人物纷纷出动，把“鬼月”的祭祀活动推到高潮。

魁星诞 农历七月初七，又是民间的“魁星诞”。“奎星”是古代天文学里二十八宿之一，后世附会为神，建奎星阁并塑神像以崇祀之，视为主管文章兴衰之神，科举考试则奉为主中式之神，并改“奎星”为“魁星”。宋代张元干有“绿发照魁星，平康争看。锦绣肝肠五千卷”。民间历来认为魁星主文事，是天上的文曲星下凡，读书人普遍崇拜魁星，其热度仅次于孔子。

魁星点斗图

孔子诞 农历八月二十七日是孔子的诞辰，孔子是春秋时期的著名教育家、儒家学派创始人，被尊为“至圣先师”。古时候的祭孔活动以春秋两次大祭为主，尤以秋祭为重。明清时候，岭南文风鼎盛，祭孔活动十分热闹，一般在当地的文庙或孔庙举行祭孔典礼。佛山孔庙坐落在祖庙旁边，为占地面积 2000 平方米的古建筑群，包括孔圣殿、治事室、海日楼、小亭、荷池花园等建筑。祭典一直沿用古老的祭祀规仪，祭器祭品也尊古复古。佛山禅城区南庄镇（原属南海）罗格孔家村孔氏相传是孔子岭南一脉的后裔，村中建有天南圣裔祠，每年举办孔子诞祭祀活动。而南海西樵镇的松塘古村自古文风鼎盛，人才辈出，在明清两代考取进士者五人，行伍出身而晋身府台者一人，考中举人及获颁优贡者近二十人。其中，区玉麟、区谔良、区大典、区大原四人入职翰林院，故松塘村有“翰林村”之美誉。每逢孔子诞辰，该村都要举行拜孔圣庙、步青云路、登翰林门、行月池运、领翰林利是、品翰林宴等一系列民俗活动。翰林宴作为一种特色宴席，更是让人津津乐道，菜式有“魁首扬名”（八珍甜醋扒猪面）、“及第花红”（面筋红萝卜干）、“青出于蓝”（精选菜花干）、“春华秋实”（岭南佳果）、“笑口常开”（笑口枣）等 10 个传统菜式，可谓意头十足、寓意吉祥、丰富至极。

华光诞 农历九月二十八日是道教的华光诞。华光是道教的火神元帅，也是粤剧艺人供奉的祖师爷。拜华光、吃盘菜、看大戏（粤剧）是庙会的必备节目。据地方志记载，明清时期的佛山镇建有华光庙，“是月，各坊建火清醮，以答神贶，务极奢侈，互相夸尚……召巫作法事，凡三四昼夜……集伶人百余，分作十队，与拈香捧物者相间而行，璀璨夺目，弦管纷喧。”[①] 可见华光诞活动时间之长，规模之大，耗费之多。另外，在季华乡深村堡、石湾、南海大沥盐步等地也建有华光庙，以盐步的规模较大、时间较早。相传盐步华光庙建于宣德五年（1430），距今近 600 年。在每年的庙会中，村民举办神功戏来“酬神”，并从庙里请出华光的雕像巡游，一路人声鼎沸、鼓乐喧天，热闹非凡，而且大戏（粤剧）一连演出三天。

① 民国《佛山忠义乡志》卷十《风土志一》。

顺德勒流裕源村华帝殿

除了以上大型的神诞活动外，明清时期佛山的神诞还有正月十三的温、许真人诞，二月十三的南海龙王诞，二月二十七的东岳大帝诞，三月初七的何仙姑诞，三月二十八的东岳诞，五月二十八的城隍诞，六月十二的彭祖诞，七月初一的太上老君诞，七月十八的王母娘娘诞，八月十六的大圣诞，九月十三的孟婆神诞等。其余的像花王、国公、太尉、太上老君、地母、将军、先锋、玄坛、西王母、舍人、门官等神祇，都有各自的诞期。

2. 佛教的神诞

浴佛节 农历四月初八，是佛教的浴佛节，这是佛教徒纪念释迦牟尼佛诞辰的重要节日，亦名佛诞节。这一天，佛教徒们礼佛贺诞，饮莲子百合汤，是为“甜佛汤”，民间则蒸芫茜饼而食。

盂兰会 农历七月十五的中元节，是古人祭祀祖先的日子，也是佛教徒追荐祖先的祭日，称“盂兰盆会”或“盂兰盆斋”。盂兰盆与民间传说的目连救母有关：佛陀弟子目连，其母生前悍恶，死后入阴曹地府，目连“见其母落饿鬼道，以钵盛饭飨之，入口即成灰炭。目连向佛求救。佛于七月十五日设兰盆大会，焰口咒食，其母乃得脱饿鬼之苦”。中元节演戏酬神，固定要出演《目连救母》。有的地方到晚上还有到河边放“水灯”的习俗。

观音开库庙会 正月二十六是观音开库日。相传这天观音大开“宝库”分借给众人。据《龙江千年回眸》一书记载，顺德龙江山的紫云阁始建于汉、晋年间，为顺德最早寺院之一。到唐代以后供奉观音菩萨。到明清两代，经过不断扩建，形成了儒、释、道三教于一寺的格局，与大良宝林寺并称顺德两大瑰宝。每年的正月二十六，紫云阁举办盛大的庙会，四乡信众络绎不绝，热闹非凡。紫云阁也是珠三角地区最大的“观音开库”圣地。善信们在这一天到观音庙前上香祈愿。除了紫云阁的观音庙会外，比较大型的还有顺德龙山金紫山的观音阁庙会、顺德容桂的观音会和南国桃园的观音庙会等。2013 年，顺德的观音信俗入选第五批省级非物质文化遗产名录。

观音诞 观音诞一年里共有三个，分别是农历二月十九、六月十九、九月十九。其中，二月十九是观音出生日，六月十九为观音成道日，九月十九为观音出家日，统称“观音香会”。据民国《佛山忠义乡志》记载：“十九日，绅士集南泉庙，祀观音大士。”明清时期佛山的观音信仰十分普遍，仅佛山一镇就有大小观音庙十四间，分布在祖庙灵应祠右侧、山紫铺涌边、锦澜铺宝贤祠前、社亭铺竹栏、汾水铺善门街、观音堂铺三官街涌边、沙塘大街、桥亭铺水边、山紫铺田边、通济桥边、岳庙铺道姑园、耆老铺、锦澜铺铸钻街及富民铺新涌口等地。在观音诞这一天，观音道场更是热闹非凡，香火鼎盛，人们纷纷向观音祷告祈愿。

每年农历六月十九，南海平地村举行盛大的观音诞庙会。据《平地黄氏族谱》记载，平地的观音庙早在乾隆之前就已经存在。同治十三年（1874）闰六月，平地村开始首次观音诞庙会。此后按照三年一小庆、五年一大庆的规模举办庙会，其时还会举行打醮、出飘色、观音神像出游、抢花炮、烧烟花、做大戏等活动，所到之处万人空巷，附近几十个村庄都热闹非凡。南海松岗牛牯岗观音寺、顺德龙江紫云阁、顺德容奇观音堂、顺德连杜村水月宫等地的观音庙也举办类似的庙会。

此外，佛教的神诞还有正月初一日的弥勒佛诞，正月初六日的定光佛诞，二月初八日的释迦牟尼佛出家日，二月十五日的释迦牟尼佛涅槃，二月二十一日的普贤菩萨诞，三月十六日的准提菩萨诞，四月初四日的文殊菩萨诞，四月十五日的佛吉祥日，五月十三日的伽蓝菩萨诞，六月初三日的护法韦驮尊天菩萨诞，七月十三日的大势至菩萨诞，七月二十四日的龙树菩萨诞，七月三十日的地藏菩萨诞，八月二十二日的燃灯佛诞，九月三十日的药师佛诞，十月初五日的达摩祖师诞，十一月十七日的阿弥陀佛诞，腊月初八日的释迦如来成道日，腊月二十九日的华严菩萨诞……多得不可枚举。

（二）非主流神诞

非主流神诞是指不被官方和民间广泛认同的神灵的祭祀活动。一般是些地方性的神灵，如八仙、黄大仙等；也有邪神，如五通神。

蚕花娘娘诞 腊月十二是蚕花娘娘诞。蚕花娘娘也称蚕花奶奶、蚕花姑娘，又称为“马头娘”“马头神”。此风俗是从江南地区传至岭南的，明清时期佛山地区普遍推行桑基鱼塘养殖，乡人多养蚕缫丝，在九江、龙江等地多建有神庙供奉蚕花娘娘。

石湾婆娘诞 农历四月十七日，是石湾婆娘诞。民间传说，石湾的妇女结婚生育后，即供奉婆娘神，神位设在夫妻卧室的床头下，一般在床底的墙上贴一片红纸就算是婆娘神位了，也有以陶土塑制一女坐像的。每逢重大节日，烧香以奉，以祈妇幼安康，也含有祈求多生育、小孩好带养之意。在婆娘诞的早晨，当外婆的带上猪肉、生果、包点等到出嫁的女儿家，探望女儿和外孙。女儿接到母亲送来的供品后，摆放婆娘神位前，烧香礼拜，然后以礼（红包）答谢母亲。也有请母亲留下共进午餐的。送走母亲后，就把母亲送来又供奉过婆娘神的生果、包点等分派给自家的小孩、亲戚朋友和邻居的小孩。

番村禾花诞 每年农历四月二十三日，是番村的禾花诞。番村禾花庙位于澜石，始建于清代，重修于道光二十年（1840），供奉禾花娘娘三姐妹，门口石刻对联“瘠土稼登同沃土，公田雨足及私田”，反映了村民崇尚自然、敬畏鬼神的原始信仰和对丰收的渴望。相传，禾花娘娘姐妹三人勤劳美丽，为村民保丰年、解械斗，做了不少好事，因此成了村民们虔诚信奉的偶像，为感谢禾花娘娘的庇佑及祈求保护，就有了一年一度的禾花诞。禾花诞当天，村里延请法师开坛念经做法事，菩萨出巡，村民舞狮庆贺。村中族人相聚一起，家家共进斋饭，祈求禾花娘娘庇佑。

五通神诞 农历五月初五，是民间传说的五通神诞，或称五路财神诞。在宋代，五通神是重要的财神，宋代郭彖所著《睽车志》记载：“郡人素传有五通神，依后土祠为祟”。广府民间有祭祀五通神的习惯，但此神祇向来被官府列为邪神，为官方所禁。

此外，水上居民也有自己独特的神诞习俗。水上居民，旧称疍民，据《广东通志》记载，疍民是当年越人抵抗秦人入粤统治时不甘被奴役的南越土著遗民，他们终生漂泊于水上，以船为家，是一个相对独立的族群。长期的水上生活，风险极大，他们多信天后娘娘、洪圣帝君，对龙母诞、天后诞、北帝诞、水神诞、观音诞、玄坛诞尤为重视，因为这些神灵都是掌管水的。农历三月十五为玄坛诞，男子买三牲拜神，妇女则多买烧肉，晚上举行抢炮活动。抢毕，将花炮内的禾草烧起来，火光熊熊，大家便在火光中“跳火堆”。跳时自由发挥，各显身手，火熄后，将三牲祭品抬回艇中，饮至天明。农历七月十四是烧衣节。这一天，水上居民很热闹，没有一只艇不在艇头烧衣的。元宝烧着后，便放在水面，一任漂流，爆竹声通宵不绝。农历七月七日是七姐诞，妇女们将艇饰置一新，艇头供香案，案上陈列生果等。各艇斗艳争奇，三更便烧纸元宝。船上姐妹由长及幼，在艇头向天跪拜。拜毕，大开夜宴，多为鸡鸭之类，必备一碗斋，且一定要吃完。通宵达旦，黎明方散。农历七月二十日是水陆烧幽日。这一天水上人家有烧幽之举，其意一是超度被水浸死的亡魂，其二是祈求水陆平安。晚上六时许，由二船一艇从河的上游驶至下游，往返多次，沿河烧元宝衣纸，投之河面。在上下般较多及溺死人之处，就停下来由巫师超度并烧纸钱。第一只艇专事烧衣和烧元宝，后随第二只船专事敲打锣鼓、吹号角，第三只船专供巫师做法事（船头挂一黑面将，传说专捉鬼）。是晚锣鼓喧天，通宵不绝，直至天亮。水上人家大多相信，举行法事后，便没有沉溺之事了。

明清时期佛山附近的南海、顺德诸县，在民间都是多神信仰的，民众们为了求得庇佑，频频建庙祀奉。光是顺德勒流镇的黄连乡，就有金顺嗾庙、二帅府庙、洪圣庙、华光庙、关帝庙、土地庙等十数间之多。佛山镇内的庙宇更是多如牛毛，各种神祇和平相处，民众们你信你的，我信我的，各不相扰。明清时期佛山的非主流神诞还包括各个行业的祖师。据统计，明清时期佛山手工行业中的行业神和祖师多达 50 多尊，《广东新语》就记载有 24 个佛山工商行业神祇。这些行业神大多非佛山本土乡民所造，或是自中原传播而来，或是根据各自行业的特点和传说，对某个现实中存在过的人物进行神格化。如铸冶业的尉迟恭，制陶业、凿石业的石工太尉，木工业和搭棚业的鲁班，药材业的药王，裁缝业和顾绣业的黄帝，酿酒业的杜康，占卜业的鬼谷子，饮食业的易牙，蚕丝业的螺祖，当押业的陶朱公……端的是多如牛毛，不可一一列举。

四、明清时期佛山的庙会与神诞风俗对广府地区的影响

1. 先民对未知神秘力量的崇拜

上古的岭南，是一个尚鬼信巫的地区，古人对神灵的敬畏来自于对未知力量的恐惧。在古人看来，风雨雷电、奇异天象、未知事物等都与人们的命运息息相关，甚至与整个部落和国家的命运相关。先民用各种祭拜和祈祷仪式来讨好神灵，以求得神灵的保佑，以躲避灾祸。尤其是对生活中一些难以掌控的、吉凶未卜的事件，人们总是希望借助神灵的力量去解决问题。古代岭南先民，以万物有灵论为基础，把羊、狗、龙、蛇、鳄、虫、鸟等自然物当作本族保护神或标志物加以崇拜，这实际上是自然崇拜和祖先崇拜的结合。风俗与民间信仰向来是宗教与民俗文化的重要组成部分。明清广府地区民间信仰的源头是多元化的，有由岭南百越先民原始宗教演化而出，有北方移民带入的神灵崇拜，有本地土生土长的神祇，也有受官方祀典影响而大行其道的。民众对大自然未知神秘力量的敬畏，是信仰崇拜的根源，趋利避害、为己

祈福是神诞风俗得以世代流传的动力，对神佛鬼怪的崇拜成了世俗性的普遍现象，这对广府人价值观的形成起到重要的影响。

2. 对传统节庆和庙会的重视是广府地区对中华文明和中原文化的一脉相承

古代大量中原地区的移民给南粤地区带来了中原的文化和民俗传统，中原文化逐步成为岭南地区的主流文化，岭南地区的民风习俗也多与中原地区一脉相承。古代岭南民间信仰的发展轨迹，大致经历了一个从巫鬼崇拜到神仙崇拜，由单一本地神祇到四方神灵兼收并蓄、多神崇拜的发展过程。儒、释、道三教的不断斗争和融合是中原文化的显著特征，但仍然以儒家文化为主体。道教是中国本土的宗教，神仙传说是道教的思想基础，神仙信仰是道教的信仰核心。道教诸神庞杂，也是崇尚多神崇拜的。广府地区流传的传统节庆和神诞、庙会等民俗活动，多与道教信仰有关。明清时期，佛山地区神灵不断增多，官祀与民祀同步进行，信仰更加趋于功利，逐渐发展到满天神佛的地步。仅清朝一代，在佛山镇七八平方公里的土地上就建有各种神庙134座[①]，佛山周边南海、顺德、三水等地建有祠堂近400座，“佛山地广稠，神庙之多，甲于他乡。”[②]难怪屈大均说广府人“民未知义，以淫祀为之依归”[③]了。

3. 对神诞的热衷是广府地区百姓趋利避凶心理的直接反映

在信仰上，岭南人上自天神，下至百鬼，无不祭祀；对神诞、庙会更是不遗余力地参与和推动。这与古时候岭南地区气候多变、瘴气弥漫，生产力落后、交通不发达不无关系。广府地区以农耕渔猎为主导的生产、生活方式也决定了广府人的体质和性格，并进一步决定广府人的思维方式、行为方式、文化趋向乃至价值观念，诸如冒险、务实、中庸、尚古、重利、信仰鬼神等等。这对广府人的性格养成和价值观形成有着深厚的文化意义。这种文化特征具有极大的包容性和开放性，显著的开拓性和创新性，典型的趋利性和地方性，特别是对趋利避害的强烈期望。这种心理和民俗文化特征，充分体现出岭南先民对待生活的基本态度，也反映了岭南先民的思维方式和价值取向。

---

① 见《佛山市宗教志》。

② 《南海佛山霍氏族谱》。

③ 《广东新语 · 神语》。

4. 庙会和神诞的举行，体现了广府地区慈善济世、积德厚仁的民风

人们在节庆、庙会和神诞民俗的集体活动中身体力行，主动参与、积极融入，有利于提升族群认同感、信仰认同感和审美认同感，对提升人与人之间的友谊，实现人与人、族群与族群之间的和谐也有益处。庙会、神诞等集体活动中，需要彼此信任、互相合作，才能够集合众人的力量完成。也只有实现人与人之间的和谐，才能实现社会的和谐与发展。明清时期的佛山，手工业发展迅猛，工商业经济和国内外贸易的发展打破了佛山地区长期以来的小农经济思想，随着对外经济活动的增加，商业经验和资本的积累，佛山民众的眼界、视野和综合素质有了质的飞跃，生产生活方式都发生了根本性的变革，城乡从单一的农耕渔向耕读传家、读书出仕的方式转变，人与人之间、族群与族群之间的关系更加密切，关联度也更大。这个时期，随着周边地区大量手工业劳动人口涌入佛山镇，佛山成为比广州还要热闹的地方，成就了佛山跻身“天下四大聚”和“四大名镇”的美誉。在区域经济不断发展的同时，教育质量和教育水平也得到空前的提升，在广府士大夫集团的推动下，儒家的道德建设成为岭南地区宗族建设的典范，崇文乐善、积德厚仁、慈善济世的精神在佛山各类庙会和神诞民俗活动中也得到进一步的演绎和传扬，并成为主流和共识。

五、佛山庙会与神诞风俗

1. 庙会、神诞民俗体现的乡村精神

对庙会和神诞的热衷，反映出佛山民众对广府区域文化的认同心理和族群的归属感。这种认同与归属感带来的是社会和谐和稳定，创造的是经济价值，对于凝聚民心、加强乡村建设具有不可或缺的作用。对儒家文化、地域文化和本土风俗习惯的认同，是佛山文化养成的基础，也是佛山地区民众身份意识的观念基础。“岭南文化最广府，民俗风情最佛山”，佛山向来是中西文明交汇，多元价值共存之地，对历史文化和民风民俗的传承，是乡村精神的根本，是民心凝聚的依归。佛山有着极为深厚的文化底蕴，佛山的民间民俗文化和艺术具有鲜明的地域特征，佛山人的普世价值观以开放兼容的社会品格、经世致用的价值取向、灵活创新的思维品质和开拓进取的精神风貌在广府地区独树一帜，对岭南文化影响深远。

非物质文化遗产是指各种以非物质形态存在的，与群众生活密切相关、世代相承的传统文化表现形式。今天，非遗已经深深根植于民间各种节庆、庙会和神诞的民俗活动之中，我们要主动抓住机会，积极利用各种节气、庙会和神诞活动，善于在传统的民俗活动中盘活各种民间非遗，如行通济、生菜会、北帝诞、出秋色、乞

巧、村庆、宗亲聚会等，把醒狮、龙狮、八音锣鼓、木鱼歌、龙舟、石湾陶塑、年画、剪纸等非遗内容挖掘、整理和传承下去，并赋予新的文化内涵。注重非物质文化遗产的大众化、生活化、商品化与品牌化，使之更贴近普罗群众，从小众化走向大众化，把文化内涵传递给更为广阔的年轻受众群体，既着力提升人们对于优秀传统文化的认同感与自豪感，又有力促进当地经济发展，从而实现社会价值与经济利益的平衡。

2. 进一步挖掘民俗活动的优秀内涵，并赋予新时代的崭新内容

党的十六届五中全会作出建设社会主义新农村的重大战略决策，党的十九大更是提出了乡村振兴战略。2018 年中共中央、国务院发布《关于实施乡村振兴战略的意见》，同年，国家发改委也印发《促进乡村旅游发展提质升级行动方案（2018—2020）》，明确把旅游产业的发展作为乡镇经济社会和美丽乡村建设的结构性动力和主要牵引力之一。乡村是中国社会的基本单元，是社会经济发展、文化积淀积累和传承的绳结点和坐标轴。而乡风文明是建设社会主义新农村的重要基础，是全面建设小康社会的重要内容。

佛山地处广佛文化的核心地带，深得岭南文化的精髓，资源丰富，人文底蕴深厚。如今，要建设美丽乡村，维系乡土情结，就要充分开发、利用、引导和依托各类民间节庆、庙会和神诞活动，要认识到各类民俗活动所缊含的文化和民俗历史，要在盘活文化和民俗上下功夫，传承非遗文化，以寄托乡情、乡恋，留住乡思。2014 年 11 月，佛山市正式出台了百村升级行动计划建设方案，明确提出要在 2015—2016 两年时间完成 30 个特色古村落的活化升级工作。到 2016 年底，基本完成 30 个古村活化任务，古村落保护活化升级工作有力促进了文化旅游产业发展。2017 年，佛山市又相继出台了《佛山市特色古村落一村一品活化升级策划指引》和《佛山市古村落保护与活化三年行动工作指引（2017—2019）》。2018 年 10 月和 2019 年 1 月，佛山市出台《佛山市发展全域旅游促进投资和消费实施方案》和《佛山市促进全域旅游发展扶持办法》，提出通过挖掘文化内涵、提炼文化符号等，打造各村特色文化品牌，通过实施“一村一品”，推动古村落差异化活化升级。如禅城区莲塘村的龙狮文化、黎涌村的状元文化、南海区松塘村的翰林文化、顺德区碧江村的祠堂文化、高明区深水村的礼孝文化、三水区长岐村的长寿文化等，各村立足本土，特色鲜明，实现了差异化发展。

随着粤港澳大湾区的建设、美丽乡村建设的蓬勃兴起，佛山迎来了区域发展的大契机。如何发掘、弘扬和传播好面向世界、面向未来的优秀佛山本土民俗文化，传承历史，开拓创新，打造一个宜居宜业宜游的“优质城乡生活圈”，展现佛山文明魅力，正是一篇值得我们认真思考、布局和践行的大文章。

后记

佛山位于珠江三角洲腹地，“肇迹于晋，得名于唐”，古称季华乡、忠义乡、佛山镇，是岭南地区历史较长的城市之一，有1300多年的建城历史，拥有丰富的历史文化资源。这里土地肥沃、河网密布、基塘相间，自古以来就是广府地区富饶的鱼米之乡。我是土生土长的地道佛山人，生于斯、学于斯、长于斯，对这个城市有一种特别的深情。佛山是岭南文化的重要发祥地，广府文化底蕴深厚，地方乡土特色浓郁，她的魅力在于她有着独特的文化品格和精神气质。有形的物质文化遗产和无形的非物质文化遗产，为这座浓郁的广府文化城市增添了无限的粤味。

佛山是一座很有名气的城市。早在明清时期，她就是闻名天下的“四大名镇”和“天下四大聚”之一，500多年前就以冶铸、陶瓷、纺织、中成药等手工业闻名于世。同时她也是一座功夫之城、粤剧之乡、南药之都、美食之地、冶铸中心、陶器名镇，历来人文荟萃，才俊辈出，这里有状元简文会、伦文叙，有理学大儒陈东峰、庞嵩，有“议礼”名臣霍韬，有中国近代民族缫丝工业先驱陈启沅，有戊戌变法的领袖康有为，有武术名家梁赞、黄飞鸿、叶问、李小龙，有粤剧名伶薛觉先、马师曾、罗家宝、小神鹰，有爱国侨领简照南、简玉阶兄弟，有中国铁路之父詹天佑，有近代谴责文学作家吴趼人，有粤剧作家南海十三郎，有名医李广海，有能工巧匠黄炳、陈渭岩、刘传。

佛山是一座很有文化底蕴的城市。静静流淌的汾江河，穿城而过，她曾经哺育了佛山，成就了佛山。如今河水依旧，时光已然有所不同，昔日正埠码头的繁华、升平路上的喧嚣已被季华路、魁奇路城央的闪烁霓虹所替代，但古老的梁园还是那么古味悠然、别致细腻，虽然三品楼、翠眉楼、群英阁、鹰嘴楼这些佛山的老酒家早已不复存在，但从天海楼上传出的嘈杂，混合着茶客们的家长里短、姑婆是非，还有茶水倒进杯盏的哗哗声和杯盘相碰的叮当声，偶尔远处深巷传来粤曲私伙局的南音呢哝、粤韵悠扬，依然是那么余音袅袅，绕梁三日，恍惚小镇往日的繁华，如在目前。

这座城市充满着书香的气息，从古老的孔庙、书院、社学遗存到现代化的图书馆、星罗棋布的博物馆、熙熙攘攘的大剧院和韵味十足的文化馆，最是书香能致远，润物无声，风化于成。穿行在古老的街巷里，青石板早就被磨得铮铮发亮，走在幽深的小巷里，还能感受到这个昔日小镇的质朴与厚重，古朴雅致的韵味并没有离我们远去。落日的余晖斜斜地照在水磨青砖上，泛起一抹张扬而耀目的光芒，让人不觉眼前一亮。文化的烙印早已融入市民的血脉，滋养着这一方水土百姓的生活，也升华了他们的精神世界。

这座城市充满着浓郁的民俗风情，醒狮、龙舟、粤剧、饼印、榄雕、剪纸、年画、陶塑、灰塑、砖雕、行通济、北帝巡游、观音借库、华光诞、出秋色等民间艺术、民俗活动、岁时节令风俗、市商习俗和民间信仰等，多姿多彩，目不暇接，佛山的非遗名录数量高居全省地级市首位。岭南文化以其多元、开放、兼容、创新等特点，与广东开放包容的姿态融汇贯通，各美其美，美美与共，共同绘就了一幅多彩的岭南文化画卷。

佛山是一座很有情怀的城市。文化的根基发端于民间，文化的繁荣与发展也显现在民间，佛山文化的世俗性、自发性和包容性，反映出这一方水土人民的价值观。千百年来，中西文化交融的主旋律一直绵延不断，襟江面海的气魄充分体现了佛山人文精神的开放性与创新性。她包容、务实、开拓，既有淡定、自信、从容的性格特征，也有着“敢为人先，崇文务实，通济天下”和敢喝“头啖汤”的创新精神，佛山人在改革开放的伟大历史潮流中一直都是“排头兵”、“探路者”。顺德开创了社会主义所有制改革的“顺德模式”，成就了“可怕的顺德人”；南海最早实现了农村集体土地股份合作制，以“只干不说”的实干精神，为社会主义市场经济体制的发展探索出一条新路；禅城更是以无比的改革魄力，首创全国政务服务“一门式”改革，以“一门一窗一网”成为全国政务服务改革的标杆。

“苟日新，日日新，又日新”，弹指一挥间，五千年岁月匆匆而过，沧海桑田，白驹过隙，每天都在刷新着时代的感官。佛山这座小城也在不断改变，近年来相继获得“全国双拥模范城市”“国家历史文化名城”“全国文明城市”“国家园林城市”“中国优秀旅游城市”“全国科技进步先进市”“国家卫生城市”等称号。这座珠三角的明星城市，传统与现代、开放与包容并存，她是一座文明之城、文化之城、商业之城、宜居宜创业之城、美好幸福之城。佛山人怡然恬淡、舒适惬意的生活节奏，崇文重教、通济达人的家国情怀，无不透露着浓浓的岭南情韵，塑造着这座城市的前世今生。

这本集子收录了十五篇文稿，是我多年来利用业余时间研究佛山历史发展变迁和地方民间民俗文化的一些感悟，可能研究得不深，也存在着诸多不足与错漏，但我的心是真诚的。我觉得这是一个文化人对民族文化的延续和守护，也是一个佛山土著应该担负的责任与使命。我热爱这个城市丰富的文化形态，热爱这个城市的一砖一瓦、一石一木，也热爱这个生机勃勃的美好时代。“莫听穿林打叶声，何妨吟啸且徐行”，在这座有温度的城市里，让我们在暖阳下细细地感受，静静地品味她的过去，以“不负春风烂漫晴”的担当建设一个更加美好的未来。

是为记。

叶志强

2021 年 12 月 21 日于佛山禅城

（作者是中共佛山市禅城区委党校副校长、禅城区石湾镇街道党工委党校专职副校长，佛山科学技术学院兼职教授、佛山市“五个一”工程获奖者、高级政工师。长期从事基层宣传、文化和政务服务工作，历任区委宣传科副科长、区图书馆副馆长、文化馆馆长，镇街社区服务中心、行政服务中心主任，曾任佛山市社科联委员、佛山市民间文艺家协会副主席、佛山市孔子学说研究会副会长、佛山市禅城诗词学会副会长等职。著有《互联网＋政务》《基层行政服务效率提升的“一门式”探索》《知行求索集》《圆明园四十景诗咏》《川西五千里》等多部专著）